经以致用
建校育人

贺教育印

重大攻关项目

成立之际

李鹏林

教育部哲学社会科学研究重大课题攻关项目

马克思主义整体性研究

RESEARCH ON THE INTEGRITY OF MARXISM

逄锦聚

等著

经济科学出版社
Economic Science Press

图书在版编目（CIP）数据

马克思主义整体性研究/逄锦聚等著 . —北京：
经济科学出版社，2011
教育部哲学社会科学研究重大课题攻关项目
ISBN 978 - 7 - 5141 - 0497 - 4

Ⅰ．①马…　Ⅱ．①逄…　Ⅲ．①马克思主义 - 研究
Ⅳ．①A81

中国版本图书馆 CIP 数据核字（2011）第 040189 号

责任编辑：于　源
责任校对：刘　昕
版式设计：代小卫
技术编辑：邱　天

马克思主义整体性研究

逄锦聚　等著

经济科学出版社出版、发行　新华书店经销
社址：北京市海淀区阜成路甲 28 号　邮编：100142
总编部电话：88191217　发行部电话：88191540
网址：www. esp. com. cn
电子邮件：esp@ esp. com. cn
北京中科印刷有限公司印装
787 × 1092　16 开　22.5 印张　430000 字
2012 年 4 月第 1 版　2012 年 4 月第 1 次印刷
ISBN 978 - 7 - 5141 - 0497 - 4　定价：56.00 元

课题组成员

（按姓氏笔画为序）

丁　军　　王南湜　　杨永志　　杨　谦

李　毅　　阎孟伟　　寇清杰

编审委员会成员

总 序

哲学社会科学是人们认识世界、改造世界的重要工具，是推动历史发展和社会进步的重要力量。哲学社会科学的研究能力和成果，是综合国力的重要组成部分，哲学社会科学的发展水平，体现着一个国家和民族的思维能力、精神状态和文明素质。一个民族要屹立于世界民族之林，不能没有哲学社会科学的熏陶和滋养；一个国家要在国际综合国力竞争中赢得优势，不能没有包括哲学社会科学在内的"软实力"的强大和支撑。

近年来，党和国家高度重视哲学社会科学的繁荣发展。江泽民同志多次强调哲学社会科学在建设中国特色社会主义事业中的重要作用，提出哲学社会科学与自然科学"四个同样重要"、"五个高度重视"、"两个不可替代"等重要思想论断。党的十六大以来，以胡锦涛同志为总书记的党中央始终坚持把哲学社会科学放在十分重要的战略位置，就繁荣发展哲学社会科学做出了一系列重大部署，采取了一系列重大举措。2004 年，中共中央下发《关于进一步繁荣发展哲学社会科学的意见》，明确了新世纪繁荣发展哲学社会科学的指导方针、总体目标和主要任务。党的十七大报告明确指出："繁荣发展哲学社会科学，推进学科体系、学术观点、科研方法创新，鼓励哲学社会科学界为党和人民事业发挥思想库作用，推动我国哲学社会科学优秀成果和优秀人才走向世界。"这是党中央在新的历史时期、新的历史阶段为全面建设小康社会，加快推进社会主义现代化建设，实现中华民族伟大复兴提出的重大战略目标和任务，为进一步繁荣发展哲学社会科学指明了方向，提供了根本保证和强大动力。

　　高校是我国哲学社会科学事业的主力军。改革开放以来，在党中央的坚强领导下，高校哲学社会科学抓住前所未有的发展机遇，紧紧围绕党和国家工作大局，坚持正确的政治方向，贯彻"双百"方针，以发展为主题，以改革为动力，以理论创新为主导，以方法创新为突破口，发扬理论联系实际学风，弘扬求真务实精神，立足创新、提高质量，高校哲学社会科学事业实现了跨越式发展，呈现空前繁荣的发展局面。广大高校哲学社会科学工作者以饱满的热情积极参与马克思主义理论研究和建设工程，大力推进具有中国特色、中国风格、中国气派的哲学社会科学学科体系和教材体系建设，为推进马克思主义中国化，推动理论创新，服务党和国家的政策决策，为弘扬优秀传统文化，培育民族精神，为培养社会主义合格建设者和可靠接班人，做出了不可磨灭的重要贡献。

　　自 2003 年始，教育部正式启动了哲学社会科学研究重大课题攻关项目计划。这是教育部促进高校哲学社会科学繁荣发展的一项重大举措，也是教育部实施"高校哲学社会科学繁荣计划"的一项重要内容。重大攻关项目采取招投标的组织方式，按照"公平竞争，择优立项，严格管理，铸造精品"的要求进行，每年评审立项约 40 个项目，每个项目资助 30 万 ~ 80 万元。项目研究实行首席专家负责制，鼓励跨学科、跨学校、跨地区的联合研究，鼓励吸收国内外专家共同参加课题组研究工作。几年来，重大攻关项目以解决国家经济建设和社会发展过程中具有前瞻性、战略性、全局性的重大理论和实际问题为主攻方向，以提升为党和政府咨询决策服务能力和推动哲学社会科学发展为战略目标，集合高校优秀研究团队和顶尖人才，团结协作，联合攻关，产出了一批标志性研究成果，壮大了科研人才队伍，有效提升了高校哲学社会科学整体实力。国务委员刘延东同志为此做出重要批示，指出重大攻关项目有效调动各方面的积极性，产生了一批重要成果，影响广泛，成效显著；要总结经验，再接再厉，紧密服务国家需求，更好地优化资源，突出重点，多出精品，多出人才，为经济社会发展做出新的贡献。这个重要批示，既充分肯定了重大攻关项目取得的优异成绩，又对重大攻关项目提出了明确的指导意见和殷切希望。

　　作为教育部社科研究项目的重中之重，我们始终秉持以管理创新服务学术创新的理念，坚持科学管理、民主管理、依法管理，切实增强服务意识，不断创新管理模式，健全管理制度，加强对重大攻关项目的选题遴选、评审立项、组织开题、中期检查到最终成果鉴定的全过程管理，逐渐探索并形成一套成熟的、符合学术研究规律的管理办法，努力将重大攻关项目打造成学术精品工程。我们将项目最终成果汇编成"教育部哲学社会科学研究重大课题攻关项目成果文库"统一组织出版。经济科学出版社倾全社之力，精心组织编辑力量，努力铸造出版精品。国学大师季羡林先生欣然题词："经时济世　继往开来——贺教育部重大攻关项目成果出版"；欧阳中石先生题写了"教育部哲学社会科学研究重大课题攻关项目"的书名，充分体现了他们对繁荣发展高校哲学社会科学的深切勉励和由衷期望。

创新是哲学社会科学研究的灵魂，是推动高校哲学社会科学研究不断深化的不竭动力。我们正处在一个伟大的时代，建设有中国特色的哲学社会科学是历史的呼唤，时代的强音，是推进中国特色社会主义事业的迫切要求。我们要不断增强使命感和责任感，立足新实践，适应新要求，始终坚持以马克思主义为指导，深入贯彻落实科学发展观，以构建具有中国特色社会主义哲学社会科学为己任，振奋精神，开拓进取，以改革创新精神，大力推进高校哲学社会科学繁荣发展，为全面建设小康社会，构建社会主义和谐社会，促进社会主义文化大发展大繁荣贡献更大的力量。

教育部社会科学司

前　言

20₀₆ 年，南开大学政治经济学研究中心、马克思主义教育学院、哲学系等几个单位的学者联合申报承担教育部哲学社会科学研究重大课题攻关项目"马克思主义整体性研究"，获得批准。经过一段时间的研究，形成了一些初步认识，现将这些认识汇集出版，以就教于广大读者。

一、马克思主义和马克思主义整体性

研究探讨马克思主义整体性，首先必须明确什么是马克思主义。

对什么是马克思主义，可以从不同的方面和角度来认识。从马克思主义的创造者、继承者的认识成果看，马克思主义是由马克思、恩格斯创立的，而由其后各个时代、各个民族的马克思主义者不断丰富和发展的观点和学说的体系。从马克思主义的阶级属性讲，马克思主义是无产阶级争取自身解放和整个人类解放的科学理论，是关于无产阶级斗争的性质、目的和解放条件的学说。从马克思主义的研究对象和主要内容讲，马克思主义是无产阶级的世界观和方法论，是关于自然、社会和思维发展的普遍规律的学说，是关于资本主义发展和转变为社会主义以及社会主义和共产主义发展的普遍规律的学说。当我们把马克思主义与列宁主义、毛泽东思想、邓小平理论、"三个代表"重要思想及科学发展观相提并论时，这里的马克思主义是最狭义的马克思主义，是指马克思、恩格斯创立的基本理论、基本观点和学说的体系。当我们说我们要以马克思主义为指导思想时，这里的马克思主义是广义的马克思主义，既包括由马克思、恩格斯创立的马克思主义

1

的基本原理、基本观点、基本方法，也包括列宁主义、毛泽东思想、邓小平理论、"三个代表"重要思想及科学发展观。①

在明确了什么是马克思主义之后，有必要进一步明确什么是马克思主义整体性。

1916 年 11 月 30 日，在《致伊·费·阿尔曼德》的信中，针对伊·费·阿尔曼德对自己的责难，列宁回应指出："总的说来，我觉得，您的论断多少有些片面性和形式主义。您抓住《共产党宣言》上的一句话（工人没有祖国），似乎打算无条件地运用它，直到否定民族战争。"② 接着列宁强调指出："马克思主义的全部精神，它的整个体系，要求人们对每一个原理都要（α）历史地，（β）都要同其他原理联系起来，（γ）都要同具体的历史经验联系起来加以考察。"③列宁的这一论述告诉人们，马克思主义是一个"体系"，这个体系是由紧密联系的多个原理组成的，对马克思主义的各个原理必须历史地来认识，必须在与其他原理的相互联系中来认识，必须同具体的历史经验联系起来加以考察，必须把马克思主义的每个原理放在马克思主义的体系中来认识，而不能把马克思主义的每一原理和其他原理割裂开来。

列宁关于马克思主义"整个体系"的观点意味着：马克思主义是一个整体，因而必须从整体上认识、理解和把握马克思主义。把马克思主义当做一个整体，即把由各个组成部分及各个原理构成的马克思主义体系当成有机联系的整体来认识，而不能片面地孤立地割裂地对待马克思主义的某一原理或者某一部分。对马克思主义如果不能从整体上来认识和理解，就会对马克思主义形成片面性的观点和形式主义的态度。列宁对马克思主义的这一论述无疑地对我们正确认识马克思主义整体性具有重要的指导意义。

根据经典作家创立的马克思主义的本来面貌和共产主义运动几十年实践的经验，我们认为，所谓马克思主义的整体性，包括两重含义：就马克思主义作为科学的学说，是指"马克思主义是由一系列的基本原理、基本观点和基本方法构成的科学体系，它是一个完整的整

---

① 逄锦聚等：《马克思主义基本原理概论》，高等教育出版社 2008 年版，第 2～3 页。
②③ 《列宁选集》第 2 卷，人民出版社 1995 年版，第 785 页。

体。"① 就马克思主义作为无产阶级行动的指南而言，是指马克思主义
是理论与实践的统一。马克思主义的整体性要求我们把马克思主义当
做一个有机的完整的整体来看待，从整体上认识、学习、把握、坚持、
发展马克思主义。

二、为什么要加强对马克思主义整体性的研究和把握

邓小平在"文化大革命"结束后刚恢复工作的时候，针对当时有
人片面地、扭曲地、教条地对待毛泽东思想的做法，震聋发聩地提出：
要对毛泽东思想有一个完整的准确的认识，要善于学习、掌握和运用
毛泽东思想的体系来指导我们各项工作。② 邓小平对待毛泽东思想的
态度，也同样适应对待马克思主义。

要加强对马克思主义整体性的研究和把握，首先是总结历史经验
得出的结论。历史告诉我们，无论从国际共产主义运动史还是中国共
产党的历史看，都既有坚持以完整准确的马克思主义为指导取得革命
成功的经验，也有因为对马克思主义片面理解而发生"左"的或右的
错误，导致革命遭受挫折，事业受损，甚至人头落地的惨痛教训。以
中国共产党领导的新民主主义革命的实践为例，1927 年，蒋介石和汪
精卫控制的国民党，背叛了孙中山所决定的国共合作政策和反帝反封
建政策，勾结帝国主义，残酷屠杀共产党员和革命人民。当时的中国
共产党还比较幼稚，以陈独秀为代表的中央领导，错误地理解马克思
主义，实行右倾投降主义，致使革命在强大敌人的突然袭击下遭到惨
重失败，已经发展到了六万多名党员的党只剩下了一万多名党员。在
这样的情势下，中国共产党仍然顽强地继续战斗，在艰苦的条件下，
创建了革命根据地，建立了红军部队，发展了党和其他革命组织，展
开了群众革命斗争，连续击败国民党军队的多次围剿。但由于在当时
国际共产主义运动中和我们党内盛行的把马克思主义教条化、把共产
国际决议和苏联经验神圣化的错误倾向，以王明为代表的"左"倾冒
险主义实行了错误领导，造成了第五次反"围剿"的失败，曾使中国
革命几乎陷于绝境，红军第一方面军不得不进行二万五千里长征而转

① 逄锦聚等：《马克思主义基本原理概论》，高等教育出版社 2008 年版，第 2～3 页。
② 邓小平：《完整准确地理解毛泽东思想》，载《邓小平文选》第二卷，人民出版社 1994 年版。

战到陕北。王明"左"倾错误造成的失败使革命根据地和白区的革命力量都受到极大损失，红军从三十万人减到三万人左右，共产党员从三十万人减到四万人左右。在革命遇到极端困难的情况下，以毛泽东同志为主要代表的中国共产党人，根据马克思列宁主义的基本原理，把中国长期革命实践中的一系列独创性经验作了理论概括，形成了适合中国情况的科学的指导思想，这就是马克思主义普遍原理和中国革命具体实践相结合的产物——毛泽东思想。毛泽东思想是马克思主义在中国的运用和发展，是被实践证明了的关于中国革命的正确的理论原则和经验总结，是中国共产党集体智慧的结晶。[①] 在毛泽东思想的指引下，中国的新民主主义革命取得了胜利，建立了新中国，并进行了社会主义革命和建设的探索。从历史的经验教训不难看出，要加强对马克思主义整体性的研究和把握，首先是对历史经验总结得出的重要启示。

如果说，这种启示是总结中国革命历史得出的结论，那么从总结国际共产主义运动的历史也会得出同样的结论。马克思主义诞生后，一方面受到国际无产阶级和广大劳动大众的欢迎和拥护；另一方面几乎在同时也受到资产阶级和其他敌对者的歪曲、反对和否定，直到今天，这种声音在世界范围内也没有停息。而马克思主义反对者惯用的手法就是断章取义、片面地曲解马克思主义。所以，要捍卫、继承和发展马克思主义，最重要的就是要从整体上全面、准确、完整地理解和把握马克思主义。

加强对马克思主义整体性的研究和把握，也是全面、准确、完整理解和把握马克思主义基本原理，并以此指导我国改革开放和现代化建设的需要。指导我们事业的理论基础是马克思主义。过去依靠马克思主义的指导，我们取得新民主主义革命和社会主义革命、社会主义建设的胜利，今天要取得改革开放和社会主义现代化建设伟大事业的成功，仍然要坚持以马克思主义为指导。坚持以马克思主义为指导是要以马克思主义基本原理为指导，而不是以马克思经典作家的个别结论为指导，更不是以后人不准确、不全面理解的马克思主义为指导。

---

① 《中国共产党中央委员会关于建国以来党的若干历史问题的决议》，人民出版社1981年版。

这就要求要对马克思主义从整体上进行理解，全面准确把握马克思主义的立场、方法和理论体系。只有从整体上理解和全面把握马克思主义，才能够分清哪些是马克思主义的基本原理，哪些是马克思经典作家针对特殊情况做出的个别结论，哪些是根据变化了的情况需要发展的马克思主义理论，哪些是后人附加到马克思主义的错误观点。

　　加强对马克思主义整体性的研究和把握，不仅是加强对马克思、恩格斯创立的经典马克思主义整体性的研究和把握，也要加强对当代中国化马克思主义整体性的研究和理解。在我国的历史上，以毛泽东同志为核心的党的第一代中央领导集体将马克思主义基本原理同中国革命实践相结合，产生了马克思主义中国化的第一个伟大成果——毛泽东思想。在毛泽东思想指引下，全党全国各族人民建立新中国和社会主义制度，取得社会主义革命和建设伟大成就。新民主主义革命的胜利，社会主义基本制度的建立，为当代中国一切发展进步奠定了根本政治前提和制度基础。以邓小平同志为核心的党的第二代中央领导集体和以江泽民同志为核心的党的第三代中央领导集体将马克思主义基本原理同中国的实践相结合，指引全党全国各族人民在改革开放的伟大征程上阔步前进，创立了邓小平理论和“三个代表”重要思想。党的十六大以来，以胡锦涛为总书记的党中央带领全国人民以邓小平理论和“三个代表”重要思想为指导，顺应国内外形势发展变化，抓住重要战略机遇期，发扬求真务实、开拓进取精神，坚持理论创新和实践创新，着力推动科学发展、促进社会和谐，完善社会主义市场经济体制，在全面建设小康社会实践中坚定不移地把改革开放伟大事业继续推向前进。总之，在改革开放的历史进程中，我们党把坚持马克思主义基本原理同推进马克思主义中国化结合起来，创立了马克思主义中国化的又一伟大成果——中国特色社会主义理论体系。中国特色社会主义理论体系，就是包括邓小平理论、“三个代表”重要思想以及科学发展观等重大战略思想在内的科学理论体系。这个理论体系，坚持和发展了马克思列宁主义、毛泽东思想、凝结了几代中国共产党人带领人民不懈探索实践的智慧和心血，是马克思主义中国化最新成果，是党最可宝贵的政治和精神财富，是全国各族人民团结奋斗的共同思想基础。中国特色社会主义理论体系是不断发展的开放的理论体系。《共产党宣言》发表以来近一百六十年的实践证明，马克思主义只有与本国国情相结合、与时代发展同进步、与人民群众同命运，才能焕发出强大的生命力、创造力、感召力。在当代中国，坚持中国特色社会主义理论体系，就是真正坚持马克思主义。[①] 而只有加强对当代中国化马克思主义的整体性研究和把握，才能更好地全面准确地理解、把握、坚持和发展中国特色社会主义理论体系。

综上所述，加强对马克思主义整体性研究和理解，是总结历史和实践经验得出的结论，是继承和发展马克思主义的要求，是当代中国坚持指导思想上的与时俱进，坚持正确的改革方向，推进现代化建设的新要求。

三、研究和把握马克思主义整体性的几个角度

研究和把握马克思主义整体性，至少有以下几个角度：

一是从马克思主义的形成过程研究和把握其整体性。

马克思主义是适应资本主义生产方式有了相当发展的时代和无产阶级反对资产阶级实践的要求，在对人类文明成果继承和发展的基础上产生的。与在此之前的所有资产阶级理论不同，马克思主义经典作家的全部理论活动都是为了人类解放这一目标而进行的，其根本宗旨是实现人类解放。马克思主义的这一理论目标决定了它必然是一种以理论与实践相统一为基本原则的理论。马克思主义创始人从其理论活动的开始就特别地强调了这一原则，在其后继承者那里，这一原则得到了坚持和发展。由理论与实践相统一这一基本原则所决定，马克思主义从一产生就具有整体性的品格。人类解放实践是一个涉及经济、政治、文化、社会各个方面的总体性实践活动，它不可能分门别类彼此孤立地进行，这决定了马克思主义理论只有从整体上完整地被理解和把握，才能有效地服务于实践的目标。

从马克思主义形成过程中马克思主义创始人理论活动的全部过程看，马克思主义具有鲜明的整体性。马克思、恩格斯从年轻时代就立志选择"最能为人类而工作的职业"，大量地接触穷苦的工人群众。

---

① 胡锦涛：《高举中国特色社会主义伟大旗帜　为夺取全面建设小康社会新胜利而奋斗》，人民出版社 2007 年版。

马克思 1841 年后在《莱茵报》上发表的多篇论文，恩格斯写作的《英国工人阶级状况》，都表达了对贫苦群众的深切同情和对资本主义社会的憎恶。其后，马克思、恩格斯积极参加推翻资本主义制度的阶级斗争，投入创立无产阶级政党、组织无产阶级队伍的活动，同工人运动中的各种机会主义思潮进行不懈的斗争。他们毕生的使命都和发展、壮大无产阶级革命事业密切地联系在一起。从 19 世纪 40 年代后半期马克思、恩格斯创建"共产主义者同盟"开始，一直到 90 年代前半期恩格斯晚年领导第二国际的活动，关注欧美无产阶级革命斗争和政党的发展为止，在这半个世纪的历程中，马克思、恩格斯始终处在国际共产主义运动斗争的前沿，积极参与并领导了无产阶级反对资产阶级和资本主义制度的斗争。马克思、恩格斯的生平事业和无产阶级革命斗争所具有的这种紧密联系，是他们创立马克思主义的重要条件。① 而在此基础上形成的马克思主义，从一开始就成为无产阶级反对资产阶级的强有力的思想武器。这个思想武器，不是支离破碎的，而是一个以科学的世界观和方法论一以贯之的严整的体系。

二是从马克思主义各个组成部分的内在联系和马克思主义基本著作的内容研究和把握其整体性。

马克思主义是涉及众多学科门类的知识海洋，它的内容涵盖了政治、经济、文化、军事、历史、社会生活、人类发展等诸多领域和各个方面，是极其丰富的。从不同的角度，可以对马克思主义做出不同的定义。从它的创造者、继承者的认识成果讲，马克思主义是由马克思、恩格斯创立的，而由各个时代、各个民族的马克思主义者不断丰富和发展的观点和学说的体系。从它的阶级属性讲，马克思主义是关于无产阶级和人类解放的科学，是关于无产阶级斗争的性质、目的和解放条件的学说。② 但不管从什么角度理解马克思主义，都必须看到，马克思主义是彻底而严整的科学理论体系。马克思主义所包含的所有内容虽然各自的侧重点不同，但都是马克思主义科学世界观和方法论的体现，都是贯穿人类社会发展普遍规律的学说，都是关于社会主义必然代替资本主义的学说。

---

① 参见《马克思主义基本原理概论》，高等教育出版社 2009 年版。
② 参见《马克思主义基本原理概论》，高等教育出版社 2008 年版。

从马克思主义经典著作的主要内容看，马克思主义整体性更为明显。一般认为，《共产党宣言》是马克思主义形成的标志，而《共产党宣言》实际上是马克思主义的理论宏伟大厦的缩影，其理论内容几乎涵盖了马克思主义的各个重要方面。其他著作也大都是这样，《1844年经济学哲学手稿》中关于哲学问题的思辨与关于政治经济学、人类解放理论等现实问题的交织；《神圣家族》、《德意志意识形态》、《哲学的贫困》等著作中哲学问题、经济学问题、历史问题、社会问题的汇聚；《路易·波拿巴的雾月十八日》、《法兰西内战》等关于现实问题的著作中所蕴含的深刻的哲学观念与政治经济学前提；而《反杜林论》，恩格斯虽然对"哲学"、"政治经济学"、"社会主义"三个部分进行了分别论述，但从全文看，恰恰是这些看似独立的部分，构成了一个内容紧密相连、逻辑严谨的理论整体。即使像《资本论》这样被长期看作经济学的马克思主义经典著作，实际上它不仅包含有马克思主义的经济学基本原理，而且也包含了马克思主义的辩证唯物主义和历史唯物主义世界观方法论、科学社会主义的基本原理，堪称马克思主义的百科全书。所以，从马克思主义经典著作的全部内容看，马克思主义是严谨而完整的理论体系，从整体上理解和把握马克思主义是符合马克思主义本来面貌的。

三是从马克思主义的革命性与科学性统一研究和把握其整体性。

从科学性与革命性统一的角度理解和把握，马克思主义是包含四个最根本、最核心内容的严整体系。

第一，科学的世界观和方法论。辩证唯物主义和历史唯物主义是马克思主义最根本的世界观和方法论，也是马克思主义理论科学体系的哲学基础。第二，鲜明的政治立场。马克思主义政党的一切理论和奋斗都应致力于实现以劳动人民为主体的最广大人民的根本利益，这是马克思主义最鲜明的政治立场。第三，重要的理论品质。坚持一切从实际出发，理论联系实际，实事求是，在实践中检验真理和发展真理，是马克思主义最重要的理论品质。第四，崇高的社会理想。实现物质财富极大丰富、人民精神境界极大提高、每个人自由而全面发展的共产主义社会，是马克思主义最崇高的社会理想。

以上这四个方面，包括了马克思主义的最基本内容，体现了马克思主义的基本立场、基本观点和基本方法，是从总体上把握的马克思主义。今天，我们坚持和发展马克思主义，绝不是要单纯坚持和发展马克思主义的某个观点，而是要从总体上坚持、继承其基本立场、基本方法和基本观点，即：要坚持辩证唯物主义和历史唯物主义的世界观和方法论，坚持实现最广大人民的根本利益的政治立场，坚持一切从实际出发，实事求是，在实践中检验真理和发展真理的理论品质，并把握和顺应人类社会发展的规律，树立为实现物质财富极大丰富、人民精神境界极大提高、每个人自由而全面发展的共产主义社会而奋斗的最崇高的社会理想。

四是从马克思主义的创新性和实践性研究和把握其整体性。

马克思主义是开放的发展的学说，创新性是马克思主义的重要特征。从广义上说，马克思主义不仅指马克思、恩格斯创立的基本理论、基本观点和学说的体系，也包括后人对它的发展，即发展了的马克思主义。作为中国共产党和社会主义事业指导思想的马克思主义，既包括由马克思、恩格斯创立的马克思主义的基本理论、基本观点、基本方法，也包括经列宁继承和发展，推进到新的阶段，并由毛泽东、邓小平、江泽民、胡锦涛等为主要代表的中国共产党人将其与中国具体实际相结合，进一步丰富和发展了的马克思主义，即中国化的马克思主义。① 中国化马克思主义与马克思、恩格斯创立的马克思主义一脉相承，又将马克思主义的基本原理与中国实践紧密结合，创造性地发展了马克思主义。今天我们研究和把握马克思主义的整体性，包括中国化马克思主义与马克思、恩格斯创立的马克思主义相统一的整体性。

研究的目的在于应用，马克思主义的生命力在于指导实践，实践性是马克思主义的另一重要特征。在当代中国，要取得改革开放和现代化建设事业的成功，必须坚持马克思主义特别是中国化马克思主义的指导，而马克思主义也将在指导社会主义现代化建设的实践中实现创新和发展。指导中国实践并在实践中不断创新发展的马克思主义，不是马克思主义的某个部分，而是由马克思主义基本立场、基本观点、基本方法构成的整体。

① 《马克思主义基本原理概论》，高等教育出版社 2008 年修订版。

9

马克思主义理论的整体性是由马克思主义理论的实践性所决定的。马克思和恩格斯所处的时代正值欧洲国家的社会转型时期，他们的全部理论努力就在于认识和把握这个转型过程，特别是剖析现代资本主义生产方式乃至整个资本主义社会经济、政治和文化结构，揭示其内在矛盾、客观规律和动态趋势，由此探索无产阶级解放或人类解放的现实动力、途径和方法，并为这一运动提供指导思想和政策策略。无论是现实的历史过程，还是我国现实的改革开放和现代化建设实践运动，都是包含多方面规定性的具体的整体。在现实的过程中，没有纯粹的哲学问题、经济学问题、政治问题或思想文化问题。任何问题必然综合地、有机地包含着多方面的相互影响的内容和规定性。如果我们从马克思所说的"改变世界"的角度即从实践的角度来理解马克思主义理论，马克思主义理论必然是整体的，因为它所面对的实践问题是具体的、整体的。

四、本书的结构和力图实现的创新

按照以上对马克思主义整体性的理解，本书除前言外共设七章：第一章，马克思主义创立过程与马克思主义整体性；第二章，马克思主义基本原理与马克思主义整体性；第三章，马克思主义的组成部分与马克思主义整体性；第四章，社会主义在苏联等国的实践与马克思主义整体性；第五章，中国化马克思主义与马克思主义整体性；第六章，马克思主义的继承、创新与马克思主义整体性；第七章，国外马克思主义与马克思主义整体性。在安排这样的结构时，我们一方面采取专题式研究，以尽可能发挥课题组成员的智慧，另一方面又大致使全书保持统一性。

通过研究，力图在以下方面有所前进，有所创新：

1. 从历史与现实、中国革命和国际共产主义运动等多角度阐述，从整体上理解和把握马克思主义的必要性和重大意义。提出社会主义取得成功或遭到挫折，正反两个方面的经验和教训都证明从整体上理解和把握马克思主义是无产阶级革命和社会主义建设取得胜利的重要保证，加强对马克思主义整体性研究和理解，是总结历史和实践经验得出的结论，是继承和发展马克思主义的要求，是当代中国坚持指导思想上的与时俱进和正确改革方向，推进现代化建设的新要求。

2. 提出认识和把握马克思主义整体性的多个角度和方法。指出对于马克思主义整体性，至少可从马克思主义的创立过程和宗旨、马克思主义各个组成部分的内在联系、马克思主义的革命性与科学性统一、马克思主义的创新性和实践性、马克思主义在中国的继承和发展等等多个角度研究和把握。同时提出，理解和把握马克思主义整体性，必须坚持历史唯物主义，坚持科学实践观和辩证法。

3. 对长期流行的马克思主义三个组成部分理论和马克思主义整体性的关系进行新的解释，试图澄清理论界的一些模糊认识。提出加强对马克思主义整体性的研究，并不是要否定或排斥对马克思主义丰富内容进行分门别类的研究；相反，二者是相辅相成、相得益彰的。那种认为对马克思主义只分为哲学、政治经济学、科学社会主义三个组成部分把握就可以了而不必从整体进行把握的结论，是后人对马克思主义经典作家原意的一种错误的，至少是不准确的理解。

4. 对西方发达国家和世界其他国家中马克思主义的发展状况进行了评析，肯定并吸取其积极的方面，指出其不足。提出尽管国外马克思主义学说观点庞杂，充满了差异和对立，甚至包含着对马克思主义理论的误解和曲解，但它们从现实问题出发、从实践出发理解和运用马克思主义理论的方法，批评现实资本主义，可以给我们以有益的启示。

5. 以整体性理解和把握马克思主义的思想和方法，对毛泽东思想和中国特色社会主义理论体系进行了进一步的阐述，指出毛泽东思想和中国特色社会主义理论体系是与马克思主义一脉相承，中国化、时代化的马克思主义，建设中国特色社会主义必须全面、准确、完整地理解和实践当代中国的马克思主义——中国特色社会主义理论体系。

以上几个方面是课题组试图努力做的。但是由于长期以来我国理论界特别是参与本课题研究的成员比较习惯于从马克思主义的不同组成部分去理解和把握马克思主义，而对于马克思主义整体性的研究起步较晚，研究也不够深入，所以现在的这个研究成果也还存在若干不足，对马克思主义的理解很可能自觉不自觉地还会有局部或者片面的问题，因此欢迎读者批评指正，我们会在此基础上继续做出努力。

内容提要

本书在总结共产主义运动中因否定或片面理解和运用马克思主义而造成危害的教训的基础上，从我国建设中国特色社会主义实践和时代发展的要求出发，比较系统地从马克思主义的创立过程和宗旨、马克思主义各个组成部分的内在联系、马克思主义的革命性与科学性统一、马克思主义的创新性和实践性、马克思主义在中国的继承和发展等多角度对马克思主义整体性进行了研究，同时有分析地借鉴了国外学者对马克思主义研究取得的有益成果，澄清了理论界在一定时期内存在的，强调对马克思主义三个组成部分的研究，而忽视整体性研究的模糊认识，提出了适应实践和时代发展的新要求，必须从整体上理解、把握、继承和发展马克思主义的主张。全书在从整体上理解和把握马克思主义的必要性和重大意义、把握马克思主义整体性的角度和方法、马克思主义三个组成部分理论和马克思主义整体性的关系、对西方发达国家和世界其他国家中马克思主义的发展状况的评析，以及以整体性理解和把握马克思主义的思想和方法对毛泽东思想和中国特色社会主义理论体系进行全面的阐述等方面都有一定的前进和创新。

Abstract

On the basis of summarizing lessons that the damages came from the negation or one-sided understanding and applying of Marxism in the summary of communist movement, starting from the requirements of construction of socialist practice with Chinese characteristics and development of the times, this book made a systematic research into the integrity of Marxism from the following aspects: the creation process and purpose of Marxism, the inner link of various components of Marxism, the unity of revolutionary and scientific of Marxism, the creativity and practicality of Marxism, and the inheritance and development of Marxism, and so on. Besides, through learning from the achievements about researching on Marxism of foreign scholars, this book not only clarified the vague understanding of stressing the three component parts but ignoring the overall study of Marxism in theoretical circles within a certain period, but also put forwarded the proposals that, to meet the new requirements of practice and development, we must understand, grasp, inheritance and develop Marxism as a whole. Therefore, this book is progressive and innovative in the following areas: understanding and grasping the necessity and significance of Marxism as a whole, the perspectives and methods of grasping integrity of Marxism, the relationship between three components of Marxism and integrity of Marxism, the analysis of development situation of Marxism of western developed countries and the rest of the world, and the comprehensive exposition on Mao Zedong thoughts and socialist theoretical system with Chinese characteristics by using the ideas and methods of understanding and grasping Marxism from the point of integrity.

目　录

Contents

第一章▶马克思主义创立过程与马克思主义整体性　　1

第一节　从马克思主义的理论旨趣看其整体性　　1

第二节　马克思主义理论创立阶段体现的整体性　　15

第三节　马克思主义理论完备化阶段的整体性　　32

第二章▶马克思主义基本原理与马克思主义整体性　　55

第一节　马克思主义基本原理的特征及其意义　　55

第二节　从整体上认识和把握马克思主义基本原理　　66

第三章▶马克思主义的组成部分与马克思主义整体性　　81

第一节　马克思主义整体性与马克思主义三个组成部分　　81

第二节　坚持马克思主义整体性的重要意义　　101

第四章▶社会主义在苏联等国的实践与马克思主义整体性　　116

第一节　苏联的社会主义实践与马克思主义整体性　　116

第二节　独联体国家的共产党和马克思主义　　127

第三节　其他国家的社会主义实践与马克思主义整体性　　142

第五章▶中国化马克思主义与马克思主义整体性　　157

第一节　马克思主义中国化和中国化马克思主义　　157

第二节　马克思主义中国化的理论成果　　174

第三节　马克思主义中国化理论成果的整体性　　205

第六章▶马克思主义的继承、创新与马克思主义整体性　　220

第一节　创新是马克思主义生命力所在　　220

    第二节　以整体性的方法论实现马克思主义的创新　238

    第三节　在中国特色社会主义建设中不断丰富和发展马克思主义　248

第七章▶国外马克思主义与马克思主义整体性　261

    第一节　西方学者对马克思主义整体性的一般理解　262

    第二节　西方学者对现代资本主义的批判　272

    第三节　当代国外学者对马克思主义理论的"补充"、"修正"

        和"改造"　301

参考文献　321

后记　327

Contents

Chapter 1: Creation process of Marxism and integrity of Marxism   1

   Section 1: Integrity in the theoretical purport of Marxism   1

   Section 2: Integrity in the stage of Marxist theory building   15

   Section 3: Integrity in the stage of Marxist theory completion   32

Chapter 2: Basic tenets of Marxism and integrity of Marxism   55

   Section 1: Features and significances of basic tenets of Marxism   55

   Section 2: Understanding and grasping basic tenets of Marxism
       as a whole   66

Chapter 3: Various components of Marxism and integrity of Marxism   81

   Section 1: Integrity of Marxism and three components of Marxism   81

   Section 2: Significance of holding to integrity of Marxism   101

**Chapter 4: Socialist practice in the countrys such as Soviet union and integrity of
       Marxism**   116

   Section 1: Socialist practice of Soviet Union and Integrity of Marxism   116

   Section 2: Communist party and Marxism in the Commonwealth of
       Independent States (CIS) Postscript   127

Section 3: Socialist practice of the other countries and
　　　　　Integrity of Marxism　　142

Chapter 5: Chinese Marxism and integrity of Marxism　　157

Section 1: Marxism in China and Chinese Marxism　　157
Section 2: Theoretical achievements of Marxism in China　　174
Section 3: Integrity of theoretical achievements of Marxism in China　　205

**Chapter 6: Inheritance and innovation of Marxism and
integrity of Marxism　　220**

Section 1: Innovation is the vitality of Marxism　　220
Section 2: Realizing the innovation of Marxism through integrity
　　　　　methodology　　238
Section 3: Enriching and developing Marxism in the socialist construction
　　　　　with Chinese characteristics　　248

Chapter 7: Marxism abroad and integrity of Marxism　　261

Section 1: General understanding for Integrity of Marxism
　　　　　of western scholars　　262
Section 2: Criticism of modern capitalism of western scholars　　272
Section 3: The supplement, amendment and improvement of Marxist
　　　　　theories of contemporary foreign scholars　　301

References　　321

Postscript　　327

第一章

马克思主义创立过程与马克思主义整体性

马克思主义是实践的理论，科学的理论，发展的理论。从它形成和发展的全过程看，虽然它包含了极其丰富的思想内容，表现出强烈的时代特征，但它却始终是一个完整的理论体系，表现出高度的科学性和严整性。

第一节　从马克思主义的理论旨趣看其整体性

一、马克思主义为人类解放的崇高目标

创立于 19 世纪 40 年代的马克思主义，是人类实践历史和理论发展的必然产物。它首先是适应无产阶级变革旧世界、解放全人类的革命斗争的需要而产生的；同时，它又是对以往人类思想发展的继承和创新，是人类认识世界和改造世界的积极成果的理论结晶。它以实现工人阶级和人类的解放为主题，强调自己的任务首先在于现实地改变世界，而不仅在于科学地解释世界。因而，在理论特征上，马克思主义是以彻底的批判性为标志的革命性与科学性的高度统一。只有从马克思主义理论的实践性特征，才能深入地理解这一理论的整体性。

1

（一）马克思主义理论创立的社会历史基础

19 世纪 30～40 年代，资本主义生产方式已经在英国、法国占据了统治地位，在比较落后的德国，资本主义也取得了很大的发展。在英法两国，经过数次革命，资产阶级在政治上已取得统治权。在德国，资产阶级虽然还未获得政治上的统治权，但也正在酝酿着自己的革命。这一切，标志着人类社会从封建社会向资本主义社会的转变。

资本主义生产方式极大地解放了社会生产力。"资产阶级在它的不到一百年的阶级统治中所创造的生产力，比过去一切世代创造的全部生产力还要多，还要大。"① "它第一个证明了，人的活动能够取得什么样的成就。"② 伴随着蒸汽机和机器所引发的工业生产的革命，伴随着大工业建立起广泛的世界市场，劳动生产率获得了奇迹般的提高，产品的数量和规模以一种不可思议的速度不断倍增。但是资本主义在取得巨大成就的同时，也日益显露出其固有的基本矛盾，即社会化大生产与生产资料私人占有制之间的矛盾。这一矛盾的突出表现就是经济危机的周期性爆发。经济危机的不断爆发，表明"资产阶级的生产关系和交换关系，资产阶级的所有制关系，这个曾经仿佛用法术创造了如此庞大的生产资料和交换手段的现代资产阶级社会，现在像一个魔法师一样不能再支配自己用法术呼唤出来的魔鬼了。"③

随着资本主义的发展，特别是随着机器大工业对工场手工业的取代，社会日益分裂为两大对立的阶级：资产阶级和无产阶级。随着资产阶级对封建阶级的全面胜利，社会的主要矛盾由资产阶级与封建贵族的矛盾转变为资产阶级与无产阶级的矛盾。无产阶级从资产阶级反封建斗争的同盟者，发展成"为争夺统治而斗争的第三个战士"。这表明，资产阶级与无产阶级的矛盾也开始尖锐化。19 世纪 30 年代的法国里昂工人起义和英国工人的宪章运动、40 年代的德国西里西亚工人起义，便都是例证。这些历史事件都表明，历史发展到这一时期，时代精神的主旋律已经开始从资产阶级的争取政治平等的民主革命，转变为无产阶级的争取人类解放的共产主义革命。

与资本主义生产方式的发展相适应，人类历史也由民族历史转向了世界历史。以往那种各民族、各国家闭关自守、自给自足的状态，被全面的相互交往、相互依赖、相互制约、相互渗透所代替。对此，马克思指出，资产阶级"首次

---

① 《马克思恩格斯选集》第 1 卷，人民出版社 1995 年版，第 277 页。
② 《马克思恩格斯选集》第 1 卷，人民出版社 1995 年版，第 275 页。
③ 《马克思恩格斯选集》第 1 卷，人民出版社 1995 年版，第 277～278 页。

开创了世界历史，因为它使每个文明国家以及这些国家中的每一个人的需要的满足都依赖于整个世界，因为它消灭了各国以往自然形成的闭关自守的状态。"①这些都为马克思主义的产生提供了经济、社会和历史条件。

持续爆发的工人运动标志着无产阶级已经作为一支独立的政治力量登上了世界历史舞台，并开始为自己和全人类的解放而同资产阶级进行斗争。但由于经验的不足以及缺乏科学理论的指导，这几次起义均以失败告终。这表明无产阶级的革命斗争在早期不可避免地带有一定的自发性，特别是还没有形成与其历史使命相适应的革命理论。这就迫切需要运用科学的方法，总结和升华无产阶级革命斗争的实践经验，形成科学的世界观，用以武装无产阶级，指导其解放斗争。正如列宁所指出的那样，没有革命的理论，就没有革命的运动，这一全新的伟大时代，正在呼唤着自己时代的全新的伟大理论。

（二）人类解放的理论旨趣

"一切划时代的体系的真正的内容都是由于产生这些体系的那个时期的需要而形成的。"② 马克思主义所赖以创立并获得发展的时代，乃是工人阶级和人类解放的主题开始在历史上形成的时代。工人阶级和人类的解放已成为时代所提出的一项根本任务，由此也成为马克思主义最根本的主题。

工人阶级和人类的解放是相对于资产阶级革命意义上的"政治解放"而言的。资产阶级革命的胜利，实现了国家与市民社会以及宗教的分离，使人们获得了宗教信仰自由，同时废除了等级制，基本实现了公民在政治上和法律上的平等，从而完成了这一意义上的"政治解放"。这无疑是人类历史上的一个重大进步，也是人类文明的优秀成果之一。"政治解放当然是一大进步；尽管它不是一般人的解放的最后形式，但在迄今为止的世界制度的范围内，它是人类解放的最后形式。"③

但这种解放依然是有限的、不彻底的解放。它并没有触动旧社会大厦的根基——私有制，它在消灭人对人依附关系的同时，却保留了人对物（私有财产）的依附，这实质上是以经济等级取代了政治等级，以一种新的奴役形式代替了旧的奴役形式。因此，这种政治解放所实现的平等只能是程序上、形式上的平等，而不是真正的、实质上的平等；它所实现的解放也只能是有产者的解放，而不是全人类的解放。所以马克思明确指出，"政治解放本身还不是人类解放"④，必须

---

① 《马克思恩格斯选集》第 1 卷，人民出版社 1995 年版，第 114 页。
② 《马克思恩格斯全集》第 3 卷，人民出版社 1960 年版，第 544 页。
③ 《马克思恩格斯全集》第 1 卷，人民出版社 1956 年版，第 429 页。
④ 《马克思恩格斯全集》第 1 卷，人民出版社 1956 年版，第 435 页。

从政治解放进展到人类解放，从"市民社会"（即资本主义社会）进展到"人类社会"（即共产主义社会），才能使人从旧社会的全部奴役中彻底解放出来。

在市民社会中，"任何一种所谓人权都没有超出利己主义的人，没有超出作为市民社会的成员的人，即作为封闭于自身、私人利益、私人任性、同时脱离社会整体的个人的人。"① 而在"人类社会"这一"以每个人的全面而自由的发展为基本原则的社会形式"② 中，则实现了人类解放所要求的"必须推翻那些使人成为被侮辱、被奴役、被遗弃和被蔑视的东西的一切关系"，③ 使"每个人的自由发展是一切人自由发展的条件。"④ 这样，社会才开始成为自由人的联合体，而人也才可能成为真正社会的人类。这正是马克思主义的基点或归宿："旧唯物主义的落脚点是市民社会，新唯物主义的落脚点则是人类社会或社会的人类。"⑤

工人阶级是实现人类解放的"物质力量"。马克思主义优越于先前一切解放理论的根本之点，就在于它充分认识到理论的批判不能代替实践的改造，在于它始终把革命的理论铸造为革命实践的一部分，并用以指导革命的实践。马克思主义不仅深刻指明人类解放的前进方向，而且找到了实现人类解放这一历史使命的承担者——工人阶级。工人阶级诞生于市民社会，但实际上又被剥夺了作为市民社会成员的资格和权利，是一个"被戴上彻底的锁链的阶级"⑥；它不是同现存制度的"后果处于片面的对立，而是同这种制度的前提处于全面的对立"，它"若不从其他一切社会领域解放出来从而解放其他一切社会领域就不能解放自己"。⑦ 因此，工人阶级具有最彻底的革命性，它只有解放全人类才能最后解放自己。它的历史使命不是消灭某一特殊的社会阶级，而是消灭一切阶级和阶级对立本身。

马克思主义是工人阶级实现人类解放的"精神武器"。工人阶级之所以能够真正理解并承担起人类解放的历史使命，一方面是由于其本身在现代社会中的生存状况，另一方面则是因为有了马克思主义这个"精神武器"。马克思主义的创立，使劳动阶级第一次拥有了自己的革命理论，工人阶级开始由自发的阶级转变为自觉的阶级，认识到并承担起人类解放的历史使命。马克思主义之所以能够改变世界和创造历史，就在于它始终和工人阶级血脉相连，并通过工人阶级转换为"物质的力量"，以推进和最终实现人类的解放事业。

---

① 《马克思恩格斯全集》第 1 卷，人民出版社 1956 年版，第 427 页。
② 《马克思恩格斯全集》第 23 卷，人民出版社 1972 年版，第 649 页。
③ 《马克思恩格斯选集》第 1 卷，人民出版社 1995 年版，第 10 页。
④ 《马克思恩格斯选集》第 1 卷，人民出版社 1995 年版，第 294 页。
⑤⑥ 《马克思恩格斯选集》第 1 卷，人民出版社 1995 年版，第 14 页。
⑦ 《马克思恩格斯选集》第 1 卷，人民出版社 1995 年版，第 15 页。

（三）赋予理想以现实的力量

追求理想是人类的一个本质规定。一部人类历史，可以看成是人类追求理想的历史。至少从有文字记载的历史时期开始，人类就已经在构筑种种理想世界。

任何一种理想世界都不是凭空而来的。人类要生存下去，首先必须有足够的物质生活资料，同时必须有一定的社会秩序才能保证基本的生存条件。因此，生活资料的富足与能够保证每一个体生存的社会公平便构成了最为基本的共同问题，而那些充分地表达了解决这些问题的社会设计便也就构成了影响最为广泛的社会性理想。在相当长的历史进程中，尽管人类有某种社会理想，但由于受到历史的局限，他们都从未想到过要通过自己的力量去实现某种理想社会。19世纪的空想社会主义者们迈出了巨大的一步。他们面对着资本主义发展所带来的种种社会苦难，不仅一般地描绘了未来的理想社会，而且力图针对现存社会的弊端设计出某种可实行的建立理想社会的方案来，如圣西门的"实业制度"、傅立叶的"协作制度"、欧文的"劳动公社"等等，有人甚至试图采取实际行动去实现。但毫无疑问，这些美丽的设计也都是空想的，因为它们不是建立在人类历史发展的客观规律之上，而是依据理性和抽象的人性推演出来的。因此，必须为理想社会寻找到坚实的世界观基础，以便使之成为真正可实行的。

马克思的理论活动从一开始就与共产主义运动结下了不解之缘。在《1844年经济学—哲学手稿》中，他试图沿着德国历史主义辩证法的思路，用异化劳动理论去论证共产主义的合理性、必然性。由于这一思路遇到了巨大的理论困难，在《神圣家族》中又转向沿着法国唯物主义的思路，以人的某些天性去论证共产主义的合理性和不可避免性。至《德意志意识形态》，马克思已经找到了"现实的个人"这一坚实的出发点，将德国辩证法与法国唯物主义有机地结合在一起，完全现实地依据人类实践活动的客观规律论证了共产主义的必然性。这样，现实的历史与理论的历史终于走到了这一步，将现实提升到了理论，在理论中注入了现实。而这，正是马克思主义理论上革命性变革的根本性意义。

将现实提升到理论，在理论中注入现实，一方面使得以往仅仅作为一种美好向往的理想社会获得了理论的论证，而不再仅仅是一种解决人类生存矛盾的主观愿望；另一方面亦使得以往仅仅作为抽象的理论获得了现实的躯体，而不再仅仅是一种无生命的阴影王国的存在。在以往的历史上，就其生活的终极目标或终极理想而言，人类并未把握住全面的真理，而只是在不同方面抓住了一些真理的片断。在相互分离的条件下"应当"与"是"均非真正意义上的真理。而一旦达到了这二者的统一，人类历史就进入了一个新的阶段。由于理想社会所具有的对于人类生存矛盾解决的终极性，因而这一统一所具有的意义之巨大和深远，是没有任何事件可以与之比拟的。

二、理论与实践相统一的基本原则

理论与实践的统一是马克思主义的一条基本原则。马克思主义最重要的特征之一，就在于它的实践性。

在《关于费尔巴哈的提纲》中，马克思曾经指出："哲学家只是用不同的方式解释世界，而问题在于改变世界。"① 所谓改变世界，当然不是如流俗所理解的那样，只要"干"、"做"，不要理论，而是要改变对理论与实践关系的理解，改变对于世界的静观态度，不要把理论视为灵魂出窍式的在世界之外的沉思冥想，而是视为关联于生活实践并构成生活一部分的理论实践。马克思和恩格斯在许多场合谈到过的哲学终结或对于哲学的否定，亦当视为对于传统理论哲学的否定。他们谈到哲学的终结时固然并未确指理论哲学，但鉴于理论哲学在西方哲学中的主流地位，他们所要否定的哲学便只能是属于理论哲学的那类哲学，而非实践哲学。这可以从他们的相关论述中清楚地见到。早在《黑格尔法哲学批判》中，马克思就批评德国哲学家"没有想到迄今为止的哲学本身就属于这个世界，而且是这个世界的补充"。而在《德意志意识形态》中，他们则进一步批评这些哲学家"没有一个想到要提出关于德国哲学和德国现实之间的联系问题，关于他们所做的批判和他们自身的物质环境之间的联系问题"。因此，他们认为，"对现实的描述会使独立的哲学失去生存环境"，但取而代之的将是一种作为"对人类历史发展的观察中抽象出来的最一般的结果的综合"的东西，且"这些抽象本身离开了现实的历史就没有任何价值"。② 显然，这种不能离开现实历史而又是一种最一般的结果的东西，不可能是别的东西，而只能是一种实践哲学。

从马克思主义产生之前的历史看，自从康德把理论理性和实践理性分割在现象界和本体界，理论与实践的关系问题就一直是从康德到黑格尔的德国哲学的中心问题。但由于这些哲学体系据以建立的理性或自我意识是一种绝对独立自存的抽象之物，古典唯心主义的解决只能将实践领域吸纳入这种绝对的抽象物之中，其结果只能是理论哲学本质性的悖论的充分暴露。包括费尔巴哈在内的近代唯物主义丝毫未超出古典唯心论的视野，它只是将唯心主义的绝对主体性替换成一种绝对的客体性，但这种客体性的抽象程度却不亚于前者。所以，旧唯物主义同样是一种理论哲学，其对理论与实践关系的解决同样是不成功的。马克思的实践哲

---

① 《马克思恩格斯选集》第 1 卷，人民出版社 1995 年版，第 57 页。
② 《马克思恩格斯选集》第 1 卷，人民出版社 1995 年版，第 8、66、74 页。

学的立场就是在对旧哲学的批判中产生的。

在《关于费尔巴哈的提纲》中，马克思对于费尔巴哈以及一切旧唯物主义批评的中心之点，即是批评他们没有看到实践对理论的奠基作用。事实上，在马克思看来，旧唯物主义其实并未脱出旧形而上学亦即理论哲学之理路，仍"把理论的活动看作是真正人的活动"，可称得上是一种"思辨唯物主义"。因而，这种唯物主义的最大问题便是，认为人是环境和教育的产物。这种学说忘记了："环境是由人来改变的，而受教育者本人一定是受教育的。因此，这种学说一定把社会分成两部分，其中一部分凌驾于社会之上"。① 这就是说，"在理论家们这样看待他们的任务时，其特点是没有意识到，他们在如何理解他们自己与如何理解那些作为他们研究对象的人们之间做出了严格的区分。他们用自己的理论去解释那些人的活动经验，将其理解为完全受环境和教育决定的产物。他们那生物学的和社会的继承物，独立于和优先于他们自己的理性的意志，造就了他们只能是这种继承的产物。与之相对照的是，这里的理论家们却把他们自己看作理性的代理人，他们有能力、有志于在自然世界和社会世界中体现自己的抱负。他们以一种决定论的眼光去看待别人，而以理性意志原则来看待自己。"② 那么，如何解决这一难题呢？马克思指出，"环境的改变和人的活动或自我改变的一致，只能被看作是并合理地理解为革命的实践。"③ 这句话对每个研究马克思哲学的人来说，是耳熟能详了，但它的含义并不简单，可以说其中包含着理解马克思哲学变革的最为关键的秘密，那就是马克思正是以此来解决上述决定论与理性意志论的二律背反的。但如何理解这种解决呢？如果仍然认为理论理性具有独立性，理论活动可以独立于生活实践，那么，上述二律背反就丝毫未得到解决。而只有当我们把理论理性看作从属于实践理性，把理论活动看作是生活实践的一个构成部分之时，上述二律背反方能够得到解决。但当我们这样看待理论与实践的关系时，就已经站在一种实践哲学的立场上了。

可见，马克思正是立足于现实的生活实践来批判旧哲学的，这种批判在《德意志意识形态》中得到进一步展开。既然"全部社会生活在本质上是实践的，凡是把理论导致神秘主义的神秘东西，都能在人的实践中以及对这个实践的理解中得到合理的解决"，④ 那么对神秘理论的批判就应该是揭示其现实的基础和前提，而不是用词句来反对词句。但马克思看来，当时的种种对黑格尔的批判

---

① 《马克思恩格斯选集》第1卷，人民出版社1995年版，第54~55页。

② 麦金太尔：《马克思的〈关于费尔巴哈的提纲〉——一条未走之路》，载《国外社会科学》1995年第6期。

③ 《马克思恩格斯选集》第1卷，人民出版社1995年版，第55页。

④ 《马克思恩格斯选集》第1卷，人民出版社1995年版，第56页。

恰恰是立足于黑格尔体系的基地之上的，"对黑格尔的这种依赖关系正好说明了为什么在这些新出现的批判家中甚至没有一个人试图对黑格尔体系进行全面的批判，尽管他们每一个人都断言自己已超出了黑格尔哲学。"① 所以这些批判家只不过是抓住了黑格尔哲学的某些方面，并以此制造出各式各样的抽象理论。而这种批判就变成了一种抽象对另一种抽象的批判，他们只是反对"现存世界的词句"，而绝不反对这个"现实的现存世界"。② 可见，以前对黑格尔的批判实质上是一种理论哲学对另一种理论哲学的批判，而马克思认为，唯有站在理论哲学之外的立场，也即立足于现实的生活实践，这种批判才可能有效。而立足于生活实践，那便是实践哲学的立场了。所以马克思用以批判的理论不是没有出发点的，"它从现实的前提出发，而且一刻也不离开这种前提。它的前提是人，但不是处在某种虚幻的离群索居和固定不变状态中的人，而是处在现实的、可以通过经验观察到的、在一定条件下进行的发展过程中的人"。③ 马克思的"人"实际上就是现实的关系的总体，也就是现实的生活实践。这样，理论就不再像古典唯心主义那样"从天上降到地上"，而是"从地上升到天上"。

理论与实践的关系问题，进一步涉及对于活动主体的理解。马克思在《德意志意识形态》中反复强调，历史活动的主体"是现实中的个人，也就是说，这些个人是从事活动的，进行物质生产的，因而是在一定的物质的、不受他们任意支配的界限、前提和条件下能动地表现自己的"④。这样的活动主体必然是一种具体地处于一定社会关系中的个人，或如古德所说的，马克思所主张的是一种"关系中的个体的存在论"⑤。而与之相对，马克思所批判的旧哲学则把活动主体不是设想为"绝对精神"、"自我意识"、"唯一者"，就是设想为"人自身"。显然，把主体设想为能够独立于生活实践之外的抽象存在物，是理论哲学所设想的出发点的绝对确定性所要求的。但是一旦主体被设想为独立于生活实践的抽象存在物，上述理论与实践关系之中的决定论与理性意志论的二律背反也就不可解决了。因而，很明显，把主体视为"现实中的个人"，是实践哲学的内在必然要求，因为只有这样规定主体，才能合理地解决理论与实践关系中的二律背反。

马克思哲学属于实践哲学传统这一论断还可以从后人对其哲学的误解中得到反证。在马克思之后，支配对其哲学解释的主要有两种趋向：一种是始于普列汉洛夫而最后定格于斯大林的机械决定论的解释；另一种则是始于卢卡奇而后在西

---

① 《马克思恩格斯选集》第 1 卷，人民出版社 1995 年版，第 64 页。
② 《马克思恩格斯选集》第 1 卷，人民出版社 1995 年版，第 66 页。
③ 《马克思恩格斯选集》第 1 卷，人民出版社 1995 年版，第 73 页。
④ 《马克思恩格斯选集》第 1 卷，人民出版社 1995 年版，第 29～30 页。
⑤ 卡罗尔·古德：《马克思的社会存在论》（英文版），麻省理工学院出版社 1980 年版，第 30 页。

方马克思主义运动中得到发展的理性意志论的解释。前一种解释显然是一种属于理论哲学的实体性哲学的解释，而后一种解释则无疑是同属于理论哲学的主体性哲学的解释。前一种解释强调了历史过程的客观必然性，后一种解释则突出了历史主体的能动作用。但无论是哪一种解释，都有无法克服的矛盾。正如麦金太尔所指出的那样，在后来争辩中的每一方都有对于对手错误的绝好诊断：一派很清楚，如果人是环境和教育的产物，那么，经由这类革命力量而超越环境与教育的局限，就是不可理喻的了。另一派也同样清楚地看到，如果革命的力量就是卢卡奇在《历史与阶级意识》中所认为的那样，那么，社会历史进程的客观性就相当不清楚了。[①] 很显然，导致两派解释陷入困境，重新回到马克思早已在《提纲》中严肃质疑过的决定论与理性意志论的二律背反的根本原因，正是由于二者都背离了马克思实践哲学的理路，又回到了理论哲学的传统之中。所不同的只是一者走得更远一些，回到了古代的实体性哲学传统，一者则在反对方的实体性哲学的斗争中回到了（当然也可以在一种意义上说是前进到了）近代的主体性哲学传统。

对于马克思哲学是一种实践哲学，国内学术界虽然在结论上并无疑义，但对于实践哲学的理解则颇成问题。大致上有两种不同观点：一种是在常识意义上把实践哲学理解为一种不尚空谈，注重实干或理论联系实际的哲学；另一种则较为"深刻"，即把"实践"理解为马克思主义哲学中的本原性概念，有如"实体"或"自我"在实体性哲学或主体性哲学中的地位。第一种理解大致上是实体性范式占主导地位时代对于马克思实践观的一般解释，而第二种理解，则是20世纪80年代以来主体性哲学范式在中国兴起之后对于实践哲学的解释。第一种解释作为一种常识性的看法，可以不论。第二种解释则随着主体性范式对于实体性范式的胜利，日益成为一种对于马克思实践观的主导性解释。不难看出，把实践作类似于"实体"或"自我"的理解，视为马克思哲学中构造整个理论体系的基石，视为一种"本体"，显然并未脱出理论哲学的理路，或者说，仍然是一种理论哲学。以"实践本体论"命名这种解释，可以说是很切贴的。但同样明显的是，这样一种解释并不是对马克思实践哲学的确当解释，甚至可以说是一种自相矛盾的解释。如前述，既然实践哲学的理路认为理论思维为生活实践的一个构成部分，理论思维并不能从根本上超出生活，并不能在生活之外找到立足点，认为理论理性从属于实践理性，那么，以"实践"作为"本体"去构造世界，便是认为理论理性可以超越于生活而高于实践理性。显然，这种理解是与实践哲

[①] 麦金太尔：《马克思的〈关于费尔巴哈的提纲〉——一条未走之路》，载《国外社会科学》1995年第6期。

学的基本精神相悖的，因为在这种理解中，实践哲学已然消解为一种理论哲学了。正是在对实践哲学这种误解的基础上，才出现了所谓的超越实践哲学的"后实践哲学"主张。与之呼应的还有所谓的"后实践美学"。不言而喻，基于误解的超越是没有多大意义的。

当然，把马克思哲学理解为一种现代哲学之典范的现代实践哲学，并不是说所有对于马克思哲学的解释也都自然地属于现代实践哲学之范式。事实上，对马克思哲学的流行解释，基本上不属于现代实践哲学范式，而是属于实体性哲学或主体性哲学。前者的典型是斯大林在《辩证唯物主义和历史唯物主义》那种解释，而后者的代表则是卢卡奇在《历史与阶级意识》中所主张的总体性理论。这两种解释都未能揭示马克思哲学的实质，都把马克思在哲学思维范式上的革命性变革掩盖起来了。在国内，几十年来，也是上述两种解释居于支配地位，即，先是实体性解释的一统天下，后则有主体性解释的挑战。主体性解释虽然比之实体性解释有着更大的优越性，但它仍属于近代哲学的范畴，因而，它就仍未能恰如其分地揭示出马克思哲学作为一种现代实践哲学范式的当代性来。而只有从超越了近代主体性哲学，从而一般地超越了理论哲学理路的原则上看问题，才能够理解马克思哲学作为现代实践哲学之典范的意义。

理论哲学理路与实践哲学理路的根本不同在于对于理论与实践关系的不同设定。因而，从理论哲学理路转变为实践哲学理路，最为根本的转变便是对于理论与实践关系设定的根本性反转。将实践设定为第一性的东西并不困难，因为这种设定完全可能仍是在理论哲学的理路中进行，即把实践概念设定为一个理论体系的起始概念，而将整个理论体系由之推导出来，从而只是主体性的理论哲学范围内的一种"实践的观点"。因此，问题不在于在理论体系之中将实践概念设定为初始概念，而是如何在理论活动即理论实践之中把实践设定为第一性的。由此根本性的设定，理论与实践的关系就完全地反转过来了。而这一完全反转不可避免地要带来一系列根本性的观念上的变化，并带来一系列问题。

首先带来的是对理论理性完全自主性的否定。在理论哲学理路中，理论理性的自主性是一个根本性的设定。只有在理论理性具有能够完全超越于现实生活的自主性的情况下，理论生活的优越地位才能够确立，理论知识对于实践知识的优越性才能够确立。但是，在一个科学知识昌明的时代，如何才能令人信服地驳斥理论理性所要求的完全自主性？更为令人困惑的是，否定了理论理性的完全自主性之后，如何才能避免走向相对主义？我们知道，西方理论哲学的兴起，原初的动机正在于寻求绝对的确定性，而设定理论理性的完全自主性，亦正是出于此一动机。而若否定了此一自主性，则如何才能达致确定性？事实上，是存在着走向相对主义的危险的，罗蒂就是一个例子。他从批判西方的"自然之镜"的哲学观念开始，最终得出了"种族中心主义"的结论。[①] 而哈贝马斯则由于对失去确定性的恐惧，最终又肯定了理论理性的优先地位。[②] 显然，解决这些问题并非易事。但正因为这些问题的存在和人们的探讨，才推动了哲学的发展。就此而言，罗蒂的"种族中心主义"理论和哈贝马斯的交往行动理论都是在这一方向上极有意义的探索成果。因此，要想成功地实现转向，就不可避免地要在前人探索的基础上对理论理性的地位这一根本性问题做出合理的界定。

与理论理性的完全自主性问题相关，是哲学理论的体系性问题。理论与实践关系的完全反转和理论理性完全自主性的否定，还使得理论的体系性亦成了问题。理论哲学设定了理论理性的完全自主性和优先性，因而就能够据此出发而构建起一个首尾一贯的理论体系来。这样一个理论体系必然被设定为自足的和自我封闭的。但是，在否定了理论理性的完全自主性之后，也就随之失去了一个由之可以构建一个自足的和自我封闭的理论体系的基点，从而使得理论成为开放的。但这开放是向生活实践的开放，是以生活实践为基础或"先验条件"，因而这就产生了理论体系性的合理程度问题。理论不能没有任何体系性，无体系即不成理论，亦失去了理论的意义。但在实践哲学的设定中，传统理论哲学意义上的体系性已不可能，因而就有一个重新理解理论的体系性的问题。如果我们不愿意使哲学变成一种罗蒂所说的类似于文学批评的东西，那就必须为体系性确定一个合理的限度和一个合理的依据。

三、实践活动的总体性与理论的整体性

理论哲学与实践哲学两种思维范式的对立，归根到底涉及对人类实践的理解问题。从理论哲学立场看问题，即把实践从属于理论，由于理论的抽象性，则必定不顾实践的具体性、个别性，而将实践亦理解为抽象的；而从实践哲学立场看问题，则相反，由于实践总是具体的、个别性的，因而，一种能够有效地应用于实践的理论，也就必须是具体的，即是一种整体性的理论。

在西方文化中，"理论"一词起源于宗教：古希腊的城市把它向公众的庆典活动派遣的代表称为理论家（Theoros），他用理论（Theoria）向圣灵敬献忠心。[③] 理论何以能对神敬献忠心呢？这跟理论本身的活动方式有关。"理论"一词的希腊文就是由"神"和"观看"组成，因此理论可以看作对神的观看或静观。在古老的

---

① 罗蒂：《后哲学文化》，上海译文出版社 1992 年版，第 81 页。
② 余碧平：《现代性的意义与局限》，上海三联书店 2000 年版，第 177 页。
③ ［德］哈贝马斯：《作为意识形态的技术与科学》，学林出版社 1999 年版，第 118 页。

宗教教义中，这一被"观看者"是神，而对于后来的哲学家而言，被"观看者"就只能是自然。当然，这个自然在一开始还是与神相关的，古希腊人的理论所探究的对象主要是永恒不变的事物，而"永恒不变"显然只能与神性相关。所以，亚里士多德才认为理论的生活（哲学）是最接近神的现实活动，是最幸福的生活。

理论的"视角"就是理论的立足点。理论一开始就试图解释纷繁复杂的世界，也就是探求这个世界背后的根据，立足于这个根据，一切现象就可以得到理解。现象世界是复杂的，所以，要理解世界首先必须找出诸种复杂现象中共同的东西，寻求世界的同一性。立足于这种同一性，世界才可以理论地得到把握。因此哲学一开始面临的问题乃是一与多的问题，通过解决这一问题，理论便找到了世界的本原和始基。如哈贝马斯所说："这种始基无论是作为凌驾于世界之上的创世主，还是作为自然的本质原因，或者再抽象一步作为存在，都形成了一种视角，由此看来，世界内部的事物和事件尽管丰富多彩，但还是能够整齐划一，成为特殊的实体，同时也可以理解为整体的各个部分。"① 同一的过程也就是抽象的过程，这一过程以得出世界的形式和范畴为目的，从古希腊自然哲学家探求世界的开端到亚里士多德的范畴体系就是这一抽象过程的发展。理论家就是通过哲学范畴把握世界的。这一把握是形式的把握，因为范畴根本上是立义于形式的。

那么，是什么东西使得我们可以将理论与生活实践区分开来，或者说，什么导致了理论与生活实践之间的"距离"呢？是理论活动的抽象性和单一性。依前面的分析，理论乃是主体的一种抽象性活动，正是这种抽象性使其获得一种相对的独立性，从生活实践的总体中凸显出来。与理论的抽象性相对的是则是生活实践的具体性。我们对理论与实践关系的描述就从这种抽象性与具体性的差别入手。其实，抽象与具体的关系问题在马克思的《〈政治经济学批判〉导言》中已经作为"政治经济学的方法"得到考察了。马克思区分了研究政治经济学的两条道路，一是"从实在和具体开始，从现实的前提开始"，最终将"完整的表象蒸发为抽象的规定"；一是从抽象开始，最终"抽象的规定在思维行程中导致具体的再现"。② 从马克思的论述中可以看出，实际上存在着两种具体，一是以往政治经济学据以为起点的具体，也就是理论抽象之前的"现实的前提"，一是理论活动的结果，也就是作为思维的具体，是"具有许多规定和关系的方法的总体"。马克思在此主要探讨的理论的方法问题，所以很自然地侧重于考虑后一种具体，但其中作出的两种具体的区分对于我们理解理论与实践的关系却极为重要，因为其中包含着抽象性与具体性的全部内容。

---

① ［德］哈贝马斯：《后形而上学思想》，译林出版社 2001 年版，第 29 页。
② 《马克思恩格斯选集》第 2 卷，人民出版社 1995 年版，第 17、18 页。

虽然理论必须以抽象性为起点且不可能完全脱离这个起点，但理论一开始就并不安于抽象性。事实上，理论也是以某种具体性为目标的，这就是马克思提到的第二种具体，即思维的具体。既然理论内部也存在着某种具体性，那么是否可以将其等同于或部分等同于前一种具体呢？这是绝对不可以的。马克思说：“具体总体作为思想总体、作为思想具体，事实上是思维的、理解的产物；但是，决不是处于直观和表象之外或驾于其上的思维着的、自我产生着的概念的产物，而是直观和表象加工成概念这一过程的产物。”① 后一种具体是内在于理论，是前一种具体的“理论的”表现形式。马克思严格区分了这两种具体，并将这种区分作为其哲学与理论哲学特别是黑格尔哲学划清界限的关键性步骤。马克思认为黑格尔抹杀这种区分的结果就是“把实在理解为自我综合、自我深化和自我运动的思维的结果，其实，从抽象上升到具体的方法，只是思维用来掌握具体、把它当作一个精神上的具体再现出来的方式”。② 由于思维的具体乃是内在于理论的具体，因此，这种具体最终也是有限的。事实上，黑格尔的做法只是以往理论哲学的极端化，而马克思的批评实质上适用于整个理论哲学。将理论与生活实践从“质”上区分开来，理论的有限性及其对于生活实践的从属性才得以落实，从而实践哲学的立场也才能真正以“理论的”方式得以确立。

但理论哲学却对理论与实践的关系作了颠倒的理解，从而导致了对理论与实践的抽象理解。从柏拉图、亚里士多德的古代哲学一直到以笛卡尔为典范的近代哲学，其根本的思维特征是以理论理性为基准去判别事物的真实与否，以理论理性去构建所视为真实的本体性存在。在柏拉图那里，被视为真实存在的理念正是理性的对象，而感性则被视为混乱与意见的根源。而在近代哲学家那里，特别是在笛卡尔那里，理论理性更是明明白白地成为了客观真实存在的基准。当伽利略说自然这部大书是用数学的语言写成的时候，这绝不仅仅是一个比喻，而是宣布了一条准则，凡是能用数学这种理性的典型形式处理的事物，便是真实而客观的，是第一性质，而凡是不能以之处理的，便只能被打发到主观的、缺乏真实性的第二性质的领域中去。这样，从柏拉图开始，西方哲学便基于理论理性的首要性、自主性而一步步地构建了一个被视为唯一真实的世界，而人类直接的生活世界反而被视为不真实的“非存在”或“假象”的世界。在古代和中世纪，还能给人们的日常生活世界中的事物留下一点尽管比较低微的位置，而一旦到了近代哲学的手中，连这一点可怜的位置也被撤销了。在笛卡尔那里，物质实体被归结为只是空间或广延，其他性质一概被归之于主观。这一变化甚至也体现在唯物主

---

① 《马克思恩格斯选集》第 2 卷，人民出版社 1995 年版，第 19 页。
② 《马克思恩格斯选集》第 2 卷，人民出版社 1995 年版，第 18 ~ 19 页。

义哲学中，这便是马克思、恩格斯在《神圣家族》一书中评论近代唯物主义哲学中所发生的变化时所描述的那种情况：在培根那里，"物质带着诗意的感性光辉对人的全身心发出微笑"；而在霍布斯这里，"感性失去了它的鲜明的色彩而变成了几何学家的抽象的感性。物理运动成为机械运动或数学运动的牺牲品；几何学被宣布为主要的科学。唯物主义变得敌视人了"①。

既然上述理论哲学对于生活世界的抽象化是建立在理论理性的首要性、自主性的基础上的，那么，实践哲学对于理论哲学的超越，便必定首先是对于理论理性首要性、自主性的否定。当然，这种否定并不是要否定理论理性的意义，更不是要否定近代科学的意义，而是要在实践哲学的基础上重建理论理性的地位，重建科学的意义。这一重建工作开始于马克思。当马克思在《关于费尔巴哈的提纲》中指出，"人的思维是否具有客观的真理性，这不是一个理论的问题，而是一个实践的问题"② 时，这一重建工作就开始了。很久之后，海德格尔亦基于其基础本体论而以不同方式进行了重建。他认为，"认识是作为在世的此在的一种样式，认识在在世这种存在建构中有其存在者层次上的根苗"③。这就是说，认识基于在世的领会，根植于领会。这样理解，"也就取消了纯直观的优先地位。这种纯直观在认识论上的优先地位同现成的东西在传统存在上的优先地位相适应。'直观'和'思维'是领会的两种远离源头的衍生物。"④ 按照这种理解，科学所理解的世界自然只能是直接生活的衍生物。更为具体和透彻的则是胡塞尔晚年在其"生活世界"理论中对近代科学的本质进行的重建。在他看来，"生活世界是原始明见性的一个领域"，而科学作为一种客体化，"是方法论的事情，并且是奠基于前科学的经验被给予性之中的"⑤。这就是说，科学所理解的自然，并非直接直观的世界，而是对这一原始基础的观念化，是其"观念的构造物"，但近代哲学却误解了科学的这一实质，将这一"观念的构造物"视为唯一真实的自然。于是，"自伽利略起，观念化的自然就开始偷偷地替代前科学的直观的自然了"，"即一种方法论上的观念化功能暗中替代了那种直接的作为在一切观念化那里被当作前提的现实性而被给予的东西"⑥。这就是说，在理论哲学的视野中，感性的现实世界以及人们现实的实践活动，都被归结为"观念的构造物"了。

毋庸置疑，近代以来，科学的理论活动对于实践世界的改变作用是巨大的，

① 《马克思恩格斯全集》第 2 卷，人民出版社 1958 年版，第 164 页。
② 《马克思恩格斯选集》第 1 卷，人民出版社 1995 年版，第 55 页。
③ 海德格尔：《存在与时间》，三联书店 1987 年版，第 75 页。
④ 海德格尔：《存在与时间》，三联书店 1987 年版，第 180 页。
⑤ 胡塞尔：《生活世界现象学》，上海译文出版社 2002 年版，第 256、265 页。
⑥ 胡塞尔：《生活世界现象学》，上海译文出版社 2002 年版，第 238、239 页。

这便是科学知识在实践中的应用。但是，这种应用并不是像近代科学的形而上学所主张的那样，将理论世界视为唯一真实的世界，而将实践世界视为不真实的，用理论世界取代实践世界，而是实际上是将理论世界中的抽象规律具体化，使之受到种种条件的约束，由超时空的一般抽象原则转变成为一种对特定时空中具体过程的描述。抽象的理论对于具体实践当然有一种指导作用，但若不将其具体化，这种指导作用便或者是不切题而无意义的，或者可能由于其抽象性而是有害的。事实上，两个世界之间的这种根本性的不同，早就被发现了，人们注意到，即便是被视为科学之典范的古典力学的数学公式亦只是近似的对于天体运行的描述，而非绝对精确，更不要说非古典力学了。这一两个世界之间的转换，于自然科学而言，便是科学理论的工程技术化。技术并不同于科学，科学是一般化的东西，技术则是具体的。技术或实践的对象与理论的对象有根本区别的。因而从理论世界向实践世界的转化，是两个世界之间的一种根本性的转化，这就是要从一种抽象的理论，转变成为一种具体性的理论，即能够全面地描述实践，从而能够具体地指导实践的整体性的理论。这在马克思主义理论中，就是辩证法的从抽象到具体的过程。

总之，在马克思主义的实践哲学中，由于从实践出发，将实践视为理论的基础，且由于实践的具体性，也就必然要求理论的整体性。

第二节　马克思主义理论创立阶段体现的整体性

一、马克思主义创始人理论活动的基本进程

马克思主义理论自始至终是一种整体性的理论，但在马克思主义理论创始人理论活动的不同时期，这种整体性的表现方式是有所不同的。

马克思、恩格斯是热忱的革命家，为了变革社会的实践而寻找革命真理。他们亲身参加并领导了反对旧制度的革命实践，并在其政治和思想斗争中，实现了由革命民主主义者向共产主义者、由唯心主义者向唯物主义者的转变。马克思、恩格斯同时还是知识极为渊博的学者。他们具有很高的科学素养，密切关注并且了解当时知识的前沿成就和发展趋势，尤其是对英国古典政治经济学、法国的空想社会主义和德国古典哲学，具有极为精湛的研究和透彻的把握。马克思、恩格

斯"兼有学者和革命家的品质"①，既具有亲自参与和领导革命斗争的实践经验，又善于进行经验总结和理论创造，使他们具备了创立新世界观的主体条件。

马克思、恩格斯创立新世界观经历了一个创造性的探索过程。他们从事理论和社会活动的初期属于"青年黑格尔派"阵营，在政治上是激进的革命民主主义者，在哲学上则是倾向于自我意识立场的唯心主义者。在《莱茵报》时期（1842～1843年），马克思开始了其世界观转变的艰巨过程。与之同时，恩格斯亦开始了这一过程。他们积极投身于社会政治活动，把哲学批判和社会政治批判结合起来，认识到物质因素和利益问题在社会生活中的重要作用，开始反对并摒弃青年黑格尔派脱离现实政治、空谈思想"批判"的主观主义倾向，转向具体的、与社会生活密切相关的现实立场。

大约从1843年起，马克思转向以费尔巴哈为代表的唯物主义，开始清算以黑格尔哲学为代表的思辨唯心主义。在《黑格尔法哲学批判》中，马克思从哲学唯物主义出发批判了黑格尔的国家哲学和法哲学，得出了市民社会的"本质的矛盾"决定政治国家的重要结论。在《论犹太人问题》和《〈黑格尔法哲学批判〉导言》中，马克思不仅明确阐述了"政治解放"和"人类解放"的原则区别，从哲学上概述了"人类解放"的历史任务，而且找到了实现"人类解放"的物质力量——无产阶级。这表明马克思已经开始实现"两个转变"，即由唯心主义转向唯物主义，由革命民主主义转向共产主义。与此同时，恩格斯通过对青年黑格尔派和古典政治经济学的批判，在一些基本观点上得出了和马克思一致的结论，在世界观转变方面也迈出了重要的步伐。

1844年，马克思在巴黎写下了著名的《1844年经济学哲学手稿》。这部手稿不仅对古典经济学和空想社会主义进行了批判性的考察，而且对"黑格尔的辩证法和整个哲学"进行了意义重大的批判。这部手稿对哲学、政治经济学和社会主义学说进行了深入的批判性考察，内容涉及广泛的思想领域和理论前提，进而提出了包括"异化劳动"、"对象性的活动"等一系列极为重要的独创性见解，为新世界观的创立作了理论上的准备。当然，它还带有费尔巴哈人本主义的一些遗迹。作为马克思主义的共同创始人，马克思和恩格斯经过密切的思想交往，终于在1844年夏天的巴黎会见中，在理论领域中取得了完全一致的意见。他们合作的成果《神圣家族》坚决而彻底地批判了黑格尔哲学及其主观主义的变种，对历史的发源地、社会生产以及在生产中形成的关系等等进行了具有重要意义的唯物主义探索。这部著作既是马克思、恩格斯毕生共同工作的开始，也是着手清算各种各样的唯心主义，并在哲学上逐渐超出费尔巴哈观点的实际开端。

---

① 《列宁选集》第1卷，人民出版社1995年版，第83页。

1845 年春，马克思写下了《关于费尔巴哈的提纲》。正是在这个被恩格斯称为"包含着新世界观的天才萌芽的第一个文件"①中，马克思在主要之点上拟订了新世界观的核心以及批判全部旧哲学的纲领。随后马克思和恩格斯又合作撰写了《德意志意识形态》，对《关于费尔巴哈的提纲》中的基本思想予以深入地探讨和科学地阐发。

《关于费尔巴哈的提纲》和《德意志意识形态》不仅对全部唯心主义进行了彻底清算，而且对包括费尔巴哈在内的全部旧唯物主义作出了根本性地批判。在这一双重批判的过程中，马克思、恩格斯阐明了科学的实践观，并将其作为马克思主义哲学区别于一切旧哲学的根本特征。在科学实践观的基础上，马克思、恩格斯进一步论述了新世界观的一系列基本原理，从而在创立新世界观的道路上迈出了决定性的一步。由此形成的一个重大理论成果就是唯物史观。唯物史观的创立，第一次使得对历史的唯物主义解释成为可能，从而把唯心主义从最后一个避难所中驱逐出去。唯物史观被恩格斯称为马克思的"两个伟大发现"之一，它在哲学上为科学社会主义奠定了理论基础。总之，这两部著作第一次系统、全面地阐明了马克思主义哲学的立场、观点和方法，并对其根本宗旨作出了明确的论述。这意味着马克思、恩格斯在哲学史上完成了一次彻底的革命，意味着通过这一革命，马克思主义哲学正式创立。

马克思、恩格斯随后在同各种非科学的社会主义和机会主义的论战中，进一步发挥和论证了他们的新世界观，并将其作为工人阶级为争取解放而斗争的实践纲领阐述出来。1847 年出版的《哲学的贫困》和 1848 年出版的《共产党宣言》标志着马克思主义哲学的公开问世。

马克思主义哲学创立之后，马克思、恩格斯仍毕生致力于不断地发展、深化和充实这一科学的世界观和方法论，并使之与无产阶级和人类解放的历史性实践紧密地结合起来。在 1859 年的《〈政治经济学批判〉序言》中，马克思对历史唯物主义的基本原理作出了经典表述，全面而准确地概括了历史唯物主义的基本立场、观点和方法，使之成为科学地研究各种社会历史现象的完备纲领。马克思积四十年勤奋之力而写成的划时代巨著《资本论》，不仅对资本主义经济现象的内在逻辑作出了最为深入透彻的科学分析，而且在哲学上充分地把握和发挥了唯物主义辩证法，使之被积极地运用于对现代经济运动及其理论表现的批判性研究之中。1876 年，为了反击广为流行的杜林主义，恩格斯发表了《反杜林论》，在彻底清算杜林的哲学唯心主义和形而上学的同时，全面阐述了马克思主义哲学，使其基本原理得到了系统的论证和概括。恩格斯写于 1873～1882 年的《自然辩证法》，结合自

---

① 《马克思恩格斯选集》第 4 卷，人民出版社 1995 年版，第 213 页。

然科学的成果，在哲学上深刻揭示了体现在自然过程中的唯物辩证法。晚年马克思还把对古代社会的研究和进一步深化历史唯物主义的任务结合起来，并以摘要、评述等形式写下了著名的"古代社会史笔记"。这一研究通过对人类古代社会形态的历史考察，进一步拓展了历史唯物主义在科学研究和社会实践中的指导意义。

二、唯物主义历史观的创立

马克思、恩格斯创立唯物主义历史观经历了一个发展过程。在这个过程之中，有一些重要的文本，既显示出了马克思、恩格斯思想发展的某种阶段性，也显示出马克思主义从形成的开始就具有整体性。其中最重要的有《1844 年经济学哲学手稿》、《神圣家族，或对批判的批判所做的批判》（简称《神圣家族》）、《关于费尔巴哈的提纲》、《德意志意识形态》和《共产党宣言》等。

对于马克思主义哲学创始人来说，推进哲学发展的核心问题仍然是如何确定人类世界的客观实在性并进一步使主体现实化。马克思实现哲学上的变革，创立新哲学的过程，正是一个确立人类世界客观实在性和现实化主体的过程；当马克思最终达到把实践活动规定为客观的活动并以"现实的个人"为出发点之时，也就实现了哲学上的革命性转变。大体上说来，马克思哲学变革的历程可以划分为三个大的阶段，即《1844 年经济学哲学手稿》阶段、《神圣家族》阶段、《关于费尔巴哈的提纲》和《德意志意识形态》阶段。在这三个紧密相关而又明显区别的阶段上，马克思从不同方面探讨了使主体现实化的道路，经过了出发点或主体的三次转换这样一个否定之否定的辩证扬弃过程之后，马克思终于以"现实的个人"为出发点，而达到了对于人类世界客观实在性的理论确证，从而为现实地解决思维与存在、自由与必然问题确立了一个坚实的基础。

（一）《1844 年经济学哲学手稿》：唯物史观的初步探讨

《1844 年经济学哲学手稿》是马克思主义形成过程中的重要著作。在这部手稿中，马克思从唯物主义和共产主义的立场出发，对涉及哲学、政治经济学和共产主义理论的各种历史文献和思想观点进行了系统的批判性考察，在剖析资本主义经济制度和资产阶级经济学的过程中，提出了新的经济学观点、哲学观点和共产主义理论观点，并做了初步的综合性阐述。

费尔巴哈曾经意识到黑格尔哲学的抽象性，而以人作为自己哲学的出发点，"使唯物主义重新登上了王座"①。在他看来，"近代哲学的任务，是将上帝现实

------

① 《马克思恩格斯选集》第 4 卷，人民出版社 1995 年版，第 218 页。

化和人化，就是说：将神学转变为人本学，将神学溶解为人本学"①。费尔巴哈哲学的基本方法就是"借助于人，把一切超自然的东西归结为自然，又借助于自然，把一切超人的东西归结为人"②。但费尔巴哈所理解的人仍然是一种抽象的人，即作为"肉体总体"的生物学意义上的人，一种受动的而非能动的存在。以这种抽象的人为基础所实现的思维与存在的统一就只能是一种抽象的统一，而对于自由与必然的矛盾关系问题的解决，也就只能是一种抽象的方式。费尔巴哈虽然走出具有重要意义的一步，但并未从根本上克服旧哲学否认人类世界实在性的抽象本质。

在这一阶段，马克思思想的发展深受费尔巴哈哲学的影响。费尔巴哈作为黑格尔的学生，其哲学不是简单地向法国唯物主义回复，而是吸收了黑格尔哲学的某些内容。费尔巴哈哲学的出发点是"人的类本质"，以人的类本质为出发点，费尔巴哈认为，正是人的本质的异化，导致了剥夺人的自由的宗教。他写道："属神的本质不是别的，正就是属人的本质，或者，说得更好一些，正就是人的本质，而这个本质，突破了个体的、现实的、属肉体的人的局限，被对象化为一个另外的、不同于它的、独自的本质，并作为这样的本质而受到仰望和敬拜。"③而哲学通过把神的本质还原为人的本质，就能够克服宗教的异化，实现以人为基础的思维与存在的对立的克服，实现人的自由和解放。

在《1844 年经济学哲学手稿》中，马克思还是沿着费尔巴哈的思路向前推进的。但与费尔巴哈把人的类本质归结为类意识不同，马克思认为人的类本质是一种"自由的自觉的活动"，即"改造对象世界"的物质生产劳动。他说："正是在改造对象世界中，人才真正地证明自己是类存在物。这种生产是人的能动的类活动。"④这种作为类本质的生产活动，是一种有意识的活动，因而它不似动物般地只是在直接的肉体需要的支配下的片面生产，而是一种能够按照任何尺度进行的全面的生产，亦即按照美的规律进行的生产。⑤但人的这样一种类本质在某种条件下却可能导向相反的东西，使人失去其自由的本质，而陷入被奴役与被支配之中。这种条件便是"被国民经济学作为前提的那种状态"，即私有财产的状态。在这样一种条件下，"劳动的这种实现表现为工人的失去现实性，对象化表现为对象的丧失和被对象奴役，占有表现为异化、外化"⑥。于是，劳动者在"自己的劳动中不是肯定自己，而是否定自己"。这种异化劳动进而导致"人的

---

① 《费尔巴哈哲学著作选集》上卷，商务印书馆 1984 年版，第 122 页。
② 《费尔巴哈哲学著作选集》上卷，商务印书馆 1984 年版，第 249 页。
③ 《费尔巴哈哲学著作选集》下卷，商务印书馆 1984 年版，第 39 页。
④ 《马克思恩格斯全集》第 42 卷，人民出版社 1979 年版，第 96、97 页。
⑤ 《马克思恩格斯全集》第 42 卷，人民出版社 1979 年版，第 97 页。
⑥ 《马克思恩格斯全集》第 42 卷，人民出版社 1979 年版，第 91 页。

类本质""变成人的异己的本质，变成维持他的个人生存的手段"。异化劳动最终造成工人与资本家的对立，造成私有财产。至于"宗教、家庭、国家、法律、道德科学、艺术等等，都不过是生产的一些特殊的方式，并且受生产的普遍规律的支配"①，它们在异化劳动的条件下也必然是异化的。这就是说，异化劳动是造成人与自然之间、思维与存在之间、自由与必然之间等等在全部历史中对立的根源。因此，马克思认为对作为人的自我异化的私有财产的积极的扬弃，是一切异化的积极扬弃，而共产主义则正是这种积极的扬弃的历史形式。"共产主义是私有财产即人的自我异化的积极的扬弃，因而是通过人并且为了人而对人的本质的真正占有；因此，它是人向自身、向社会的（即人的）人的复归，这种复归是完全的、自觉的而且保存以往发展的全部财富的。这种共产主义，作为完成了的自然主义，等于人道主义，而作为完成了的人道主义，等于自然主义，它是人和自然之间、人和人之间的矛盾的真正解决，是存在和本质、对象化和自我确证、自由和必然、个体和类之间的斗争的真正解决。"② 而"历史的全部运动，既是这种共产主义的现实的产生活动即它的经验存在的诞生活动，同时，对它的能思维的意识来说，又是它的被理解到和被认识到的生成运动。"③

这里，首先，马克思批判地继承了黑格尔精神异化理论——当然还有费尔巴哈的类本质异化理论——中的历史主义方法，将人与自然、个人与社会、自由与必然的对立及其克服理解为一个历史的过程，即一个否定之否定的过程，从论证异化、对立存在的必然性中去论证异化、对立扬弃的必然性。其次，马克思在此把异化劳动的扬弃、人的类本质的恢复与共产主义直接联系起来，将共产主义视为解决人与自然、自由与必然之间对立的历史形式，是有着极为重大的理论意义的。在这里，作为人类存在之本原性矛盾的理论解决的哲学，与作为一种社会理想与社会运动的共产主义直接地联系了起来。这一方面使得哲学走向了现实的历史；另一方面则将共产主义提高到哲学理论的水平，从哲学上证明了共产主义的必然性。这两个方面结合的意义是极其深远的。此后，马克思哲学的每一进展都是以这种结合或统一为核心的。再次，更为重要的是马克思在此把人类的本质规定为"自由的自觉的活动"，即"改造对象世界"的生产劳动，并用这一本质去说明宗教、国家、法、道德、科学、艺术等等，这实际上是初步提出了物质实践的概念，并力图把人的本质、社会生活的本质归结为实践，从而跨出了超越费尔巴哈哲学的重要一步。此外，用人的这一类本质的异化和异化的扬弃去说明全部历史，说明私有财产的形成和消灭，说明历史发展过程的矛盾对立性，把全部历

---

① 《马克思恩格斯全集》第 42 卷，人民出版社 1979 年版，第 121 页。
②③ 《马克思恩格斯全集》第 42 卷，人民出版社 1979 年版，第 120 页。

史归结为生产劳动的异化与扬弃异化的辩证运动过程，这就在某种意义上赋予了黑格尔的唯心主义辩证法以现实的生命，使之在某种程度上成为唯物主义的历史的辩证法。因此，我们可以说，在《1844 年经济学哲学手稿》中，马克思已经构成了一个新世界观的雏形，为进一步发展打下了一个良好的基础。

但是，在这里马克思在此仍是从人的类本质出发的，这就把人的类本质看成了一个现成的东西，因而在一定程度上仍是抽象的。因为这样一来，人的类本质就被当成一个不变的、理想性的东西了，它既是人的原始本质，又是人类预悬的理想目标，而历史向理想的发展也就成了向这原始的东西的回复了。与从人的类本质出发密切相关，作为人的类本质之规定的生产劳动也具有某种抽象性，即这里只强调改造对象世界的活动是"自由的自觉的活动"，而未确认物质生产的首要目的乃在于生产满足人们自身的物质生活需要的资料这一事实。这样一来，人的类本质作为一种总体性、理想性的东西，在某种意义上可以说是与现实存在的个体不同的东西，是一种超个体的东西，因而这种作为类本质的活动的目的便只在于为了类本质的实现，而无关乎个体的现实存在。这说明，这时马克思的认识仍有某种不成熟之处。

（二）《神圣家族》：问题的深化

《神圣家族》是马克思和恩格斯合写的第一部哲学著作，是对青年黑格尔派鲍威尔兄弟及其追随者唯心主义哲学体系进行批判的著作。

《1844 年经济学哲学手稿》的主题是以哲学的劳动异化理论论证共产主义作为历史运动的必然性的，《神圣家族》的主要内容虽然是批判鲍威尔等人的，但其正面的阐述仍然是论证共产主义的，只是这里的论证方式或出发点改变了。如果说在《1844 年经济学哲学手稿》中，马克思是受费尔巴哈的人本主义影响，通过改造黑格尔的思辨唯心论，把其唯心主义的精神异化论的辩证法引向唯物论的方向，以为共产主义提供论证的话，那么，由于这一方向上所遇到的理论困难，在《神圣家族》中就暂时放下了劳动异化理论而转到了另一方向上。这一方向可以说是力图改造法国唯物主义，将其引向辩证法的方向，从一个新的角度论证共产主义。当然，这个方向是与从唯物主义立场上对鲍威尔等人的以"自我意识"为出发点的唯心主义的批判完全一致的。科尔纽对此评论说："在马克思思想发展的这一个阶段，对他产生影响的主要是 18 世纪的唯物主义和法国社会主义。马克思全面研究了 18 世纪的唯物主义和法国社会主义的理论家们的学说和观点，并从中得出这样一个结论：环境对人的形成起着决定性的作用。"①

---

① 科尔纽：《马克思的思想起源》，中国人民大学出版社 1987 年版，第 79 页。

通过对 18 世纪唯物主义学说的研究，马克思对于自然、物质利益在人类生活中的作用形成了新的看法："正是自然的必然性、人的特性（不管他们表现为怎样的异化形式）、利益把市民社会的成员彼此连接起来。他们之间的现实的联系不是政治生活，而是市民生活，因此……他们不是神类的利己主义者，而是利己主义的人。"① 这些与《1844 年经济学哲学手稿》有着重大差异的思想，显然是直接来自法国唯物主义的。在《神圣家族》中，马克思还认为源于洛克的法国唯物主义这一派"直接汇入社会主义和共产主义的总流"。因为"并不需要多大的聪明就可以看出，关于人性本善和人们智力平等，关于经验、习惯、教育的万能，关于外部环境对人的影响，关于工业的重大意义，关于享乐的合理性等等的唯物主义学说，同共产主义和社会主义之间有着必然的联系。"②

很明显，马克思在这里对法国唯物主义的观点基本上是肯定的，他还抱着好感引证了爱尔维修、霍尔巴赫，甚至他后来极为鄙视的边沁③的著作中的一些特别具有代表性的段落，以证明"18 世纪的唯物主义同 19 世纪的英国和法国的共产主义的联系"。④ 这一切表明，马克思在这里转换了方向，转换了出发点，试图从根本不同于德国古典哲学传统的法国唯物主义传统出发，对于共产主义提出更具现实性的论证。这里作为出发点的，就是马克思在书中反复强调的人们的物质利益，或者说"利己主义的人"。而共产主义的必要性和不可避免性则在于："既然人是从感性世界和感性世界中的经验中汲取自己的一切知识、感觉等等，那就必须这样安排周围的世界，使人在其中能认识和领会真正合乎人性的东西，使他能认识到自己是人。既然正确理解的利益是整个道德的基础，那就必须使个别人的私人利益符合于全人类的利益，既然从唯物主义意义上来说人是不自由的，就是说，既然人不是由于有逃避某种事物的消极力量，而是由于有表现本身的真正个性的积极力量才得到自由，那就不应当惩罚个别人的犯罪行为，而应当消灭犯罪行为的反社会的根源，并使每个人都有必要的社会活动场所来显露他的重要的生命力。既然人的性格是由环境造成的，那就必须使环境成为合乎人性的环境。"⑤ 总之，马克思在这里对于空想社会主义者们从 18 世纪唯物主义出发论证共产主义，"把唯物主义学说当做现实的人道主义学说和共产主义的逻辑基础加以发展"是持肯定的态度的。在这部著作中，马克思的一些观点，诸如要求从经济状况和工业状况的不同去理解古代国家和现代国家的不同，从工商业发展

---

① 《马克思恩格斯全集》第 2 卷，人民出版社 1958 年版，第 154 页。
② 《马克思恩格斯全集》第 2 卷，人民出版社 1958 年版，第 166 页。
③ 关于马克思后来对边沁的评论，可参见《马克思恩格斯全集》第 23 卷，人民出版社 1975 年版，第 199、669 页。
④ 《马克思恩格斯全集》第 2 卷，人民出版社 1958 年版，第 169 页。
⑤ 《马克思恩格斯全集》第 2 卷，人民出版社 1958 年版，第 166 页。

的历史去理解犹太人问题的实质等，虽然都已超出了法国唯物主义的眼界，但就出发点而言，马克思仍然主要地强调了物质利益的基础作用，而尚未明确地把自己的立场与法国唯物主义的出发点区别开来，对于由此出发而对共产主义的论证，也持有一种肯定的态度。不言而喻，以此为出发点也必然会遇到法国唯物主义曾经遇到的困难。

对于在《神圣家族》中马克思解决思维与存在、自由与必然的关系问题，论证共产主义的合理性与必然性的出发点的这种转换，以往的研究似乎未予以足够的注意。人们一般地认为从《1844年经济学哲学手稿》到《神圣家族》，主要是受费尔巴哈的影响，所经历的是一条连续的直线。但如果我们从马克思所由之出发的德国古典哲学和法国唯物主义两种十分不同的哲学传统来看，就很容易看到这其间的主要倾向的跳跃性。《1844年经济学哲学手稿》中的基本倾向是继承了德国思辨哲学包括费尔巴哈的半思辨哲学的传统，以其辩证法考察生产劳动，将之把握为一个异化和扬弃异化的历史的过程。这里的出发点是人类的本质，其规定性虽然不同于唯心主义由以出发的理性、精神之类的东西，也不同于费尔巴哈的"类本质"，但在作为一种总体性、理想性的存在上却与之相类似。因而这一出发点就不是完全现实的，不是完全唯物主义的。而《神圣家族》中的基本倾向则是继承了法国唯物主义的传统，从人作为一个生物体而有维持自身生命存在的"利己主义"的需要之点去解释历史，说明社会关系的形成，论证共产主义的合理性的。这种从人的自然特性出发的立场，无疑是唯物主义的。因此，很明显，在《1844年经济学哲学手稿》和《神圣家族》的出发点之间有一种跳跃，一种方向的转换。如果说在《1844年经济学哲学手稿》中是力图使抽象的思辨哲学接近现实，是一种"自上而下"的方向的话，那么，在《神圣家族》中就是一种力图提高旧唯物主义的"自下而上"的方向。在前一方向，是从作为总体的类本质出发去说明现实的人的状况；在后者，则是从"利己主义的人"出发去说明作为总体的社会状况。前者继承了把历史把握为一个矛盾运动过程的辩证法传统，后者则继承了从自然存在出发的唯物主义传统。这两种出发点在某种意义上是正相反对的。但正相反对的东西往往也就是具有互补性的东西，即所谓相反相成，因而这两种出发点便都有着各自的真理性，不可互相取代。当然，它们都在某种程度上是抽象的，而不是完全现实的东西，因而由之出发去说明历史、解决思维与存在以及自由与必然的关系问题的两种方向都遇到了严重的困难。这种情况提示着，必须将两种出发点综合起来，必须把德国哲学传统的辩证法与法国哲学传统的唯物论内在地结合起来，建立起新的出发点，才可能克服既有理论的困难，真正合理地说明人类世界，说明人类存在的历史过程。

（三）《德意志意识形态》：唯物史观的创立

《德意志意识形态》是马克思和恩格斯阐述唯物史观和共产主义理论的重要著作。

将法国哲学传统的唯物论与德国哲学传统的辩证法的两种出发点综合起来，一方面把德国哲学的能动性、历史性原则引入唯物论，另一方面则对唯心的辩证法进行改造，使之现实化，这一综合工作是在《关于费尔巴哈的提纲》中开始的。在这里，马克思在批判唯心主义对人的能动性的抽象发展的同时，着重批判了旧唯物主义原则的直观性、受动性，指出其"主要缺点是：对事物、现实、感性，只是从客体的或者直观的形式去理解，而不是把它们当作人的感性活动，当作实践去理解，不是从主观方面去理解"①。这一批判表明，马克思已深刻地理解了法国唯物主义的缺陷及其理论上的困难，改变了先前的好感态度。这两个方面批判的结果，就是对于人类社会生活的实践本质的揭示，即"把人的活动本身理解为客观的活动"②，把"环境的改变和人的活动的一致"，"理解为革命的实践"③。这样，人类世界本身便直接被视为客观实在的，人类活动本身就被视为这样一个客观实在的世界，从而人作为活动主体也就是现实的了。关于这一点，在《关于费尔巴哈的提纲》这样一个简短的文件中还没有发挥出来，只是在《德意志意识形态》中，才充分地展开了对于这一出发点的规定。这也就是在这部著作中马克思反复强调从"现实的个人"出发的重大意义之所在。作为出发点的"现实的个人"是这样一种活动主体，他们"是从事活动的，进行物质生产的，因而是在一定的物质的、不受他们任意支配的界限、前提和条件下能动地表现自己的"④。因而，现实的个人作为主体就既非唯心主义所理解的那样，是纯粹能动的，亦非旧唯物主义所理解的那样，是纯粹受动的，而是能动与受动的统一，是受动制约下的能动，是对其受动条件的能动改造。这样一种能动性与受动性相统一的主体的活动，就既非旧唯物主义的纯然被动的自然感受性，亦非唯心主义的精神的想象活动，而只能是一种"感性的物质活动"，亦即物质实践或物质生产活动。这种活动一方面是受既定的、不受人们任意支配的界限、前提和条件制约的，但另一方面，在此既定条件所限定的范围或可能性空间内，主体是能够"能动地表现自己"，亦即能够在此范围内选择某一特定的、适合于自己的目的的存在形式而通过自身的活动去使之实现的。而且，限定人们自由活动的

---

① ② 《马克思恩格斯选集》第 1 卷，人民出版社 1995 年版，第 16 页。
③ 《马克思恩格斯选集》第 1 卷，人民出版社 1995 年版，第 17 页。
④ 《马克思恩格斯选集》第 1 卷，人民出版社 1995 年版，第 29~30 页。

既定条件虽然在每一特定时间之中是不能任意改变的，但在历史的进程中这些条件则"为新的一代所改变"。当然，这种改变也是非任意的、受限制的，这种受前一代传下来的生产力、资金和环境这些既定条件限定，而又能动地改变这些既定条件的物质实践活动的一代一代的延续，就构成了人类世界或人类存在的历史的最基本的内容。"历史不外是各个世代的依次交替。"在这种交替中，"人和自然的统一性"便由于人的这种活动而"在每一个时代都随着工业或快或慢的发展而不断改变"①。这样一种"人创造环境，同样环境也创造人"的过程就是主客体之间相互创造、互相规定的辩证的历史运动。

但人作为实践主体不是或者说不可能是直接地面对自然，亦即不可能直接地、不假中介地仅仅与自然发生关系，而是在与自然发生关系的同时，必然地与他人发生关系。"生产本身又是以个人之间的交往为前提的。"② 社会是人类存在的必然形式。现实的主体必然是处在一定的社会关系之中，为一定的社会关系所规定的。因此，"现实的个人"是对唯心主义的总体性的存在物和旧唯物主义的原子式的抽象个人的扬弃与综合，因而它是总体性与个体性的统一，是总体中的个体，是社会关系中的个人。从现实的个人出发，就否定了唯心主义从总体性的理想性存在物出发"把意识看作有生命的个人"，"把所有前后相继、彼此相连的个人设想为从事自我产生这种神秘活动的唯一个人"，把真实的个人设想为"作为主体的社会"或"类的自我产生"的结果的唯心主义观点，而坚持"社会结构和国家经常是从一定个人的生活过程中产生的"，用个人之间的为物质生产状况所制约的交往活动去说明社会，说明总体的唯物主义立场。③ 但对于从总体性的存在物出发，用主体与客体之间在异化、对立中的矛盾运动去把握历史过程的辩证法思想，则在新的唯物主义的立场上予以接受与改造，并由之而建立了一种实践的历史的辩证法。

实践的历史的辩证法的主体是"现实的个人"。这种主体既然是同时处在一定的与自然的关系和与他人的社会关系之中的，那么，这两种关系之间便也必然会发生一定的交互中介关系，即"生产本身又是以个人之间的交往为前提的。这种交往的形式又是由生产决定的"。这种中介的具体形式就是分工。分工是必然与生产力同步发展的。一方面作为人与自然的交往关系的生产力的每一重大进步，都会引起分工的发展；另一方面，分工本身也构成了生产力发展的必要手段或条件，而且分工作为劳动主体在不同劳动部门中的分配，它也会引起交往形式或社会关系方面的重大变化。因为分工，特别是物质劳动和精神劳动之间的分

---

① 《马克思恩格斯选集》第 1 卷，人民出版社 1995 年版，第 49、51 页。
② 《马克思恩格斯选集》第 1 卷，人民出版社 1995 年版，第 25 页。
③ 《马克思恩格斯选集》第 1 卷，人民出版社 1995 年版，第 29、31、42 页。

工，"不仅使物质活动和精神活动、享受和劳动、生产和消费由各种不同的人来分担这种情况成为可能，而且成为现实"①。这就必然地导致私有制的出现。事实上，"分工和私有制是两个同义语，讲的是同一件事情，一个是就活动而言，另一个是就活动的产品而言"②。由于分工和私有制的存在，"受分工制约的不同个人的共同活动产生了一种社会力量，即扩大了的生产力。由于共同活动本身不是自愿地而是自发地形成的，因此这种社会力量在这些个人看来就不是他们自身的联合力量，而是某种异己的、在他们之外的权力。关于这种权力的起源和发展趋势，他们一点也不了解；因而他们就不再能驾驭这种力量，相反地，这种力量现在却经历着一系列独特的、不仅不以人们的意志和行为为转移，反而支配着人们的意志和行为的发展阶段"③。这就是说，由于人与自然之间的关系同人与人之间的关系的相互中介而造成的分工的发展，导致了私有制和社会的分裂，导致了人们活动的异化，导致了人自身产生的力量反对人自身。或者说，本应导致人与自然或主客体统一性发展和人的个性发展的生产力的增长，却由于人与人之间的交往关系的中介，由于由此而导致的分工的发展，而造成了主客体对立的加剧，造成了物的力量对人的支配，造成大多数个人的片面发展，使之成了"偶然的个人"、"抽象的个人"。这样，马克思就从"现实的个人"出发，用生产力和交往形式之间的互相中介理论即分工理论，完全现实地、合理地说明了人类世界发展的矛盾对立性，为以往的劳动异化理论提供了一个完全现实的基础；亦即用分工理论中介了劳动异化理论，把异化最终归因于生产力的状况，从而消除了《1844年经济学哲学手稿》中的逻辑困难，使作为历史辩证法的劳动异化理论完全地建立在了唯物主义的基础之上。

现实的个人作为主体，其活动的目的亦是对于从抽象的个体出发和从抽象的总体、类出发的目的的扬弃与综合。从抽象的生物个体出发，主体的活动目的便只能被理解为纯粹的生物式的"自保"、"自爱"、"避苦趋乐"，即生命的自我保持。从抽象的总体或类本质出发，主体的活动目的便只能是某种先在的本质的实现。而从现实的个人出发，主体的活动目的就被理解为维持生命存在与自然所赋予的潜能的全面发展的统一。这里，维持生命存在是最基本的和首先的目的，而每个人的能力的自由而全面发展则是最终的和最高的目的。这两个方面的统一在于，维持生命存在是全面发展的前提，而全面发展亦只是这一生命存在的全面发展。但这种统一却是辩证的。在人类历史之初，二者之间有一种原始的统一，而在生产力发展所导致的分工和私有制的条件下，这种原始的统一便分裂了。一

① 《马克思恩格斯选集》第1卷，人民出版社1995年版，第36页。
② 《马克思恩格斯选集》第1卷，人民出版社1995年版，第37页。
③ 《马克思恩格斯选集》第1卷，人民出版社1995年版，第39页。

方面，大多数个人由于屈从于分工和丧失了对生产力的支配权而成为抽象的、丧失了个性的个人，单纯为了生存而劳动的个人；另一方面，只有极少数统治阶级的成员才获得了自由发展的条件。人的活动目的的这种分裂，只有在生产力高度发展的条件下，才能通过消灭分工和私有制加以克服；而未来的"共产主义所建立的制度，正是这样的一种现实基础，它排除一切不依赖于个人而存在的东西"，因而它就由此而使每个人获得了全面发展的条件，使得少数人获得发展的垄断权与大多数人失去发展的可能性这二者之间的对立不再存在，使得以往社会中"抽象的个人"、"偶然的个人"成为"完整的个人"、"有个性的个人"。因此，共产主义也就是解决人的有目的的活动与历史过程的客观必然性的对立、思维与存在的对立、自由与必然的对立，实现"以每个人的全面而自由的发展为基本原则的社会形式"。

我们看到，以"现实的个人"为出发点，把实践理解为这种主体在一定的物质条件制约下和在一定的交往关系形式中的能动的活动，马克思就最终既辩证又唯物地解决了思维与存在、自由与必然的关系问题，建立起了全新的世界观即现代唯物主义。

（四）《共产党宣言》：马克思主义理论的第一次系统表述

《共产党宣言》是马克思、恩格斯受委托而为共产主义同盟起草的纲领，是马克思主义纲领性文献，最为明显地体现了马克思主义理论的整体性。

《共产党宣言》首先对唯物主义历史观作了精辟的阐述。正如恩格斯在1888年英文版序言中所说的那样，构成《共产党宣言》核心的基本思想是，"每一历史时代主要的经济生产方式和交换方式以及必然由此产生的社会结构，是该时代政治的和精神的历史所赖以确立的基础，并且只有从这一基础出发，这一历史才能得到说明；因此人类的全部历史（从土地公有的原始氏族社会解体以来）都是阶级斗争的历史，即剥削阶级和被剥削阶级之间、统治阶级和被压迫阶级之间斗争的历史；这个阶级斗争的历史包括有一系列发展阶段，现在已经达到这样一个阶段，即被剥削被压迫的阶级（无产阶级），如果不同时使整个社会一劳永逸地摆脱一切剥削、压迫和阶级斗争，就不能使自己从进行剥削和统治的那个阶级（资产阶级）的奴役下解放出来。"[①]

基于上述基本思想，马克思、恩格斯考察了资本主义社会的历史与本质，指出资本主义与资产阶级不是从来就存在的，而是人类历史长期发展的产物，是生产方式和交换方式发展的产物。资本主义生产和交换的根本特征是机器大工业和

---

① 《马克思恩格斯选集》第1卷，人民出版社1995年版，第257页。

世界市场。这带来了生产力的极大发展："资产阶级在它不到一百年的阶级统治中所创造的生产力，比过去一切世代创造的全部生产力还要多，还要大。"① 这使它能够战胜封建主义，获得统治权。但是，"资产阶级的生产关系和交换关系，资产阶级的所有制关系，这个曾经仿佛用法术创造了如此庞大的生产资料和交换手段的现代资产阶级社会，现在像一个魔法师一样不能再支配自己用法术呼唤出的魔鬼了"，这表明，"生产力已经强大到这种关系所不能适应的地步，它已经受到这种关系的阻碍"，"资产阶级用来推翻封建制度的武器，现在却对准资产阶级自己了"。②

在《共产党宣言》中，马克思、恩格斯提出了无产阶级革命的任务："共产党人可以把自己的理论概括为一句话：消灭私有制"③。而这正是为了使生产关系适应社会化的生产力发展。具体的方式，就是首先是无产阶级上升为统治阶级，争得民主。然后，"无产阶级将利用自己的政治统治，一步一步地夺取资产阶级的全部资本，把一切生产工具集中在国家即组织为统治阶级的无产阶级手里，并且尽可能快地增加生产力的总量"④。于是，"代替那存在着阶级和阶级对立的资产阶级旧社会的，将是这样一个联合体，在那里，每个人的自由发展是一切人的自由发展的条件。"⑤

不难看出，《共产党宣言》基于历史唯物主义基本原理，对科学社会主义进行了系统的阐述，是马克思主义宏伟的理论大厦的整体性阐述。

三、马克思主义创立过程显示的整体性特征

马克思主义是一个包括哲学、政治经济学和科学社会主义等主要组成部分在内的完整的理论体系。马克思主义创始人在哲学上革命性变革的根本之点是唯物主义历史观的创立，马克思主义政治经济学的核心理论则是剩余价值学说，而科学社会主义理论就是建立在这两大发现的基础上的。

马克思主义的创立是一个发展的过程。正如前面指出过，马克思主义创始人不是书斋式的学者，而是革命家，他们从事理论活动的根本目的就是为共产主义运动提供论证和理论指导。正是基于这一点，无论在哪一时期，马克思主义创始人都是将其理论指向共产主义实践的。因此，无论是唯物主义历史观，还是剩余

① 《马克思恩格斯选集》第1卷，人民出版社1995年版，第277页。
② 《马克思恩格斯选集》第1卷，人民出版社1995年版，第278页。
③ 《马克思恩格斯选集》第1卷，人民出版社1995年版，第286页。
④ 《马克思恩格斯选集》第1卷，人民出版社1995年版，第293页。
⑤ 《马克思恩格斯选集》第1卷，人民出版社1995年版，第294页。

价值学说，都是与科学社会主义理论紧密相关，服务于科学社会主义理论的建立的。

大致上说来，在马克思主义理论创立时期，即从《德法年鉴》阶段到《共产党宣言》的发表时期，主要是唯物主义历史观的创立和表述时期，而剩余价值学说，则只有一些初步的思想，因而，对共产主义的论证，便主要的是基于唯物主义历史观而进行的，也就是说，主要是在哲学层面上论证的。

但这并不意味着，在这一时期中马克思主义理论创始人并未涉及政治经济学内容。恰恰相反，马克思在这一时期虽然没有像在《资本论》创作时期那样全身心地致力于政治经济学研究，但是，也在相当深入的程度上涉及了政治经济学。这当中的关键在于马克思所创立的唯物主义历史观并不是一种抽象的形而上学理论，而是如马克思、恩格斯所说的那样，是一门现实的历史的科学①。这就是说，马克思主义即使在哲学层面上，也是紧密的关联于现实生活的，特别是关联于人们的物质生活的。而正是通过对物质生活、物质利益问题的关注，马克思主义创始人才逐步地摆脱了黑格尔及黑格尔学派的思辨唯心主义，而走向了唯物主义，特别是走向唯物主义历史观的创立的。

早在《莱茵报》时期，马克思就"遇到要对所谓物质利益发表意见的难事"。关于他如何走上政治经济学研究之路，马克思后来写道，"关于自由贸易和保护关税的辩论，是促使我去研究经济问题的最初动因"，"而为了解决使我苦恼的疑问，我写的第一部著作是对黑格尔法哲学的批判性的分析"②。正是在《黑格尔法哲学批判》中，马克思尖锐地指出，在黑格尔那里，市民社会与国家的关系完全被颠倒了，"理念变成了独立的主体，而家庭和市民社会对国家的现实关系变成了理念所具有的想象的内部活动"，"它们结合成国家，不是它们自己的生存过程的结果；相反地，是理念在自己的生存过程中从自身把它们分离出来"。但实际情况却恰恰相反："家庭和市民社会是国家的前提，它们才是真正的活动者；而思辨的思维却把这一切头足倒置"。③

在《1844年经济学哲学手稿》中，马克思更是把政治经济学与哲学有机地融合在一起，对共产主义进行了系统的论证。与以往的著作相比，这部著作的一个显著的特点是马克思在研究了大量的政治经济学著作的基础上写作而成的。在这一时期，马克思甚至还曾经与出版商签订合同，计划写作两卷本的《政治经济学批判》。当然，这部拟议中的著作也不是只涉及纯粹的政治经济学的，而是要全面涉及政治经济学与社会、政治、法、道德等领域的巨著。即便在完成了的

① 《马克思恩格斯选集》第1卷，人民出版社1995年版，第66页。
② 《马克思恩格斯全集》第13卷，人民出版社1962年版，第7~8页。
③ 《马克思恩格斯全集》第1卷，人民出版社1956年版，第250~252页。

《1844 年经济学哲学手稿》中，马克思也深刻地研讨了政治经济学问题。在这里，马克思把人的本质规定为"自由自觉的活动"，即"改造对象世界"的物质生产劳动，并以此为基点，展开了劳动异化理论。异化劳动包含四个环节：首先是劳动者的劳动与他的劳动产品相异化，即工人生产的财富越多，他就越贫困；其次是劳动者与他的活劳动相异化，即劳动者在自己的劳动中不是肯定自己，而是否定自己；再次，劳动者与他的类本质相异化，即劳动者在生产劳动中不时实现自己作为"自由的自觉的活动"的类本质，而是仅仅借以维持自己肉体的生存；最后，是人与人关系的异化，即劳动者多创造的绝大部分产品被资本家所攫取。而异化劳动存在的条件，就是私有制。只要消灭了私有制，异化劳动就能够被扬弃，劳动者就能够复归其"自由的自觉的活动"的类本质。这就是说，对作为人的自我异化的私有财产的积极的扬弃，是一切异化的积极扬弃，而共产主义则正是这种积极的扬弃的历史形式。不言而喻，在这部著作中，哲学、政治经济学和共产主义理论是融合在一起的，人们很难说哪一部分是哲学，哪一部分是政治经济学，哪一部分又是共产主义理论，而只能说，它们构成了一个有机的整体。

《神圣家族》是以另一种方式指向对于共产主义论证的，在这里，作为出发点的，就是马克思、恩格斯在书中反复强调的人们的物质利益。而这就更为现实地涉及了经济利益问题。他们指出，市民社会的成员之所以要彼此发生关系，正在于他们不是德谟克利特原子论意义上的原子。"原子的特性就在于它没有任何属性，因此也没有任何由它自己的本性必然所制约着的、跟身外的其他存在物的关系。原子是没有需要的，是自我满足的；它身外的世界是绝对的空虚，也就是说，这种世界没有任何内容，没有任何重要性，这乃是因为在原子的自身中已经万物皆备的缘故。"① "因为一个人的需要，对于另一个拥有满足这种需要的资料的利己主义者来说，并没有什么明显的意义，就是说，同这种需要的满足并没有任何直接的联系，所以每一个人都必须建立这种联系，这样就相互成为他人的需要和这种需要的对象之间的皮条匠。由此可见，正是自然必然性、人的特性（不管它们表现为怎样的异化形式）、利益把市民社会的成员彼此连接起来。他们之间的现实的联系不是政治生活，而是市民生活。"②

《德意志意识形态》同样是一部综合性的著作，而不能简单地将其归结为某个单一的方面论著。这部著作的基本内容无疑是对唯物主义历史观的阐发，并由此论证共产主义，但却也多方涉及了物质关系问题。这里最重要的是对分工概念

---

① 《马克思恩格斯全集》第 2 卷，人民出版社 1958 年版，第 153 页。
② 《马克思恩格斯全集》第 2 卷，人民出版社 1958 年版，第 154 页。

的阐发。正是通过对分工概念的阐发，马克思、恩格斯才最终建立起了唯物主义历史观。但分工本身又是一个经济范畴，它既是以往生产力发展的结果，又是生产力发展的条件。更重要的是，分工还是构成生产关系的基础，分工的发展，导致了私有制的出现。与分工概念相关联，生产力与生产关系的概念在此初步形成，生产力与生产关系辩证运动的规律得到了揭示。"分工发展的各个不同阶段，同时也就是所有制的各种不同形式。这就是说，分工的每一个阶段还根据个人与劳动的材料、工具和产品的关系决定它们相互之间的关系"①。而共产主义，就是通过消灭分工的方式来消灭私有制，"它推翻一切旧的生产关系和交往关系的基础，并且第一次自觉地把一切自发形成的前提看作是前人的创造，消除这些前提的自发性，使它们受联合起来的个人的支配。因此，建立共产主义实质上具有经济的性质，这就是为这种联合创造各种物质条件，把现存的条件变成联合的条件。"②

作为马克思主义公开问世之作的《哲学的贫困》，同样是一部哲学与政治经济学密切结合的综合性著作。但这部著作具有了新的特点，那就是对政治经济学研究的深化。可以说，《哲学的贫困》奠定了马克思主义政治经济学的基础，即不仅开辟了马克思主义劳动价值论的道路，同时也包含着马克思主义剩余价值理论的新思想。但这部著作同样也包含着极其丰富的哲学思想，即对唯物主义历史观作了更为深入、更为精确的论述。这里值得特别提出的是马克思在批判蒲鲁东唯心主义中对经济范畴与经济关系之关系的论述。马克思指出，"经济范畴只不过是生产的社会关系的理论表现，即其抽象。"但蒲鲁东却把事物颠倒了，"认为现实关系只是一些原理和范畴的化身"③。而真实的关系则是："人们按照自己的物质生产率建立相应的社会关系，正是这些人又按照自己的社会关系创造了相应的原理、观念和范畴"。"所以，这些观念、范畴也同它们所表现的关系一样，不是永恒的。它们是历史的、暂时的产物。"④ 这就深刻地说明了社会存在决定社会意识的历史唯物主义原理。在这部著作中，马克思还对生产力与生产关系这一历史唯物主义原理进行了科学的表述，其中特别是对生产力概念作了更为精确的规定，即主要从生产工具的发展上去理解特定时代生产力的特征，并进而去理解相应的社会关系的特征："社会关系和生产力密切相联。随着新生产力的获得，人们改变自己的生产方式，随着生产方式即谋生的方式的改变，人们也就改变自己的一切社会关系。手推磨产生的是封建主的社会，蒸汽磨产生的工业资本

① 《马克思恩格斯全集》第 3 卷，人民出版社 1961 年版，第 25 页。
② 《马克思恩格斯选集》第 1 卷，人民出版社 1995 年版，第 122 页。
③ 《马克思恩格斯选集》第 1 卷，人民出版社 1995 年版，第 141 页。
④ 《马克思恩格斯选集》第 1 卷，人民出版社 1995 年版，第 142 页。

31

家的社会。"① 马克思在这里还对作为历史活动主体的人与历史过程的辩证关系和历史研究的辩证方法，做了极其深刻的阐发。马克思指出，在历史研究中，要具体地研究不同时代的人们的状况，即"他们各自的需要、他们的生产力、生产方式以及生产中使用的原料是怎样的，最后，由这一切生存条件所产生的人与人之间的关系是怎样的"，这就是"把这些人既当成他们本身的历史剧的剧作者又当作剧中人物"②。

《共产党宣言》，如前面所指出的那样，更是一部基于历史唯物主义基本原理对科学社会主义进行了系统地阐述的综合性的著作。

综合上述，就马克思主义诞生伊始的本来面貌而言，其显著的理论特征就是整体性，人们不应该将其内容割裂开来理解，更不应该将其基本的思想割裂开来用以指导认识世界和改造世界的实践。

第三节　马克思主义理论完备化阶段的整体性

一、马克思主义理论的完备化

《德意志意识形态》、《哲学的贫困》和《共产党宣言》，标志着马克思主义的创立。但马克思主义的创始人并未停留于此，而是进一步进行了艰苦卓绝的理论探讨，对马克思主义理论作了进一步的发展和完备。

马克思主义理论在这一时期有多方面的发展，其中最显著的是对政治经济学的研究有了更新的进展。

马克思主义政治经济学的核心是劳动价值论和建立在劳动价值论基础之上的剩余价值论，因而，马克思主义理论的发展，主要的也就是劳动价值论和剩余价值论的发展。

马克思的劳动价值论是对英国古典政治经济学劳动价值理论批判地继承的基础上发展起来的。在起初，恩格斯在其《政治经济学批判大纲》反对李嘉图等的抽象价值理论，认为现实存在的价值只能是"交换价值"或"商业价值"，它包括生产费用和效用两个因素。因而"英国人（特别是麦克库洛赫和李嘉图）"

---

① 《马克思恩格斯选集》第 1 卷，人民出版社 1995 年版，第 141~142 页。
② 《马克思恩格斯选集》第 1 卷，人民出版社 1995 年版，第 146~147 页。

的"抽象价值以及抽象价值是由生产费用来决定的说法，都只不过是一些抽象的不实际的东西"①。显然，恩格斯此时的政治经济学研究方法是从流通领域而不是从生产领域来分析价值的。与恩格斯相同，马克思此时对英国古典政治经济学的劳动价值论也是持否定立场的。他在《巴黎笔记》中批评李嘉图仅仅抓住生产费用，而认为价值应该是生产费用和效用的关系②。而在《1844年经济学哲学手稿》中，马克思对劳动价值论的态度则有所改变。虽然此时仍对李嘉图的劳动价值论持批评态度，但也对其中他所认为的合理因素作了有保留的承认③。在《神圣家族》中，马克思、恩格斯的观点则有了明显的改变。他们在批判青年黑格尔派时开始认识到，"生产某个物品所必须花费的劳动时间属于这个物品的生产费用，某个物品的生产费用也就是它值多少，即它能卖多少钱（如果撇开竞争的影响）"④；"在直接的物质生产领域中，某物品是否应当生产的问题即物品的价值问题的解决，本质上取决于生产该物品所需要的劳动时间。"⑤但这里仍然存在着一些含混之处，如他们认为"甚至精神生产的领域也是如此"⑥。到了写作《哲学的贫困》的时候，马克思在对蒲鲁东的批判中，则对李嘉图的劳动价值论作了完全的肯定，认为"李嘉图给我们指出资产阶级生产的实际运动，即构成价值的运动"，并称赞"李嘉图的价值论是对现代经济生活的科学解释"。⑦

《哲学的贫困》对李嘉图劳动价值论的完全肯定，虽然为进一步发展自己的劳动价值理论奠定了一个好的前提，但这也表明马克思此时尚未形成自己的劳动价值论，"像李嘉图一样，他在该书中对价值的分析主要还是局限于量的方面，还没有就价值的质的方面进行深入的分析，更没有提出劳动二重性的学说，因此也就没能做出不同于李嘉图的价值理论。马克思在肯定李嘉图价值理论中的某些正确东西的同时，也接受了他的一些错误理论。"⑧当然，这并不表示马克思完全赞成李嘉图的政治经济学。事实上，在这部著作中，马克思也基于生产力与生产关系历史运动的历史唯物主义观点，批判了李嘉图"把资产阶级的生产关系当作永恒范畴"的这一资产阶级经济学家的"通病"⑨。这种情况表明，虽然唯物主义历史观这第一个伟大发现已经完成，哲学层面上的方法论已经奠定，但要

① 《马克思恩格斯全集》第1卷，人民出版社1956年版，第604页。
② 马健行、郭继严：《〈资本论〉创作史》，山东人民出版社1983年版，第36页。
③ 《马克思恩格斯全集》第42卷，人民出版社1979年版，第18~20页。
④ 《马克思恩格斯全集》第2卷，人民出版社1958年版，第61页。
⑤⑥ 《马克思恩格斯全集》第2卷，人民出版社1958年版，第62页。
⑦ 《马克思恩格斯全集》第4卷，人民出版社1958年版，第92~93页。
⑧ 马健行、郭继严：《〈资本论〉创作史》，山东人民出版社1983年版，第47页。
⑨ 《马克思恩格斯选集》第1卷，人民出版社1995年版，第183页。

实现第二个伟大发现，还必须做出持续的理论探索。

第二个伟大发现即剩余价值理论的发现，涉及对于资本主义剥削秘密的揭示。但一开始，马克思并不是基于劳动价值理论去探寻资本主义剥削的秘密的，而是通过带有思辨性的劳动异化理论去说明私有制，说明资本主义剥削的。如在《1844年经济学哲学手稿》中，便把私有财产归结为异化劳动的结果。在《哲学的贫困》中，由于对李嘉图劳动价值理论的肯定，则向科学的说明资本主义剥削的秘密迈出了有意义的一大步。在这里，马克思已发现劳动作为一个过程所创造的价值与劳动作为商品所包含的价值并不是同一的，其间的差额构成了剩余价值。这里虽然尚未将劳动和劳动力明确区分开来，但已经接近区分这两个范畴。

19世纪50年代初的几年，马克思系统地批判研究了一大批资产阶级经济学著作，写下了《伦敦笔记》，其中对货币问题、流通问题、地租问题、经济危机问题都进行了十分深入的思考。在这些研究的基础上，马克思完成了《资本论》的最初手稿即《1857—1858年经济学手稿》。在这部著作中，马克思明确地区分了商品的价值和价格，指出商品的价值体现着商品生产者之间的社会关系，这样就首次建立了科学的劳动价值论。进而，在科学的劳动价值论的基础上，通过对劳动和劳动力的科学区分，阐明了劳动与资本交换的规律，即剩余价值规律，从而深刻地揭示了资本主义剥削的秘密。在此基础上，马克思还对绝对剩余价值和相对剩余价值的生产，资本原始积累问题进行了深入的分析。对平均利润与生产价格，利润率趋向下降，资本主义经济危机等问题进行了探讨。

1859年，马克思出版了《政治经济学批判》第一分册。在其中，马克思第一次全面系统地论述了科学的劳动价值理论。其后又写作了《1861—1863年经济学手稿》。在这部手稿中，进一步发展了剩余价值理论，全面地论述了决定劳动力商品价值的因素，深入地分析了资本主义社会生产力发展的一般规律，全面地考察了社会资本的再生产过程，系统地说明了价值向生产价格的转化以及资本主义地租等问题。在其后，马克思又一再修订了写作方案，并进行着不懈的理论探讨，终于在1867年使《资本论》第一卷得以问世。马克思逝世后，经过恩格斯的艰辛工作，《资本论》第二卷和第三卷也分别在1885年和1894年出版。至此，科学的劳动价值论和剩余价值论得以系统地展示在世人面前。

二、《资本论》的丰富内容

在马克思主义理论体系中，《资本论》具有重要的地位。《资本论》是一部具有划时代意义的巨著。在这部巨著中，马克思运用辩证唯物主义和历史唯物主义的世界观和方法论揭示了资本主义社会的经济运动规律，阐述了资本主义产生、发展的规律，并根据对资本主义内在规律的分析，论证了资本主义为共产主义取代的历史必然性，为科学社会主义奠定了牢固的理论基础。这部著作把高度的科学性和革命性结合在一起，为工人阶级和劳动人民的解放事业提供了强大的思想武器。《资本论》在政治经济学领域实现了革命性变革，创立了马克思主义的政治经济学，但它并不仅仅是一部政治经济学著作，也是一部包含着极其丰富的哲学、科学社会主义等内容的巨著。可以说，《资本论》是马克思主义的百科全书。

（一）马克思主义辩证法实现了普遍性与特殊性的现实统一

辩证法的实质是像一般与个别或者普遍性与特殊性这样的对立统一关系。[①]马克思以实践为基础，实现了普遍性与特殊性的真实统一。由此，马克思把辩证法导入了实证科学的研究。这在哲学史上第一次为辩证法这一思辨的幽灵找到了坚实的躯体。

西方概念辩证法的历史从爱利亚学派开始。以前的自然哲学家尚未自觉到超越感性东西的存在，只能算作一种直观的辩证法。概念辩证法在近代的发展基本上是在唯心主义形式中进行的，这一进展在黑格尔的哲学体系中达到了最高的成就。因此，对黑格尔辩证法的扬弃，也就是对一切唯心辩证法的扬弃。黑格尔的哲学体系作为辩证法在唯心主义形式中的最高发展，其中所包含的极为丰富的辩证法思想是与其唯心主义的基本立场密切地交织甚至融合在一起的。因此，对黑格尔辩证法的改造便不能是一种简单的"倒个"，而是一种"扬弃"。马克思充分肯定了黑格尔对辩证法所作的重大贡献，指出正是"他第一个全面地有意识地叙述了辩证法的一般运动形式"，在其"神秘外壳"中包含着"合理内核"，并认为"否定性的辩证法"的"伟大之处首先在于，黑格尔把人的自我产生看作一个过程，把对象化看作失去对象，看作外化和这种外化的扬弃"。[②]但马克思同时指出，在黑格尔那里"辩证法是倒立着的"。这首先表现在处理本质与现象、普遍与特殊、无限与有限的辩证关系时，黑格尔的唯心辩证法不是从有限、现实的、经验的世界出发，而是相反，从无限性出发，从无限性中导出有限性、现实性。马克思同意费尔巴哈的解释："黑格尔从实体的异化出发（在逻辑上就是从无限的东西、抽象的普遍的东西出发），从绝对的和不变的抽象出发。就是

---

① 古代哲学只讲一般和个别，至康德，特别是黑格尔则提出普遍性、特殊性、个别性的三分法。黑格尔意义上的特殊约略相当于过去的个别，而黑格尔意义上的个别则是普遍性与特殊性的统一，是一种包容了特殊性的具体普遍性。

② 《马克思恩格斯全集》第 42 卷，人民出版社 1979 年版，第 163 页。

说，说得更通俗些，他从宗教和神学出发"。① 这样一来，"主词和宾词之间的关系被绝对地相互颠倒了"，"现实的人和现实的自然界不过成了这个隐秘的，非现实的人和这个非现实的自然界的宾词象征"。② 这样，黑格尔哲学从理念出发，从绝对性和无限性出发，必然只能在思维中兜圈子，而达不到真正的现实；必然只能在思想中实现无限与有限、本质与现象、绝对与相对的统一，而不能真正地实现思想与真实现实的统一。马克思说："对他说来整个自然界不过是在感性的，外在的形式下重复逻辑的抽象而已"。③ 所有这些过程，"就是在自身内部的纯粹的、不停息的旋转"。④从这种抽象的普遍性、无限性出发，便从根本上把自身封闭在纯粹思想之中，不能合法地过渡到自然界。

与黑格尔的唯心主义相反，旧唯物主义缺乏真实的普遍性原则。旧唯物主义，主要地是指以 17 世纪、18 世纪英国和法国的唯物主义为代表的唯物主义。这种唯物主义是建立在经验论或感觉主义的基础上，因而是有严重缺陷的。这种唯物主义把感性原则视为认识的基本原则，把感觉视为知识的唯一来源，认为心灵中所有的，无一不是先已存在于感觉中，而心灵本身只不过是一块白板，并无任何先天观念，所谓知识不过是那些直接得自感觉的简单观念的排列组合而已。这种唯物主义在事实上否定了理性认识，否定了知识的普遍性。这种理论从可感事物出发，从有限出发，永远不能超越有限，超越可感事物。达不到无限，达不到普遍，便也没有了它们与有限、特殊之间的辩证关系。总之，旧唯物主义坚持从现实出发的，坚持认识不脱离经验，这无疑是正确的。但它把一切都限制在感性经验的有限性之中，缺乏真实的无限性、普遍性原则却是一个致命的缺陷。

这样，摆在马克思面前的思维方式便有两种，两种各有其褊狭性。一方面是黑格尔的辩证法，它具有绝对抽象的"思辨的"形式，黑格尔就是在这种形式上把它留下来的；另一方面是平庸的、现在重新时兴的、实质上是沃尔夫式的形而上学的方法，这也就是资产阶级经济学家为他们那些缺乏联系的大部头著作采用的方法。

马克思在一定意义上肯定了费尔巴哈的人本主义原则，但又指出了仅仅从这一原则出发仍然达不到真正的哲学。普遍性与特殊性、理性与感性统一的基础固然是人，固然是处于社会交往中的人，但却不是生物学意义上的人，仅仅感性地存在的人，甚至主要地也不是处在日常庸俗的、琐碎的社会交往中的人，而是实践中的人，是组织在一定生产关系中的从事改造自然和社会的人。马克思说："费尔巴哈不满意抽象的思维而诉诸感性的直观；但是他把感性不是看作实践

① 《马克思恩格斯全集》第 42 卷，人民出版社 1979 年版，第 158 页。
②④ 《马克思恩格斯全集》第 42 卷，人民出版社 1979 年版，第 176 页。
③ 《马克思恩格斯全集》第 42 卷，人民出版社 1979 年版，第 179 页。

的，人类感性的活动"。① 马克思的批评，击中了费尔巴哈的要害。人的感性活动，实践是不同于单纯的感性的。感受性只具有特殊性、有限性和此岸性，而实践则是感性与理性、特殊性与普遍性、有限性与无限性、此岸性与彼岸性的统一；在实践中包含了超越有限性、感性的东西。因为实践并不单是受动性的活动，而且也是主动性的活动；实践不是在外物驱使下的人的被迫的，不自觉的活动，而是自觉的、积极的、有计划的活动。自觉的普遍性是实践与单纯感性的根本区别。马克思在《资本论》中关于织工与蜘蛛活动的区别，建筑师与蜜蜂活动的区别，形象地说明了人类实践自觉性的特征。而自觉性就是自觉的普遍性，就是理性；因为只有对于普遍必然的东西来说才谈得上自觉性、计划性，而对于纯粹特殊的、偶然的东西来说，谈论自觉性、计划性是没有什么意义的。而且，在实践中理性所统摄的感性，普遍性所统摄的特殊性，都是真正的、真实的感性与特殊性，而不像在思辨唯心主义那里，特殊性、感性只是理性、普遍性所外化出来，释放出来的虚假的东西。这样，实践活动一方面作为感性的东西，主体在其中直接与外物相接触，直接获得外物的刺激，具有受动性、现实性一面，前者使得在实践中主体能够抓住特殊性、有限性，后者又使得主体能够把特殊提升为普遍性，有限性提升为无限性，从而便是有限与无限、特殊与普遍的统一体。作为实践，它既高于理性，又高于感性。它高于理性，是因为它不仅具备理性所具有的主动性、自觉的普遍性，而且具有理性所没有的直接现实性；它高于感性，是因为它不仅具有感性所具有的直接现实性，而且具有感性自身所没有的自觉普遍性与主动性。以这样的实践观点为基础，人类社会由于其本质上的实践性，便被理解为一个"自然历史过程"。作为人类社会活动，尤其是作为基本活动的经济活动，一方面具有如同自然界一样的直观性，可感性和客观实在性。另一方面又由于人的活动的自觉性、主动性而具有了不同于纯粹自然界的特点。但这些特点并不脱离第一方面的特点，因而并未使人有活动失去客观实在性。人类社会的运动像自然界的运动一样，具有不以人的意志为转移的客观规律性；自觉性只是减少了受客观规律支配的盲目性，而并不能取消这一规律本身。因而，作为自然历史过程的人类社会实践，就是一个包含了自觉性的客观实在性。这样，所谓的事物、现实、可感知的东西便不是别的，而只是人类的感性活动自身，实践自身。实践不能被理解为无主体的纯粹活动，而是主客体之间的相互作用，人与自然之间的相互作用。

马克思作为出发点的实践把普遍性与特殊性、无限性与有限性皆视为实在，认为它们各自是实在的不同层次。由此，马克思克服了旧哲学出发点的两种片面

---

① 《马克思恩格斯选集》第 1 卷，人民出版社 1995 年版，第 17 页。

性，一方面给予唯心辩证法以唯物主义的改造，赋予它现实性原则，另一方面又给予旧唯物主义的以辩证法的改造，赋予它以普遍性、无限性原则。这样，就把两个方面结合了起来。以这一全面的、具体的出发点为基础，便可以合乎逻辑地建立起真实的而非虚幻的普遍与特殊、理性与感性相统一的方法论体系。这便是马克思的辩证方法体系。

（二）从抽象上升到具体 "是科学上正确的方法"

马克思在《政治经济学批判》导言中指出，"科学上正确的方法" 应该是从抽象上升到具体的方法，马克思在其科学巨著《资本论》中也贯彻了这一方法原则。马克思的辩证方法，首先表现为一个抽象上升到具体的逻辑进程，只有遵循这一进程，才是正确的方法，而别的途径在科学上则是错误的。马克思对在经济学史上第一个企图克服斯密的二重性，把从抽象到具体的方法贯彻到底的李嘉图，给予了极高的评价，马克思写道："他向科学大喝一声：'站住！'资产阶级制度的生理学——对这个制度的内在有机联系和生活过程的理解——的基础、出发点，是价值决定于劳动时间这一规定。"[①]

辩证法的从抽象上升到具体这一方法源于黑格尔。马克思肯定了黑格尔的从抽象上升到具体的方法的合理性，其中也就包含了对这一方法表现为从普遍性到特殊性再到个别性的展开的合理性的肯定。不仅如此，马克思还在其《资本论》创作中有意识地按照从普遍性到特殊性再到个别性的形式来展开自己的从抽象上升到具体的逻辑体系。因此，我们可以说，在马克思这里，从抽象到具体的过程，实际上也就是一个普遍性——特殊性——个别性的展开过程。马克思在1857 年写的《政治经济学批判》 "资本章" 的结构草案就充分表明了这一点：

"资本。

I. 一般性：（1）（a）由货币变成资本。（b）资本和劳动（以他人劳动为媒介）。（c）按照同劳动的关系而分解成的资本各要素（产品、原料、劳动工具）。（2）资本的特殊化：（a）流动资本、固定资本、资本周转。（3）资本的个别性：资本和利润、资本和利息，资本作为价值同作为利息和利润的自身相区别。

II. 特殊性：（1）资本的积累。（2）资本的竞争。（3）资本的积聚（资本的量差别同时就是质的差别，就是资本的大小和作用的尺度）。

III. 个别性：（1）资本作为信用。（2）资本作为股份资本。（3）资本作为货币市场。"[②]

---

① 《剩余价值理论》第 2 册，人民出版社 1975 年版，第 183 页。
② 《马克思恩格斯全集》第 46 卷（上），人民出版社 1979 年版，第 232～233 页。

我们看到，在这个结构草案里，整个体系从一般性开始，资本首先在货币市场上"以它的总体出现"，这时的资本还是一个未特殊化的抽象普遍性，而后一步步地特殊化，最后达到了资本作为信用，股份资本和货币市场的个别性即具体的普遍性。整个进程是严格地按照普遍——特殊——个别的三段式进行的。

后来由于种种原因，马克思最后三卷本的《资本论》虽然缩小了考察的范围，只把它限制在"政治经济学原理"之内，但仍然是按照普遍性——特殊性——个别性的方式来安排其结构的。如果我们比较一下《资本论》的三卷本的内容与上述结构草案的第一部分，就会看到二者基本上是吻合的。在资本的一般性、资本的特殊性、资本的个别性三个环节下所包含的内容，基本上分别与《资本论》第一、二、三卷的内容相吻合。这种基本上的吻合，自然不是一种巧合，而是表明马克思是始终按照这一辩证方法进行科学研究的。因而，也表明我们是有理由把《资本论》第一卷《资本的生产过程》视为资本的普遍性环节，把第二卷《资本的流通过程》视为资本的特殊性环节，而把第三卷《资本主义生产的总过程》视为资本的个别性环节的。

第一卷《资本的生产过程》是一个抽象的普遍性环节。但其中第一篇《商品和货币》的地位比较特殊，它属于"结论性的章节"，也就是说，它是全书三卷的导论。这一篇可视为一个相对完整的有机整体的理论模型。与其所反映的具有相对独立存在历史的简单商品经济结构相应，这一篇的理论内容也具有一种相对完整性。第一篇的三章像全书一样，也是按普遍——特殊——个别三环节展开的形式安排结构的。第一章《商品》是一普遍性环节，它主要考察了价值的实质与价值形式的发展。在这里，价值被规定为凝结在商品中的人类的抽象劳动，规定为一种生产关系。商品作为使用价值是特殊的，而作为价值则又是同一的，因而价值是普遍性的东西。价值形式分析，仍然是对这一普遍性的规定。但这里对普遍性的考察是在假定了理想的交换条件下进行的，因而这普遍性只是抽象的普遍性。第二章《交换过程》是特殊性环节，即是从抽象的普遍性的底层进入了商品的表层运动。作为事物的表层，商品中所包含的普遍性环节是不能直接表现出来的，在表层的运动只是一个作为产品或使用价值彼此对着的特殊之物。这里"反映出从直接的交换关系，即简单的物物交换的性质中产生出来的困难，反映出这种最初的粗陋的交换形式所必然遇到的不可能性。解决这种不可能性的办法，就是把代表一切其他商品的交换价值的特性转给一种特殊的商品——货币。"[1] 这就是说，把作为全体商品的具体的普遍性赋予某一种特殊之物，使之成为普遍性的象征、代表，从而那只是隐藏于各个特殊商品之后的作为普遍性的

---

① 《马克思恩格斯选集》第2卷，人民出版社1995年版，第124页。

价值有了"一个独立的形式"。这就是普遍性经过特殊性向个别性过渡，从而我们就进入了个别环节。这就是对现实的货币的各种职能的规定。在货币上体现着已不再是如价值那样的抽象普遍性，亦不再是作为普通商品那样的特殊性，而是包含特殊性在内的具体普遍性即个别性。普遍性——特殊性——个别性，这就是马克思《商品和货币》篇的逻辑结构，如果我们比较一下《政治经济学批判》与这一篇的结构，就会发现，前者只包括两章，即第一章《商品》和第二章《货币或简单流通》，后者则变为三章，即第一章《商品》，第二章《交换过程》，第三章《货币或商品流通》，也就是说，增加了《交换过程》一章。这一章的内容在《政治经济学批判》中只是附带地论述了一下，没有展开。如上所述，这一章是一特殊性环节，这一变化说明，马克思是更加严格地按普遍——特殊——个别的形式来安排自己的体系了。

《商品和货币》篇的三段式有如一个较为简单的"圆圈"，从第二篇《货币转化为资本》开始，则进入了一个高一层次的复杂得多的"圆圈"。这一高层次的"圆圈"的起点是"资本"这一普遍范畴。马克思把它形象地称为"一种普照的光"。他写道："资本是资产阶级社会的支配一切的经济权力，它必须成为起点又成为终点"①。但这一起点不是直接从第一篇的个别性环节"货币"中引申出来的。马克思说："有了商品流通和货币流通，决不是就具备了资本存在的历史条件，只是当生产资料和生活资料的所有者在市场上找到出卖自己劳动力的自由工人的时候，资本才产生。"② 劳动力成为商品，这对商品本身来说，不仅是一个质的变化，而且随之带来了商品范围的无限扩大。既然一切劳动产品的创造者自身都成了商品，则劳动产品便必然无一成为商品，甚至某些非劳动产品也都成为商品了。资本这一普遍性就是在这样一个广阔的商品运动的基础上运动的，因而其规定性必然是极其丰富的。也就是说，从抽象到具体，或从普遍性经过特殊性到个别性的过程，必然是一个要比作为简单商品运动的理论模型的《商品和货币》篇更复杂得多的过程。

第一卷《资本的生产过程》除第一篇外的其他部分是资本的抽象普遍性环节，这是关于资本本质的考察。这一考察是在抽象的条件下进行的。这里假定商品流通能够理想地实现，而且也不考虑各个资本即各个生产单位的差异，也就是说，目下只考虑劳动力商品与资本商品之间的关系，而把其他商品只视作"商品"。在这种条件下，各个个别资本都完全是同质的，社会总资本与个别资本也是同质的，总资本只不过是各个别资本的简单相加之和。这是一种抽象的同一

① 《马克思恩格斯选集》第 2 卷，人民出版社 1995 年版，第 109、110 页。
② 《马克思恩格斯全集》第 23 卷，人民出版社 1975 年版，第 193 页。

性，它反映资本的最一般规定。资本首先是能够带来剩余价值的价值，资本主义生产就是剩余价值的生产。首先是绝对剩余价值的生产，在这里考察了劳动过程和价值增殖过程，不变资本和可变资本，并从中导出剩余价值率与剩余价值量以及工作日等范畴。而后考察相对剩余价值的生产，考察由于劳动生产率的提高对剩余价值生产的作用。再后是综合考察绝对剩余价值与相对剩余价值的生产，考察各种条件下剩余价值生产的情况。在剩余价值之后，又专门考察了作为对立物的另一方即工资。最后考察的是资本的积累过程。积累的条件在这里也是假定为理想的，并且不考虑剩余价值的转化形式，即"把资本主义的生产者当作全部剩余价值的所有者，或者，不妨把他当作所有参加分赃的人的代表"。总之，在这里只是直接地考察了剩余价值向资本的转化，考察了资本主义积累的一般规律。至此，资本主义直接生产过程即普遍性环节的考察就已完毕。

第二卷考察资本的流通过程。这是资本特殊性环节，资本此时已经由其作为本质的底层进入了表层。对特殊化的过程的考察也是逐步展开的。马克思说："在第一卷中，我们只是在为理解第二阶段即资本的生产过程所必要的范围内，对第一阶段和第三阶段进行过研究。因此，资本在不同阶段所具有的不同形式，它在反复循环中时而采取时而抛弃的不同形式在那里没有加以考虑，现在它们就成为我们研究的直接对象了。"① 这里仍然"不但假设商品是按照它们的价值出售的，而且假定这种出售是在不变的情况下进行的。"②第一篇考察资本形态变化及其循环，顺次考察了货币资本、生产资本和商品资本的循环，即考察了资本在它的循环中所采取的不同的形式和这个循环本身的各种形式。除了第一卷所考察的劳动时间，现在又增加了流通时间。在第二篇，循环是作为周期的循环，也就是作为周转来考察的。这里一方面指出了资本的不同组成部分（固定资本和流通资本）怎样在不同的时间以不同的方式完成各种形式的循环；另一方面又研究了决定劳动期间和流通期间长短不同的各种情况。"第一篇主要是考察资本在它的循环中不断地依次采取和抛弃的各种形式，而第二篇研究的，是在各种形式的这种运动和相继交替中，一定量的资本怎样同时（尽管按不同的比例）分成生产资本、货币资本和商品资本这些不同形式，以致不仅这些形式互相交替，而且总资本价值的不同部分也不断地并存于这些不同的状态中，并执行职能，特别是货币资本表示出一种在第一卷里没有讲过的特性。"③ 这是从不同角度对特殊化的考察。在第一篇和第二篇，所考察的始终只是单个资本，只是社会资本中一个独立部分的运动，"但是，各个单个资本的循环是互相交错的、是互为前提、

---

①② 《马克思恩格斯全集》第 24 卷，人民出版社 1975 年版，第 32 页。
③ 《马克思恩格斯全集》第 24 卷，人民出版社 1975 年版，第 391～392 页。

互为条件的，而且正是在这种交错中形成社会总资本的运动。"① 在第一、二篇中，是把个别资本作为各个资本的典型代表来考察的，这里舍弃了各个资本之间的分工，只把它们当作同一的东西来考察。在第三篇中，则提高到社会水平来考察，这时各个资本由分工而产生的差异开始进入了考察的视野。由于差异度的增加，理论结构的复杂程度一跃由单个资本的内部结构而达到整个社会总资本的内部错综复杂之关系。在这种情况下的考察便不同于前两篇，提出了社会生产的两个部类内部及两个部类之间在简单再生产与扩大再生产的条件下比例关系问题，即在这些条件下，价值实现的条件问题。

第三卷研究资本主义生产的总过程，即生产过程和流通过程的统一。这是资本的个别性环节。但"它不能是对于这个统一的一般的考察。相反地，这一卷要提示和说明资本运动过程作为整体考察时所产生的各种具体形式。"② 各种具体形式，就是具体的普遍性即个别性。在这一卷中，从剩余价值转化为利润和剩余价值率转化为利润率开始，第一步考虑到不同生产部门的资本的不同构成和由此引起的利润率的差别，并由此通过竞争而使一般利润平均化，从而商品的价值转化为生产价格。第二步则进一步考察剩余价值的各种具体形式，首先是商业利润，还有利息、地租等等，从而使得"我们在本卷中将要阐明的各种具体形式，同资本在社会表面上，在各种资本的相互作用中，在竞争中，以及在当事人自己的通常意识中所表现出来的形式，是一步一步地接近了"③。这就是说，达到了个别性、具体性。至此，可以说马克思在《资本论》中基本上完成了从抽象到具体的上升过程，从抽象普遍性经过特殊化而又重回到具体的普遍性或个别性的过程。

当然，这只是"基本上"，因为按照马克思的最初设想，他的政治经济学批判体系包括的内容还有很多。马克思自己说过："这里没有包括资本的竞争和信用，这一卷的内容就是英国人称为'政治经济学原理'的东西。这是精髓（同第一部分〈指政治经济学批判——引者〉合起），至于余下的问题（除了国家的各种不同形式对社会的各种不同的经济结构的关系以外），别人就容易在已经打好的基础上去探讨了……"④ 这说明马克思所完成的只是原理或基础部分，从抽象到具体的上升，即使在政治经济学领域内也是没有最终完成的。马克思所希望的是后人在他"已经打好的基础上去探讨"，但遗憾的是，后人远没有实现这一遗愿。

---

① 《马克思恩格斯全集》第 24 卷，人民出版社 1975 年版，第 392 页。
② 《马克思恩格斯全集》第 25 卷，人民出版社 1975 年版，第 29 页。
③ 《马克思恩格斯全集》第 25 卷，人民出版社 1975 年版，第 30 页。
④ 《〈资本论〉书信集》，人民出版社 1976 年版，第 170 页。

（三）矛盾进展是一个普遍性与特殊性的相互作用过程

从抽象上升到具体的过程，是辩证方法的必然表现形式。但从抽象到具体却不必然是辩证运动的过程，作为辩证法运动的从抽象到具体的过程，是由辩证运动的对象的内在矛盾所决定的，从而马克思的从抽象上升到具体的辩证运动的过程便是一个矛盾进展的过程。

辩证法中的矛盾产生于所论及对象的有机整体性，产生于两个层次之间的既不可合而为一，又不可一分为二的那种关系之中。马克思研究的对象是商品生产方式尤其是资本主义商品生产方式，这是一个典型的有机整体。作为有机整体，它包含有两个层次，生产力与生产关系。生产力是各种各样的物质的生产手段，是特殊性的层次；生产关系则是它所贯通的这些物质的生产手段借以运行的社会方式，是普遍性的层次。生产力是物质实体性的东西，而生产关系则是这些实体社会地结合起来的某种关系性的东西。生产力的各个环节，都服务于不同的目的，因而是互相区别的，各个特殊的，但唯其互相区别，各个特殊，才能互相补充、互相需要，互为前提，构成一个有机的整体。这生产关系就是这各个特殊的生产力环节结合成社会有机体的特定方式。在商品经济中，作为普遍性层次的生产关系的体现者便是价值或者价值的表现形式、转化形式，作为特殊层次的则是各种实物性的使用价值。价值表现为使用价值之间的一种交换的比例关系，它不能脱离关系者而存在，但它又不能归结为各个关系者而是超越于各个使用价值之上的东西。使用价值的规定总是有限的，但价值作为关系却有一种超越有限的趋势，它不仅规定了现有的与过去的所有使用价值的交换关系，而且从可能性上还规定着一切商品的交换关系。价值既然超越于使用价值之上，又反映着使用价值作为全体的规定，这样便形成了商品经济中的独特的对立统一关系。商品经济社会有机体所内含的独特的矛盾，之所以矛盾就在于"使用价值和交换价值虽然在商品中直接结合在一起，同样它们又是直接分开的，交换价值不仅不是由价值决定，而且正好相反，商品之所以成为商品，实现为交换价值，只是因为它的所有者不把它当作使用价值来对待。"① 在资本主义社会，这一矛盾则发展为资本的价值增殖过程与劳动过程的矛盾，具体体现为资本家作为人格化的资本与劳动过程执行者的工人的矛盾。资本主义生产方式的运动发展，便表现为这一矛盾的运动发展。

这样具有对立的两个层次的有机整体，对认识它的方法提出了特别要求。一方面，双层次性要求辩证的方法，即要求一种同时能把握对象的特殊性层次与普

---

① 《马克思恩格斯全集》第46卷（下），人民出版社1980年版，第411页。

遍性层次的方法。建立在有限性基础上的抽象的旧唯物主义方法无从达到这一点，因为抽象的唯物主义严守经验论的原则，否认普遍性的认识，即超越有限性、特殊性的认识的可能性，从而它便只能在现象的层次上考察资本主义生产运动，而不能达到本质。而作为本质的价值，只是一种生产关系，关系是不能靠直观来认识的，只有借助于理性才能把握普遍性的关系。但另一方面，资本主义生产方式又是一个现实的有机体，价值作为其普遍性层次是各个现实的使用价值的关系，其现实性是成立于使用价值的现实性基础之上的。唯心主义的辩证法由于把普遍性、无限性视为最基本的东西而恰与现实有机体的存在方式相反，因而也不能正确把握这种现实的有机整体。唯有马克思主义的辩证法，以实践为立足点，既唯物又辩证，既能从直观出发，又能超越直观经验而达到理性，达到普遍性的把握。因此，只有唯物辩证法，才是考察资本主义生产方式作为社会有机整体的最恰当的工具。

从抽象上升到具体，是辩证法的必然表现形式，但并非辩证法的实质；辩证运动的实质乃是对立统一的进展，即矛盾的进展。这是因为辩证法的对象是有机整体性的东西，而有机整体又必然会有普遍与特殊性两个层次。因此，所谓作为辩证的运动的从抽象到具体，便不仅是普遍性到特殊性到个别性的进展，而且是普遍性与特殊性两个层次的互相渗透，互相推动的进展过程，亦即普遍性经过特殊化而达于个别性的过程。这是一种辩证的上升过程。辩证上升的过程，同时也就是矛盾解决的过程。所谓矛盾的解决，按照马克思的理解，并不是消灭矛盾，更不是否认矛盾，抹煞矛盾，而是为矛盾找到适当的运动方式。资本主义社会发生发展的运动过程，反映在理论中，便是作为普遍性的价值与作为特殊规定的使用价值两个方面及其发展形态的交互作用的过程。资本主义运行的过程，就是资本主义矛盾的解决过程。《资本论》无非就是现实的运行过程在理论形式中的展开。资本主义社会是一个复杂的有机体，它是从简单的形态发展而来的。理论对这一过程的反映便表现为从抽象上升到具体。但这从简单机体到复杂机体的过程，又是在内含矛盾的条件下实现的，所以理论对这一过程的反映便应是一个矛盾进展过程。在以有机整体为对象的理论的进展中，从抽象到具体的过程是由有机体的内在矛盾所决定的，从而从抽象到具体便不再是一个独立的运动形式，而只是辩证法的矛盾进展的一个环节，一个表现形态。

辩证理论体系的从抽象到具体的上升是矛盾的内在进展，不假外力，因此体系的起点便具有了特别重要的地位，它必须是能够从中合乎逻辑地引导出全部体系的东西。普通演绎方法的起点是若干条公理，这些公理要求具有相互独立性与完备性，即保证能从中推演出该领域所有的命题。马克思的辩证的演绎方法则与之不同。首先，辩证方法的起点规定并不是罗列许多命题，而是只有一个辩证的命题，即商品是价值与使用价值的统一体。其次，马克思的方法也不是一下子罗列出作为总前提的全部公设，而是让作为起点的命题逐步地展开；这种展开不是从外部加进前提、辅助假设等等，而是在辩证的初始命题的对立双方在交互渗透、交互作用的进展中，逐步内在地引出自身的条件。

《资本论》的起点是商品①，商品一开始就被规定为价值与使用价值的统一体。这规定包含了上升为丰富的、复杂的有机整体的全部规定之统一的可能性。这可能性就在于商品的最初规定的二重性上。任一商品，作为使用价值它只是一个特殊物，只能满足人们某一方面的有限需求；而作为价值，则又内含普遍性的东西，无限性的东西，它可以与任一其他商品交换，从而获取任一使用价值。就是说，在这个极其贫乏的开端之中，已经潜伏了普遍性与特殊性对立统一的种子。否则的话，任何过渡也无法从抽象达到具体，无法达到对立面的统一。如果起点只是特殊性，即只是使用价值，那么，便无法从中引申出普遍性即价值来，因为使用价值并不必然地要充作价值的物质承担者；另一方面，若以价值为出发点，也无法过渡到使用价值，因为作为价值，是不包含一个使用价值的原子的，价值纯是一种生产关系。因此，起点必然是一个双重的规定。作为商品，当然都是一个个特殊物，但辩证的思维却从这一个个特殊之物中看出了其内含的普遍性，从这个人的劳动的产物中看出了社会的规定性。有了这样的辩证起点，从抽象到具体的矛盾进展便得以合乎逻辑地进行了，从而这样的上升才是内在的上升，内在的"生长"，而不是人为的堆积。

《资本论》第一卷第一篇阐述了简单商品生产条件下的价值与使用价值的双重运动。马克思说："商品二重地存在这个简单的事实，即一方面商品作为一定的产品存在，而这个产品在自己的自然存在形成中观念地包含着（潜在地包含着）自己的交换价值；另一方面商品作为表现出来的交换价值（货币）存在，而这个交换价值又抛弃了同产品的自然存在形式的一切联系。——这种二重的，不同的存在必然发展为差别，差别必然发展为对立和矛盾。商品作为产品的特殊性同商品作为交换价值的一般性之间的这个矛盾，即产生了商品一方面表现为一定的商品，另一方面表现为货币这种二重化的秘要性这个矛盾——商品的特殊的自然属性同商品的一般的社会属性之间的这个矛盾从一开始就包含着商品的这两个分离的存在形式不能互相转换的可能性。"② 商品的二重性作为劳动二重性的

---

① 抽象劳动与具体劳动这一对范畴是比商品的价值与使用价值更为基本更为一般的规定性，它不是从商品的二重规定引申出来的，而是从这二重规定中分析出来的。马克思说过，他的体系是建筑在劳动二重性的学说之上的。按照马克思对抽象劳动与具体劳动的规定，应该说劳动的二重性是普遍地存在于任何一种生产方式之中的，但只有在商品生产的条件下，抽象劳动才作为价值的实体。抽象劳动是为了说明价值与使用价值的来源而分析出来的，因此，作为体系的出发点仍是具有双重规定的商品。

② 《马克思恩格斯全集》第46卷（上），人民出版社1979年版，第92页。

结果，最初是隐含着的，要从这隐含形态达到完全成熟的形态，还要经过一个价值形式的发展过程。价值形式的发展，实际就是这一矛盾向着解决自身困难方向的发展，也就是说，在最初，作为普遍性的价值与作为特殊性的使用价值的对立统一还是潜在的。这时，这普遍性还是抽象之物，但由于它与特殊性的内在关系，内在相互作用，使自身逐步特殊化。价值形式的发展，就是这抽象普遍性特殊化的过程。价值作为普遍性只是一种关系，它不是独自发生作用，而只能作为诸特殊性的联系发生作用。而另一方面，使用价值作为诸特殊性，要作为一个有机整体的成分运动起来，也不能没有普遍性的东西作为其协调的模式，否则，特殊性便只是成了杂多性。这就是说，两个层次虽然间断且对立，但又相互吸引、制约。在这种情况下，普遍性为特殊性所制约而特殊化，特殊性则为普遍性所逐渐统摄而提升到普遍性。相互作用的结果，是两个方面各自克服了抽象性而达到一种具体性，亦即个别性。这一个别性便是货币。在货币身上，商品的普遍性即价值与特殊性即使用价值的潜在的统一达到了现实的统一，即抽象的普遍性的价值现在取得了一个特殊的表现形态，把自身的普遍性赋予了一种特殊物，由无形的关系取得了一种特殊的有形存在。而原来仅仅作为一种特殊使用价值的金银等，则由于作为普遍性的价值形式的进展而被提升为一个现实的具体普遍性，"所以其他商品都用它的价值来衡量，它也因此成了一般的商品，成了一种同一切其他商品相对立的真正的商品"①。这就是说，它以一个特殊物的身份而执行着普遍物的功能。普遍与特殊两方面相互作用的结果，是"简单的物物交换的性质中产生出来的困难"的克服，亦即矛盾的解决。这解决便是为价值与使用价值这一矛盾找到了一种适当的运动方式。但是，"货币所以能克服物物交换中包含的困难，只是由于它使这种困难一般化，普遍化了"②。因此，作为矛盾解决的"适当的运动方式"，就仍然是一个包含对立和矛盾的运动方式，商品经济实际上也就是在矛盾和对立中运行的。至此，无论如何，关于简单商品经济的基本理论就告一段落结束了。

《资本论》第一卷第一篇《商品和货币》可视为一个相对独立的简单整体。从第二篇开始，《资本论》体系的中心概念"资本"出场了，即货币在一定条件下转化成了资本。马克思认为，在资本主义生产方式中，资本是一种"普照的光"，"资本是资产阶级社会的支配一切的经济权力，它必须成为起点又成为终点"③。作为起点的"资本"还是一种抽象的普遍性，就是说"资本是产品和货币的直接统一，更确切些说，是生产和流通的直接统一……这种统一最初在资本

---

① 《马克思恩格斯全集》第 25 卷，人民出版社 1975 年版，第 584 页。
② 《马克思恩格斯全集》第 46 卷（上），人民出版社 1979 年版，第 95 页。
③ 《马克思恩格斯选集》第 2 卷，人民出版社 1995 年版，第 110 页。

上表现为一种简单的东西"①。它要在作为对立面的特殊性的渗透作用下，才能逐步变得具体起来。作为终点的资本便已是一种具体的普遍性了，但第一卷还达不到这一点，第一卷只是就资本的抽象普遍性自身进行规定。

资本主义的生产作为一种商品生产方式，同样是一种二重运动，作为普遍性的资本运动便是一个价值增值过程，而作为特殊性的劳动诸要素的运动，便是一个劳动过程。当然这不是两个平列的运动过程，而是同一运动过程的两个方面或两个层次。这两个方面既互相区别又互相包含。一方面，作为劳动过程，总是具有自身的独立规定，即不论劳动的社会形式如何，它总是人与自然之间的物质能量交换过程，而这种规定又必然采取一定的社会形式。在资本主义生产中，任何劳动过程都是在资本这种普遍性的力量的约束下进行的，且作为价值增长过程，资本这种普遍性，也必须以一定的劳动过程作为自身运动的基础，为这种特殊性的劳动过程所制约。但另一方面，资本主义生产作为劳动过程与作为价值增殖过程之间却又是相互对立的，这种对立也就是资本与劳动的对立，作为资本的人格化的资本家与作为劳动过程执行者工人的对立。资本主义生产方式就是在这种既对立又统一的方式中运行的。资本首先只是能够带来剩余价值的价值，这是最一般的规定。进一步的规定，剩余价值的产生有两种形式，绝对剩余价值和相对剩余价值。但剩余价值的两种生产形式也是为劳动过程的不同条件所制约的，是以不同的劳动生产率为前提的。作为劳动过程的一个要素的劳动者，在这种生产方式中随着分工的发展，变成了一个个特殊的工人。起初，各个特殊的工人连同附属于他们的工具，结合为一个总体的工人，但这总体的普遍性层次并不在总体工人内，而存在于资本之中，是资本把各个特殊的工人结合在一起的。马克思指出："工人的联合，像它在工厂里所表现的那样，也不是由工人而是由资本造成的。他们的联合不是他们的存在，而是资本的存在，对单个工人来说，这种联合是偶然的。"② 进一步的发展，机器体系在生产中占了越来越重要的地位，以至于工人最终只成了机器的附属品，这时各种特殊的机器连同附属于它们的工人结合为一个"总体工人"。现在这个总体的普遍性更为彻底地属于资本，资本是把这些特殊要素结合起来的普遍性的力量。马克思说："资本一开始就表现为集体力量、社会力量，表现为分散性的扬弃。先是扬弃同工人交换的分散性，然后是扬弃工人本身的分散性，工人的分散性是以他们的相对的独立性为前提的。"③这一过程本身是生产力的发展过程，是劳动过程形式的发展，但它是在与价值增殖过程对立统一的条件下进行的。一方面，它自身受制于资本的运动；另一方面

---

① 《马克思恩格斯全集》第46卷（上），人民出版社1979年版，第296页。
② 《马克思恩格斯全集》第46卷（下），人民出版社1980年版，第33页。
③ 《马克思恩格斯全集》第46卷（下），人民出版社1980年版，第88页。

它又制约、影响着资本的运动，改变着价值增殖的方式。一句话，影响着生产关系的形式。这一发展变化，使得工人对资本的从属由形式上的变成实质上的，这一变化与剩余价值生产的主要形式的变化是相适应的。这些都是在生产过程中对于资本范畴的规定。关于资本的积累亦属于这个范围。这个范围是纯粹本质的范围，这些规定使得资本概念有了初步的具体化。

第二卷从纯粹本质中进入了表层的领域。在这里，资本这一普遍性被进一步特殊化。这一特殊化是由于资本自身并不能脱离使用价值的运动过程而独立运动。社会需要的是各种使用价值，使用价值也有自身的运动方式，从而资本必须适应于此，而特殊化为货币资本、生产资本与商品资本。这是从资本循环的角度看的。从资本周转的角度看，资本又特殊化为固定资本与流动资本。以上还都是从单个资本的情况来考察的，作为社会总资本，还进一步特殊化为各个部门的资本。《资本论》从社会生产的两个部类考察了资本的这种特殊性。通过这些过程，资本的规定性越来越丰富了。

第三卷达到了表层与里层的结合。现在，资本的特殊化已达到了这样的程度，使普遍性丰富到能成为个别性的程度。在第三卷中，曾经作为起点只是生产和流通的直接统一的资本，现在取得了一个包含诸多中间环节，达到了二者现实的统一的形式。在第一卷中，资本作为能带来剩余价值的价值，是一个纯粹本质性的规定。现在资本作为普遍性，在作为其对立面的特殊的生产过程的作用下，已达到了一种具体的普遍性的程度。在这一特殊化过程中，事物的本质与其表象渐次接近了。在这一卷开头，首先进入考察范围的是剩余价值向利润的转化。剩余价值率还是一个纯本质规定，它只是剩余价值与可变资本的比值。这里所考虑的只是资本与劳动的对立。这一规定揭示了资本主义剥削的实质，利润率则是剩余价值与总资本的比值。这一比值，如是不是从表面看，而是从剩余价值率的转化形式看，它就是一个更为具体的规定。因为决定利润率的是不变资本与可变资本之和，这其中包含了生产条件的制约作用，由于生产条件的不同，不同生产部门的资本有不同的构成，并由此而引起了利润率的差别。但这差别又由于竞争而平均化，从而价值也就转化为生产价格。此时生产价格代替价值执行其功能。使用价值运动与资本运动之间相互作用，资本便进一步特殊化为产业资本、商业资本和借贷资本，一般剩余价值被分割为产业利润、商业利润和利息。再进一步考虑到土地这一特殊生产条件的作用，便是超额利润转化为地租。至此，资本主义经济的那些表面的基本联系都得到了来自内部本质的说明，使那些以前只是表面联系的范畴取得了实在的内容，变成了具有概念的东西，也就是说，普遍性特殊化为了个别性。这一个别性同时反映着作为普遍性的资本运动与作为特殊性使用价值运动两方面的对立统一关系，个别性就是多样性的现实统一，具体的统一。

但这统一是相对的统一。从理论上来说，作为普遍性的资本与作为特殊性的劳动要素之间，不能达到绝对统一的程度，这种不能达到，实际上反映着资本主义生产方式的内在矛盾。这种相对统一性，一方面说明普遍性与特殊性有着联结，但另一方面，这种相对性又证明现实的相对性、有限性，从而转化为其他生产方式的必然性。资本主义生产方式是在矛盾中进行的，它的每一次发展一方面是克服已有矛盾的手段，另一方面也是造成更大矛盾的条件。

三、马克思主义理论完备化时期的总体特征

马克思主义理论的终极目标是论证共产主义，即"以每个人的全面而自由的发展为基本原则的社会形式"，这一社会形式能"使我们一切天赋得到充分发挥"①。但与创立阶段主要的从哲学层面直接论证不同，在剩余价值理论创立的基础上，对共产主义的论证也就不可避免地有了新的形式。共产主义既然是每个人自由全面发展的社会形式，因而对共产主义的论证从根本上说也就是对于人类自由可能性的论证。

马克思主义哲学是一种实践哲学，马克思对于自由的规定便只能从人的生活实践出发去进行。这也就意味着，在马克思那里，自由只能是一种特别的生活或生存状态，即自由生活或生存状态。马克思主义的自由观大致上说来，可划分为两种类型，一种主要体现于《1844 年经济学哲学手稿》和《德意志意识形态》中，这里对于人的自由发展的可能性的论证主要是在哲学层面进行的；另一种主要体现于《资本论》之中，这里的论证不再限于哲学层面，而是包括了政治经济学层面的考虑，《1857—1858 年经济学手稿》则构成了一个过渡阶段。这一转变是与马克思主义理论总体上的发展密切相关的，特别是与马克思对于政治经济学的深入研究，剩余价值理论的建立密切相关的。

马克思的人的自由发展观的第一次系统表述是在《1844 年经济学哲学手稿》之中。在这部早期著作中，马克思得出了如下结论："动物只生产它自己或它的幼仔所直接需要的东西，动物的生产是片面的，而人的生产是全面的；动物只是在直接的肉体需要的支配下生产，而人甚至不受肉体需要的支配也进行生产，并且只有不受这种需要的支配时才进行真正的生产；动物只生产自身，而人再生产整个自然界；动物的产品直接同它的肉体相联系，而人则自由地对待自己的产品。动物只是按照它所属的那个种的尺度和需要来建造，而人却懂得按照任何一个种的尺度来进行生产，并且懂得怎样处处都把内在尺度运用到对象上去；因

---

① 《马克思恩格斯全集》第 23 卷，人民出版社 1975 年版，第 649 页。

此，人也按照美的规律来建造。"① 这就是说，人的活动就其本质而言，是一种自由的活动，全面的活动，在这种活动中，作为主体的人将获得全面的发展，实现其类本质；而且，这种活动本身还是一种"按照美的规律"而进行的活动，因而在本质上它同时也就是一种审美的艺术活动。所以，马克思进而指出，"因此，正是在改造对象世界中，人才真正地上明白自己是类存在物。这种生产是人的能动的类活动。通过这种生产，自然界才表现为他的作品和他的现实。因此，劳动的对象是人的类生活的对象化：人不仅像在意识中那样理智地复现自己，而且能动地、现实地复现自己，从而在他所创造的世界中直观自身。"② 将自己的作为自由的自觉的活动的类本质对象化于外部现实世界之中，使之具有感性的形式，亦即人的自由活动本质的感性显现，是自由的实现。

在《德意志意识形态》中，马克思从现实的个人出发，把劳动首先视为维持生存的手段，对于人的自由全面发展的条件进行了新的规定。现在异化概念是建立在分工理论的基础之上的，因而异化的扬弃，自主劳动的实现首先是建立在生产力发展的基础之上的，异化的扬弃的内容因而也被规定为对于分工的消灭。但是，在这里物质生产领域或物质实践活动仍然被视为人的全面发展实现的主要领域。在其中，自由活动与自主劳动仍然具有等同的意义，"完整的个人"、"有个性的个人"与在消灭了分工和私有制的条件下的联合起来的个人也具有等同的意义，亦即"这种自主活动就是对生产力总和的占有以及由此而来的才能总和的发挥"。③ 有时马克思甚至借用了空想社会主义者的一些说法，如认为，"在共产主义社会里，任何人都没有特定的活动范围，每个人都可以在任何部门内发展，社会调节着整个生产，因而使我有可能随我自己的心愿今天干这事，明天干那事，上午打猎，下午捕鱼，傍晚从事畜牧，晚饭后从事批判，但并不因此就使我成为一个猎人、渔夫、牧人或批判者。"④

但在《1857—1858 年经济学手稿》中，在对于经济学深入研究的基础上，马克思开始了对于人的全面发展的条件做进一步规定。在这部著作中，马克思在与作为"最初的社会形态"的"人的依赖关系"和作为"第二大形态"的"以物的依赖性为基础的人的独立性"的对比中，指出未来"第三阶段"的社会是"建立在个人全面发展和他们共同的社会生产能力成为他们的社会财富这一基础上的自由个性"，而"要使这种个性成为可能，能力的发展就要达到一定的程度

---

① 《马克思恩格斯全集》第 42 卷，人民出版社 1979 年版，第 96~97 页。
② 《马克思恩格斯全集》第 42 卷，人民出版社 1979 年版，第 97 页。
③ 《马克思恩格斯选集》第 1 卷，人民出版社 1995 年版，第 74、75、78 页。
④ 《马克思恩格斯选集》第 1 卷，人民出版社 1995 年版，第 37 页。

和全面性"。① 这些基本规定与《德意志意识形态》中的规定大体上是相同的。但有所不同的是，马克思在这里进一步规定了人的全面发展的条件和活动领域。在这里，值得注意的有两个方面：一个方面，是马克思对于在什么条件下，物质生产劳动才能"成为个人的自我实现"，给出了更加具体的规定。他指出，物质生产劳动只是在下列条件下，才能"成为吸引人的劳动，成为个人的自我实现"："（1）劳动具有社会性；（2）劳动具有科学性，同时又是一般的劳动，是这样的人的紧张活动，这种人不是用一定方式刻板训练出来的自然力，而是一个主体，这种主体不是以纯粹自然的，自然形成的形式出现在生产过程中，而是作为支配一切自然力的那种活动出现在生产过程中。"② 所谓"劳动具有社会性"，是指在消灭了私有制的前提下，个人的劳动直接地就是社会劳动，而不必假手于交换。而所谓具有科学性则是指在科学高度发展的基础上，人作为劳动主体由于科学的应用而具有高度的支配自然的能力。在这样的条件下，劳动主体作为"丰富的个性"，"无论在生产上和消费上都是全面的，因而个性的劳动也不再表现为劳动，而表现为活动本身的充分发展，在那种情况下，直接形式的自然必然性消失了"。③ 在这里，马克思反对"像傅立叶完全以一个浪漫女郎的方式极其天真地理解的那样"，视那种条件下的劳动不过是"一种娱乐、一种消遣"。他指出，"真正自由的劳动，例如作曲，同时也是非常严肃，极其紧张的事情。"④

另一个值得注意的方面是，在这部著作中，马克思第一次对于人的全面发展的条件提出了另一个方面或另一种角度的规定。这就是从"可以自由支配的时间"或自由时间的角度对于人的全面发展的条件的规定。他指出，"个性得到自由发展，因此，并不是为了获得剩余劳动而缩减必要劳动时间，而是直接把社会必要劳动缩减到最低限度，那时，与此相适应，由于给所有的人腾出了时间和创造手段，个人会在艺术、科学等方面得到发展。"而"那时，财富的尺度决不再是劳动时间，而是可以自由支配的时间。"⑤ 在自由时间中，人们就真正获得了全面发展的条件，即"所有自由时间都是供自由发展的时间"，或"使个人得到充分发展的时间"。⑥

马克思之所以得出上述结论，无疑是由于他在对资本主义生产过程的深入研究中发现，随着科学的进步及其在生产中的应用，资本家攫取剩余价值的方式也发生了很大变化，"劳动表现为不再像以前那样被包括在生产过程中，相反地，

① 《马克思恩格斯全集》第 46 卷（上），人民出版社 1979 年版，第 104、108 页。
② 《马克思恩格斯全集》第 46 卷（下），人民出版社 1980 年版，第 113 页。
③ 《马克思恩格斯全集》第 46 卷（上），人民出版社 1979 年版，第 287 页。
④ 《马克思恩格斯全集》第 46 卷（下），人民出版社 1980 年版，第 113 页。
⑤ 《马克思恩格斯全集》第 46 卷（下），人民出版社 1980 年版，第 218、222 页。
⑥ 《马克思恩格斯全集》第 46 卷（下），人民出版社 1980 年版，第 139、225 页。

表现为人以生产过程的监督者和调节者的身份同生产过程本身发生关系。（关于机器体系所说的这些情况，同样适用于人类活动的结合和人类交往的发展。）这里已经不再是工人把改变了形态的自然物作为中间环节放在自己和对象之间，而是工人把由他改变为工业过程的自然过程作为媒介放在自己和被他支配的无机自然界之间。工人不再是生产过程的主要当事者，而是站在生产过程的旁边"。① 这表明，"一般社会知识，已经在多么大的程度上变成了直接的生产力，从而社会生活过程的条件本身在多么大的程度上受到一般智力的控制并按照这种智力得到改造"，而这种转化就"使整个社会的劳动时间缩减到不断下降的最低限度，从而为全体（社会成员）本身的发展腾出时间"。② 正是看到了生产发展的这种趋势，马克思才抛弃了早先那种带有空想色彩的关于人的全面发展的条件的规定，而在生产力发展的现实基础上寻找更为具体的规定。但在这一阶段中，关于人的全面发展可在物质生产领域实现的规定，与自由时间是"使个人得到充分发展的时间"的规定是并存着的，关于两种规定之间的关系也未说明。这表明马克思在这一问题上仍在探索着一种更完备的规定。

在《资本论》的最后手稿中，马克思最终达到了对于人的全面发展的具体规定。③ 在这里，马克思认为，在物质生产的领域，人类不可能摆脱自然必然性的支配，而只能够通过消灭分工和私有制而扬弃历史必然性，使之不再作为盲目的力量来统治自己，在最合理的条件下，进行物质生产，因为"不管怎样，这个领域始终是一个必然王国"即"自然必然性的王国"。④ 因而，人类在物质生产领域最终所能够实现的只是一种人类能力的有限发展，一种有限的自由，而人类能力全面而自由的发展的领域作为"真正的自由王国"，"只是在由必需和外在目的规定要做的劳动终止的地方才开始；因而按照事物的本质来说，它存在于真正物质生产领域的彼岸"。⑤ 这就表明，马克思最终认为，人的全面发展得以充分实现的领域，不在于物质生产领域，而在于其外，即"真正物质生产领域的彼岸"。这一领域就是"作为目的本身的人类能力的发展"，即把人类能力的发展当做目的本身的"真正的自由王国"。

这里所说的"自然必然性的王国"，涉及马克思对于自然必然性与历史必然性的划分。所谓自然必然性，一般地说来是指自然规律，即自然界物质运动的规律。但特殊地说，马克思在论及历史过程时所说的自然必然性是指进入了人类历

---

① 《马克思恩格斯全集》第 46 卷（下），人民出版社 1980 年版，第 218 页。
② 《马克思恩格斯全集》第 46 卷（上），人民出版社 1979 年版，第 219、221 页。
③ 这些思想主要体现在由恩格斯根据马克思写于 1864～1865 年的手稿整理而成的《资本论》第三卷之中，在这之后，马克思没有再回到这一问题上来。所以这些思想可视为马克思关于这一问题的最后考虑。
④ 《马克思恩格斯全集》第 25 卷，人民出版社 1975 年版，第 927 页。
⑤ 《马克思恩格斯全集》第 25 卷，人民出版社 1975 年版，第 926 页。

史的自然规律，是直接在支配着人类与自然之间物质交换的自然规律。人尽管是一种极为特殊的存在物，但他仍然只能是一种特殊的自然存在物，而不可能是一种超自然存在。作为自然存在物，人必须与其他自然进行物质交换才能够存在和发展，而这种与自然的物质交换作为自然的一种特殊运动方式，是不能不为自然规律所支配的。这种支配人的物质生产活动的自然规律即为人类历史活动中的自然必然性。马克思在说到与"真正的自由王国"相对应的"自然必然性的王国"时所指的正是"物质生产领域"，并且认为这种自然必然性"在一切社会形态中，在一切可能的生产方式中"都是必然存在的。① 而历史必然性是相对于自然必然性而言的，它所指的是支配着人与人之间的交往活动的规律，即狭义上的历史规律。这种历史规律或历史必然性所标示的即是人们的物质生产力发展的一定状况下，人与人之间的本质联系，即一个社会内部的本质联系。

在人类历史过程之中，自然必然性与历史必然性是分别支配人与自然之间的交往同人与人之间的交往这两大人类活动领域的规律，因而，"每个人的全面而自由的发展"就同时为两种必然性所制约，而这种人的发展的实现也就必然地不仅是对自然必然性的扬弃，而且同时是对历史必然性的扬弃。但历史必然性既然是为自然必然性所支配的物质生产力的发展所界限着的，那么，实现"每个人的全面而自由的发展的社会形式"的根本条件就是自然必然性的高度扬弃，即生产力的极大发展。生产力的极大发展必然创造消灭分工的现实条件，把人从不得不屈从于分工的境况中解放出来。分工的消灭同时也就是私有制的消灭，就是对于以往异己的历史必然性的扬弃，对于历史必然性的自由。

但对于历史必然性的扬弃只是获得了"每个人全面而自由的发展"的必要条件，而非充分条件；由扬弃历史必然性即消灭分工和私有制所实现的自主劳动的自由只是一种有限意义上的自由，而还不是作为"每个人全面而自由的发展"那种意义上的自由。因此，不仅对于历史必然性的扬弃，而且更为根本的是对于自然必然性的扬弃即生产力的高度发展，才构成了"每个人全面而自由的发展"的充分条件。共产主义作为历史运动的结果，既是对以往盲目的历史必然性的扬弃，同时又更为根本地是对于自然必然性的扬弃。这两个方面的扬弃共同构成了自由王国的前提。但两个方面的必然性的扬弃有着不同的意义。对于历史必然性而言，这一扬弃作为分工与私有制的消灭，作为对于"一切不依赖于个人而存在的东西"的排除，它有着最终的性质，即由此扬弃，"生存斗争停止了。人才在一定意义上最终地脱离了动物界，从动物的生存条件进入真正人的生存条

---

① 《马克思恩格斯全集》第25卷，人民出版社1975年版，第926页。

件……才完全自觉地创造自己的历史"①。但对于自然必然性而言，则这种扬弃并不具有最终的性质，而且永远也不会有最终的性质，而只能是一个无限的发展过程。共产主义并不是人与自然必然性矛盾的终极解决，而只是为愈来愈高水平的解决开辟了无限的前景。人与自然必然性的矛盾是无限的，因而，"每个人全面而自由的发展"的"真正的自由王国"的构建也就是一个无限的过程。

我们看到，马克思主义理论在完备化阶段对于共产主义这一自由王国的论证方式，与前一阶段相比，发生了重大的变化，那就是用政治经济学的内容极大地充实了前一阶段主要从哲学层面作出的论证。论证方式虽然发生了改变，但理论的整体性并未消失，只是从前一阶段的哲学与共产主义理论的整体性，转变为了哲学、政治经济学和科学社会主义的三位一体性。

---

① 《马克思恩格斯选集》第 3 卷，人民出版社 1995 年版，第 44 页。

第二章

马克思主义基本原理与马克思主义整体性

马克思主义是科学的理论体系。在浩瀚的马克思主义文献中，既有对其基本立场、基本观点、基本方法的论述，也有在某些特定条件下针对特定对象的具体论述。马克思主义的整体性体现在马克思主义的基本原理是一个完整而严谨的理论体系。我们在实践中坚持以马克思主义为指导，并不是笼统地坚持以马克思主义文献中的每一句话、每一个论断为指导，而是坚持以马克思主义的基本立场、基本观点、基本方法为指导，即以马克思主义的基本原理为指导。这就要求我们把马克思主义作为一个严谨的整体，努力分清哪些是必须长期坚持的马克思主义基本原理，哪些是需要结合新的实际加以丰富发展的理论判断，哪些是必须破除的对马克思主义的教条式的理解，哪些是必须澄清的附加在马克思主义名下的错误观点。这是坚持和发展马克思主义的前提和基础。

第一节　马克思主义基本原理的特征及其意义

一、原理、基本原理和马克思主义基本原理

（一）原理和基本原理

《辞海》这样界定"原理"：所谓原理，通常是指科学的某一领域或部门中

55

具有普遍意义的基本理论，以大量实践为基础，正确性为实践所检验与确定，从原理出发可以推演出各种具体的定理、命题等，从而对进一步实践起指导作用。

《现代汉语词典》（2002 年增补本）给"原理"下的定义是："带有普遍性的、最基本的、可以作为其他规律的基础的规律，具有普遍意义的道理。"

《中国百科大辞典》关于"原理"的定义：某一领域或学科中带有普遍性的、最基本的、可以作为其他规律的基础的规律。原理以大量实践为基础，故其正确性直接由实践检验与确定。

《马克思主义百科要览·上卷》给"原理"的定义：指自然科学和社会科学研究中探求和阐述客观规律的观点、命题和基本理论。如人民群众是社会历史的创造者，就是历史唯物主义的基本原理。光速不变和相对性理论是狭义相对论的基本原理。马克思主义认识论认为，原理作为一种理论形态，它对于客观规律的反映只是相对的，它必须在实践的基础上随着人们对客观规律认识的发展而不断地发展。也就是说，一个原理只能适用于一定的时间和空间的条件下，超出了一定的时间和空间的条件，这个原理就必须重新修订和发展。根据原理的使用范围大小，我们还可以对原理作出基本原理和特殊原理之分。每一门科学都是由一系列的原理构成的，科学的原理对于实践有着重要的指导作用。

我们认为，所谓"原理"，是每一门科学中都必须内含的重要的核心的组成因素，它通常是指理论体系中具有普遍意义的、基本的命题、论断或规律。它能全面、深刻地揭示对象的复杂特征和内在本性，在诸多命题、论断中处于原始、基础和核心地位。而"基本原理"通常是指理论体系中最具有普遍意义的、最基本的命题、论断或规律，在诸多命题、论断中处于最原始、最基础和最核心地位。

（二）马克思主义基本原理的特征

马克思主义基本原理具备以下特征：

第一，马克思主义基本原理具有综合性特点。马克思主义基本原理是马克思主义整个理论体系中"一以贯之"的理论，是能够反映马克思主义精神实质的理论，是能够反映马克思主义整体性的理论。

列宁曾经说过：马克思学说之所以具有无限力量，就是因为它正确。"它完备而严密，给人们提供了决不同任何迷信、任何反动势力、任何为资产阶级压迫所作的辩护相妥协的完整的世界观。"[1] 这种完备而严密体现在它"是人类在 19 世纪所创造的优秀成果——德国的哲学、英国的政治经济学和法国的社会主义的

---

[1] 《列宁选集》第 2 卷，人民出版社 1995 年版，第 309 页。

当然继承者"。① 马克思的全部天才"正是在于他回答了人类先进思想已经提出的种种问题"。马克思学说的产生"正是哲学、政治经济学和社会主义极伟大的代表人物的学说的直接继续"。② 马克思批判地吸收了德国古典哲学、英国及法国的古典政治经济学的一切优秀和合理成果的基础上,创立的唯物史观和剩余价值理论,使社会主义由空想变为科学,形成了科学社会主义理论。显然,马克思主义基本原理与马克思主义理论三个组成部分之间的密切关系就表现在它贯穿于三个组成部分中。这种"贯穿"并不是指马克思主义哲学、马克思主义政治经济学和科学社会主义三个部分原理的相加,而是指在这三个组成部分中的"一以贯之"的具有综合性特点的原理。

这些基本原理之所以具有综合性特点,还因为它反映了马克思主义"整体性"的根本特征,表现了马克思主义哲学、马克思主义政治经济学、科学社会主义三个部分的相互联系着的原理对客观世界的整体反映,强调了对客观世界发展、人的认识发展、人的自身发展、人类社会发展规律性的整体研究。理解马克思主义基本原理是"一以贯之"的具有综合性特点的原理,不仅是在各个层面上理解客观世界的发展、人的认识发展、人的自身发展、人类社会发展的规律性,更重要的是对不同层面间的逻辑关系作出认识,正是这些逻辑关系构成了马克思主义基本原理的"整体性"。

"整体性"不仅提出了把握马克思主义基本原理特点的要求,而且更重要的是,它提供了进行马克思主义基本原理科学体系构建和马克思主义基本原理研究的方法和原则。因此,我们可以看到,那些把马克思主义基本原理看成由马克思主义哲学、马克思主义政治经济学和科学社会主义三个部分原理的相加,或者把马克思主义基本原理主要或全部看成是哲学原理的观点,实际上是对马克思主义基本原理及其科学体系的一种误读。

第二,马克思主义基本原理反映了马克思主义的本质特征,是马克思主义的根本标志。诚然,马克思主义的形成和发展过程从来没有离开世界文明发展的大道,而是积极吸收了前人的思想研究成果,但马克思主义是在辩证地扬弃前人思想成果的基础上形成的,与前人思想有着本质区别,具有完全不同的立场、观点和方法。正如列宁所说,马克思主义"给予人们一个决不同任何迷信、任何反动势力、任何资产阶级压迫所作的辩护相妥协的完整的世界观"。③ 马克思主义基本原理是马克思主义的本质特征所在,也是马克思主义的核心和精髓所在,是马克思主义区别于其他理论学说的根本标志。

---

① 《列宁选集》第 2 卷,人民出版社 1995 年版,第 309 ~ 310 页。
② 《列宁选集》第 2 卷,人民出版社 1995 年版,第 309 页。
③ 《列宁选集》第 2 卷,人民出版社 1995 年版,第 378 页。

第三，马克思主义基本原理经得起实践的检验，具有强大的生命力。马克思主义基本原理是一定时代和环境条件的产物，但它又不拘泥于具体的时间和条件，而是在很高层次上揭示事物的本质和发展的规律，因此在此基础上形成的基本原理经得起发展的实践的检验，具有强大的生命力。如果把马克思主义的整个理论学说比作一株参天大树，那么基本原理就是这株参天大树上的根基和主干，而个别原理和结论就是枝叶。一般来说，枝叶可以随着气候、季节的变化而变化，而根基却长期植根于沃土，主干则长期昂然挺立。

由马克思主义基本原理的这些特征所决定，我们在进行社会主义现代化建设的进程中，就是要坚定不移、毫不动摇地坚持马克思主义的基本原理，不然，坚持马克思主义就成了一句空话。所谓"老祖宗不能丢"，就是这个意思。

二、科学把握马克思主义基本原理

（一）从整体性上把握马克思主义基本原理

马克思主义是一个科学的思想体系，整体性是马克思主义的基本特征，马克思主义的科学性首先是由其整体性决定的。在认识和对待马克思主义问题上，正确的态度是坚持马克思主义的整体性。坚持马克思主义的整体性，通俗地讲，就是既不把本来不属于马克思主义的内容附加给马克思主义，也不把属于马克思主义的内容从马克思主义整体中割裂出去。正如列宁所说：马克思主义的全部精神，它的整个体系，要求人们对每一个原理只是历史地，只是同其他原理联系起来，只是同具体的历史经验联系起来加以考察。①

马克思主义是一个内容广博的思想体系，既包括基本原理，也包括个别观点；既包括指导原则，又包括具体结论。整个马克思主义体系就是由若干相互联系的马克思主义基本原理，按照历史与逻辑、抽象与具体等相统一的原则，在联系和转化中形成的概念体系。马克思主义基本原理，在其理论内容上不仅包含哲学的、政治经济学的、科学社会主义的以及其他学科的基本原理，而且还超越传统的哲学、政治经济学科学社会主义"三个组成部分"的划分模式，而贯穿其各个学科的基本立场、基本观点和基本方法。通过"三个组成部分"理解马克思主义基本原理，虽然可以达到一定的高度，但是不能局限于此，还必须打破传统的"三个组成部分"模式，打破传统学科划分的束缚，以一种创新性的思维从整体上理解和把握马克思主义基本原理体系，这是我们的一项重要理论任务。

---

① 《列宁全集》第 47 卷，人民出版社 1990 年版，第 464 页。

马克思主义基本原理的科学体系不仅反映了马克思主义的精神实质和根本特征，而且也反映了历史性、联系性、发展性的统一。在对马克思主义的认识问题上，我们可以发现，在历史和现实中往往存在着把马克思主义的这一整体拆解为它的各个部分，从而不仅使这些部分失去了马克思主义的意义，而且也使马克思主义不复存在的现象。因此，从整体上把握马克思主义是马克思主义的根本要求，也是我们科学认识和正确对待马克思主义的一个重要的方法论原则。

（二）坚持马克思主义基本原理就是坚持马克思主义

马克思主义基本原理是马克思主义理论科学体系中具有决定意义的东西，没有马克思主义的基本原理，就没有马克思主义。因此，马克思主义整体性问题的实质在于是否坚持马克思主义基本原理，坚持马克思主义，首先就是坚持马克思主义的基本原理，这也是整体性的基本要求。可以说，坚持马克思主义基本原理与坚持马克思主义具有同等的意义。

当然，坚持马克思主义基本原理，不能把马克思主义基本原理当做千古不变的教条，不能照搬照套，而应该坚持马克思主义基本原理同本国具体实践相结合。这是中国共产党提出并始终坚持的科学命题。我们党在不同的历史条件下，都反复强调必须始终坚持马克思主义基本原理，坚持马克思主义基本原理与中国具体情况相结合。马克思主义基本原理，毛泽东叫"马克思主义普遍真理"、"马克思列宁主义基本原则"[①]，邓小平有时称"马克思列宁主义基本原理"，有时也称"马克思主义普遍原理"，江泽民称"马克思主义基本原理"。十七大报告强调"把坚持马克思主义基本原理同马克思主义中国化结合起来"。应该说，我们党在革命和建设实践中取得的伟大成果都是这种"结合"的结果。毛泽东思想、邓小平理论和"三个代表"重要思想就是坚持和发展马克思主义的成果，是马克思主义普遍原理与中国具体情况相结合的结晶。

（三）马克思主义的原理和方法是不可分的

众所周知，马克思主义具有科学的一般方法论的意义。恩格斯指出："马克思的整个世界观不是教义，而是方法。它提供的不是现成的教条，而是进一步研究的出发点和供这种研究使用的方法。"[②] 马克思主义经典作家在表述其理论中的方法论的内容时，所用的词语除了"马克思主义方法"之外，还有"马克思的方法"、"马克思主义辩证法"、"马克思的辩证方法"、"辩证方法"、"辩证

---

① 《毛泽东选集》第 3 卷，人民出版社 1991 年版，第 803、802 页。
② 《马克思恩格斯全集》第 39 卷，人民出版社 1974 年版，第 406 页。

法"、"具体历史方法"以及"准则"、"指南"等等。由于在他们看来，"方法就是新的观点体系（即马克思主义理论体系——引者注）的灵魂"①，因而又称之为"灵魂"、"活的灵魂"、"精髓"（最本质的东西）、"实质"、"精神"、"基本精神"、"总体精神"，等等。中国共产党人除了沿用上述提法之外，还给这个根本方法起了一个富有中国特色和文化底蕴的名字，叫做"实事求是"。

马克思主义的方法有很多，它们分别属于不同的层次。作为马克思主义的最高层次的方法，是被恩格斯称为"这个方法的制定，在我们看来是一个其意义不亚于唯物主义基本观点的成果"的那个"辩证方法"②。是统摄马克思主义的所有层次、所有内容、所有方法的方法，是从总体上体现所有方法的灵魂、精髓、实质、精神的方法。如果说唯物辩证法是马克思主义整个理论体系的方法论基础，那么，马克思主义根本方法则不仅是马克思主义理论体系的灵魂、精髓，而且是马克思主义的方法论基础唯物辩证法本身的灵魂、精髓，所以它是"方法的灵魂"和"方法的方法"。正因为如此，我们称之为马克思主义的根本方法，以与马克思主义的其他低层次的方法相区别。

理论上关于马克思主义是一种方法的看法，是针对实践中把马克思主义教条化的倾向的。但这种"方法论的马克思主义"的认识，并不意味着我们把辩证的方法论理解为结构上的马克思主义基本原理体系中的独立部分、固定章节，而是使马克思主义的理论、观点无论在个别上和还是在总体上都同时表现为方法，特别是指导实践的方法。所以，根本说来，这是一个马克思主义的理论与实践的关系问题。一般说来，马克思主义的所有基本原理都是方法，唯物辩证法的每个规律、每对范畴是方法，唯物史观和认识论的每个原理也是方法，甚至马克思主义的每个科学论断也是方法。在马克思主义理论中，唯物论和辩证法是统一的。由于世界本来就是普遍联系、永恒发展的物质世界，因此，当马克思主义唯物地解决世界本原的问题时，已经内在地包含了辩证法。同样的道理，当马克思主义科学地揭示世界的普遍联系和永恒发展的规律时，也内在地包含了唯物主义。唯物辩证法的一系列规律和范畴，都具有世界观和方法论的意义。

例如，世界普遍联系和永恒发展的原理，就要求我们用联系的观点和发展的观点看问题，用发展的思路和办法解决实际问题。又如，事物的发展是在一定质的基础上从量变到质变再到新的量变的过程，我们就要十分注意量变和质变的关系。"不积跬步，无以至千里；不积小流，无以成江海"，只有脚踏实地创造质变的条件，才能达成事物质的飞跃；急于求成，拔苗助长，必将事与愿违。然

---

① 《普列汉诺夫哲学著作选集》第 3 卷，生活·读书·新知三联书店 1962 年版，第 158 页。
② 《马克思恩格斯选集》第 2 卷，人民出版社 1995 年版，第 43 页。

而，当事物质变的条件已趋成熟时，则应把握契机，乘势而为，勇于创新，促成事物的转化。再如，事物发展是前进性和曲折性的统一，我们就不能奢望什么事情都是径情直遂、一帆风顺的，要善于洞察事物发展中的各种可能性，充分估计其困难和曲折，经得起困难和挫折的考验，坚定信心，知难而上，开辟前进的道路。社会的进步是这样，人生的道路也是如此。"不经一番寒彻骨，哪得梅花扑鼻香。"

总之，唯物辩证法为人们认识世界和改造世界提供了根本的观点和方法。无论是对自然、社会、思维这三大领域的矛盾运动规律的宏观把握，还是对实际工作中错综复杂的矛盾的细微分析，唯物辩证法都有普遍的方法论意义。"按辩证法办事"，就能达到应事而变，顺势而为，做到运筹帷幄，高瞻远瞩。

唯物辩证法的方法同认识方法和工作方法是一致的，唯物辩证法的观点运用于思维和工作中就转化为思想方法和工作方法。在唯物辩证法的方法论体系中，矛盾分析法居于核心的地位，是根本的认识方法。毛泽东指出："辩证法的宇宙观，主要地就是教导人们要善于去观察和分析各种事物的矛盾的运动，并根据这种分析，指出解决矛盾的方法。"[1] 矛盾分析法的重要作用，是由对立统一规律在辩证法中的地位决定的。

矛盾分析法包含广泛而深刻的内容。例如，分析矛盾特殊性的方法，"两点论"与"重点论"相结合的方法，抓关键、看主流的方法，在对立中把握同一与在同一中把握对立的方法，批判与继承相统一的方法等，都是矛盾分析法的具体体现。中国古代思想家和民间所说的"尚和去同"、"执两用中"、"举一反三"、"洞悉症结"等，都是人们常用的矛盾分析方法。

唯物辩证法的基本范畴：原因与结果、必然性与偶然性、可能性与现实性、现象与本质、内容与形式等，都具有重要的方法论意义，都蕴涵着矛盾分析法。客观世界的因果联系是辩证的，两者既有联系又有区别，并在一定条件下相互转化。辩证地分析事物的因果关系，分析存在和发展的不同原因及其不同结果，可以增强人们活动的自觉性、预测性和调控性。事物的发展存在着必然性和偶然性，两者也是对立统一的关系。必然性是事物发展过程中确定不移的趋势，是由事物的根本矛盾决定的，体现事物发展的本质联系和发展前途。偶然性是事物发展过程中不确定的趋势，是由事物的非根本矛盾和外部条件引起的，对事物的发展起加速或延缓作用。两者相联结而存在，必然性寓于偶然性之中，偶然性背后隐藏着必然性，偶然性为必然性开辟道路。所以必须重视事物发展的必然性，把握事物发展的总趋势，但也绝不可忽视偶然性的作用，要善于从偶然中发现必

---

① 《毛泽东选集》第 1 卷，人民出版社 1991 年版，第 304 页。

然，把握有利于事物发展的机遇。现实性与可能性也是对立统一的关系。现实性是指已经产生出来的有内在根据的、合乎必然性的存在。可能性是事物发展过程中所包含的预示事物发展前途的种种趋势。现实性和可能性既有区别，又有联系。没有现实就没有可能，反过来，没有可能就没有新的现实。因此，把握这一对范畴的方法论意义，就要求人们立足现实，展望未来，注意分析事物发展的各种可能，发挥主观能动性，做好应对不利情况的准备，争取实现好的可能。现象与本质也是既对立又统一的。现象是事物的外部联系和表面特征，本质是事物的内部联系和根本性质。任何现象都是本质的表现，人们正是通过对事物现象的去粗取精、去伪存真、由此及彼、由表及里的认识过程，才不断深化对事物本质的认识。内容与形式的对立统一表现在内容是事物存在的基础，形式是事物存在和表现的方式。内容决定形式，形式反作用于内容，两者既相互区别又相互依存。在把握内容与形式这对范畴时，既要重视内容，反对形式主义，又要善于运用形式，发挥其积极作用。

三、准确把握马克思主义基本原理的意义

（一）区分马克思主义基本原理和非基本原理问题的实质

马克思主义基本原理，是马克思主义科学体系的基本理论、基本范畴，是其立场、观点和方法的理论表达。这些基本原理和范畴是人类社会的本质和发展规律的科学概括，是马克思主义学说的精髓。而马克思主义的非基本原理是马克思主义在具体问题上的具体理论和具体观点，不具有普遍的真理性和普遍的适应性。它们是相对的和易变的。它们不仅从属于马克思主义整体，而且也总是从属于马克思主义的一定的基本原理。它们对于马克思主义的存在、性质和结构不具有决定性意义。就其有效性来说，它们中的哪些部分继续有效，从而需要继续坚持，哪些部分已经失去现实性，从而需要放弃，都要视具体情况而定。所以，所谓坚持马克思主义，不能停留于坚持马克思主义的非基本原理。坚持马克思主义的非基本原理并不一定能够做到坚持马克思主义。当然，这并不意味着我们可以不重视对马克思主义基本原理的应用和在应用中产生的具体的科学理论和观点，可以无视其对马克思主义发展的一定意义和对我们的实践的一定指导作用。

对马克思主义体系中的具体理论不能简单地以对或错做形而上学的划分，而应当将它看成是由不同层次的具体理论构成的一个有机的体系，马克思主义基本原理属于最高的层次。所以，我们不能因为基本原理的普遍适用，而忽视个别论断的适用条件和范围；不能因为某些论断的过时，甚至错误否认基本原理的指导

价值；不同层次具体理论之间也要作具体的、历史的分析。这样，才能真正清楚应该继承哪些东西，应该抛弃哪些东西，应该发展哪些东西。

在对马克思主义的理论研究中，学者们关于马克思主义体系结构的具体划分不尽相同，并且有的是正确的，有的是不正确的。但在关于马克思主义体系结构划分的总体思路上，应该承认其有一致的方面，并且是可取的。这就是把整体的马克思主义划分为基本原理和非基本原理两大部分，认为马克思主义是基本原理和非基本原理的统一。现在问题不在于关于马克思主义基本结构的认识，而在于如何对待马克思主义体系中的基本原理和非基本原理。这实际上是一个如何正确对待马克思主义的问题。①

国内有学者按照马克思主义一定理论、观点的适应范围把马克思主义体系划分为最普遍的原理、普遍原理、局部原理和个别原理四个层次，认为最普遍的原理"反映的是世界的本质和发展过程的最普遍的规律"；普遍原理"反映的是自然、社会和思维三大领域各自的普遍规律"；局部原理"只是对局部范围的事物运动规律的概括，只适应于相应的局部范围，不可任意推广"；个别原理"是对个别问题所作的判断，它的适应范围就更小一些"。② 也有学者按照理论本身的性质把马克思主义整体划分为两个层次：第一个层次为基础理论，即马克思和恩格斯的学说，分为哲学、政治经济学和科学社会主义三大部分。第二个层次为应用理论，分为两大领域：一是革命学说，包括列宁主义和毛泽东革命思想；二是执政学说，包括毛泽东执政思想、邓小平理论和"三个代表"重要思想。③

我们认为，马克思主义基本原理是对世界整体以及自然界、社会和思维的发展的一般规律的科学认识，具有普遍的真理性。在对我们关于世界的认识和实践的指导上，具有普遍的有效性。所以，它是马克思主义整体中不可缺少的稳定的和起决定作用的部分，在总体上规定着马克思主义的性质。可以说，没有马克思主义的基本原理，就没有马克思主义，也就没有马克思主义的整体性。所以，所谓坚持马克思主义，就总是归结为坚持马克思主义基本原理。坚持马克思主义基本原理与坚持马克思主义具有同等的意义。马克思主义的非基本原理是马克思主义在具体问题上的具体理论和具体观点，不具有普遍的真理性和普遍的适应性。它们是相对的和易变的。它们不仅从属于马克思主义整体，而且也总是从属于马克思主义的一定的基本原理。它们对于马克思主义的存在、性质和结构不具有决定性意义。就其有效性来说，它们中的哪些部分继续有效，从而需要继续坚持，哪些部分已经失去现实性，从而需要放弃，都要视具体情况而定。所以，所谓坚

---

① 梁树发：《马克思主义整体性问题的实质》，载《教学与研究》2005 年第 8 期。
② 《段若非文集》，红旗出版社 1992 年版，第 345～347 页。
③ 唐昌黎：《论马克思主义系统》，载《探索》2004 年第 2 期。

持马克思主义,不能停留于坚持马克思主义的非基本原理。坚持马克思主义的非基本原理并不一定能够做到坚持马克思主义。当然,这并不意味着我们可以不重视对马克思主义基本原理的应用和在应用中产生的具体的科学理论和观点可以无视其对马克思主义发展的一定意义和对我们的实践的一定指导作用。

应该指出,在当前的马克思主义研究中,争论的问题已经不再是是否可以把马克思主义划分为基本原理和非基本原理两个部分或其他部分的问题,而是承认不承认有马克思主义基本原理存在和它的现实性,这实际上是一个整体的马克思主义的现实性问题。以下说法是对马克思主义基本原理存在的怀疑和否定:"哪一些是基本理论?哪几条算是不能动的基本理论?我看没人说得清楚,基本理论是相对的"。① 还有学者说:"我们一直高举马列主义大旗,其实,马克思的理论体系的基本观点是有错误的,包括唯物史观和劳动价值理论这两大马克思主义的基石,以及从而得出的无产阶级革命理论和策略等"。② 这种对马克思主义的"再认识"实际是对马克思主义基本原理,进而对整个马克思主义的否定。正是在这一意义上,马克思主义整体性问题是一个带有理论斗争性质的问题。

(二) 厘清马克思主义基本原理的意义

准确界定马克思主义基本原理,将马克思主义基本原理从马克思主义的个别结论、教条式理解和错误附加中解放出来,对于我们坚持和发展马克思主义有着重要意义。

首先,有利于真正坚持马克思主义。坚持马克思主义不是坚持别的,就是坚持马克思主义的基本原理。马克思主义基本原理的逻辑展开显示着马克思主义的基本立场和方法,所以坚持马克思主义的基本立场和方法就不是抽象的,而是要通过坚持马克思主义的基本原理来实现。但马克思主义是一个内容广博的思想体系,既包括基本原理,也包括马克思主义在发展过程中针对具体问题而得出的个别观点、具体结论;既包括马克思恩格斯的思想观点,还包括后来革命与建设实践中产生的发展着的马克思主义理论,等等。那么在马克思主义发展史中,如何甄别基本原理。更为严重的是,在马克思主义的理解上由于特定形势的需要对某些内容特意强调,而对其他方面的重要内容有所忽视等多方面原因,导致对马克思主义教条的、片面的,甚至是错误的理解,而这些内容又往往冠以"马克思主义"名号,造成了对马克思主义在一定程度上、一定范围内的理论混乱。种种情况对理解马克思主义和坚持马克思主义造成了极大的困惑。这就要求必须对

---

① 李泽厚:《走我自己的路——对话集》,中国盲文出版社 2002 年版,第 94 页。
② 李锐:《为〈对马克思主义再认识〉的出版说几句》,载《随笔》2004 年第 3 期。

马克思主义理论进行研究和梳理。界定马克思主义基本原理，厘清马克思主义基本原理，将基本原理从个别结论、教条式理解和错误附加中解放出来。真正搞清楚马克思主义理论体系中哪些是必须长期坚持的基本原理，才能够真正坚持马克思主义。

其次，有利于实现马克思主义与具体实际相结合。马克思主义具有与时俱进的理论品质，坚持马克思主义必须将基本原理同改革开放和现代化建设的具体实际相结合，同时代特征相结合，从而推进理论创新和实践发展。但结合的前提就是真正弄懂马克思主义的基本原理，否则，结合就无从谈起。特别是当前，国内各种意识形态复杂化、国际上各种思潮相互激荡，在这种情况下，一些人打着解放思想、理论创新、与时俱进的旗号，放弃理论武装，走向了资产阶级自由化的泥潭。正因为这样，胡锦涛总书记在 2003 年 7 月 1 日 "三个代表"重要思想理论研讨会上的讲话中强调 "理论创新必须以坚持马克思主义基本原理为前提，否则就会迷失方向，就会走上歧途"。① 所以，准确界定马克思主义基本原理，搞清楚哪些是必须长期坚持的马克思主义基本原理至关重要，是有效防止 "左"和右的错误干扰的关键，是真正实现马克思主义与具体实际相结合的关键所在。

最后，有利于巩固马克思主义在意识形态领域的指导地位。界定、厘清马克思主义的基本原理是巩固马克思主义在意识形态领域指导地位的根本举措。这是因为：其一，准确界定马克思主义基本原理，真正搞清楚马克思主义基本原理，将基本原理从马克思主义的个别结论、教条式理解和错误附加等造成的混乱中清理解放出来，避免马克思主义理论的混乱，用马克思主义基本原理进行理论教育，凸显马克思主义基本原理的一般性、一贯性、体系性特征和强大说服力、解释力功能，从而提高马克思主义的说服力、战斗力。其二，搞清楚马克思主义基本原理，正确处理马克思主义发展中前后理论之间的关系，说清楚哪些是马克思主义的基本原理，哪些是马克思主义的应用理论，避免马克思主义理论前后之间的不一致和矛盾的地方，增强解释力，提高马克思主义的说服力、战斗力。其三，搞清楚马克思主义基本原理，遵循马克思主义基本原理所蕴涵的精神实质，才能做到实事求是、解放思想、与时俱进，才能将马克思主义基本原理同具体实际相结合，才能不断推进理论创新和马克思主义的发展。可见，界定、厘清马克思主义基本原理，对巩固马克思主义在意识形态领域的指导地位具有重要意义。

---

① 胡锦涛：《全面贯彻 "三个代表"重要思想　立党为公执政为民》，人民出版社 2003 年版。

第二节　从整体上认识和把握马克思主义基本原理

　　根据以上从马克思主义整体性出发，对马克思主义基本原理的分析，我们对马克思主义基本原理进行梳理，我们认为，马克思主义基本原理有以下几个方面。

一、物质世界本身既是唯物的，又是辩证的

　　这一基本原理既包括世界统一于物质的原理，也包括世界是以辩证的方式存在的原理。

（一）世界统一于物质

　　这一原理认为，整个世界包括自然界、人类社会以及我们的精神世界，都存在着客观规律。物质范畴是唯物主义世界观的基石。从古到今，唯物主义对物质概念的理解，经历了从素朴到科学、从片面到比较全面的认识过程。旧唯物主义哲学（包括古代朴素唯物主义和近代形而上学唯物主义）虽然在人类对物质的认识史上作出了重要的贡献，但是它终究未对世界的物质性、对物质范畴作出科学的解释。马克思、恩格斯批判地继承了前人的成果，对具体科学关于物质世界研究的最新成果进行了哲学的概括和总结，形成了科学的物质观。早在19世纪80年代，恩格斯在总结当时哲学和自然科学发展成果的时候就指出："物、物质无非是各种物的总和，而这个概念就是从这一总和中抽象出来的"。这就是说，物质这个名词是一种简称，"我们就用这种简称把感官可感知的许多不同的事物依照其共同的属性概括起来"。① 这样就明确指出了哲学物质概念与自然科学关于具体的物质形态和物质结构的概念之间共性与个性的关系。20世纪初，列宁对物质概念作了全面的科学的规定："物质是标志客观实在的哲学范畴，这种客观实在是人通过感觉感知的，它不依赖于我们的感觉而存在，为我们的感觉所复写、摄影、反映。"② 列宁是从物质与意识的关系上来把握物质的。物质范畴是对物质世界多样性和统一性所作的最高的哲学概括。物质的唯一特性是客观实在

---

① 《马克思恩格斯选集》第4卷，人民出版社1995年版，第343页。
② 《列宁选集》第2卷，人民出版社1995年版，第89页。

性，它存在于人的意识之外，可以为人的意识所反映。

意识是物质世界长期发展的产物，是人脑的机能和属性；是物质世界的主观映象。意识从其起源来看是自然界长期发展的产物。意识作为一种反映形式，它的形成经历了三个发展阶段，即由一切物质所具有的反应特性到低等生物的刺激感应性，再到高等动物的感觉和心理，最终发展为人类的意识。意识不仅是自然界长期发展的产物，而且是社会历史的产物。社会实践特别是劳动在意识的产生和发展中起着决定性的作用，劳动为意识的产生和发展提供了客观需要和可能，在人们的劳动和交往中形成的语言促进了意识的发展。意识从其本质来看是物质世界的主观映象，是客观内容和主观形式的统一。意识是物质的产物，但又不是物质本身，意识是特殊的物质——人脑的机能和属性，意识在内容上是客观的，在形式上是主观的。马克思指出："观念的东西不外是移入人的头脑并在人的头脑中改造过的物质的东西而已。"① 这表明，物质决定意识，意识依赖于物质并反作用于物质。

马克思主义的物质观具有丰富而深刻的理论意义。

第一，坚持了物质的客观实在性原则，坚持了唯物主义一元论，同唯心主义一元论和二元论划清了界限。从与意识的对立统一关系中去把握物质、规定物质，是马克思主义关于物质世界本质的观点的根本特点。列宁对物质作出了最本质的规定，指明了物质对于意识的独立性、根源性，意识对于物质的依赖性、派生性。因为意识不过是物质的反映，而反映者是不能同被反映者相脱离的，意识不可能成为世界的另一种本原。

第二，坚持了能动的反映论和可知论，有力地批判了不可知论。物质这一客观存在是可以认识的对象。由于科学技术条件的限制，目前人类还有很多事物未被人类认识，但这并不意味着它们不可认识。世界上只存在尚未认识的东西，不存在不可认识的东西。未知世界与已知世界都是客观存在的，它们的存在都是不以人的意识为转移的。随着实践和科学的发展，人们对未知世界的探索和认识将会不断扩展和深化。

第三，体现了唯物论和辩证法的统一。主张客观实在性是一切物质的共性，既肯定了哲学物质范畴同自然科学物质结构理论的联系，又把它们区别开来，从而克服了形而上学唯物主义的缺陷。从个性中看到共性，从相对中找到绝对，从暂时中发现永恒，这是马克思主义物质观体现的唯物辩证法。

第四，体现了唯物主义自然观与唯物主义历史观的统一，为彻底的唯物主义奠定了理论基础。马克思主义的物质观揭示了自然和社会的物质性，在此基础上

① 《马克思恩格斯选集》第 2 卷，人民出版社 1995 年版，第 112 页。

建立起统一的说明自然过程和历史过程的唯物主义原则，实现了唯物主义自然观和历史观的统一。

（二）世界是以辩证的方式存在的原理

世界是以辩证的方式存在的观点，即世界是相互联系、永恒发展着的世界。这个观点的核心是矛盾观点，矛盾观点认为整个世界都是以既对立又统一的方式存在的。正是事物之间、事物内部诸要素之间的既对立又统一推动着事物及整个世界的运动发展。

1. 事物联系的普遍性。恩格斯在谈到事物普遍联系的"辩证图景"时指出："当我们深思熟虑地考察自然界或人类历史或我们自己的精神活动的时候，首先呈现在我们眼前的，是一幅由种种联系和相互作用无穷无尽地交织起来的画面"[①]。作为一个普遍的哲学范畴，联系是指事物内部各要素之间和事物之间相互影响、相互制约和相互作用的关系。联系具有一系列特点：

首先，联系具有客观性。事物的联系是事物本身所固有的，不是主观臆想的。世界上没有孤立存在的事物，每一种事物都是和其他事物联系着而存在的，这是一切事物的客观本性。坚持联系的客观性，就是要求我们要从客观事物本身固有的联系出发，这是唯物辩证法同唯心辩证法、诡辩论的重要区别所在。坚持联系的客观性，就是在联系的观点上坚持了唯物论。

其次，联系具有普遍性。事物联系的普遍性有三层含义：第一，任何事物内部的不同部分和要素是相互联系的，也就是说，任何事物都具有内在的结构性。第二，任何事物都不能孤立存在，都同其他事物处于一定的相互联系之中。第三，整个世界是相互联系的统一整体。从无机界到有机界，从自然界到人类社会，任何事物都处在普遍联系、交互作用中，不存在完全孤立的东西。实践作为人的生命活动和社会存在的本质形式，实质上是人类所特有的联系形式，即人类社会与自然界、社会中人与人的一切现实联系的基本方式和途径。这已为人类的实践经验和科学发展所证明。整个世界是一个相互联系的统一整体；任何事物都是统一的联系之网上的一个网结，并通过这个联系之网体现出联系的普遍性。

最后，联系具有多样性。世界上的事物是多样的，因而事物的联系也是多样的。事物联系的主要方式有：直接联系与间接联系，内部联系与外部联系，本质联系与非本质联系，必然联系与偶然联系等。不同的联系构成事物内部和事物之间的存在状态和发展趋势。

马克思主义关于事物普遍联系的原理，要求人们要善于分析事物的具体联

---

① 《马克思恩格斯选集》第 3 卷，人民出版社 1995 年版，第 359 页。

系，确立整体性、开放性观念，从动态中考察事物的普遍联系。当代中国正在以科学发展观为指导构建社会主义和谐社会，这就要求人们正确认识和处理人与自然、人与人、人与社会的相互关系，促进经济社会的协调和持续的发展，促进人的全面发展。当今世界是开放的世界，各个国家、各个民族之间的相互联系日趋紧密，这就要求我们把握世界发展进程中诸方面的相互联系，把对外开放作为基本国策，抓住机遇，努力发展自己。

2. 事物是永恒发展的。事物的相互联系包含事物的相互作用，而相互作用必然导致事物的运动、变化和发展。发展是前进的上升的运动，发展的实质是新事物的产生和旧事物的灭亡。事物的发展是一个过程。一切事物，只有经过一定的过程，才能实现自身的发展。自然界、人类社会和思维领域中的一切现象都是作为一个过程而向前发展的。恩格斯指出："一个伟大的基本思想，即认为世界不是既成事物的集合体，而是过程的集合体，其中各个似乎稳定的事物同它们在我们头脑中的思想映象即概念一样都处在生成和灭亡的不断变化中，在这种变化中，尽管有种种表面的偶然性，尽管有种种暂时的倒退，前进的发展终究会实现"[1]。

人类社会的发展也是一个过程。从原始社会发展到奴隶社会，再从奴隶社会发展到封建社会、资本主义社会，有的国家已进入社会主义社会，表现出人类社会发展过程的总趋势。社会主义作为过程的集合体，它将经过自身的长期发展，向着共产主义迈进，这是不以人的意志为转移的历史潮流。

3. 对立统一规律是事物发展的根本规律。在由对立统一规律、质量互变规律、否定之否定规律等一系列规律和范畴构成的唯物辩证法的体系中，对立统一规律是其实质和核心。列宁指出："统一物之分为两个部分以及对它的矛盾着的部分的认识……是辩证法的实质。"[2] "可以把辩证法简要地规定为关于对立面的统一的学说。这样就会抓住辩证法的核心，可是这需要说明和发挥。"[3]

对立统一规律之所以是唯物辩证法体系的实质和核心，这是因为：对立统一规律揭示了事物普遍联系的根本内容和永恒发展的内在动力，从根本上回答了事物为什么会发展的问题；对立统一规律是贯穿质量互变规律、否定之否定规律以及唯物辩证法基本范畴的中心线索，也是理解这些规律和范畴的"钥匙"；对立统一规律提供了人们认识世界和改造世界的根本方法——矛盾分析法。很显然，自觉地坚持以对立统一规律认识问题和解决问题是十分重要的。

---

① 《马克思恩格斯选集》第4卷，人民出版社1995年版，第244页。
② 《列宁选集》第2卷，人民出版社1995年版，第556页。
③ 《列宁选集》第2卷，人民出版社1995年版，第412页。

二、人的认识是能动反映的基本原理

马克思主义认为，人的认识是一种能动的反映。这个观点认为，没有被反映的对象就没有反映，也就没有认识，但是认识主体有什么样的反映，获得或者形成什么样的认识，则与认识主体的认知能力和实践价值取向紧密相关。因此，实践是检验认识真理性的唯一标准。这既体现了唯物论，又体现了辩证法。

（一）认识是主体对客体的能动反映

认识是主体在实践基础上对客体的能动反映，这是辩证唯物主义认识论对认识本质的科学回答。辩证唯物主义的认识论在继承了旧唯物主义的反映论的合理前提的同时，又克服了它的严重缺陷。首先，辩证唯物主义的认识论把实践的观点引入了认识论，科学地规定了认识的主体和客体及其相互关系，认为主体与客体的关系首先是一种改造与被改造的关系，在此基础上才产生了它们之间的反映与被反映的关系。就是说，主体是为了实现一定认识目的而自觉地、主动地在改造世界的过程中反映世界的，人对世界的反映能力也是随着实践的发展而历史地变化发展着的。这个过程实际上是一个客体主体化和主体客体化的双向互动过程，是一个认识主体能动地创造的过程。其次，辩证唯物主义把辩证法应用于反映论，应用于考察认识的发展过程，科学地揭示了认识过程中的多方面的辩证关系。例如主观和客观、认识和实践、感性和理性、相对真理和绝对真理等。因而，它全面地揭示了认识过程的辩证性质，把认识看成一个由不知到知、由浅入深的充满矛盾的能动的认识过程。

这种以实践观点和辩证观点为特征的反映论，不仅驳倒了唯心主义先验论和不可知主义怀疑论，而且克服了旧唯物主义直观反映论的缺陷，创立了以科学实践观为基础的能动的革命的反映论，实现了人类认识史上的变革。

（二）认识运动的基本规律

认识运动是一个辩证发展过程：从实践到认识；从认识到实践；实践、认识、再实践、再认识，认识运动不断反复和无限发展。

1. 从实践到认识。认识运动的辩证过程，首先是从实践到认识的过程。在这个过程中，认识采取了感性认识和理性认识两种形式，并经历了由前者到后者的能动飞跃。

感性认识是人们在实践基础上，由感觉器官直接感受到的关于事物的现象、事物的外部联系、事物的各个方面的认识，包括感觉、知觉和表象三种形式。从感觉、知觉到表象，是由个别的特性到完整的形象，由当时感知到印象的直接保留和事后回忆的认识过程，这里已经包含着认识由部分到全体，由直接到间接的趋势。但整个说来，感性认识仍然是"生动的直观"，是认识的初级阶段，直接性是其突出的特点。感性认识是用具体的、生动的形象直接反映外部世界，以事物的现象即外部联系为内容，还没有深入到对事物的本质的认识。所以，感性认识虽然是生动的、形象的，但是还不深刻，这是其局限性所在，因而也是它必须要上升到理性认识的原因所在。

理性认识是指人们借助抽象思维，在概括整理大量感性材料的基础上，达到关于事物的本质、全体、内部联系和事物自身规律性的认识。理性认识包括概念、判断、推理三种形式。从概念到判断再到推理，是理性认识由低级到高级的发展。人们在社会实践中，形成概念，作出判断，进行推理，表现为一系列的抽象概括、分析和综合，所以这个阶段就是"抽象的思维"阶段。理性认识是认识的高级阶段，具有抽象性、间接性的特点，它以反映事物的本质为内容，因而是深刻的。

感性认识和理性认识有着密不可分的辩证联系。首先，理性认识依赖于感性认识，理性认识必须以感性认识为基础。坚持理性认识对感性认识的依赖关系，就是坚持了认识论的唯物论。其次，感性认识有待于发展和深化为理性认识。只有使感性认识上升到理性认识，才能把握住事物的本质，满足实践的需要。坚持了这一点，就是坚持了认识论的辩证法。最后，感性认识和理性认识相互渗透，相互包含，二者的区分是相对的，人们不应当也不可能把它们截然分开。

感性认识和理性认识是辩证统一的，统一的基础是实践。感性认识是在实践中产生的，由感性认识到理性认识的过渡，也是在实践的基础上实现的。如果割裂二者的辩证统一关系，就会走向唯理论和经验论。在实际工作中就会犯教条主义和经验主义的错误。

从感性认识向理性认识的过渡，必须具备两个基本条件：第一，勇于实践，深入调查，获取十分丰富和合乎实际的感性材料。这是正确实现由感性认识上升到理性认识的基础。第二，必须经过理性思考的作用，将丰富的感性材料加以去粗取精、去伪存真、由此及彼、由表及里地制作加工，才能将感性认识上升为理性认识。也就是说，必须运用辩证思维的科学方法，才能获得真正的认识。

在认识的辩证运动过程中，我们既要注重理性因素的作用，同时也不可忽视非理性因素的重要作用。非理性因素主要是指认识主体的情感、意志、欲望、动机、信念、习惯、本能等意识形式。人的认识过程是理性因素和非理性因素协同起作用的结果。非理性因素对于人的认识活动和人的认识能力的发挥具有激活、驱动和控制作用。例如，美好的心境、坚韧的意志、饱满的热情、坚定的信念等往往能调动主体的精神力量，去努力实现认识的目标。有些非理性因素对认识起着消极作用。应该以正确的理性认识去指导和调控非理性因素的作用。

2. 从认识到实践。从认识到实践，是认识过程的第二次能动的飞跃。认识世界的目的是为了改造世界。要达到这个目的，就需要科学理论的指导。理论是行动的指南，没有革命的理论就没有革命的运动，没有正确的理论就没有正确的行动。只有在正确的思想理论指导下，才能自觉地实现改造世界的目的。理论对实践的依赖，除了只有在实践中才能产生正确理论之外，还在于两个方面：一是理论只有回到实践中去，为群众所掌握，才会变成巨大的物质力量，真正实现对客观世界的改造，显示出理论的作用来。二是理性认识只有回到实践中去，才能得到检验和发展。理性认识是否正确，在从感性认识到理性认识的第一次飞跃中，是没有解决，也是不可能解决的。只有将已经获得的理论运用到实践中去，通过实践的检验，正确的理论才能得到证实，错误的理论才能被发现、纠正或推翻，并在指导实践的过程中，使自身得到发展。如果没有这个过程，对事物的认识就没有完成。

实现由理论向实践的飞跃，是有条件的。第一，必须从实际出发，坚持一般理论和具体实践相结合的原则。只有这样，理论才能真正发挥自己的指导作用，并随着实践的发展而发展。第二，理论要回到实践中去，需要经过一定的中介环节。第三，理论要回到实践中去，还必须为群众所掌握。人民群众是实践的主体，理论只有为群众所掌握才能化为改造社会、改造自然的物质力量。第四，要有正确的实践方法即工作方法。方法是理论的具体化。如，调查研究等方法。

3. 认识运动的不断反复和无限发展。从实践到认识，再从认识到实践，如此实践、认识、再实践、再认识，循环往复以至无穷，一步步地深化和提高，这就是认识发展的总过程。

"实践、认识、再实践、再认识"作为认识发展的总过程，不只是实践到认识和认识到实践多次飞跃的综合，而且表现了认识过程的反复性和无限性。认识过程的反复性和无限性是指人们的认识过程既不是封闭式的循环，也不是直线式的前进，而是螺旋式的曲折上升运动。这个运动，从形式上看，表现为认识和实践的反复循环；从内容上看，实践和认识之每一循环，都比较地进到了高一级的程度。正是认识运动中实践和认识的这种循环往复和无限发展，体现了认识的本质和一般发展规律。

三、人类社会的发展是一个自然历史过程的基本原理

同自然界的运动发展一样，人类社会发展和人的活动也有其自身的规律。马克思、恩格斯从社会存在与社会意识的辩证关系出发，深刻揭示了生产力与生产关系、经济基础与上层建筑矛盾运动等一系列规律，为人们正确认识人类社会历史及其发展趋势，正确认识资本主义社会和社会主义社会的发展规律，提供了科学的指导原则。

1. 人类社会的历史，是不以人的主观意志为转移的客观发展过程。马克思指出，社会经济形态的发展，是一个自然历史过程。由经济领域派生出来的历史上的一切事实，对现实的人来说，也都是客观存在的。因此，人们研究历史，必须从客观存在的历史事实出发，详细地占有材料，分析它的各种发展形式，得出相应的结果。恩格斯说，从黑格尔学派的解体中所产生的马克思学派认为，"人们在理解现实世界（自然界和历史）时，决意按照它本身的在每一个不以先入为主的唯心主义怪想来对待它的人面前所呈现的那样来理解：他们决意毫不怜惜地牺牲一切和事实（从事实本身的联系而不是从幻想的联系来把握的事实）不相符合的唯心主义怪想。除此以外，唯物主义根本没有更多的意义，只是在这里第一次对唯物主义世界观采取了真正严肃的态度，把这个世界观彻底地（至少在主要方面）运用到所研究的一切知识领域里去了。"① 过去的历史唯物主义教材或著作，对此往往注意得不够。但这却是唯物主义历史观的第一个根本立足点。它是唯物史观提供的唯物主义研究方法的第一层基本含义，切莫要小看了这一条。多少资产阶级历史思想家由于不懂得这条真理，而在历史的迷雾里翻筋斗。一些马克思主义者犯错误，也往往从这里开始。

在不以人的主观意志为转移的客观历史进程中，一切社会历史因素，包括经济、政治、法律、哲学、宗教、文学、艺术等等，都是相互作用的。但"这是在归根到底不断为自己开辟道路的经济必然性的基础上的相互作用"②。从伟大历史进程的一切因素相互作用中寻根追去，便会发现，终归是"物质生活的生产方式制约着整个社会生活、政治生活和精神生活的过程。不是人们的意识决定人们的存在，相反，是人们的社会存在决定人们的意识。"③ 这样，唯物史观便为人们提供了从社会因素的各种相互作用中，归根结底用社会存在说明社会意识

---

① 《马克思恩格斯选集》第4卷，人民出版社1995年版，第242页。
② 《马克思恩格斯选集》第4卷，人民出版社1995年版，第732页。
③ 《马克思恩格斯选集》第2卷，人民出版社1995年版，第32页。

的科学途径，也只有循着这条基本途径，我们才能对全部伟大的历史发展过程获得科学的理解。这是唯物史观提供的唯物主义研究方法的更深一层的基本含义，也是唯物史观不同于一般的唯物主义的根本特征之一。恩格斯一再强调的这条研究社会历史问题的科学途径，根本不同于机械唯物论的形而上学的单线因果论，这是在某些 18 世纪唯物主义者以及康德、黑格尔等人的相互作用说的基础上向前迈出的具有决定意义的一步，是彻底的辩证的同时又是唯物主义的原理。

根据马克思、恩格斯的思想历程，发现唯物史观的过程，即历史唯物主义理论的确立过程，同时也是唯物辩证法的制定过程。唯物主义历史观就是社会历史领域的唯物辩证法。因此，唯物史观的内容，就不能仅限于唯物主义的成分，它还有机地包含着历史辩证法。

人类社会及其构成部分均以总体的体系方式存在，因此，应当对之进行"系统地研究"。马克思、恩格斯认为"宇宙是一个体系，是各种物体相互联系的总体"①。作为整个自然界的一个现实的组成部分，人类社会也是以整体的、体系的方式存在的。马克思无论研究整个人类社会历史，还是研究其组成部分，比如，被马克思曾着力探讨过的生产关系、生产过程、资本流通过程和资本家等，都是作为由各个相关部分处于系统联系的整体、总体看待的。正因为指出研究对象是以整体的、体系的方式存在，恩格斯说，在研究方法上，现在"已经进展到可以向前迈出决定性的一步，即可以过渡到系统地研究这些事物在自然界所发生的变化的时候了。"②就人类社会历史领域而言，这种"系统地研究"的方法，就是要从研究对象的整体出发，从对象及其组成部分的相互作用，从对象内部各组成部分的相互作用，以及对象整体与环境（包括自然环境）的相互作用中进行研究。也就是从研究对象的整体出发，把分析和综合结合起来进行研究，探讨其结构、实质、特征和功能。19 世纪，马克思、恩格斯还只是从哲学上提出了辩证的唯物的系统观，以及在实践中体现了系统地研究对象的一些基本原则。在这方面，我们现在需要吸收现代系统科学的成就，使得这项基本原理更加切实具体和更加科学化。

人类社会是运动的，发展的，从而显现为历史过程；构成历史过程的各种社会现象，也是运动的，发展的。唯物史观提供的这种历史主义原则，要求人们用发展的观点看待历史上的一切，去把握研究对象的基本的历史联系；同时，它也要求人们把被研究的历史对象提到一定的历史范围之内，对具体问题进行具体分析，从而准确地把握对象。

---

① 《马克思恩格斯全集》第 20 卷，人民出版社 1995 年版，第 409 页。
② 《马克思恩格斯全集》第 21 卷，人民出版社 1965 年版，第 338 页。

唯物史观认为，在客观历史进程中，环境创造人，人又创造环境，人是历史进程中的主体。人类历史是由受一定环境制约的人们自己创造的，其中劳动群众创造了人类历史赖以存在的现实基础，故而从根本上制约了社会上层各种人物的历史创造活动。随着历史活动的深入，必将是群众队伍的扩大，人民群众以外的各种社会力量也从积极的或消极的各种不同的角度参与了历史的创造活动，或则推动历史前进，或则阻碍历史前进，导致历史的曲折。在人民群众的历史创造活动的基础上，每一个时代都会产生出它的杰出人物。

2. 人类社会是一个合乎规律的辩证发展过程。推动社会历史发展的动力是多方面的。旧的社会历史理论往往把社会历史发展的动力归结为人们的思想动机或精神力量，而未能揭示社会历史的真正奥秘。唯物史观超越了唯心史观，它没有停留在"精神动力"的层面上认识社会历史，而是透过历史的表象，进一步探寻并发现了社会历史深处的"动力的动力"：物质生产方式是社会发展的基础；在此基础上形成的生产力和生产关系的矛盾、经济基础和上层建筑的矛盾是社会发展的基本矛盾和基本动力；根源于社会基本矛盾的阶级斗争、社会革命、社会改革等，在社会发展中各具不同的重要作用。

（1）生产力和生产关系、经济基础和上层建筑的矛盾是社会基本矛盾。矛盾是推动事物发展的动力，社会领域也不例外。在社会生活中，存在着各种各样的矛盾，其地位和作用各不相同。从社会领域中矛盾的地位和作用来看，社会矛盾有基本矛盾和非基本矛盾之分。社会基本矛盾就是指贯穿社会发展过程始终，规定社会发展过程的基本性质和基本趋势，并对社会历史发展起根本的推动作用的矛盾。生产力和生产关系、经济基础和上层建筑的矛盾是社会基本矛盾。这两对矛盾贯穿于人类社会发展过程的始终，并规定了社会发展过程中各种社会形态、社会制度的基本性质；制约着社会其他矛盾的存在和发展，决定社会历史的一般进程，推动社会向前发展。

生产力和生产关系、经济基础和上层建筑的矛盾，规定并反映了社会的基本结构的性质和基本面貌，涉及社会的基本领域，囊括社会结构的主要方面。社会基本结构主要包括经济结构、政治结构和观念结构。经济结构有广义和狭义之分。广义的经济结构是指生产方式，包含生产力和生产关系两个方面。狭义的经济结构是指经济关系或经济制度。政治结构是指建立在经济结构之上的政治上层建筑，即政治法律制度和设施。观念结构主要是指以经济结构为基础，并反映一定社会经济和政治的社会意识形态，即观念上层建筑。社会基本矛盾实际上也就是社会基本结构要素之间的矛盾。

（2）社会基本矛盾在社会发展中的作用。社会基本矛盾作为社会发展的根本动力，它在社会发展中的作用主要表现在：

首先，生产力是社会基本矛盾运动中最基本的动力因素，是人类社会发展和进步的最终决定力量。生产力是社会存在和发展的物质基础，是不能任意选择的物质力量和历史活动的前提。生产力决定生产关系的性质，进而决定其他社会关系的基本面貌，决定世界发展的历史进程。"17世纪和18世纪从事制造蒸汽机的人们也没有料到，他们所制作的工具，比其他任何东西都更能使全世界的社会状态革命化"。随着生产力的发展，人类的活动范围越来越扩大，各民族的交往越来越多，人类历史逐渐由"民族历史"向"世界历史"转化。正如马克思、恩格斯所指出的那样：大工业"首次开创了世界历史，因为它使每个文明国家以及这些国家中的每一个人的需要的满足都依赖于整个世界，因为它消灭了各国以往自然形成的闭关自守的状态"。"历史也就越是成为世界历史"。

生产力是社会进步的根本内容，是衡量社会进步的根本尺度。人类社会是在生产力与生产关系的矛盾运动中前进的。作为社会历史发展过程基础的物质生产存在着双重关系：体现在生产力中的人与自然的关系，以及体现在生产关系中的人与人的关系。这双重关系犹如社会历史的经纬线，构成了社会发展过程中最基本的矛盾。生产力发展既是社会物质文明发展的基本内容，也是政治文明、精神文明发展的基础。只有在生产力发展的基础上，才有可能充分满足人民群众的物质生活和精神生活的需要。

其次，社会基本矛盾特别是生产力和生产关系的矛盾，是"一切历史冲突的根源"，决定着社会中其他矛盾的存在和发展。在生产力和生产关系、经济基础和上层建筑这一基本矛盾的运动中，生产力和生产关系的矛盾是更为基本的矛盾。生产力和生产关系的矛盾决定经济基础和上层建筑的矛盾的产生和发展。如前所述，当旧的生产关系成为生产力发展的桎梏时，生产力就必然要求改变或变革生产关系，而一旦生产关系或经济基础状况发生了变化，就会同原有的上层建筑发生矛盾，并要求改变旧的上层建筑。社会基本矛盾的变化、发展又会引发其他社会矛盾的产生和发展。正是从这个意义上说，"一切历史冲突都根源于生产力和交往形式之间的矛盾"。

经济基础和上层建筑的矛盾也会影响和制约着生产力和生产关系的矛盾。因为，生产力和生产关系的矛盾的最终解决还有赖于经济基础和上层建筑的矛盾的解决。生产关系变革或经济基础的变化，不仅决定于生产力的发展，而且也受制于社会意识形态和政治法律制度即上层建筑的变化或变革。当上层建筑适应新的经济基础时，也就必然会促进经济和社会的进步。当上层建筑不适应经济基础状况并阻碍生产力的发展时，只有解决了经济基础和上层建筑的矛盾，才能解决生产力和生产关系的矛盾，进而解放生产力、发展生产力。

最后，社会基本矛盾具有不同的表现形式和解决方式，并从根本上影响和促进社会形态的变化和发展。社会基本矛盾要通过一定社会的阶层或阶级的矛盾表现出来，或表现为不同社会集团之间的利益矛盾甚至冲突。社会基本矛盾的尖锐化，会导致代表或拥护不同生产力、生产关系、政治法律制度的阶级之间的矛盾的尖锐化，阶级之间的利益矛盾积累到一定程度就会引发阶级斗争甚至社会革命，进而促使一定社会形态的变迁、更替。在同一社会形态的发展中，社会基本矛盾通常是通过改革的方式来解决的。每一次成功的改革，都是对社会基本矛盾的某一方面或某种程度的解决，从而促进社会发展。无论是阶级斗争、社会革命，还是社会改革，都根源于社会基本矛盾。

马克思运用唯物史观剖析了资本主义社会，不仅发现了剩余价值产生的秘密，揭示了商品经济发展和社会化生产的一般规律，而且揭示了"两个必然"即资本主义被社会主义所代替的历史必然性。马克思主义认为，在商品经济发达的资本主义社会中，推动人类社会发展的基本矛盾与商品经济基本矛盾的结合，就表现为资本主义基本矛盾，资本主义基本矛盾在资本主义的现实发展中又得到了进一步的展开，即具体表现为生产与需求、剩余价值生产与剩余价值实现、人口过剩与资本过剩、生产扩大与资本价值增殖目的等矛盾；资本主义基本矛盾及其展开形式的运动反映了资本主义生产方式运动的历史趋势，反映了社会主义取代资本主义的历史趋势，尽管当代资本主义出现了一些新变化，社会主义在发展中遇到了一些新问题，但是，资本主义为社会主义所取代是历史的必然，共产主义是人类从必然王国向自由王国的飞跃。

3. 人类社会是合规律性与合目的性的统一。人类社会发展的过程也是一个合目的性与合规律性相统一的过程。人是社会实践的主体。在社会发展过程中，一方面，人们的历史选择活动总要受到自己目的的驱使和制约，因为在社会历史领域活动的，是具有意识的、经过思虑或凭激情行动的、追求目的的人；另一方面，人们的历史选择活动又必须遵循社会发展的客观规律，因为历史过程是受内在的一般规律支配的，人们的历史选择只有符合社会发展规律才能实现。这就决定了在社会形态更替过程中历史主体的选择性活动，必然是一个合目的性与合规律性相统一的过程。

（1）现实的人及其活动是社会历史存在和发展的前提。社会历史是由现实的个人及其活动构成的。所谓现实的人，"不是处在某种虚幻的离群索居和固定不变状态中的人，而是处在现实的、可以通过经验观察到的、在一定条件下进行的发展过程中的人"。这种现实的人，是基于自身需要和社会需要而从事一定实践活动的、处于一定社会关系中的、具有能动性的人。只有把人看作是现实的人，才能正确把握人及其活动的本质，把握人与社会历史的关系。

劳动是人类的本质活动。劳动不仅创造了人本身，而且通过一定的创造物使人的本质力量得到确证。劳动是最基本的实践活动，也是人类最基本的存在方式。劳动发展史是理解社会历史奥秘的钥匙，同样也是理解社会历史创造过程和历史创造者的关键。人们创造历史的第一个或最基本的活动是生产劳动。

（2）人们的历史选择性，归根结底是人民群众的选择性。人们对于社会形态的历史选择，最终取决于人民群众的根本利益、根本意愿以及对社会发展规律的把握和顺应程度。历史是人民群众创造的，人民群众是社会形态变革的决定力量。人民群众对于社会形态的历史选择，正是在遵循社会发展客观规律的基础上，通过参与社会变革实现的。列宁指出："人民群众在任何时候都不能像在革命时期这样以新社会制度的积极创造者的身份出现。在这样的时期，人民能够作出从市侩的渐进主义的狭小尺度看来是不可思议的奇迹。"因此，历史的发展、社会形态更替的规律，归根结底会通过人民的意志和人民的选择表现出来。

在马克思主义哲学产生以前，占统治地位的历史观是唯心史观。唯心史观从社会意识决定社会存在的基本前提出发，否认物质资料生产方式是社会发展的决定力量，抹煞人民群众的历史作用，宣扬少数英雄人物创造历史，因而这样的被称为英雄史观。与唯心史观相反，唯物史观主张，"全部历史本来是由个人活动构成，而社会科学的任务在于解释这些活动"。人是现实的社会中的人，要说明历史创造者问题，必须全面、具体、历史地考察和分析人们在社会历史发展中的作用。

人民群众是一个历史范畴。人民群众从质上说是指一切对社会历史发展起推动作用的人们，从量上说是指社会人口中的绝大多数。在不同的历史时期，人民群众有着不同的内容，包含着不同的阶级、阶层和集团。人民群众的最稳定的主体部分始终是从事物质资料生产的劳动群众及其知识分子。

在社会历史发展过程中，人民群众起着决定性的作用。人民群众是历史的主体，是历史的创造者。人民群众创造历史的作用是同社会基本矛盾运动推动社会前进的过程相一致的。在社会基本矛盾的解决过程中，人民群众是顺应生产力发展要求的社会力量，是具有变革旧的生产关系的愿望的社会力量，是主张变革旧的社会制度和旧的思想观念的社会力量。人民群众的总体意愿和行动代表了历史发展的方向，人民群众的社会实践最终决定历史发展的结局。

人民群众是社会物质财富的创造者。人类社会赖以存在和发展的基础是物质资料的生产方式。物质资料生产活动的主体是广大的劳动群众。作为物质生产的承担者和社会生产力的体现者的劳动群众，创造了人们吃穿住行等必需的生活资料和从事政治、科学、文化艺术等活动所必需的物质前提。包括劳动知识分子在内的劳动群众在生产过程中不断地积累和传播生产经验，不断地改进和发明生产工具，促进了社会生产力的发展。随着生产过程的现代化和繁重体力劳动的逐渐减少，从事科学技术活动的知识分子的脑力劳动将日益成为创造社会财富的不可缺少的重要的生产活动。在当代，科学技术在生产力发展中的地位愈来愈重要，从事科学技术工作的广大知识分子在推动社会生产力进步、创造社会物质财富过程中所起的作用日益突出。

人民群众是社会精神财富的创造者。物质生产活动的主体是人民群众，精神生产活动的主体也是人民群众。劳动人民通过物质生产实践为创造精神财富提供了必要的物质条件和设施。人民群众的生活、实践活动是一切精神财富、精神产品形成和发展的源泉。一切科学理论，一切有价值的文学艺术，都来源于人民群众的生活实践。例如，我国古代反映农业、手工业、医药等方面科技成就的著作，都是在直接总结古代劳动人民的农业、手工业生产实践和医疗实践经验基础上形成的；许多中外文学名著，也都是在民间口头文学和民间传说的基础上提炼创作而成的。人民群众还直接参加了社会精神财富的创造。在劳动群众中也直接产生了不少伟大的科学家、思想家和艺术家。例如，我国北宋时期发明活字印刷的毕昇，元代著名纺织革新家黄道婆，英国发明蒸汽机的瓦特、电磁学家法拉第，美国电学理论家富兰克林、发明家爱迪生，德国唯物主义哲学家狄慈根，俄国文学巨匠高尔基等。他们都来自社会下层，或者本人原来就是体力劳动者。知识分子在社会精神财富的创造或精神生产过程中起到了非常突出的作用。

人民群众是社会变革的决定力量。人民群众在创造社会财富的同时，也创造并改造着社会关系。生产关系的变革，社会制度的更替，最终取决于生产力的发展，但却不会随生产力的发展自发地实现和完成，而必须借助人民群众的力量。在特定的社会环境中，人民群众通过推动生产力的发展而不断要求改进生产关系。人民群众是社会革命的主力军，他们在充当"每一个孕育着新社会的旧社会的助产婆"的角色方面，发挥了巨大作用。"人民，只有人民，才是创造世界历史的动力"。这是一条颠扑不破的真理。

人民群众创造历史的活动要受到一定社会历史条件的制约。经济条件对于人民群众的创造活动有着首要的、决定性的影响。一定历史阶段所达到的生产力水平，是人民群众创造活动的物质基础和前提。在不同的生产关系或经济制度中，人民群众的经济地位、经济利益和在生产过程中的作用是不同的。政治条件对人民群众的创造活动也具有直接的影响。在不同的政治制度下，人民群众的政治地位和享受到的政治权利不同，他们在政治以及其他领域中的创造作用的发挥也不相同。精神文化条件也是制约人民群众创造活动的重要因素。一定历史时期的人们总是自觉或不自觉地受着一定社会的思想文化传统和意识形态的影响。消极落后的文化意识会削弱人民群众创造历史的作用。而先进的科学文化和思想道德则对人民群众的创造活动起积极的促进作用。

（3）共产主义是人类社会历史进程的必然归宿。在生产力发展的推动下，在人民群众创造性的作用下，人类社会由低级向高级发展。同时，社会进步的历史，也是人自身一步步从自然的束缚下、从不合理的社会制度的束缚下、从不健全的精神状态下逐步解放的过程。共产主义就是马克思主义对未来社会的理想憧憬。

共产主义理想一定会实现，是以人类社会发展规律以及资本主义社会的基本矛盾发展为依据的。马克思主义不仅从社会形态交替规律上对共产主义理想实现的必然性作了一般性的历史观论证，而且通过对资本主义社会的具体剖析，作了具体实证的证明。马克思深入研究资本主义社会，特别是研究资本主义的经济运动，揭示了资本主义生产方式的特点，论证了资本主义发展的自我否定的趋势；揭示了资本主义生产社会化与生产资料私人占有的基本矛盾，论证了资本主义的历史暂时性；揭示了资本主义剥削的秘密，证明了资本主义的非正义性，论证了工人阶级推翻旧世界建设新世界的历史使命；揭示了工人阶级和资产阶级斗争的发展规律和趋势，论述了工人阶级解放斗争胜利的必然性。

社会主义运动的实践，特别是社会主义国家的兴起和不断发展，已经并正在用事实证明着共产主义理想实现的必然性。从一定意义上讲，社会主义革命的胜利本身就是共产主义理想可以实现的证明。当然这种证明还是不完全的和尚未完成的，因为在革命胜利后建立起来的并不是共产主义社会，而是社会主义社会。但是，现实中的社会主义是共产主义社会的初级阶段，它与共产主义社会具有根本性质上的一致性。现实中的社会主义国家还在继续发展中，这种发展持续的时间越长，取得的成就越大，就为共产主义高级阶段的到来提供着更多、更有利的条件，也提供着更有力的实践证明。

实现共产主义不仅是一个合规律的过程，而且是一个合目的的过程，是合规律性和合目的性的统一。社会发展的规律是在人们的活动中形成的，是人们社会活动的规律，它的实现和发挥作用离不开人们的社会活动，特别是离不开人们自觉创造历史的活动。社会主义代替资本主义和最后实现共产主义的历史进程，离不开工人阶级及其政党的能动性，离不开社会主义国家建设事业的推进，离不开世界社会主义运动的发展。可以说，在共产主义实现的历史必然性中就包含着无产阶级和先进人类对共产主义理想的追求。

第三章

马克思主义的组成部分与马克思主义整体性

研究和强调马克思主义整体性，并不否定马克思主义可以从不同角度、不同学科划分为若干组成部分，相反，这种划分有利于加深对马克思主义的理解和把握，因而是必要的、重要的，但必须明确，在对马克思主义进行不同角度不同学科划分的时候，一定不能因此而否认马克思主义的整体性，认为马克思主义的各个部分是互不相联系的。这样的认识不仅理论上是有害的，而且对于实践也贻害无穷。

第一节　马克思主义整体性与马克思主义三个组成部分

一、马克思主义与马克思主义三个组成部分的关系是整体与部分的关系

在探讨马克思主义的整体性时，有一个如何看待马克思主义整体性与马克思主义三个组成部分的关系问题。我们知道，马克思主义的内涵极其丰富，其中马克思主义哲学、政治经济学、科学社会主义是其三个主要组成部分。在马克思主义的经典文献中，专门明确地论述马克思主义这三个组成部分的有两篇重要的著

81

作，一是恩格斯的《反杜林论》，一是列宁的《马克思主义的三个来源和三个组成部分》。

（一）恩格斯的《反杜林论》

恩格斯的《反杜林论》把哲学、政治经济学和社会主义学说有机地结合在一起，阐述了马克思主义理论的实质和意义，被誉为马克思主义的百科全书。在《反杜林论》中，恩格斯分三编专门论述了马克思主义哲学、政治经济学、科学社会主义的主要的基本的观点。恩格斯指出，《反杜林论》之所以分三编分别论述哲学、政治经济学、社会主义这是由这部著作的特点决定的。《反杜林论》是一部论战性的著作，是针对所谓"社会主义的行家和改革家"杜林的观点进行论战的著作。恩格斯写作《反杜林论》的目的就是希望通过对杜林观点的论战，以消除杜林的思想观点对当时工人政党的消极影响，扩大马克思主义在工人政党中的积极影响。

杜林在其《哲学教程》、《国民经济学和社会经济学教程》、《国民经济学和社会主义批判史》三部著作中系统地阐述了他的哲学观点、政治经济学观点和社会主义观点。在恩格斯看来，杜林的理论是"一个酸果"。"这是一只一上口就不得不把它啃完的果子；它不仅很酸，而且很大。这种新的社会主义理论是以某种新哲学体系的最终实际成果的形式出现的。因此，必须联系这个体系来研究这一理论，同时研究这一体系本身；必须跟着杜林先生进入一个广阔的领域，在这个领域中，他谈到了所有可能涉及的东西，而且还不止这些东西。这样就生产了一系列的论文……现汇集成书。"① 由于《反杜林论》是一部论战性的著作，所以，为了针对杜林的每一观点进行有针对性的批判，《反杜林论》的写作不得不采用了现在这样一种形式。恩格斯曾谈到当时德国思想家写作的一个重要特点：就是一定要构造一个体系，以显示其思想的系统性和完整性。而当时杜林的思想观点就是一个由哲学、政治经济学、社会主义理论构成的体系。为了系统批判杜林的观点，同时为了系统阐述马克思主义的观点，所以，全面、系统、完整地阐述马克思主义哲学、政治经济学、科学社会主义的《反杜林论》就出现了。由于《反杜林论》是针对杜林的所谓思想体系（包括哲学、政治经济学、社会主义）而写作的，所以，《反杜林论》在系统地批判杜林思想观点的同时进一步地阐述了马克思主义的理论体系，反映了马克思主义理论是一个由哲学、政治经济学、科学社会主义这三个主要组成部分构成的一个有机联系的整体。

恩格斯特别指出："对象本身的性质，迫使批判不得不详尽，这样的详尽是

---

① 《马克思恩格斯选集》第3卷，人民出版社1995年版，第344页。

同这一对象的学术内容即同杜林著作的学术内容极不相称的。但是，批判之所以这样详尽，还有另外两种情况可以作为理由。一方面，这样做使我在这本书所涉及的很不相同的领域中，有可能正面阐发我对这些在现时具有较为普遍的科学意义或实践意义的争论问题的见解。这在每一章里都可以看到，而且这本书的目的并不是以另一个体系去同杜林先生的'体系'相对立，可是希望读者也不要忽略我所提出的各种见解之间的内在联系。"① 恩格斯关于"不要忽略我所提出的各种见解之间的内在联系"忠告，就是要求人们把握《反杜林论》这部著作中所谈的各种见解之间的联系，这种联系不是一般的联系，而是"内在联系"。这就是说，虽然恩格斯在《反杜林论》这部著作中分别论述马克思主义的三个主要组成部分即哲学、政治经济学、科学社会主义，但这三个部分是有"内在联系"的，具有"内在联系"的哲学、政治经济学、社会主义这三个部分构成了马克思主义理论的整体。

（二）列宁的《马克思主义的三个来源和三个组成部分》

有人问，强调马克思主义的整体性与列宁讲的三个组成部分是不是不一致，其实，这一问题的提法就不正确。实际上，列宁对马克思主义三个组成部分和来源的论述，就是从整体上论述马克思主义，论述马克思主义是一个整体。在马克思逝世三十周年之际，列宁为了纪念马克思，为了让人们更清楚明白地理解掌握马克思主义最主要最基本的内容，专门写了《马克思主义的三个来源和三个组成部分》一文。这篇文章向人们简明扼要地介绍了马克思主义主要的基本的观点，让人们既从总体上整体上把握马克思主义的全貌，同时又让人们看到马克思主义三个主要组成部分的主要的基本的内容及其相互之间的联系，马克思主义和它产生之前的思想家的批判继承关系，从而说明马克思主义并不是从天而降的，而是在现实社会实践的基础上，在批判地继承前人思想成果的基础上产生的。列宁的《马克思主义的三个来源和三个组成部分》通过对马克思主义三个组成部分内在联系的揭示，指明马克思主义是一个整体。

事实上，列宁这一文章的标题就特别耐人寻味，"马克思主义的三个组成部分"一语具有如下意蕴：马克思主义有三个组成部分，而这三个组成部分都是马克思主义整体的组成部分；马克思主义是一个整体，是由三个组成部分构成的整体。部分是整体中的部分，整体是由部分组成的整体；部分不能脱离整体而存在，否则部分就不再是整体中的部分，不再具有整体中的部分所具有的功能。正如手臂是身体这一整体的部分，手臂这一部分功能的发挥只有在身体这一整体中

---

① 《马克思恩格斯选集》第 3 卷，人民出版社 1995 年版，第 344 页。

才能发挥作用，才是手臂，而脱离了整体身体的手臂就不再是身体整体的有机的一部分，不再具有手臂应有的功能。马克思主义与马克思主义三个组成部分的关系就是整体与部分的关系。

从列宁的《马克思主义的三个来源和三个组成部分》的内容结构来看，列宁先是从总体上、整体上论述马克思主义，之后在标题"一"、"二"、"三"的三个部分中分别阐述了马克思主义哲学、政治经济学、科学社会主义的内容。《马克思主义的三个来源和三个部分》的结构之所以如此就是由马克思主义的整体性及其三个部分的关系决定的。列宁在论述马克思主义的三个组成部分内容时同时指出马克思主义三个组成部分之间的相互关系。

列宁从总体上论述马克思主义时指出："马克思的全部天才正是在于他回答了人类先进思想已经提出的种种问题。"① 显然，马克思对于人类先进思想提出的种种问题必然是以马克思主义理论的整体来回答的。列宁进而指出："马克思学说具有无限力量，就是因为它正确。它完备而严密，它给人们提供了决不同任何迷信、任何反动势力、任何为资产阶级压迫所做的辩护相妥协的完整的世界观。"② 在此，列宁向人们指出，马克思主义具有"无限力量"，即是说马克思主义是具有积极的能动性的学说，是能积极地改造世界的学说，而这种学说之所以具有力量，"就是因为它正确"，也即马克思主义的科学性，而马克思主义之所以正确和科学，是因为"它完备而严密"，是"完整的世界观"。列宁在此所说的"它完备而严密"、"完整的世界观"，其实质就是马克思主义的整体性。列宁的上述论述揭示了马克思主义的革命性、科学性是与马克思主义的整体性分不开的。马克思主义的整体性是马克思主义科学性和革命性的基础。

列宁在论述马克思主义哲学时指出："马克思主义的哲学就是唯物主义。""马克思和恩格斯最坚决地捍卫了哲学唯物主义，并且多次说明，一切离开这个基础的倾向都是极端错误的。"③ 这就是说，马克思主义的唯物主义是人们正确思想及认识事物的基础。"马克思并没有停止在18世纪的唯物主义上，而是把哲学向前推进了。他用德国古典哲学的成果，特别是黑格尔体系（它又导致了费尔巴哈的唯物主义）的成果丰富了哲学。这些成果中主要的就是辩证法，即最完备最深刻最无片面性的关于发展的学说，这种学说认为反映永恒发展的物质的人类知识是相对的。"④列宁在此论述了马克思主义哲学就是辩证唯物主义，马克思主义哲学认为，世界是物质的，同时又是运动的。人类知识相对于变化的物质世界来说总是相对的，因此，要认识物质世界，就必须不断地认识变化发展的

---

① ② 　《列宁选集》第 2 卷，人民出版社 1995 年版，第 309 页。
③ ④ 　《列宁选集》第 2 卷，人民出版社 1995 年版，第 310 页。

物质世界。

列宁进一步指出："马克思加深和发展了哲学唯物主义，而且把它贯彻到底，把它对自然界的认识推广到对人类社会的认识。马克思的历史唯物主义是科学思想中的最大成果。过去在历史观和政治观方面占支配地位的那种混乱和随意性，被一种极其完整严密的科学理论所代替，这种科学理论说明，由于生产力的发展，如何从一种社会生活结构中发展出另一种更高级的结构，例如从农奴制中生长出资本主义。"① 列宁的上述论述告诉人们，马克思主义关于人类社会的认识就是马克思主义的历史唯物主义，这种历史唯物主义是"一种极其完整严密的科学理论"，这种理论告诉人们由于生产力的发展，社会如何从一种社会结构发展出另一种社会结构。

列宁进一步指出马克思主义关于历史唯物主义的内容："正如人的认识反映不依赖于它而存在的自然界即发展着的物质那样，人的社会认识（即哲学、宗教、政治等等的不同观点和学说）反映社会的经济制度。政治设施是经济基础的上层建筑。我们看到，例如现代欧洲各国的各种政治形式，都是为巩固资产阶级对无产阶级的统治服务的。"② 因此，在历史唯物主义看来，哲学、宗教、政治等等不同的观点和学说都是人们的社会认识，即人们对于社会的认识，各种学说和观点作为人们对社会的认识，都是对社会的反映，特别是对社会的经济制度的反映。而政治设施则是经济基础的上层建筑，是为经济基础服务的，资产阶级的上层建筑是为资产阶级的经济基础服务的。各种各样的观点和学说都是人们对社会的反映，因而，对于各种各样的学说和观点，我们都可以从其社会根源中找到根据。

马克思主义哲学就是辩证唯物主义和历史唯物主义。列宁指出："马克思的哲学是完备的哲学唯物主义，它把伟大的认识工具给了人类，特别是给了工人阶级。"③ 马克思主义哲学在马克思主义理论整体中的地位，就在于马克思主义哲学是人类，特别是无产阶级的"伟大的认识工具"。对于马克思主义哲学的这一定位，马克思本人早在《〈黑格尔法哲学批判〉导言》中就明确指出过："哲学把无产阶级当作自己的物质武器，同样，无产阶级也把哲学当作自己的精神武器"④。这里的哲学不是别的什么哲学，而是马克思主义哲学。马克思主义哲学就是人类特别是无产阶级认识世界改造世界的工具。马克思在《关于费尔巴哈的提纲》中进一步指出："哲学家们只是用不同的方式解释世界，问题在于改变世界。"⑤ 就马克思主义哲学而言，马克思主义哲学无疑是人们特别是无产阶级

---

① ② ③ 《列宁选集》第 2 卷，人民出版社 1995 年版，第 311 页。

④ 《马克思恩格斯选集》第 1 卷，人民出版社 1995 年版，第 15 页。

⑤ 《马克思恩格斯选集》第 1 卷，人民出版社 1995 年版，第 57 页。

认识世界的伟大工具。认识世界，解释世界还不是最终的目的，而最终的目的是改造世界。

马克思主义哲学是马克思给予人类特别是无产阶级的伟大认识工具，马克思主义的政治经济学是马克思运用马克思主义哲学这一伟大的认识工具认识资本主义的结果。正如前所述，各种学说和观点都属于人们的社会认识，都属于对社会的经济制度的反映，马克思主义的政治经济学就是马克思运用马克思主义哲学的基本原理具体考察资本主义的结晶。列宁在论述马克思主义政治经济学时指出："马克思认为经济制度是政治上层建筑借以树立起来的基础，所以他特别注意研究这个经济制度。马克思的主要著作《资本论》就是专门研究现代社会即资本主义社会的经济制度的。"① "经济制度是政治上层建筑借以树立起来的基础"是马克思主义历史唯物主义的基本观点，马克思正是以历史唯物主义的这个基本观点来考察认识资本主义社会的经济制度，产生了马克思主义政治经济学的主要著作《资本论》。马克思主义的政治经济学揭露了在资本主义制度下工人阶级受压迫和受剥削的根源和秘密。马克思主义的政治经济学揭露了资本主义社会中工人阶级受压迫受剥削的根源在于资本主义社会的经济制度，资产阶级剥削工人阶级的秘密在于资产阶级榨取工人阶级创造的剩余价值。

马克思主义的科学社会主义为工人阶级指出了摆脱苦难的道路和方向。列宁在论述马克思主义的科学社会主义时指出："当农奴制被推翻，'自由'资本主义社会出现的时候，一下子就暴露出这种自由意味着压迫和剥削劳动者的一种新制度。于是反映这种压迫和反对这种压迫的各种社会主义学说就立刻产生了。但是最初的社会主义是空想社会主义。这种社会主义批判资本主义社会，谴责它，咒骂它，幻想消灭它，臆想较好的制度，劝富人相信剥削是不道德的。""但是空想社会主义没有能够指出真正的出路。它既不会阐明资本主义制度下雇佣奴隶制的本质，又不会发现资本主义发展的规律，也不会找到能够成为新社会的创造者的社会力量。"② 列宁进而指出："然而，在欧洲各国，特别是在法国，导致封建制度即农奴制崩溃的汹涌澎湃的革命，却日益明显地揭示了阶级斗争是整个发展的基础和动力。""战胜农奴主阶级而赢得政治自由，没有一次不遇到拼命的反抗。没有一个资本主义国家，不是经过资本主义社会各阶级间你死我活的斗争，在才比较自由和民主的基础上建立起来。""马克思的天才就在于他最先从这里得出了全世界历史所提示的结论，并且彻底地贯彻了这个结论。这个结论就是阶级斗争学说。"③

---

① 《列宁选集》第 2 卷，人民出版社 1995 年版，第 311 页。
② 《列宁选集》第 2 卷，人民出版社 1995 年版，第 313 页。
③ 《列宁选集》第 2 卷，人民出版社 1995 年版，第 313 ~ 314 页。

列宁在论述马克思主义哲学及马克思主义的政治经济学对于科学社会主义的意义时指出："只有马克思哲学的唯物主义，才给无产阶级指明了如何摆脱一切被压迫阶级至今深受其害的精神奴役的出路。只有马克思的经济理论，才阐明了无产阶级在整个资本主义制度中的真正地位。"①

这样，列宁既阐明了马克思主义各个组成部分的主要的基本的内容，同时又阐明了马克思主义各个部分的有机联系，说明马克思主义的各个组成部分是紧密联系有机统一的整体，只有从马克思主义各个组成部分的有机联系的统一的整体性当中，才能更加深刻地认识到马克思主义的科学性及革命性。可以说，马克思主义的整体性是马克思主义科学性的基础，只有从整体上认识和理解马克思主义，才能更加深刻地理解马克思主义的科学性，而马克思主义的革命性正是以马克思主义的科学性为基础的。

从以上所述可以看出，无论是恩格斯还是列宁，他们都不是把马克思主义分割为三个互不联系的部分，而是把马克思主义哲学、政治经济学、科学社会主义这三个部分看作马克思主义整体中的有机组成部分。

二、三个组成部分在马克思主义整体中的地位及其内在关系

（一）马克思主义的三个组成部分在马克思主义整体中处于不同的地位

无论是恩格斯的《反杜林论》还是列宁的《马克思主义的三个来源和三个组成部分》，都一方面为人们阐述了马克思主义三个组成部分的基本的内容，另一方面为人们阐明了马克思主义及其三个组成部分之间的内在联系：马克思主义哲学（辩证唯物主义和历史唯物主义）是马克思主义理论整体的基础，是马克思主义献给人类特别是无产阶级的伟大认识工具。马克思主义政治经济学研究了资本主义经济运动的规律，揭示了资本剥削的秘密即资本家占有雇佣工人创造的剩余价值，论证了社会化大生产与生产资料资本家私人占有的矛盾是资本主义的基本矛盾。在此基础上，科学社会主义揭示了资本主义基本矛盾发展的必然结果，是为社会主义所代替。这就把社会主义学说奠定在科学理论的基础上。不难看出，马克思主义的这三个主要部分构成了马克思主义理论体系的核心，它们相互之间的关系及其与马克思主义理论整体的关系可以说是相互联系、相互说明、密不可分的。对此我们可以从马克思主义经典作家的其他论述中进一步加深认识。

① 《列宁选集》第2卷，人民出版社1995年版，第313页。

1. 马克思主义哲学是研究政治经济学和科学社会主义的世界观方法论，是政治经济学及科学社会主义的理论基础。

马克思、恩格斯多次指出，他们的学说不是教条，而是行动的指南。"对德国的许多青年著作家来说，'唯物主义'这个词大体上只是一个套语，他们把这个套语当作标签贴到各种事物上去，再不作进一步的研究，就是说，他们一把这个标签贴上去，就以为问题已经解决了。但是我们的历史观首先是进行研究工作的指南，并不是按照黑格尔学派的方式构造体系的诀窍。必须重新研究全部历史，必须详细研究各种社会形态存在的条件，然后设法从这些条件中找出相应的政治、私法、美学、哲学、宗教等等的观点，在这方面，到现在为止只做了很少的一点工作，因为只有很少的人认真地这样做过。"① 这就是说，马克思主义哲学，特别是其中的唯物主义历史观，是"进行研究工作的指南"，而不是随便可以贴在任何事物上的标签。作为"进行研究工作的指南"，唯物主义历史观要求"必须重新研究全部历史，必须详细研究各种社会形态存在的条件，然后设法从这些条件中找出相应的政治、私法、美学、哲学、宗教等等的观点。"这样一种研究事物的方法也就是一切从实际出发的方法，实事求是的方法。马克思主义哲学特别是唯物主义历史观不仅是世界观，而且是方法论，在马克思主义整体中处于基础性的地位，可以说，马克思主义政治经济学、科学社会主义都是运用唯物主义历史观对人类历史和资本主义社会经济形态进行研究的结果和结晶。所以，政治经济学及科学社会主义的研究都离不开马克思主义哲学特别是唯物主义历史观。

恩格斯在1895年3月11日致威·桑巴特的信中谈到《资本论》中的有关问题时指出："马克思的整个世界观不是教义，而是方法。它提供的不是现成的教条，而是进一步研究的出发点和供这种研究使用的方法。"② 恩格斯的这一论述要求人们把马克思主义哲学当作世界观和方法论来认识、理解和运用，要用马克思主义的世界观及这种世界观所教给人们的方法论来观察分析研究问题。政治经济学及科学社会主义都是马克思、恩格斯运用马克思主义的世界观和方法论进行科学研究而得出的成果。

列宁在《马克思主义的三个来源和三个组成部分》中把马克思主义哲学称为"伟大的认识工具"，主张要以马克思主义为指导观察、分析、研究现实，以从中得出科学的结论。马克思主义与中国实际相结合，产生了马克思主义中国化的理论成果：毛泽东思想和中国特色社会主义理论体系，即包括邓小平理论、"三个代表"重要思想及科学发展观等重大战略思想在内的科学理论体系。马克

① 《马克思恩格斯选集》第4卷，人民出版社1995年版，第691~692页。
② 《马克思恩格斯选集》第4卷，人民出版社1995年版，第742~743页。

思主义中国化的结晶就是中国化的马克思主义。马克思主义中国化理论成果的精髓就是实事求是。实事求是是中国共产党的思想路线，是马克思主义哲学在马克思主义中国化过程中的运用、丰富和发展。

由于马克思主义哲学是世界观和方法，是"伟大的认识工具"，由于马克思主义哲学对任何事物都要实事求是地加以研究，所以，马克思主义哲学不仅是政治经济学、科学社会主义的理论基础，而且是马克思主义的基础。

恩格斯在谈到马克思主义哲学与政治经济学的关系时指出："当德国的资产阶级、学究和官僚把英法经济学的初步原理当作不可侵犯的教条死记硬背，力求多少有些了解的时候，德国无产阶级的政党出现了。它的全部理论内容来自对政治经济学的研究，它一出现，科学的、独立的、德国的经济学也就产生了。这种德国的经济学本质上是建立在唯物主义历史观的基础上的。"① 恩格斯的这一论述明确地表明，唯物主义历史观即马克思主义哲学是马克思主义政治经济学的理论基础。

恩格斯对马克思在《〈政治经济学批判〉序言》中关于唯物主义历史观的论述进一步阐述如下："下面这个原理，不仅对于经济学，而且对于一切历史科学（凡不是自然科学的科学都是历史科学）都是一个具有革命意义的发现：'物质生活的生产方式制约着整个社会生活、政治生活和精神生活的过程'，在历史上出现的一切社会关系和国家关系，一切宗教制度和法律制度，一切理论观点，只有理解了每一个与之相应的时代的物质生活条件，并且从这些物质条件中被引申出来的时候，才能理解。'不是人们的意识决定人们的存在，相反，是人们的社会存在决定人们的意识。'这个原理非常简单，它对于没有被唯心主义的欺骗束缚住的人来说是不言自明的。但是，这个事实不仅对于理论，而且对于实践都是最革命的结论。'社会的物质生产力发展到一定阶段，便同它们一直在其中运动的现存生产关系或财产关系（这只是生产关系的法律用语）发生矛盾。于是这些关系便由生产力的发展形式变成生产力的桎梏。那时社会革命的时代就到来了。随着经济基础的变更，全部庞大的上层建筑也或快或慢地发生变革……资产阶级的生产关系是社会生产过程的最后一个对抗形式，这里所说的对抗，不是指个人的对抗，而是指从个人的社会生活条件中生长出来的对抗；但是，在资产阶级社会的胎胞里发展的生产力，同时又创造着解决这种对抗的物质条件。'由此可见，只要进一步发挥我们的唯物主义观点，并且把它用于现时代，一个强大的、一切时代中最强大的革命远景就会立即展现在我们的面前。"② 恩格斯在此

---

① 《马克思恩格斯选集》第 2 卷，人民出版社 1995 年版，第 37 ~ 38 页。
② 《马克思恩格斯选集》第 2 卷，人民出版社 1995 年版，第 38 页。

所说的"革命远景"就是科学社会主义的远景，而这样的远景是只有运用唯物主义历史观具体地分析社会生活条件才能得出。

恩格斯在《社会主义从空想到科学的发展》1882年德文第一版序言中指出："为什么在社会主义发展史的简述中提到康德－拉普拉斯的天体演化学，提到现代自然科学和达尔文，提到德国的古典哲学和黑格尔。但是，科学社会主义本质上就是德国的产物，而且也只能产生在古典哲学还生气勃勃地保存着自觉的辩证法传统的国家，即在德国（《马克思恩格斯选集》编者对"在德国"特别注释：恩格斯在1883年德文版上加了一个注："'在德国'是笔误，应当说'在德国人中间'，因为科学社会主义的产生，一方面必须有德国的辩证法，同样也必须有英国和法国的发达的经济关系和政治关系。德国的落后的——40年代初比现在还落后得多——经济的和政治的发展阶段，最多只能产生社会主义的讽刺画（参看《共产党宣言》第三章（丙）《德国的或'真正的'社会主义》）。只有在英国和法国所产生的经济和政治状况受到德国辩证法的批判以后，才能产生真正的结果。因而，从这方面看来，科学社会主义并不完全是德国的产物，而同样是国际的产物。"），唯物主义历史观及其在现代的无产阶级和资产阶级之间的斗争上的特别应用，只有借助于辩证法才有可能。"① 由此可见，唯物主义历史观和辩证法是科学社会主义产生的哲学基础，没有马克思主义的唯物主义历史观和辩证法，就没有科学社会主义的产生。

2. 马克思主义政治经济学揭示了科学社会主义的主要思想。

马克思主义政治经济学通过对资本主义商品生产的分析揭示了科学社会主义，之所以如此，原因就在于，经济学研究的不是物，而是人与人的关系。"政治经济学从商品开始，即从产品由个别人或原始公社相互交换的时刻开始。进入交换的产品是商品。但是它成为商品，只是因为在这个物中、在这个产品中结合着两个人或两个公社之间的关系，即生产者和消费者之间的关系，在这里，两者已经不再结合在同一个人身上了。在这里我们立即得到一个贯穿着整个经济学并在资产阶级经济学家头脑中引起过可怕混乱的特殊事实的例子，这个事实就是：经济学所研究的不是物，而是人与人之间的关系，归根到底是阶级和阶级之间的关系；可是这些关系总是同物结合着，并且作为物出现；诚然，这个或那个经济学家在个别场合也曾觉察到这种联系，而马克思第一次揭示出它对于整个经济学的意义，从而使最难的问题变得如此简单明了，甚至资产阶级经济学家现在也能理解了。"② 因此，马克思主义政治经济学通过对资本主义社会中物的分析揭示

---

① 《马克思恩格斯选集》第3卷，人民出版社1995年版，第691～692页。
② 《马克思恩格斯选集》第2卷，人民出版社1995年版，第44页。

了资本主义社会中人与人的关系、资产阶级与无产阶级的关系，因此，从这个意义上说，马克思主义的政治经济学同时又是马克思主义的科学社会主义。

列宁在《我们的纲领》一文中指出："我们完全以马克思的理论为依据，因为它第一次把社会主义从空想变成科学，给这个科学奠定了巩固的基础，指出了继续发展和详细研究这个科学所应遵循的道路。它揭示了现代资本主义经济的实质，说明了雇用工人、购买劳动力怎样掩盖着一小撮资本家、土地占有者、厂主、矿山主等等对千百万贫苦人民的奴役。它表明了现代资本主义发展的整个过程怎样使小生产逐渐受大生产的排挤，怎样创造条件，使社会主义社会制度成为可能和必然。它教导我们透过那些积习、政治手腕、奥妙的法律和诡辩的学说看出阶级斗争，看出形形色色的有产阶级同广大的贫苦人民、同领导一切贫苦人民的无产阶级的斗争。它说明了革命的社会党的真正任务不是臆造种种改造社会的计划，不是劝导资本家及其走狗改善工人的处境，不是策划密谋，而是组织无产阶级的阶级斗争，领导这一斗争，而斗争的最终目的是由无产阶级夺取政权并组织社会主义社会。"① 在此，列宁着重论述了马克思主义的政治经济学与科学社会主义的关系，即由于马克思主义政治经济学的创立，由于马克思对资本主义生产方式的揭露，科学社会主义就有了现实的科学的政治经济学的理论基础。社会主义由空想变成科学，一个重要的方面就是由于马克思主义政治经济学对资本主义生产方式的揭露和剩余价值的发现。因此，没有马克思主义的政治经济学，就可能没有科学社会主义。马克思主义的政治经济学与科学社会主义是一个整体，是不可分割的。

3. 马克思主义哲学和政治经济学使社会主义变成科学。

恩格斯在《社会主义从空想到科学的发展》一文中指出："新的事实迫使人们对以往的全部历史作一番新的研究，结果发现：以往的全部历史，除原始状态外，都是阶级斗争的历史；这些相互斗争的社会阶级在任何时候都是生产关系和交换关系的产物，一句话，都是自己时代的经济关系的产物；因而每一时代的社会经济结构形成现实基础，每一个历史时期的由法的设施和政治设施以及宗教的、哲学的和其他的观念形式所构成的全部上层建筑，归根到底都应由这个基础来说明。黑格尔把历史观从形而上学中解放了出来，使它成为辩证的，可是他的历史观本质是唯心主义的。现在，唯心主义从它的最后的避难所即历史观中被驱逐出去了，一种唯物主义的历史观被提出来了，用人们的存在说明他们的意识，而不是像以往那样用人们的意识说明他们的存在这样一条道路已经找到了。"② 这就是说，马克思、恩格斯对以往人类的全部历史进行研究得出了唯物主义的历

---

① 《列宁选集》第 1 卷，人民出版社 1995 年版，第 273～274 页。
② 《马克思恩格斯选集》第 3 卷，人民出版社 1995 年版，第 739 页。

史观，并且这种唯物主义的历史观是他们观察和研究人类社会的基本方法。

恩格斯进而指出："因此，社会主义现在已经不再被看作某个天才头脑的偶然发现，而被看作两个历史地产生的阶级即无产阶级和资产阶级之间斗争的必然产物。它的任务不再是构想出一个尽可能完善的社会体系，而是研究必然产生这两个阶级及其相互斗争的那种历史的经济的过程；并在由此造成的经济状况中找出解决冲突的手段。可是，以往的社会主义同这种唯物主义的观点是不相容的，正如法国唯物主义的自然观同辩证法和近代自然科学不相容一样。以往的社会主义固然批判了现存的资本主义生产方式及其后果，但是，它不能说明这个生产方式，因而也就制服不了这个生产方式；它只能简单地把它当作坏东西抛弃掉。它越是激烈地反对同这种生产方式密不可分的对工人阶级的剥削，就越是不能明白指出，这种剥削是怎么回事，它是怎样产生的。但是，问题在于：一方面应当说明资本主义生产方式的历史联系和它在一定历史时期存在的必然性，从而说明它灭亡的必然性，另一方面应当揭露这种生产方式的一直还隐蔽着的内在性质。这已经由于剩余价值的发现而完成了。已经证明，无偿劳动的占有是资本主义生产方式和通过这种生产方式对工人进行的剥削的基本形式；即使资本家按照劳动力作为商品在商品市场上所具有的全部价值来购买他的工人的劳动力，他从这种劳动力榨取的价值仍然比他为这种劳动力付出的多；这种剩余价值归根到底构成了有产阶级手中日益增加的资本量由以积累起来的价值量。这样就说明了资本主义生产和资本生产的过程。"① 在此，恩格斯阐述了唯物主义历史观、政治经济学与科学社会主义的关系：唯物主义历史观要求人们对社会的经济状况进行深入细致的研究，而对社会经济状况的深入细致的研究就是政治经济学的研究，以唯物主义历史观为指导，深入细致地研究社会的经济状况，就必然得出科学社会主义的结论。

恩格斯还进一步指出："这两个伟大的发现——唯物主义历史观和通过剩余价值揭开资本主义生产的秘密，都应当归功于马克思。由于这些发现，社会主义变成了科学，现在首先要做的是对这门科学的一切细节和联系做进一步的探讨。"② 由此可见，马克思主义哲学——唯物主义历史观和马克思主义政治经济学——通过剩余价值揭开资本主义生产秘密的学说，使社会主义变成了科学。马克思主义哲学、政治经济学和社会主义的这种密切关系说明马克思主义的这三个组成部分是有机联系的统一的整体，是不可分割的整体。其中，马克思主义哲学——唯物主义历史观具有基础性的地位和意义。

1883 年 3 月 14 日，马克思逝世。恩格斯在马克思墓前的讲话中指出："正

---

① 《马克思恩格斯选集》第 3 卷，人民出版社 1995 年版，第 739～740 页。
② 《马克思恩格斯选集》第 3 卷，人民出版社 1995 年版，第 366 页。

像达尔文发现有机界的发展规律一样，马克思发现了人类历史的发展规律，即历来为繁芜丛杂的意识形态所掩盖着的一个简单事实：人们首先必须吃、喝、住、穿，然后才能从事政治、科学、艺术、宗教等等；所以，直接的物质的生活资料的生产，从而一个民族或一个时代的一定的经济发展阶段，便构成基础，人们的国家设施、法的观点、艺术以至宗教观念，就是从这个基础上发展起来的，因而，也必须由这个基础来解释，而不是像过去那样做得相反。"① 这是恩格斯对马克思所揭示的唯物主义历史观的简明扼要的概括。恩格斯还指出："不仅如此。马克思还发现了现代资本主义生产方式和它所产生的资产阶级社会的特殊的运动规律。由于剩余价值的发现，这里就豁然开朗了，而先前无论资产阶级经济学家或者社会主义批评家所做的一切研究都只是在黑暗中摸索。"② 这是恩格斯对马克思政治经济学的主要内容及其巨大历史意义的阐述。正如恩格斯所论述的一样，因为马克思首先是一个革命家，他毕生的真正使命，就是以这种或那种方式参加推翻资本主义社会及其所建立的国家设施的事业，参加现代无产阶级的解放事业，所以，"正是他第一次使现代无产阶级意识到自身的地位和需要，意识到自身解放的条件。"③ 马克思使现代无产阶级意识到自身的地位和需要、意识到自身解放条件的学说正是马克思的科学社会主义，而科学社会主义是建立在马克思主义的唯物主义历史观和政治经济学基础之上的。

恩格斯在马克思墓前的讲话还表明，马克思主义之所以是一个有机统一的整体，马克思主义哲学、政治经济学、科学社会主义之所以是一个有机的统一的整体，是和马克思的革命品质分不开的，因为马克思首先是一个革命家，所以作为革命家的马克思不像以往的其他思想家那样，仅仅满足于解释世界，而是更注重改造世界，通过对世界的改造，推翻资产阶级的统治，实现工人阶级及广大劳动人民当家做主。因此，马克思主义作为革命性的理论，要取得胜利，就必须科学，而科学必须建立在对世界、对人类社会的正确认识基础之上。对世界、对人类社会总体性的科学认识成果就是马克思主义哲学。就马克思、恩格斯所处的时代来说，他们生活于资本主义时代，因而，就需要正确地、科学地认识资本主义社会，他们对资本主义正确科学认识的成果就体现在他们的政治经济学中。有了对世界、对人类社会的总体性正确科学的认识成果，有了对资本主义社会正确科学的认识成果，从而就有了对于无产阶级的阶级地位、历史条件、未来命运正确科学的学说即科学社会主义。因而，马克思主义是一个整体，而马克思主义的整体性是和马克思主义的革命性、科学性分不开的。

①② 《马克思恩格斯选集》第3卷，人民出版社1995年版，第776页。
③ 《马克思恩格斯选集》第3卷，人民出版社1995年版，第777页。

从马克思主义的产生和形成来看，马克思主义的生产、形成是和马克思、恩格斯哲学思想、政治经济学思想、科学社会主义思想的形成分不开的。列宁在《弗里德里希·恩格斯》一文中叙述恩格斯（同时叙述马克思）思想形成的过程时指出，马克思和恩格斯最初都是黑格尔思想的信奉者，但他们最终扬弃了黑格尔哲学。"黑格尔的哲学谈论精神和观念的发展，它是唯心主义的哲学。它从精神的发展中推演出自然界、人以及人与人的关系即社会关系的发展。马克思和恩格斯保留了黑格尔关于永恒的发展过程的思想，而抛弃了那种偏执的唯心主义观点；他们面向实际生活之后看到，不能用精神的发展来解释自然界的发展，恰恰相反，要从自然界，从物质中找到对精神的解释……与黑格尔和其他黑格尔主义者相反，马克思和恩格斯是唯物主义者。他们用唯物主义观点观察世界和人类，看出一切自然现象都有物质原因作基础，同样，人类社会的发展也是受物质力量即生产力的发展所制约的。生产力的发展决定人们在生产人类必需的产品时彼此所发生的关系。用这种关系才能解释社会生活中的一切现象，人的意向、观念和法律。生产力的发展造成了以私有制为基础的社会关系，但是我们现在看到，生产力的发展又夺走了大多数人的财产，将它集中在极少数人的手中。生产力的发展正在消灭私有制，即现代社会制度的基础，这种发展本身就是朝着社会主义者所抱定的那个目标前进的。社会主义者就是要了解，究竟哪种社会力量因其在现代社会中所处的地位而关心社会主义的实现，并使这种力量意识到它的利益和历史使命。这种力量就是无产阶级。"①

从列宁对马克思和恩格斯思想产生、形成和发展历程的叙述来看，从理论的逻辑上来说，马克思和恩格斯先是有他们的辩证唯物主义的思想，然后又用这种辩证唯物主义思想分析社会现实的行动及分析的成果：政治经济学及科学社会主义理论。而马克思、恩格斯对其哲学、政治经济学思想、科学社会主义思想的全面阐述标志着马克思主义的形成。马克思主义哲学、政治经济学、科学社会主义是紧密联系的密不可分的有机的统一的整体。其中，马克思主义哲学是马克思主义的理论基础，而运用马克思主义哲学对社会分析观察的结果就是他们的政治经济学，从政治经济学的分析中得出的是科学社会主义结论。由此可见，一方面，马克思主义的这三个组成部分是有机联系的统一的不可分割的整体；另一方面，马克思主义的这三个组成部分在马克思主义整体中的地位、作用是不同的。

（二）马克思主义三个组成部分呈现了马克思主义理论整体的细节

马克思主义是一个整体，而构成它的三个组成部分则呈现了马克思主义理论

---

① 《列宁选集》第1卷，人民出版社1995年版，第90～91页。

整体的各个细节。列宁的《马克思主义三个来源和三个组成部分》呈现了马克思主义理论整体的概貌，恩格斯的《反杜林论》不仅呈现了马克思主义理论的概貌，而且在一定程度上呈现了马克思主义哲学、政治经济学、科学社会主义三个组成部分的细节。

在马克思主义看来，一切思想观念都是人们对客观世界的反映，而客观世界是一个有机联系的整体，因而，作为对整个世界反映的观念也是一个整体。从马克思主义的对象来看，马克思主义是以自然、社会和人的思维规律为对象的科学，因而作为对自然、社会、思维规律反映的马克思主义也是一个整体。

按照马克思主义的观点，人类对世界的认识先是对世界的总体性的认识，之后是对世界各个方面、各个领域的深入的认识，之后，是在对世界各个领域、各个方面深入认识基础之上的全面的认识，这就是对世界认识既高度分化又高度综合的认识规律。在对马克思主义的认识上，我们既要有对马克思主义的整体性认识，又必须有在马克思主义整体视野下对马克思主义各个组成部分的深入的认识，还要有在对马克思主义三个组成部分深入认识基础之上对马克思主义整体的认识。这样我们对于马克思主义的认识不仅是全面的、整体的，而且是深刻的、细致的。

恩格斯回顾人类认识的历史进程时指出："当我们深思熟虑地考察自然界或人类历史或我们自己的精神活动的时候，首先呈现在我们眼前的，是一幅由种种联系和相互作用无穷无尽地交织起来的画面，其中没有任何东西是不动的和不变的，而是一切都在运动、变化、生成和消逝。这种原始的、素朴的、但实质上是正确的世界观是古希腊哲学的世界观，而且是由赫拉克利特最先明白地表述出来的：一切都存在而又不存在，因为一切都在流动，都在不断地变化，不断地生成和消逝。但是，这种观点虽然正确地把握了现象的总画面的一般性质，却不足以说明构成这幅总画面的各个细节；而我们要是不知道这些细节，就看不清总画面。为了认识这些细节，我们不得不把它们从自然的或历史的联系中抽出来，从它们的特性、它们的特殊的原因和结果等等方面来分别地加以研究。"① 恩格斯的这一论述对于我们深入地认识和研究马克思主义具有重要的启示意义，无论是恩格斯的《反杜林论》还是列宁的《马克思主义的三个来源和三个组成部分》，都为我们提供了马克思主义理论整体的总画面，但要深入地把握构成这幅总画面的各个细节，我们就有必要深入研究构成马克思主义整体的各个组成部分。没有对构成马克思主义理论整体的各个细节的深入细致的研究和把握，也就不能全面深入细致地了解和掌握马克思主义。所以，我们应当在把握马克思主义理论整体

---

① 《马克思恩格斯选集》第 3 卷，人民出版社 1995 年版，第 359 页。

性的前提下深入细致地研究马克思主义理论的各个组成部分，研究构成马克思主义理论整体的各个细节，这不仅是必要的，也是十分重要的。

但是，另一方面，我们也必须注意另外一个倾向，即陷入到马克思主义各个组成部分的研究中，却看不到每一部分和其他部分的联系，看不到每一部分和马克思主义整体的关系。如果是这样的，就会产生和形成对待马克思主义理论整体及其各个组成部分的形而上学的思维方式。恩格斯指出，对自然、社会、人们的精神活动的总画面细节的研究，"这首先是自然科学和历史研究的任务；而这些研究部门，由于十分明显的原因，在古典时代的希腊人那里只占有从属的地位，因为他们首先必须搜集材料。精确的自然研究只是在亚历山大里亚时期的希腊人那里才开始，而后来在中世纪由阿拉伯人继续发展下去；可是，真正的自然科学只是从 15 世纪下半叶才开始，从这时起它就获得了日益迅速的发展。把自然界分解为各个部分，把各种自然过程和自然对象分成一定的门类，对有机体的内部按其多种多样的解剖形态进行研究，这是最近 400 年来在认识自然界方面获得巨大进展的基本条件。但是，这种做法也给我们留下了一种习惯：把自然界中的各种事物和各种过程孤立起来，撇开宏大的总的联系去进行考察，因此，就不是从运动的状态，而是从静止的状态去考察；不是从活的状态，而是从死的状态去考察，这种考察方法被培根和洛克从自然科学中移植到哲学中以后，就容易形成最近几个世纪所特有的局限性，即形而上学的思维方式。"① 恩格斯这一关于近代形而上学思维方式如何产生的论述对于分别从哲学、政治经济学、科学社会主义这三个方面深入研究马克思主义具有重要的启示意义，无疑地，把自然分解为不同的部分进行分门别类的研究对于人类加深关于自然的认识具有重要意义，同样地，把马克思主义分为三个组成部分进行分别的深入的研究对于马克思主义的发展具有重要意义，但是，把自然分为不同的部分进行分门别类的研究而"撇开宏大的总的联系"，就容易形成形而上学的思维方式。在如何研究马克思主义的问题上，当研究者把马克思主义分为不同的部分进行分别的分门别类的研究时，这固然有助于深化对马克思主义的认识，但一定要注意防止"撇开宏大的总的联系"，一定要注意防止撇开马克思主义的整体。事实上，马克思主义理论的各个组成部分及其相互关系就是马克思主义理论的整体，就是马克思主义理论的"宏大的总的联系"。我们在马克思主义理论的研究中，要注意"撇开宏大的总的联系"的倾向，要注意避免马克思主义理论研究中的形而上学思维倾向。而避免这种倾向的有效办法就是要有马克思主义理论的整体性观念，要有"宏大的总的联系"的观念。因此，马克思主义理论的整体性观念是我们对待、认识、

① 《马克思恩格斯选集》第 3 卷，人民出版社 1995 年版，第 359～360 页。

研究、坚持、发展马克思主义应当特别具有的观念。事实上,《反杜林论》和《马克思主义的三个来源和三个组成部分》都是要人们从总体上、整体上来认识掌握马克思主义的著作。

在马克思主义发展史上,马克思主义经典作家数量众多的著作就其论述的问题、阐述的理论观点而言,各自不同的侧重点,或重点论述哲学问题,或重点论述政治经济学问题,或重点论述科学社会主义,马克思主义经典作家数量众多的著作从不同的方面展示了马克思主义整体的细节。

(三) 马克思主义的经典著作都是体现三个组成部分有机统一的整体性著作

马克思主义是一个整体,马克思主义的三个组成部分是不可分割的有机联系的三个部分,它们共同组成了马克思主义的整体。在马克思主义产生、形成和发展的过程中,马克思主义经典作家适应理论斗争和实际斗争的需要,他们的著作所阐述的内容都有不同的侧重点,马克思主义每一经典著作的侧重点尽管不同,但所有这些著作都体现了马克思主义哲学、政治经济学、科学社会主义的有机统一,反映和体现了马克思主义的整体性。

在马克思和恩格斯共同的精神生活中,马克思、恩格斯既共同合作撰写了若干重要的理论著作,同时他们又有不同的分工:马克思致力于分析资本主义经济的复杂现象,写出了"当代最伟大的政治经济学著作《资本论》"①;恩格斯写出许多大大小小的作品,恩格斯"在笔调明快、往往是论战性的著作中,根据马克思的唯物主义历史观和经济理论,阐明最一般的科学问题,以及过去和现在的各种现象。"②从马克思、恩格斯所撰写的这些著作来看,它们都是反映马克思主义哲学、政治经济学、社会主义思想相统一的著作,是关于马克思主义的整体性著作,说明马克思主义理论具有内在的整体性和统一性。

恩格斯运用马克思主义哲学原理研究和观察英国工人阶级现状,写出了《英国工人阶级状况》一书。在该书中,"恩格斯第一个指出,无产阶级不只是一个受苦的阶级,正是它所处的那种低贱的经济地位,无可遏止地推动它前进,迫使它去争取本身的最终解放。而战斗中的无产阶级是能够自己帮助自己的。工人阶级的政治运动必然会使工人认识到,除了社会主义,他们没有别的出路。另一方面,社会主义只有成为工人阶级的政治斗争的目标时,才会成为一种力量。"③ 恩格斯通过对英国工人阶级状况的揭示,指出了社会主义与工人阶级的

---

① ② 《列宁选集》第 1 卷,人民出版社 1995 年版,第 94 页。
③ 《列宁选集》第 1 卷,人民出版社 1995 年版,第 91 ~ 92 页。

不可分割联系。

马克思、恩格斯合著的《神圣家族，或对批判的批判所做的批判》"奠定了革命唯物主义的社会主义基础。"① 哲学家鲍威尔兄弟及其信徒们鼓吹一种批判，这种批判超越一切现实、超越政党和政治，否认一切实践活动，而只是"批判地"静观周围世界和其中所发生的事情，他们还高傲地把无产阶级说成是一群没有批判头脑的人。根据鲍威尔兄弟及其信徒们的这一观点，对现实问题的解决只需要进行批判就可以了，而要进行批判就需要有批判头脑和能力的人，而无产阶级是没有批判头脑的人。因此，在鲍威尔兄弟及其信徒们看来，显然，无产阶级是不能求得自身的解放的。这是鲍威尔兄弟及其信徒们关于无产阶级命运的观点。针对神圣家族的这一观点，马克思、恩格斯进行了彻底的批判。在马克思、恩格斯看来，"为了现实的人，即为了受统治阶级和国家践踏的工人，他们要求的不是静观，而是为实现美好的社会制度而斗争。在他们看来，能够进行这种斗争和关心这种斗争的力量当然是无产阶级。"② 马克思、恩格斯不仅批判了神圣家族关于批判的观点，而且指出只有斗争、只有实践才是解决现实问题的正确道路，而进行斗争、实践的主体正是无产阶级。所以，《神圣家族，或对批判的批判所做的批判。驳布鲁诺·鲍威尔及其伙伴》不仅是一部哲学著作，而且是一部科学社会主义著作，是一部以革命的唯物主义为基础的革命的科学社会主义著作，一部马克思主义哲学与马克思主义的科学社会主义相统一的著作。因而是一部关于哲学、关于社会主义的整体性著作。《神圣家族，或对批判的批判所做的批判。驳布鲁诺·鲍威尔及其伙伴》是以马克思主义哲学为基础阐述社会主义的著作。

恩格斯的《政治经济学批判大纲》是一部以社会主义观点考察资本主义经济制度的著作。"《政治经济学大纲》一文，从社会主义的观点考察了现代经济制度的基本现象，认为那些现象是私有制统治的必然结果。"④ 由此可见，恩格斯的《政治经济学批判大纲》一文，是一篇政治经济学与科学社会主义紧密结合的著作。

马克思、恩格斯合著的"篇幅不多，价值却相当于多部巨著"的《共产党宣言》，把马克思主义哲学、政治经济学和科学社会主义融为一体，言简意赅地阐明了马克思和恩格斯创立的新的世界观的原理，以唯物史观说明了社会发展的规律，揭示了物质生产在历史过程中的决定性作用，阐述了经济基础和上层建筑的相互作用和阶级斗争在社会发展中的作用。

马克思的《资本论》这一马克思主义的理论巨著更是反映和体现了马克思

---

① 《列宁选集》第 1 卷，人民出版社 1995 年版，第 92 页。
②③ 《列宁选集》第 1 卷，人民出版社 1995 年版，第 93 页。

主义的整体性。

在 19 世纪 90 年代，俄国"人民之友"的代表人物尼·米海洛夫斯基提出了一个引起列宁高度注意并作了深刻批判的问题："首先自然产生这样一个问题：马克思在哪一部著作中叙述了自己的唯物主义历史观呢？他的《资本论》给我们提供了一个把逻辑力量同渊博学识，同对全部经济学文献和有关事实的细心研究结合起来的范例……达尔文的全部著作是什么呢？就是把堆积如山的实际材料总结为几点概括性的、彼此紧相联系的思想。马克思的相称著作究竟在哪里呢？这样的著作是没有的。不仅马克思没有这样的著作，而且在全部马克思主义文献中也没有这样的著作，虽然这种文献数量很大，传播很广。"① 可以说，米海洛夫斯基所提出的这一问题是对马克思主义理论整体性的割裂，其中特别重要的是把马克思主义的唯物主义历史观同马克思主义理论的其他内容割裂开来。针对米海洛夫斯基对马克思主义的割裂和责难，特别是针对米海洛夫斯基对《资本论》的攻击和责难，列宁指出，《资本论》的最终目的就是揭示现代社会的发展规律，马克思通过《资本论》的研究得出的基本观点就是：社会经济形态的发展是一种自然历史过程。"《资本论》的基本思想就在于此"。② 列宁进而指出了马克思研究政治经济学的方法："显而易见，马克思关于社会经济形态发展的自然历史过程这一基本思想，从根本上摧毁了那种以社会学自命的幼稚说教。马克思究竟是怎样得出这个基本思想的呢？他做到这一点所用的方法，就是从社会生活的各种领域中划分出经济领域，从一切社会关系中划分出生产关系，即决定其余一切关系的基本的原始的关系。"③ 马克思得出社会经济形态是一个自然历史过程的思想所用的方法就是唯物主义历史观的方法。马克思如何会运用这一方法，马克思本人有一个解释，对于马克思的这一解释，列宁曾在《什么是"人民之友"以及他们如何攻击社会民主党人？》一文中加以引用："为了解决使我苦恼的疑问，我写的第一部著作是对黑格尔法哲学的批判性的分析……我的研究得出这样一个结果：法的关系正像国家的形式一样，既不能从它们本身来理解，也不能从所谓人类精神的一般发展来理解，相反，它们根源于物质的生活关系，这种物质的生活关系的总和，黑格尔按照 18 世纪的英国人和法国人的先例，称之为'市民社会'，而对市民社会的解剖应该到政治经济学中去寻求。我研究政治经济学所得到的结果，可以简要地表述如下：人们在自己生活的社会生产中发生一定的……关系，即同他们的物质生产力的一定发展阶段相适应的生产关系。这些生产关系的总和构成社会的经济结构，即有法律的和政治的上层建筑竖立其

① 《列宁选集》第 1 卷，人民出版社 1995 年版，第 2 页。
② 《列宁选集》第 1 卷，人民出版社 1995 年版，第 5 页。
③ 《列宁选集》第 1 卷，人民出版社 1995 年版，第 6 页。

上并有一定的社会意识形式与之相适应的现实基础。物质生活的生产方式制约着整个社会生活、政治生活和精神生活的过程。不是人们的意识决定人们的存在，相反，是人们的社会存在决定人们的意识。社会的物质生产力发展到一定阶段，便同它们一直在其中运动的现存生产关系或财产关系（这只是生产关系的法律用语）发生矛盾。这些关系便由生产力的发展形式变成生产力的桎梏。那时社会革命的时代就到来了。随着经济基础的变更，全部庞大的上层建筑也或慢或快地发生变革。在考察这样的变革时，必须时刻把下面两者区别开来：一种是生产的经济条件方面所发生的物质的、可以像自然科学那样精确地确定的变革，一种是人们借以意识到这个冲突并力求把它解决的那些法律的、政治的、宗教的、艺术的或哲学的，简言之，意识形态的形式。我们判断一个人不能以他对自己的看法为根据，同样，我们判断这样一个变革时代也不能以它的意识为根据；相反，这个意识必须从物质生活的矛盾中，从社会生产力和生产关系之间的现存冲突中去解释。……从总体上来探讨的亚细亚的、古代的、封建的和现代的即资产阶级的生产制度可以看作是社会各经济形态历史上演进的几个时代。"①

列宁引用马克思的上述自述说明，马克思正是从唯物主义历史观中认识到，要认识物质的生活关系，也即黑格尔所谓的市民社会，必须到政治经济学中去寻求。这就揭示了马克思主义的唯物主义历史观与马克思主义政治经济学之间密不可分的关系，即是说，要求得对物质的生活关系的全面而深刻的认识，离不开政治经济学。而马克思对于政治经济学研究的成果，又进一步验证、丰富和深化了马克思主义的唯物主义历史观。马克思对政治经济学研究的成果，也使社会主义成为科学。

列宁指出："自从《资本论》问世以来，唯物主义历史观已经不是假设，而是科学地证明了的原理。"② 马克思在《资本论》中是如何证明唯物主义历史观的呢？列宁指出："他从各个社会经济形态中取出一个形态（即商品经济体系）加以研究，并根据大量材料（他花了不下25年的工夫来研究这些材料）对这个形态的活动规律和发展规律作了极其详尽的分析。这个分析仅限于社会成员之间的生产关系。马克思一次也没有利用这些生产关系以外的任何因素来说明问题，同时却使人们有可能看到商品社会经济组织怎样发展，怎样变成资本主义社会经济组织而造成资产阶级和无产阶级这两个对抗的（这已经是在生产关系范围内）阶级，怎样提高社会劳动生产率，从而带进一个与这一资本主义组织本身的基础处于不可调和的矛盾地位的因素。"③ 列宁接着指出："《资本

---

① 《列宁选集》第 1 卷，人民出版社 1995 年版，第 6～7 页。
② 《列宁选集》第 1 卷，人民出版社 1995 年版，第 10 页。
③ 《列宁选集》第 1 卷，人民出版社 1995 年版，第 9 页。

论》的骨骼就是如此。可是全部问题在于马克思并不以这个骨骼为满足，并不仅以通常意义的'经济理论'为限；虽然他完全用生产关系来说明该社会形态的构成与发展，但又随时随地探究与这种生产关系相适应的上层建筑，使骨骼有血有肉。《资本论》的成就之所以如此之大，是由于'德国经济学家'的这部书使读者看到整个资本主义社会形态是个活生生的形态：有它的日常生活的各个方面，有它的生产关系所固有的阶级对抗的实际社会表现，有维护资本家阶级统治的资产阶级政治上层建筑，有资产阶级的自由平等之类的思想，有资产阶级的家庭关系。现在可以看出，把马克思同达尔文相比是完全恰当的：《资本论》不是别的，正是'把堆积如山的实际材料总结为几点概括的、彼此紧相联系的思想'。……同样，马克思也推翻了那种把社会看作可按长官意志（或者说按社会意志和政府意志，反正都一样）随便改变的、偶然产生和变化的、机械的个人结合体的观点，探明了作为一定生产关系总和的社会经济形态这个概念，探明了这种形态的发展是自然历史过程，从而第一次把社会学放在科学的基础上。"① 因此，《资本论》不仅是一部政治经济学的著作，还是一部证明和阐述唯物主义历史观的著作。

列宁还指出，《资本论》是一部"叙述科学社会主义的主要的和基本的著作"。② "……不容置辩的事实是：资本主义大机器工业在什么地方和什么程度上发展起来，工人运动也就在什么地方和什么程度上展开和发展起来；社会主义学说正是在它抛弃了关于合乎人的本性的社会条件的议论，而着手唯物主义地分析现代社会关系并说明现在剥削制度的必然性的时候取得成就的。"③ 从此可以看出，马克思主义哲学是世界观和方法论，用这种世界观和方法论具体地分析现实社会关系就是马克思主义的政治经济学，而科学社会主义则是运用哲学的世界观和方法论研究政治经济学得出的结论。《资本论》是反映和体现马克思主义整体性的重要著作。

第二节　坚持马克思主义整体性的重要意义

马克思主义理论的整体性，是自马克思主义诞生起就提出的。马克思主义理论是博大精深的体系，是一个完整的有机整体。针对对其教条理解和断章取义的

---

① 《列宁选集》第 1 卷，人民出版社 1995 年版，第 9～10 页。
② 《列宁选集》第 1 卷，人民出版社 1995 年版，第 51 页。
③ 《列宁选集》第 1 卷，人民出版社 1995 年版，第 52 页。

现象，以及对其进行所谓的"修正"和攻击，从马克思、恩格斯、列宁到毛泽东、邓小平、江泽民、胡锦涛等都从完整、准确认识马克思主义理论整体性的内涵、精神实质等方面进行了论述。自马克思主义诞生以来，马克思主义者就为捍卫马克思主义整体性而不懈努力，从历代马克思主义者为坚持和捍卫马克思主义整体性的努力中，我们可以看到把握马克思主义的整体性对于我们准确认识、学习、坚持和发展马克思主义具有十分重要的意义。

一、坚持马克思主义整体性　全面准确把握马克思主义基本原理

马克思主义整体性要求在学习、坚持和发展马克思主义时应当着重学习、把握、坚持和发展马克思主义基本原理。马克思和恩格斯在 1872 年为《共产党宣言》德文版所写的序言中指出："不管最近 25 年来的情况发生了多大的变化，这个《宣言》中所阐述的一般原理整个说来直到现在还是完全正确的。某些地方本来可以作一些修改。这些原理的实际运用，正如《宣言》中所说的，随时随地都要以当时的历史条件为转移，所以，第二章末尾提出的那些革命措施根本没有特别的意义。如果是在今天，这一段在许多方面都会有不同的写法了。由于最近 25 年来大工业有了巨大的发展而工人阶级的政党组织也跟着发展起来，由于首先有了二月革命的实际经验而后来尤其是有了无产阶级第一次掌握政权达两月之久的巴黎公社的实际经验。特别是公社已经证明：'工人阶级不能简单地掌握现成的国家机器，并运用它来达到自己的目的。'（见《法兰西内战·国际工人协会总委员会宣言》德文版第 19 页，那里把这个思想发挥得更加完备。）其次，很明显，对于社会主义文献所作的批判在今天看来是不完全的，因为这一批判只包括到 1847 年为止；同样也很明显，关于共产党人对待反对党派的论述（第四章）虽然在原则上今天还是正确的，但是就其实际运用来说今天毕竟已经过时，因为政治形势已经完全改变，当时所列举的那些党派大部分已经被历史的发展彻底扫除了。"①

马克思、恩格斯在《共产党宣言》1872 年德文版序言中所论述的上述思想告诉我们，学习和掌握马克思主义，要学习和掌握马克思主义"所阐述的一般原理"，在对马克思主义"所阐述的一般原理"进行运用时，要"随时随地都要以当时的历史条件为转移"。马克思、恩格斯多次强调指出，马克思主义不是教条而是行动的指南，意义也正是如此。不仅如此，我们还要在坚持马克思主义的

---

① 《马克思恩格斯选集》第 1 卷，人民出版社 1995 年版，第 248～249 页。

一般原理下，随着实践的发展发展马克思主义的一般原理，正像马克思、恩格斯随着巴黎公社的实践提出了"工人阶级不能简单地掌握现成的国家机器，并运用它来达到自己的目的"的原理一样。

学习、掌握马克思主义基本原理要注意把握马克思主义基本原理的各个方面。恩格斯在 1890 年 9 月 21 ［—22］日致约·布洛赫的信中谈到当时青年们对唯物史观的片面认识时指出："青年们有时过分看重经济方面，这有一部分是马克思和我应当负责的。我们在反驳我们的论敌时，常常不得不强调被他们否认的主要原则，并且不是始终都有时间、地点和机会来给其他参与相互作用的因素以应有的重视。但是，只要问题一关系到描述某个历史时期，即关系到实际的应用，那情况就不同了，这里就不容许有任何错误了。可惜人们往往以为，只要掌握了主要原理——而且还并不总是掌握得正确，那就算已经充分地理解了新理论并且立刻就能够应用它了。在这方面，我是可以责备许多最新的'马克思主义者'的；而他们也的确造成过惊人的混乱……"① 恩格斯的论述正是告诉人们，要正确地理解马克思主义理论，就必须从整体上理解马克思主义理论，或者说应当理解马克思主义理论的整体，应当全面地学习阅读马克思主义经典作家关于某一思想的全面论述，全面地理解马克思主义某一基本原理的全面内容。不仅要全面地把握马克思主义的基本原理，而且要全面地把握马克思主义基本原理的每一要素，要全面把握马克思主义每一基本原理的各个方面。在对马克思主义原理的掌握上，一定要"掌握得正确"，并且要"充分地理解"，而绝对不能自以为是，否则，就会"造成惊人的混乱"。正像恩格斯所指出的那样，我们应当努力避免对马克思主义理论的错误理解，努力避免把自己错误理解的思想观点当作真正的马克思主义，否则，就会出现以错误理解的所谓的马克思主义指导实践，并把由对马克思主义的错误理解带来的严重后果看作是真正的科学的马克思主义带来的后果，由此，给马克思主义的名誉和声誉带来恶劣的影响。

只有认识、掌握马克思主义的整体性才能真正地掌握马克思主义的精神实质，掌握马克思主义的体系，掌握马克思主义的基本原理、基本观点和基本方法，避免把不属于马克思主义的东西强加给马克思主义。恩格斯在 1890 年 8 月 27 日致保·拉法格的信中指出："近两三年来，许多大学生、著作家和其他没落的年轻资产者纷纷涌入党内。他们来得正是时候，在种类繁多的新报纸的编辑部中占据了大部分位置，到处是他们的人；而他们习惯性地把资产阶级大学当作社会主义的圣西尔军校，以为从那里出来就有权带着军官军衔甚至将军军衔加入党的行列。所有这些先生们都在搞马克思主义，然而他们属于十年前你在法国就很

---

① 《马克思恩格斯选集》第 4 卷，人民出版社 1995 年版，第 698 页。

熟悉的那一种马克思主义者，关于这种马克思主义，马克思曾经说过：'我只知道我自己不是马克思主义者。'马克思大概会把海涅对自己的模仿者说的话转送给这些先生们：'我播下的是龙种，而收获的却是跳蚤。'"① 恩格斯多次引用马克思"我只知道我自己不是马克思主义者"这句名言意味深长，它说明只有那些真正地掌握了马克思主义理论真谛的人才是马克思主义者。掌握马克思主义理论的整体性既要把握马克思主义理论的基本原理、基本观点和基本方法，掌握马克思主义理论的精神实质，又不能把不属于马克思主义的东西强加给马克思主义。

在对马克思主义基本原理、基本观点和基本方法的理解中，要坚持马克思主义理论的整体性，要联系马克思主义的全面论述理解和认识马克思主义基本原理、基本观点和基本方法。同样地，对马克思主义三个组成部分的认识也是这样，要联系马克思主义理论的整体认识和把握其中的某一个部分。恩格斯在1890 年 9 月 21［—22］日致约·布洛赫的信中，针对有人歪曲马克思主义的唯物史观，恩格斯指出："……根据唯物史观，历史过程中的决定性因素归根到底是现实生活的生产和再生产。无论马克思或我都从来没有肯定过比这更多的东西。如果有人在这里加以歪曲，说经济因素是唯一的决定性的因素，那么他就是把这个命题变成毫无内容的、抽象的、荒诞无稽的空话。经济状况是基础，但是对历史斗争的进程发生影响并且在许多情况下主要是决定着这一斗争的形式的，还有上层建筑的各种因素：阶级斗争的形式及其成果——由胜利了的阶级在获胜以后确立的宪法等等，各种法的形式以及所有这些实际斗争在参加者头脑中的反映，政治的、法律的和哲学的理论，宗教的观点以及它们向教义体系的进一步发展。这里表现出这一切因素间的相互作用，而在这种相互作用中归根到底是经济运动作为必然的东西通过无穷无尽的偶然事件（即这样一些事物和事变，它们的内部联系是如此疏远或者是如此难于确定，以致我们可以认为这种联系并不存在，忘掉这种联系）向前发展。否则把理论应用于任何历史时期，就会比解一个最简单的一次方程式更容易了。"② 恩格斯在上述论述中实际上是要人们全面地理解马克思主义唯物史观的基本原理，而不是片面地理解和认识唯物史观的基本原理，具体地理解和认识唯物史观的基本原理，而不是抽象地理解和认识唯物史观的基本原理。

掌握马克思主义理论的整体性对于我们今天如何坚持和发展马克思主义具有重要的意义。列宁指出："没有革命理论，就不会有坚强的革命党，因为革命理

---

① 《马克思恩格斯选集》第 4 卷，人民出版社 1995 年版，第 695 页。
② 《马克思恩格斯选集》第 4 卷，人民出版社 1995 年版，第 695 ~ 696 页。

论能使一切社会党人团结起来，他们从革命理论中能取得一切信念，他们能运用革命理论来确定斗争方法和活动方式；维护这个具有起码理解力的人都认为是正确的理论，反对毫无根据的攻击，反对败坏这个理论的企图，这决不等于敌视任何批评。我们决不把马克思的理论看作某种一成不变的和神圣不可侵犯的东西；恰恰相反，我们深信：它只是给一种科学奠定了基础，社会党人如果不愿落后于实际生活，就应当在各方面把这门科学推向前进。我们认为，对于俄国社会党人来说，尤其需要独立地探讨马克思的理论，因为它所提供的只是总的指导原理，而这些原理的应用具体地说，在英国不同于法国，在法国不同于德国，在德国又不同于俄国。"① 这就是说，马克思主义是革命的政党的理论指南，革命的理论是建立坚强的革命政党的重要条件，马克思主义的革命理论有助于革命的政党树立坚定的信念，有助于革命的政党确定斗争的方法和活动方式。正是因为革命的理论、马克思主义的理论具有这样的重要作用，所以，对于任何攻击和败坏马克思主义理论的企图，革命的政党都必须坚决反击。对待马克思主义理论应当具有正确的态度，那就是，不能把马克思主义理论看作某种一成不变的和神圣不可侵犯的东西，而应当把它看作是行动的指南。应当在各方面把马克思主义理论推向前进，一方面要坚持马克思主义，另一方面要发展马克思主义，坚持是对马克思主义整体的坚持，发展也是对马克思主义整体的发展，即"各方面"的发展，要独立地探讨马克思主义理论，学会运用马克思主义的原理具体地分析本国的具体实际，在具体地对本国国情的分析中灵活地运用马克思主义，要坚决反对任何形式的教条主义。列宁关于马克思主义与俄国社会党人关系的具体论述对于我们如何正确对待马克思主义也具有重要的指导意义。

二、坚持马克思主义整体性　从整体上捍卫坚持马克思主义

如前所述，无论是恩格斯的《反杜林论》还是列宁的《马克思主义的三个来源和三个组成部分》其根本目的并不是要把马克思主义分为三个没有联系的部分，而是要人们在认识和把握马克思主义三个组成部分的基础上把握马克思主义整体。

从马克思主义学说在实践中的历程来说，马克思主义的胜利是整体的马克思主义的胜利，是马克思主义整体的胜利。1908 年 4 月 3 日，列宁发表《马克思主义与修正主义》一文，在这一文章中，列宁告诉人们，马克思主义的胜利是马克思主义整体的胜利。"就是在那些同工人阶级的斗争有联系而且主要在无产

---

① 《列宁选集》第 1 卷，人民出版社 1995 年版，第 274～275 页。

阶级中间流传的学说中，马克思主义也远远不是一下子就巩固了自己的地位的。马克思主义在它存在的头半个世纪中（从19世纪40年代起）一直在同那些与它根本敌对的理论进行斗争。在40年代前5年，马克思和恩格斯清算了站在哲学唯心主义立场上的激进青年黑格尔派。40年代末，在经济学方面进行了反对蒲鲁东主义的斗争。50年代完成了这个斗争，批判了在狂风暴雨的1848年显露过头角的党派和学说。60年代，斗争从一般的理论方面转移到更接近于直接工人运动的方面：从国际中清除巴枯宁主义。70年代初在德国名噪一时的蒲鲁东主义者米尔柏格，70年代末则是实证论者杜林。但是他们两人对无产阶级的影响都已经微不足道了。马克思主义已经绝对地战胜了工人运动中的其他一切思想体系。"① 这就是说，马克思主义战胜其他思想体系是一个过程，是马克思主义整体最终战胜其他思想体系的过程。没有马克思和恩格斯对哲学唯心主义的清算、对经济学领域中对蒲鲁东主义的斗争、对社会主义理论中巴枯宁学说的清除，就没有马克思主义的完全的胜利。由此可见，马克思主义的胜利是整体的马克思主义的胜利，是马克思主义整体的胜利。

马克思主义是一个有机联系的统一的整体，而修正主义等反马克思主义则正是对其整体性的肢解和反动。列宁指出："马克思主义创立以后的第二个50年（从19世纪90年代起）一开始就是同马克思主义内部的一个反马克思主义派别进行斗争。"② "这个派别因前正统的马克思主义者伯恩施坦而得名，因为伯恩施坦叫嚣得最厉害，最完整地表达了对马克思学说的修正，对马克思学说的修正，即修正主义。"③ 修正主义"最完整地表达了对马克思学说的修正"，在哲学方面，修正主义跟在资产阶级教授的"科学"的屁股后面跑。在政治经济学方面，修正主义者所作的"修正"更广泛详细得多。同时，修正主义在危机论和崩溃论方面，在价值理论方面，在政治方面，都对马克思主义作了修正。"修正主义者的这些反对意见，是一个相当严整的观点体系，即大家早已知道的自由派资产阶级的观念体系。"④ 面对修正主义这样一个从哲学、经济学、政治等方面全面修正马克思主义的严整的思想观念的体系，马克思主义就必须从整体上对修正主义进行批判，以维护自己在广大工人阶级中的地位。因而，可以说，马克思主义要保持其在工人阶级及广大人民群众中的积极影响，就必须从整体上对修正主义对马克思主义的"修正"进行批判。因此，坚持马克思主义的整体性是保证马克思主义战无不胜的法宝。只有坚持马克思主义的整体性，从整体上捍卫马克思主义，才能保证马克思主义立于不败之地。

---

① 《列宁选集》第2卷，人民出版社1995年版，第1~2页。
②③ 《列宁选集》第2卷，人民出版社1995年版，第2页。
④ 《列宁选集》第2卷，人民出版社1995年版，第6页。

马克思主义既然是由各个部分组成的，因此，我们在对待马克思主义的问题上，固然可以对马克思主义的各个组成部分进行深入的研究，但是，我们必须深刻地认识到，我们研究的马克思主义的某一部分，是马克思主义整体中的一部分，而我们要对马克思主义有全面的、科学的认识，就必须树立马克思主义的整体观，或者说整体的马克思主义观。在马克思主义的整体观中来认识马克思主义的各个组成部分，在对马克思主义各个组成部分深入研究的基础上，加深对马克思主义整体的理解和认识。因此，对马克思主义，我们首先要从总体上认识和把握，把握马克思主义的整体。其次从部分上来认识和把握，把握马克思主义的各个组成部分，但这种对部分的认识和把握必须是在整体观的指导下进行的认识和把握，通过对各个部分的认识和把握，更深刻地把握马克思主义的整体或者说整体的马克思主义。认识马克思主义理论的整体性及其与三个组成部分的关系，我们可以更加深刻地理解设立马克思主义理论一级学科的必要性、重要性。在设立马克思主义理论一级学科之前，对于马克思主义的研究是分散于不同的学科之中的，如哲学、政治经济学、科学社会主义，这样虽然有利于从不同的方面加深对马克思主义的研究和理解，但这不利于人们从整体上了解、认识、把握马克思主义。设立马克思主义理论一级学科，就是要人们从整体上来研究马克思主义，这不仅便于学者们从整体上深入研究马克思主义，也有利于人们从整体上把握马克思主义。

坚持马克思主义整体性就要根据马克思主义原著研究和阐述马克思主义。恩格斯指出："我请您根据原著来研究这个理论（指唯物史观——笔者注），而不要根据第二手的材料来进行研究——这的确要容易得多。"① 恩格斯的这一教导不仅对于我们研究、学习、宣传唯物史观，而且对于学习、研究、宣传其他原理都具有重要的指导意义：我们一定要根据马克思主义原著来理解马克思主义及其基本原理。马克思主义思想政治理论课教材的编写一定要根据原著来编写，全面反映马克思主义基本原理的内容，通过阅读教材和和课堂听讲，让学生掌握完整的马克思主义，即掌握马克思主义的整体。邓小平同志要求："做理论工作的同志，要花相当多的功夫，从各个领域阐明毛泽东思想的体系"② 。这和他提出的"学马列要精，要管用的，"③ 是紧密地联系在一起的。"学马列要精，要管用的"，是就广大群众学习马克思主义的要求而言的，这里的"精"就是说要把握马列主义的精神实质。对于专业的马克思主义理论工作者（包括马克思主义理论研究者、宣传者和教育者）来说，要"读大本子"，要学习和研究"长篇的东

① 《马克思恩格斯选集》第 4 卷，人民出版社 1995 年版，第 697 页。
② 《邓小平文选》第二卷，人民出版社 1994 年版，第 43 ~ 44 页。
③ 《邓小平文选》第三卷，人民出版社 1993 年版，第 382 页。

西"。专业的理论工作者要通过研究"长篇的东西"和"大本子"来阐明马克思主义、毛泽东思想的体系，来阐明马克思主义、毛泽东思想的精神实质，要编写出概括和反映马克思列宁主义、毛泽东思想体系及精神实质的"短篇的东西"和"小本子"，以便广大群众在学马列时能"精"，能"管用"。

马克思主义理论的整体性对于我们今天如何进行马克思主义教育具有重要的指导意义。由于马克思主义理论是一个整体，因而，在对人们进行马克思主义教育的过程中，应当着重向人们灌输马克思主义是一个整体的观念，通过对人们进行马克思主义教育，让人们从整体上把握马克思主义，把握马克思主义整体。这当中，一方面，由于马克思主义有哲学、政治经济学、科学社会主义三个主要组成部分，因而，我们应当通过对人们进行马克思主义的教育，让人们掌握马克思主义哲学、政治经济学、科学社会主义的基本内容，这是十分重要的。另一方面，又由于马克思主义是一个整体，所以，我们必须让人们从整体上掌握马克思主义的实质。从整体上让人们掌握马克思主义，就必须特别注意让人们掌握马克思主义三个组成部分的内在联系，马克思主义三个组成部分是不可分割的整体。因而，从这个意义上说，目前高校开设的"马克思主义基本原理概论"课，将马克思主义作为一个整体对大学生进行教育，更加有助于让学生们理解和把握"什么是马克思主义、怎样正确坚持和发展马克思主义"等这样的基本问题。而且，只有通过对马克思主义三个组成部分及其整体的学习掌握，才能更加深刻地理解胡锦涛同志对马克思主义的科学概括，即：辩证唯物主义和历史唯物主义是马克思主义最根本的理论特征；实现物质财富极大丰富、人民精神境界极大提高、每个人自由而全面发展的共产主义社会，是马克思主义最崇高的社会理想；马克思主义政党的一切理论和奋斗都应致力于实现最广大人民的根本利益，这是马克思主义最鲜明的政治立场；坚持一切从实际出发，理论联系实际，实事求是，在实践中检验真理和发展真理，是马克思主义最重要的理论品质。

要求人们特别是青年大学生从整体上掌握马克思主义，对马克思主义理论课教师特别是"马克思主义基本原理概论"课教师提出了更高的要求。为了马克思主义理论的教学卓有成效，从教师方面来说，必须树立马克思主义理论整体性的观念，从整体上掌握马克思主义的全部内容，而不是局限于对马克思主义理论某一部分的理解和掌握（如哲学、政治经济学、科学社会主义），在整体上精通掌握马克思主义理论的前提下，教师可以根据自己的研究专长对马克思主义的某一方面、某一组成部分，如哲学、政治经济学、科学社会主义进行深入的研究，从而深化对马克思主义的认识和理解，提高马克思主义理论教学的实效性。

认识和掌握马克思主义理论的整体性，对于我们搞好目前在高校普遍开设的四门思想政治理论课具有重要意义。"马克思主义基本原理概论"课让大学生们从整体上把握马克思主义的基本原理。"毛泽东思想和中国特色社会主义理论体系概论"让大学生们从整体上认识中国化马克思主义的丰富内容。"中国近现代史纲要"课则让大学生们认识到马克思主义在中国传播、发展的社会经济、政治、文化条件，认识近现代中国社会发展和革命发展的历史进程及其内规律性。"思想道德修养与法律基础"课则让大学生认识到作为社会主义上层建筑的道德和法律有其现实的社会经济基础，让大学生认识社会主义道德和法律对中国社会经济、政治、文化发展的重大现实意义，帮助同学们树立正确的世界观、人生观、价值观和道德观、法制观。所以，高校四门思想政治理论课也是相互联系的，是具有整体性的四门课程。

三、坚持马克思主义整体性　防止把马克思主义庸俗化

马克思主义是一个整体，只有从整体上掌握马克思主义，才能有效地防止把马克思主义庸俗化的倾向。1960 年 3 月 25 日，邓小平同志在中共中央天津会议上讲话指出："对毛泽东思想的宣传问题，我曾经在山东、天津谈过，后来在中央也议了。昨天在毛主席那里还谈了这个问题。他赞成这个意见：第一，现在的主要问题是把毛泽东思想用得庸俗了，什么东西都说成是毛泽东思想。例如，一个商店的营业额多一点就说是毛泽东思想发展了，打乒乓球也说是运用了毛泽东思想。第二，马克思列宁主义很少讲了。这种情况，不少报纸都不同程度地存在。为什么要提出这个问题呢？因为按照我们对毛泽东思想的正确理解，一个是要坚持马克思列宁主义，保卫马克思列宁主义；一个是发展马克思列宁主义。毛泽东思想同马克思列宁主义是一回事。毛泽东思想坚持了马克思列宁主义的普遍真理，并且在马克思列宁主义的宝库里面增添了很多新的内容。所以，不要把毛泽东思想同马克思列宁主义割裂开来，好像它是另外一个东西。我们在宣传毛泽东思想的时候，一定要按照中央的指示，把'学习马克思列宁主义'和'学习毛泽东同志的著作'并提。当然，也可以单独提毛泽东思想，但是一定不要忘记了马克思列宁主义，不要丢掉这个最根本的东西。"[①]

邓小平同志的上述论述告诉人们，马克思列宁主义与毛泽东思想是一个整体，是不能分割也不容分割的整体，毛泽东思想坚持和发展了马克思列宁主义，毛泽东思想丰富发展了马克思列宁主义的内容，是马克思主义发展的一个阶段。因而，在对毛泽东思想的宣传问题上，当然可以单独提毛泽东思想，但必须认识到，绝不能忘记了马克思列宁主义这个最根本的东西。

---

① 《邓小平文选》第一卷，人民出版社 1994 年版，第 283 页。

　　邓小平同志还针对有些同志的主张进行批评，通过对有些同志观点的批评，论述了马克思主义是一个整体，只有从整体上来认识马克思主义，才能以马克思主义指导我们的学习，指导我们的行动。邓小平同志指出："最近，有些同志提出，要以毛泽东思想为纲学习政治经济学。当然，毛泽东同志在政治经济学上是有发展的，但是，讲初期的发展时期的资本主义，总是马克思和恩格斯，总是《资本论》；讲帝国主义，总还是列宁的《帝国主义是资本主义的最高阶段》；讲社会主义，列宁和斯大林都有，毛泽东同志也有重要的发展。所以，不能只是讲以毛泽东思想为纲学习政治经济学，否则人家问你研究帝国主义以哪个著作为纲，你怎么答复？扯不清楚。当然，对于帝国主义的论述，毛泽东同志有发展，例如关于帝国主义是纸老虎的论断。但是，《资本论》和《帝国主义是资本主义的最高阶段》已经把关于资本主义和帝国主义的基本的理论问题解决了。对待毛泽东思想是一个很严肃的原则性的问题，不要庸俗化，庸俗化对我们不利，对国际共产主义运动也不利。"① 在此，邓小平同志针对有些同志提出的以毛泽东思想为纲学习政治经济学的观点，具体分析了这种观点的错误，邓小平同志对这种错误观点的分析和批评正是以马克思主义整体性为依据的。只有在马克思主义整体当中，才能看到毛泽东思想在哪些方面发展了马克思主义，在哪些方面丰富了马克思主义的理论宝库。邓小平以政治经济学为例向人们说明，对初期的发展时期的资本主义，马克思和恩格斯作了较为系统的论述，这以《资本论》为代表；对帝国主义，列宁作了较为系统的论述，这以《帝国主义是资本主义的最高阶段》为代表。对社会主义，列宁和斯大林都有论述，毛泽东同志也有发展。这样，只有从马克思、恩格斯、列宁、斯大林、毛泽东的全部科学而正确的论述中，才能对于政治经济学这一马克思主义的有机组成部分形成完整而系统的认识，进而，也才能形成对马克思主义的科学认识。由此，也才能从整体上理解和把握马列主义与毛泽东思想以及中国特色社会主义理论体系既一脉相承，又与时俱进的关系。

　　在"文化大革命"后期及粉碎"四人帮"之后的一段时间内，邓小平同志着重论述了毛泽东思想是一个整体、体系，应当从整体上认识毛泽东思想，而不应当割裂毛泽东思想。在1975年10月，邓小平同志就指出："我总觉得现在有一个很大的问题，就是怎样宣传毛泽东思想。林彪把毛泽东思想庸俗化的那套做法，罗荣桓同志首先表示不同意，说学习毛主席著作要学精神实质。当时书记处讨论，赞成罗荣桓同志的这个意见。林彪主张就学'老三篇'（后来加成'老五篇'），是割裂毛泽东思想。毛泽东思想有丰富的内容，是完整的一套，怎么能

　　① 《邓小平文选》第一卷，人民出版社1994年版，第284页。

够只把'老三篇'、'老五篇'叫做毛泽东思想，而把毛泽东同志的其他著作都抛开呢？怎么能够抓住一两句话，一两个观点，就片面地进行宣传呢？割裂毛泽东思想这个问题，现在实际上并没有解决。比如文艺方针，毛泽东同志说，要古为今用，洋为中用，百花齐放，推陈出新。这是很完整的。可是，现在百花齐放不提了，没有了，这就是割裂。现在相当多的学校学生不读书，这也不符合毛泽东思想。毛泽东同志反对的是教育脱离实际、脱离群众、脱离劳动，并不是不要读书，而是要读得更好。毛泽东同志给少年儿童的题词是'好好学习，天天向上'嘛。还有，毛泽东同志讲了四个现代化，还讲过阶级斗争、生产斗争、科学实验是三项基本社会实践，现在却把科学实验割裂出来了，而且讲都怕讲，讲了就是罪，这怎么行呢？恐怕在相当多的领域里，都存在怎样全面学习、宣传、贯彻毛泽东思想的问题。毛泽东思想紧密联系着各个领域的实践，紧密联系着各个方面工作的方针、政策和方法，我们一定要全面地学习、宣传和实行，不能听到风就是雨。"[1]

邓小平同志在上述论述中所指出的"毛泽东思想有丰富的内容，是完整的一套"，其含义就是指毛泽东思想是一个整体。"怎么能够只把'老三篇'、'老五篇'叫做毛泽东思想，而把毛泽东同志的其他著作都抛开呢？"邓小平同志的这一质问实际上是向人们指出，毛泽东思想体现在毛泽东同志的众多著作当中，不能只把"老三篇"、"老五篇"叫做毛泽东思想，只把"老三篇"、"老五篇"叫做毛泽东思想，只学习"老三篇"、"老五篇"，就是对毛泽东思想的割裂，是对毛泽东思想的庸俗化。学习毛泽东思想的正确做法就是罗荣桓同志提出的、邓小平同志赞同的做法：学习毛主席著作、学习毛泽东思想要学习精神实质。

"恐怕在相当多的领域里，都存在怎样全面学习、宣传、贯彻毛泽东思想的问题。"这就是说，要全面学习毛泽东思想、全面宣传毛泽东思想、全面贯彻毛泽东思想，要把毛泽东思想当做一个整体来学习、宣传、贯彻。之所以要在各个领域中都要全面地学习、宣传、贯彻毛泽东思想，就是因为"毛泽东思想紧密联系着各个领域的实践，紧密联系着各个方面工作的方针、政策和方法"。人们的实践活动总是在一定的思想、理论指导下进行的。指导实践的思想、理论不同，人们的实践活动及其结果就不同。毛泽东思想是一个整体，只有以完整的科学的毛泽东思想指导的实践才是正确的实践，而以割裂的所谓毛泽东思想来指导实践，只能是偏离正确道路的实践，是会造成严重后果的实践，如不讲科学实验的实践思想，不提百花齐放的文艺思想，不注意读书的教育思想等。同样，我们党制定各个方面的方针、政策和方法也是以一定的思想理论为指导的，指导思想

---

[1] 《邓小平文选》第二卷，人民出版社 1994 年版，第 36～37 页。

不同，各个方面工作的方针、政策和方法就不同。只有以完整准确的思想为指导的方针、政策和方法才能是正确的科学的方针、政策和方法。

邓小平同志在上述论述中不仅指出了、批判了林彪割裂毛泽东思想的庸俗化做法，而且还批判了割裂毛泽东思想的其他一系列表现：割裂毛泽东的文艺方针思想，割裂毛泽东的教育思想，割裂毛泽东的社会实践思想等。1977 年 5 月 24 日，邓小平同志指出："今年四月十日我给中央写信，提出'我们必须世世代代地用准确的完整的毛泽东思想来指导我们全党、全军和全国人民，把党和社会主义的事业，把国际共产主义运动的事业，胜利地推向前进'，这是经过反复考虑的。毛泽东思想是个思想体系。我和罗荣桓同志曾经同林彪作过斗争，批评他把毛泽东思想庸俗化，而不是把毛泽东思想当作体系来看待。我们要高举旗帜，就是要学习和运用这个思想体系。"① 把毛泽东思想当做体系来看待，就要从总体上、整体上把握毛泽东思想的精神实质，在毛泽东思想精神实质的指导下，来看待毛泽东对各个问题的论述，而不能"把毛泽东同志在这个问题上讲的移到另外的问题上，在这个地点讲的移到另外的地点，在这个时间讲的移到另外的时间，在这个条件下讲的移到另外的条件下"。②

邓小平同志在中共十届三中全会上讲话指出："马克思列宁主义、毛泽东思想是我们党的指导思想。毛泽东思想继承和发展了马克思列宁主义。林彪否定毛泽东思想，说'老三篇'就代表了毛泽东思想，林彪还把毛泽东思想同马克思列宁主义割裂开来，这是对毛泽东思想的严重歪曲，极不利于我们的党和社会主义事业，极不利于国际共产主义运动。"③ 在此，邓小平同志批判了林彪对马克思主义整体性的割裂：一是把毛泽东思想同马克思列宁主义割裂开来，一是把毛泽东思想本身加以割裂。因为林彪对马克思列宁主义、毛泽东思想的割裂，对我们党和社会主义事业造成了极大的损害。

对于要用准确的完整的毛泽东思想作指导的含义，邓小平同志解释指出：就是"要对毛泽东思想有一个完整的准确的认识，要善于学习、掌握和运用毛泽东思想的体系来指导我们各项工作。只有这样，才不至于割裂、歪曲毛泽东思想，损害毛泽东思想。"④

如何才能准确地、完整地理解毛泽东思想呢？邓小平同志指出："我们可以看到，毛泽东同志在这一个时间，这一个条件，对某一个问题所讲的话是正确的，在另外一个时间，另外一个条件，对同样的问题讲的话也是正确的；但是在不同的时间、条件对同样的问题讲的话，有时分寸不同，着重点不同，甚至一些

---

① 《邓小平文选》第二卷，人民出版社 1994 年版，第 39 页。
② 《邓小平文选》第二卷，人民出版社 1994 年版，第 38 页。
③④ 《邓小平文选》第二卷，人民出版社 1994 年版，第 42 页。

马克思主义整体性研究

提法也不同。所以我们不能够只从个别词句来理解毛泽东思想，而必须从毛泽东思想的整个体系去获得正确的理解。"① 不能够从个别词句来理解毛泽东思想，而必须从毛泽东思想的整个体系来理解毛泽东思想，这就是邓小平同志所指出的如何完整准确地理解毛泽东思想的含义。

邓小平同志在提出完整准确地理解毛泽东思想时，既从正面阐述了完整准确地理解毛泽东思想的方法，又从反面告诉人们错误对待毛泽东思想的表现：林彪割裂毛泽东思想，说"老三篇"就代表了毛泽东思想；而"'四人帮'，特别是所谓理论家张春桥，歪曲、篡改毛泽东思想。他们引用毛泽东同志的某些片言只语来骗人、吓唬人。"②

毛泽东指出："我们党内的主观主义有两种：一种是教条主义，一种是经验主义。他们只是看到片面，没有看到全面"。而"在这两种主观主义中，现在在我们党内还是教条主义更为危险。因为教条主义容易装出马克思主义的面孔。"③ 在我们党的历史上，这种教条主义以孤立、静止的观点对待马克思主义，不是从整体上把握马克思主义，不是从整体上把握马克思主义的基本原理、基本观点和基本方法，而是把马克思主义经典作家的个别论断、片言只语当作解决中国革命问题的灵丹妙药，所以给革命和建设带来了重大损失。

认识和把握马克思主义的整体性，把握马克思主义理论的整体，掌握马克思主义理论的基本原理、基本观点和基本方法，并用这些基本原理、基本观点和基本方法观察、分析、解决问题，从而在坚持马克思主义的前提下，发展马克思主义，做到坚持和发展马克思主义的统一。在这方面，以毛泽东、邓小平、江泽民、胡锦涛等为代表的中国共产党人为我们树立了榜样，即坚持马克思主义基本原理与中国实际相结合。毛泽东思想和中国特色社会主义理论体系，都是马克思主义基本原理同中国具体实际和时代特征相结合的产物。这也是我们马克思主义理论整体性的实质和意义所在。

四、坚持马克思主义整体性　从各个领域阐述马克思主义

邓小平同志指出："我们要真正地领会毛泽东思想。就一个领域、一个方面的问题来说，也要准确地完整地理解毛泽东思想。"④毛泽东思想作为一个完整的整体的科学体系，是由许多领域、许多方面的思想构成的，我们在理解毛泽东思

① 《邓小平文选》第二卷，人民出版社1994年版，第42~43页。
②④ 《邓小平文选》第二卷，人民出版社1994年版，第43页。
③ 《毛泽东选集》第三卷，人民出版社1991年版，第819页。

想时，必须全面准确完整地把握由各领域、各方面的思想构成的毛泽东思想体系。同时，就毛泽东思想的各个组成部分，也即各个领域、各个方面的思想而言，也必须完整准确地把握其整体。

邓小平同志指出："毛泽东思想不是在个别的方面，而是在许多领域发展了马克思列宁主义。毛泽东思想是个体系，是发展了的马克思主义。所以我建议，除了做好毛泽东著作的整理出版工作之外，做理论工作的同志，要花相当多的功夫，从各个领域阐明毛泽东思想的体系。要用毛泽东思想的体系来教育我们的党，来引导我们前进。"① 在此，邓小平同志对理论工作者提出了一个明确而具体的任务，这就是：从各个领域阐明毛泽东思想的体系。邓小平同志对理论工作者的这一要求包括如下内容：毛泽东思想体系是什么样一个体系，由哪些领域的思想构成，各个领域的思想完整丰富的内容是什么，这些领域的思想如何构成了毛泽东思想的体系。

邓小平在关于如何完整准确理解毛泽东思想的论述对于我们正确把握马克思主义理论的整体性具有重要的指导意义。邓小平关于马克思主义整体性的思想可以概括为以下几点：马克思主义是一个整体，毛泽东思想是马克思主义整体中的一个部分、一个阶段，毛泽东思想丰富和发展了马克思列宁主义。毛泽东思想是一个整体，是由各个领域、各个方面的思想构成的一个整体。构成毛泽东思想的各个领域、各个方面的思想也是一个整体，不能分割。要反对把毛泽东思想与马克思主义割裂开来的做法，要反对把毛泽东思想的某一方面与毛泽东思想割裂开来的做法，要注意和反对把毛泽东思想某一领域、方面的思想加以割裂开来的做法。在对马克思主义的认识上，要把马克思主义作为一个整体，要把毛泽东思想作为一个整体，要把毛泽东思想放在马克思主义的整体中、放在马克思主义的历史发展中来认识。要认识到毛泽东思想是由各个领域、各个方面的思想构成的，而毛泽东思想中各个领域、各个方面的思想也是一个整体，不容分割。因为马克思主义、毛泽东思想是一个整体，所以，在马克思主义、毛泽东思想的研究、宣传和教育中，要从整体上把握马克思主义、毛泽东思想，从整体上领会和把握马克思主义、毛泽东思想的精神实质。在对马克思主义、毛泽东思想各个领域、各个方面思想的研究、宣传和教育中，也必须联系马克思主义、毛泽东思想的整体来研究、宣传和教育。专业的理论工作者一个重要的任务，就是阐明马克思主义、毛泽东思想体系及其精神实质，写出概括和反映马克思主义、毛泽东思想体系及精神实质的"短篇的东西"、"小本子"，以便于广大群众"学马列要精，要管用"。

---

① 《邓小平文选》第二卷，人民出版社1994年版，第43～44页。

　　邓小平同志关于科学对待毛泽东思想的论述对于我们正确对待马克思主义具
有重要的意义，马克思主义是一个博大精深的理论体系，包含着不同的思想领
域。从学科角度来说，马克思主义各个方面的思想领域构成了不同学科深入研究
和探讨的对象，即是说，对马克思主义可以从不同的学科进行研究。深入地阐述
马克思主义在各个不同领域的深刻思想，这是深化研究马克思主义的需要，但无
论从哪个学科，都要有助于我们深化对"什么是马克思主义，怎样坚持和发展
马克思主义"的理解和认识。在一定意义上，对马克思主义理论的整体性理解，
实际上就是对马克思主义是什么的整体理解和认识。怎样正确认识和对待马克思
主义问题，也是是否能够坚持马克思主义的整体性的问题。

　　显然，整体性既是马克思主义理论的特性，也是我们理解和认识马克思主义
的内在要求。它既是观点，也是方法。正确把握这一点，才会更加有助于深化对
坚持和发展马克思主义的认识，加深对中国特色社会主义理论体系的理解，更加
坚定高举中国特色社会主义伟大旗帜，走中国特色社会主义道路的决心和信心。

第四章

社会主义在苏联等国的实践与马克思主义整体性

认识和把握马克思主义整体性必须与实践结合起来。一方面通过对实践经验的不断总结，加深对马克思主义理论整体性科学内涵的理解；另一方面在实践中不断创新和发展马克思主义，使马克思主义在新的实践基础上永葆生机和活力。今天，在 21 世纪新的历史条件下，回眸过去已经走过的充满艰辛和曲折的社会主义道路，总结百年来社会主义制度创立、建设和改革实践的经验教训，将有利于对马克思主义整体性的进一步理解和把握，极大地推动了社会主义实践的健康发展。

第一节 苏联的社会主义实践与马克思主义整体性

一、列宁的最初社会主义实践与马克思主义理论整体性

（一）列宁领导的社会主义实践

苏联作为世界上第一个社会主义国家，在实践中实现了马克思、恩格斯推翻资本主义统治、无产阶级夺取政权、建立社会主义制度的夙愿，社会主义从理论

变为现实。在走上社会主义道路和建设社会主义的过程中，他们进行了开创性的探索。

十月革命胜利后，列宁在其领导的社会主义实践中对马克思主义的整体把握、科学运用和不断发展做出了重要贡献。

列宁领导的苏维埃政权曾试行战时共产主义直接向社会主义过渡。战时共产主义是在十月革命后苏维埃政府为粉碎国内地主资产阶级和帝国主义发动的反苏维埃政权的战争而采取的一系列特殊的社会经济政策的总称。这项政策从 1918 年开始实施，主要内容包括：实行余粮收集制，农民要按照国家规定的数量交售粮食和其他农产品，禁止粮食买卖；把所有工厂企业收归国有，除大工业外，国家对中小工业也宣布实行国有化，工业实行高度集中管理；在交换方面，政府实行最小限度的商品交易和最大限度的国家分配，取消私人商业，由国营商业和合作社组织供应，随着产品日渐缺乏和物价不断上涨，政府实行凭证供应；实行普及于一切阶级的成年人劳动义务制，实行"不劳动者不得食"的原则。作为战争环境下不得不采取的特殊措施，战时共产主义政策对于捍卫和巩固新生的苏维埃政权发挥了重要作用，但却超越了社会发展阶段，违背了建设社会主义的客观规律。在实施战时共产主义政策的几年里，新生的社会主义政权遭遇到了空前的经济和政治困难，甚至发生了严重的经济和社会危机，使得这项政策只维持了很短时间。

危机的发生，促使列宁对战时共产主义政策进行了深刻反思，使他认识到这是一次错误的尝试。列宁指出："我们计划（说我们计划欠周地设想也许较确切）用无产阶级国家直接下命令的办法在一个小农国家里按共产主义原则来调整国家的产品生产和分配，现实生活说明我们错了。"[①] 列宁看到，俄国原有的经济有两个最显著的特点：一是小农经济犹如汪洋大海；二是资本主义经济相对落后。这些特点表明原有经济尚未为社会主义经济制度奠定足够的物质基础，自然就不可能立即实行从前者到后者的转变。于是列宁开始思考实行一种新的经济政策，即通过市场和商品交换使小农经济和资本主义经济活跃起来，再通过国家资本主义把它们引向社会主义道路。1921 年 3 月，俄共召开第十次全国代表大会，同年 5 月，俄共（布）召开第十次全国代表大会，根据列宁的思想决定由战时共产主义政策转向新经济政策。新经济政策的主要内容包括：用粮食税代替余粮征集制，粮食税的税额比余粮征集制低得多，农民有权支配纳税后的余粮，用来交换必要的工业品和其他物资；工业企业非国有化，改变了国内战争时期关于工业企业普遍国有化的做法，允许私人经营企业，并且将一部分国有化了的企

---

① 列宁：《十月革命四周年》，载《列宁选集》第 4 卷，人民出版社 1995 年版，第 570 页。

业退还给原企业主，由私人经营；大力发展包括国营商业机构和私商在内的商业，加强生产者和消费者的直接联系，建立工业和农业的结合点；加强同资本主义国家的经济交往与合作，重视苏俄同资本主义国家的经济交往，最主要的形式就是实行租让制。新经济政策的实施，有效地满足了劳动者的经济要求，有效地促进了工农业生产队恢复，巩固了工农联盟，使社会经济、政治形势和人民的情绪状况都有很大的改观，社会主义制度得到基本巩固。新经济政策是列宁在领导苏维埃俄国探索社会主义建设和发展道路进程中的一个伟大的创举，列宁曾指出："……我们还没有找到建设社会主义经济、建立社会主义经济基础的真正途径，但我们有找到这种途径的唯一办法，这就是实行新经济政策。"[①]

随着新经济政策的实施，列宁对无产阶级取得政权后，尤其是在俄国这样一个经济文化比较落后的国家，如何建设社会主义问题进行了更加深入的思考，初步形成了建设和发展社会主义的基本思路。列宁从1922年12月到1923年2月，先后以《日记摘录》形式写成了五篇有关理论和政策方面的论文和三篇有关党的领导方面的信件，后被称之为列宁的最后"遗嘱"。列宁在这些信件中提出：（1）进行农业合作化。他依据马克思、恩格斯关于农业社会主义改造的思想，结合俄国农民小商品经济像汪洋大海一般存在的实际，在《论合作社》一文中，提出了通过合作社用社会主义原则改造农业，把农民引上社会主义道路的合作社计划。（2）实现工业化和电气化。他认为大工业是社会主义赖以建立的物质基础，建立社会主义社会的真正的唯一的基础只有一个，这就是大工业。在他的倡议和主持下，集中了全国200多名优秀科学家，制定了为期10~15年的全国电气化计划。（3）加强国家政权建设和政党建设。十月革命以后，建立了世界上第一个无产阶级专政的国家——苏维埃政权。列宁为保卫社会主义制度，采取了许多加强政权建设的重大举措。（4）开展文化建设和文化革命。十月革命前的俄国，文化异常落后，城乡居民多数是文盲和半文盲，在少数民族中尤为严重。十月革命后的俄国无论是在经济建设上还是民主政治建设上，都遇到了由于文化落后而带来的一系列困难。所以，列宁在最后几篇论文中，提出了"文化革命"这一概念，作为社会主义思想文化建设的纲领。

（二）列宁领导下的俄国社会主义实践，对马克思主义理论整体性的体现

列宁领导下的俄国最初的社会主义实践从总体上看是力图从整体上理解和把

---

① 列宁：《俄共（布）第十一次代表大会文献》，载《列宁选集》第4卷，人民出版社1995年版，第660页。

握马克思主义。表现在：

第一，列宁没有在社会主义初期实践中拘泥于他自己所提出的"马克思主义三个组成部分"观点，而是依据马克思主义的基本原理提出和实施相应的方针政策。这一点，无论是在战时共产主义，还是新经济政策实践都表现得非常明显。在社会主义实践过程中，他不但没有具体区分哪个政策或者属于哲学，或者属于政治经济学，或者属于科学社会主义的范畴，相反，通常总是运用辩证唯物主义和历史唯物主义的世界观和方法论进行具体问题具体分析。

第二，列宁没有拘泥于马克思和恩格斯关于未来社会科学预测的一般结论，而是根据实践的具体情况创造性地、整体地运用了科学社会主义的基本原则。社会主义绝不是伟大思想家预言的简单塑造，而是在实践的基础上广大群众的伟大创造。他认为，生气勃勃的创造性的社会主义是由人民群众自觉创造的。他还说，我们所向往的社会主义社会，是需要很长时期才能建设起来的。列宁的新经济政策就是把社会主义当做人民群众在实践的基础上长期探索和试验的过程。他强调一定要以实践而不是以书本作为认识社会主义的标准。他指出："现在一切都在于实践，现在已经到了这样一个历史关头：理论在变为实践，理论由实践赋予活力，由实践来修正，由实践来检验。"[1] "对俄国来说，根据书本争论社会主义纲领的时代也已经过去了，我深信已经一去不复返了。今天只能根据经验来谈论社会主义。"[2] 在《论合作社》一文中，他说："我们不得不承认我们对社会主义的整个看法根本改变了。"[3] 列宁在实行战时共产主义遇到问题时，能够及时转向实施新经济政策，这种通过实践进行调整政策的做法，体现了不套用马克思主义的某些说法，而是在坚持马克思主义理论基本原则前提下创造性地运用马克思主义的整体性方法。

第三，列宁没有从马克思和恩格斯关于社会主义一般情况出发，而是从俄国小农占优势的国情出发，即根据当时的俄国的实际情况和实践条件，整体地提出向社会主义不能直接过渡而只能迂回过渡。虽然在苏维埃政权建立初期列宁曾认为在无产阶级夺取政权以后，不需要通过一系列的过渡形式和环节，而只要用无产阶级的国家法令，取消商品交换和贸易，按共产主义原则来组织产品的生产和分配，依靠行政命令，组织大规模农业，即国营农场和农业公社，就可以直接到社会主义，但很快当列宁分析了俄国过渡时期的经济结构，就纠正了这种不符合时代的想法和政策，而致力于把马克思主义的一般原理同俄国的社会主义革命和建设的实践结合起来，创造性地实行了新经济政策并取得了初期的成功。

---

① 《列宁全集》第 33 卷，人民出版社 1985 年版，第 208 页。
② 《列宁全集》第 34 卷，人民出版社 1985 年版，第 466 页。
③ 《列宁选集》第 4 卷，人民出版社 1995 年版，第 773 页。

第四，列宁并没有因为马克思和恩格斯对资本主义的否定和批判，就在社会主义建设初期彻底抛弃资本主义，相反，还提出要利用资本主义的思想并付诸实践。他曾经使用这样的公式说明什么是社会主义："乐于吸取外国的好东西：苏维埃政权＋普鲁士的铁路秩序＋美国的技术和拖拉斯组织＋美国的国民教育等等等等＋＋＝总和＝社会主义"。[1] 在像俄国这样一个小农经济占优势的国家里，无论是进行革命，还是进行建设，它所遇到的问题都是崭新的。无产阶级夺取政权以后，在没有任何历史经验可以借鉴的情况下，如何建设社会主义？列宁和他领导的布尔什维克党在进行实践探索的过程中，非常清醒地认识到不能简单地、教条式地从马克思、恩格斯的本本中寻找现成的社会主义建设方案，必须尊重千百万群众的首创精神，在实践中不断地进行探索和创造，理论必须由实践赋予活力，生活的公式高于书本的公式。

总之，列宁对实践中社会主义的探索，能够坚持经济建设的首要地位，善于吸收资本主义的一切先进成果，肯定商品货币关系的积极作用，指出社会主义建设的长期性，反对官僚主义和加强监督。当然不能否认，在其实践过程也存在一定的失误，包括对资本主义的生命力和调节能力估计不足，以及对革命形势估计过于乐观等等。这表明，虽然列宁在社会主义实践中对马克思主义整体性认识在有些方面受历史的局限性存在一定的偏颇，但从总体上说是正确的。

二、斯大林时期的社会主义实践与马克思主义整体性

（一）斯大林时期苏联社会主义实践模式的主要特点

列宁逝世后，在列宁探索的基础上，斯大林进一步推进了社会主义实践的发展。面对当时苏联经济文化落后，同时又受强大的资本主义国家包围的严峻形势，为了改变落后面貌，增强经济和国防实力，在战争中立于不败之地，苏联实行了高度集中统一的经济体制，以便最大限度地进行社会动员，调动一切人力、物力、财力，加快社会主义工业化，在较短的时间内改变敌强我弱的力量对比。按照斯大林的认识，"延缓速度就是落后。而落后者是要挨打的。"[2] 在一个被列强包围的"小农国家"，工业化的资金只能来自工农业的积累。社会主义绝不可能长期建立在现代工业经济和传统农业经济两个不同的基础之上，只有实行农业"全盘集体化"，才能建立牢固的工农联盟，赢得工业化所需要的资金。在这种

---

[1]　《列宁全集》第 34 卷，人民出版社 1985 年版，第 520 页。
[2]　《斯大林全集》第 13 卷，人民出版社 1956 年版，第 37 页。

思想的指导下，在高速工业化和全盘农业化的过程中，苏联形成了高度集中的经济管理体制和与之相匹配的苏联模式。这种模式的主要特点是：

在经济方面，采取全民所有制和集体所有制两种公有制形式，不允许存在资本主义私有制，不主张发展个体所有制；形成了偏重于重工业的发展结构，认为"优先发展重工业是社会主义工业化的道路"；① 实行高度集中的计划经济体制，指令性计划为主，行政手段为主，企业没有自主权，排斥市场机制的调节作用。

在政治方面，突出的特点之一是权力高度集中，表现为地方权力向中央集中，中央权力向党的最高领袖集中。特点之二是民主监督机制不健全，表现为党内民主空气淡薄，不允许党内存在不同意见，选举流于形式，群众监督组织被取缔等。

在文化方面，比较重视文化教育建设，斯大林曾提出过"技术决定一切"，"干部决定一切"的口号，并亲自主持编写《联共（布）党史简明教程》和《政治经济学》教科书等。在文化建设措施上，一方面加强对文化事业的领导，促进了文化的繁荣；另一方面在学术领域进行不适当的批判，用行政手段褒贬某种学派和思潮，造成思想僵化。

这种模式在当时的条件下，确实适应了历史环境的需要，为巩固和发展社会主义制度做出了贡献。苏联从1928年开始实行有计划的社会主义建设，工业生产以年均21%的速度持续发展，到1940年已超过英、法、德等欧洲发达资本主义国家，跃居欧洲第一位，世界第二位（仅次于美国），创造出用短短12年的时间完成资本主义国家用50～100年才能完成工业化奇迹，为赢得反法西斯战争的胜利奠定了坚实的物质基础。② 但随着社会主义经济的发展和社会主义面临的整个环境的变化，这种体制逐渐显示出许多弊端，以致严重束缚了经济的发展，不仅给苏联，而且也给其他学习过苏联、受过苏联影响的社会主义国家造成了严重后果。

（二）斯大林时期社会主义实践在一定程度反映了对马克思主义的正确认识

第一，斯大林时期的社会主义经济实践，主要体现在计划经济、工业化和农业集体化方面。辩证地看，尽管斯大林在计划经济中强调指令性计划，在工业化中过分强调了重工业发展，在农业集体化中实行了全盘"一刀切"，但在促进国民经济协调发展、奠定社会主义雄厚物质基础、增强社会主义公有制基础方面，

① 梁树发主编：《马克思主义史》第3卷，人民出版社1996年版，第443页。
② 本刊课题组：《社会主义在探索中前进——三论社会主义发展的历史进程》，载《求是》2000年第23期。

符合马克思主义关于社会主义建设理论的基本精神。

第二，斯大林所领导的社会主义政治实践，取得的主要成就是，在阶级斗争方面，认为所有的剥削阶级都消灭了，现在只有工人阶级、农民阶级和知识分子，而且他们都具有全新的内容。在民族问题上，"互不信任的心理已经消失。而互助友爱的感情已经发展，因而在统一的联盟国家中建立起真正兄弟合作的关系"①。

第三，斯大林所领导社会主义建设时期和实践，在文化科学方面比较重视马克思主义关于科学技术对生产力发展的作用。"斯大林颇为透彻地阐述了科学技术逐步转变为现实的生产力，进而对整个经济的发展在总体上产生影响，把苏联社会主义经济的腾飞引上了依靠科学进步的正确轨道"②。

（三）斯大林时期社会主义实践在某些方面反映了对马克思主义的片面认识

在社会主义建设探索过程中，斯大林从主观意愿上是要坚持和运用马克思主义基本原理的，但是，实践证明斯大林时期对马克思主义理论的整体认识和运用存在不准确、不全面的方面。

首先在经济上，这个时期的实践在某些方面违背了马克思和恩格斯关于未来社会主义社会的基本原理。恩格斯曾说得十分明确："我们对未来非资本主义社会区别于现代社会的特征的看法，是从历史事实和发展过程中得出的确切结论；脱离这些事实和过程，就没有任何理论价值和实际价值。"③ 而斯大林时期"在生产资料公有制问题上，绝对化地对待了经济文化落后国家搞社会主义建设存在两种公有制的看法；在管理体制上，教条化的认为社会主义经济是计划经济"。④ 在理论上违背了生产力决定生产关系、经济基础决定上层建筑这一马克思主义的基本原理，使社会主义根本制度的优越性难以充分表现出来。

其次在政治上，这个时期的实践机械地理解和运用了马克思主义关于政党理论和民主思想。"斯大林简单地认为苏维埃制度的建立，就自然地意味着苏联已经建立了世界上最民主的制度"⑤。然而，20世纪30年代，苏联"肃反运动"和"红军大清洗"都是在大力强化国家机器的背景下发生的。这样做法的后果不仅使社会政治生活犹如"一潭死水"，而且使人民群众的民主权利变成了一句

---

① 梁树发主编：《马克思主义史》第3卷，人民出版社1996年版，第417页。
② 梁树发主编：《马克思主义史》第3卷，人民出版社1996年版，第433页。
③ 《马克思恩格斯全集》第36卷，人民出版社1975年版，第419~420页。
④ 张雷声：《论斯大林的社会主义观》，载《中国人民大学学报》2000年第2期。
⑤ 李宗禹：《斯大林的社会主义概念与改革》，载《当代世界与社会主义》1989年第1期。

空话。"家长制"、"一言堂"、"终身制"的做法违背了马克思主义关于社会主义民主的基本准则。

最后在社会发展上，斯大林时期苏联的工业、军事实力有很大的增强。但是，不惜一切代价使国家强大起来，却在一定程度上忽视并损害了广大人民群众的实际利益，使广大人民群众的生活长期以来没有得到应有的提高。这也违背了马克思主义关于社会主义要为无产阶级和最广大人民群众谋利益的理论原则，片面地理解了马克思主义发展生产力的根本意图。

总之，斯大林时期的苏联社会主义实践，一方面在某种程度上体现了对马克思主义理论的整体性运用，全面促进了生产力发展、综合国力的迅速提高，以及社会主义制度的巩固；另一方面反映了理解和运用马克思主义也存在着片面性，体现在经济、政治、文化和社会生活等各个领域发展都存在一定的偏差或缺憾。

三、后斯大林时期苏联社会主义实践与马克思主义整体性

（一）不同领导人在领导苏联社会主义过程中的主要实践及特点

斯大林逝世后，其他苏共领导人，包括赫鲁晓夫、勃列日涅夫、安德罗波夫、契尔年科和戈尔巴乔夫等先后领导苏联进行社会主义建设。

1. 赫鲁晓夫时期的主要实践及特点。赫鲁晓夫在斯大林去世后当选为党的最高领袖，领导了在 1953～1964 年的苏联社会主义实践。赫鲁晓夫领导苏联的社会主义实践主要包括以下内容：

一是政治体制改革。赫鲁晓夫看到了苏联经济社会发展中存在的一些问题，针对这些问题进行了有限的调整，但是许多措施并不符合当时苏联的实际情况，而且他把这些问题不加区分地完全归咎于斯大林个人品质，对斯大林及其历史采取了全盘否定的态度。在苏共二十大的秘密报告中，赫鲁晓夫全面否定斯大林。其后对斯大林晚年镇压和被关进监狱、劳改集中营中的人进行了清理和平反。与此同时调查并纠正斯大林在乌克兰、白俄罗斯、立陶宛、爱沙尼亚等民族地区所犯的错误，取得同南斯拉夫的和解，放宽了对民主德国的控制等等。

二是主观地追求超越性发展。赫鲁晓夫不顾客观实际，于 1957 年提出要在三四年内使苏联在某些方面超过美国的任务。并把所谓建设共产主义任务提上了日程，宣布在 1980 年前建成共产主义社会。

三是经济体制改革和对外政策的改革。在经济改革上把部门管理变为地方管理，改组工业和建筑业管理体制，实行行政性分权；在外交政策上，提出"和

平共处"、"和平竞赛"、"和平过渡"等所谓"三和"路线。

此外，赫鲁晓夫还采取措施，"限制内务机构的职权，调整干部队伍结构，扩大加盟共和国的地方权限等"。①

2. 勃列日涅夫时期的主要实践及特点。勃列日涅夫领导了苏联在 1964 ~ 1982 年间的社会主义实践。在这期间，苏联曾经是欧洲第一、世界第二的经济大国，综合国力达到顶峰。但勃列日涅夫未能把握有力的机遇，对高度集中的体制进行全面彻底的改革，相反，在同西方发达国家开展军备竞赛过程中，片面发展军事工业，忽视人民生活的提高。同时，在此期间苏联的教条主义和保守主义思潮重占上风，形成了一个居于各级领导地位的利益集团或官僚特权阶层，干部的终身制导致干部队伍的严重老龄化，经济形势不断恶化，军事势力和影响大大膨胀。具体来说这个时期的实践主要是：

一是苏联的高度中央集权的计划经济体制在勃列日涅夫时期发展到了顶峰。其计划经济包揽了国民经济整个生产过程和分配过程，宏观和微观经济决策权都集中在国家手中。企业隶属于国家行政机关，没有任何自主权，一切经济活动都要听命于中央主管机关。"'八五'计划后的三个五年计划期间，生产总值直线下降；工业以传统工业为主；经济效益不断下降；生产与消费出现矛盾等等，这些都与高度集中的计划经济体制有关"。② 在政治方面，以党代政，特权阶层越来越强大。

二是进行了某些局部的改革，但只是对原体制的修修补补。勃列日涅夫的政策主要是"守摊子"，在纠正赫鲁晓夫改革偏差的基础上进行局部的调整，但这种调整仍然是对斯大林体制的修补，在捷克斯洛伐克事件后，这种改革也中断了。此后，勃列日涅夫满足于现状而不再进行任何改革，整个社会靠着惯性在运动，到他执政后期经济发展速度连年下降，进入缓慢发展以至停滞的时期。

三是使苏联走上了与美国争霸之路。苏联领导人奉行实力政策，始终把与美国的争夺重点放在增强国防实力上。军费支出不断增加，"从 1963 ~ 1973 年军费总额为 6 740 亿美元，平均年增长率为 3%。此后，增长率又逐年提高。1971 年军费支出为 740 亿美元，1973 年增至 860 亿美元，1975 年又增至 1 023 亿美元，1980 年为 1 750 亿美元"。③ 在对外政策上加紧扩张，出兵阿富汗，制造了"有限主权论"和"社会主义大家庭论"等霸权理论。

3. 安德罗波夫和契尔年科时期的主要实践及特点。从 1982 年 10 月到

① 王立新：《苏共兴亡论》，中共中央党校出版社 2007 年版，第 121 ~ 124 页。
② 陈之骅：《勃列日涅夫时期苏联的主要问题和历史教训》，载《东欧中亚研究》1998 年第 6 期。
③ 杨英法编著：《矛盾的处理、解决方式问题研究》，兰州大学出版社 2003 年版，第 106 ~ 107 页。

1985 年 3 月是安德罗波夫和契尔年科主政苏联的时期。安德罗波夫执政在 1982 年 10 月到 1984 年 2 月；契尔年科执政在 1984 年 2 月到 1985 年 3 月。安德罗波夫和契尔年科的共同特点是都坚持传统观念、维护传统体制，没有太多的创见。

安德罗波夫领导苏联的社会主义建设按照原来的轨迹进行，同时也进行了一些有限的改革，包括像严明纪律，整肃党风，打击高层的腐败现象，进一步扩大企业自主权，完善工业和建筑业的作业队承包组织，在集体农庄和国营农场广泛推行集体承包制等。在对外政策方面，他继续执行勃列日涅夫时期所推行的基本政策，比较谨慎、克制，不主动挑起事端，行动较为收敛。

契尔年科继任党中央总书记时已年逾古稀，执政仅 13 个月即病逝。"他思想守旧，但并不反对革新试验"。① 由于执政时间短，政治上无所作为，经济上无所建树，尽管曾是党的最高领导人，但基本上对苏联社会主义实践的影响不大。

4. 戈尔巴乔夫时期的主要实践及特点。从 1985 年 3 月到 1991 年 12 月，戈尔巴乔夫主政当时的苏联。戈尔巴乔夫执政期间曾出台了一些经济改革措施，但没有取得预期成效，所以其改革的着重点便转向政治体制。其主要内容是：一是指导思想搞多元化。上台之后他所推行的一套理论称作"新思维"和"人道的、民主的社会主义"。二是在政治上搞多党制和议会政治。政治上搞多党制和议会政治是戈尔巴乔夫全盘西化政治新思维的主要内容，即以所谓的多党制取代共产党的领导，以议会制度取代苏维埃制度。三是与政治主张相适应，经济上搞私有化。在改革的头几年，苏联并没有明确提出搞私有化，但随着改革政策的失误，经济危机的加深，苏联领导人不仅没有正确地总结教训，反而把经济搞不好的原因归咎于社会主义公有制，因而逐渐形成了实行国有资产分散化和国营企业私有化这样的经济思路。四是军队建设上搞非党化、非政治化。即否定共产党对军队的领导，逐步取消了马列主义对军队的指导。戈尔巴乔夫把"多元论、民主化、公开性"并列为三大"革命性倡议"，作为政治体制改革的指导思想和中心内容。在这个理论的指导下，苏联不再坚持把马克思列宁主义作为党的指导思想，"放弃把共产主义作为苏联共产党的奋斗目标"。② 戈尔巴乔夫的这种所谓新思维，不仅导致了苏共的思想混乱以至最终失去执政地位，而且导致苏联的解体。

---

① 谭索：《戈尔巴乔夫改革与苏联的毁灭》，社会科学文献出版社 2006 年版，第 33 页。
② 高放主编：《当代世界社会主义新论》，云南人民出版社 1998 年版，第 77 页。

（二）后斯大林时期社会主义实践中对马克思主义整体性的曲解和否定

斯大林去世后各个不同时期，苏联虽然在名义上进行了各种名目的"改革"，但是由于缺乏对马克思主义精神实质和整体性的科学把握，加上其他一些原因，导致苏联作为世界上第一个社会主义国家一步步走向衰落和瓦解。

第一，不同时期的"改革"和建设实践不过是一种片面认识代替了另一种片面认识，没有全面体现马克思主义整体性的指导。以赫鲁晓夫执政时期为例，赫鲁晓夫时期的改革虽然纠正了斯大林体制的某些弊端，在建立超级大国方面迈出了较大的步子，但是在解决苏联社会面临的问题上，并没有取得根本性进展。他在执政之初，改革取得一定成效，但随着时间的推移，改革失误越来越多，越来越严重。后来的其他领导人在不同发展阶段，尽管都以"改革"为名，但由于"改革"本身存在着对马克思主义的教条主义态度、主观性片面认识、不切实际的运用，甚至歪曲和否定，结果最终葬送了苏联的社会主义。

第二，不同时期的"改革"都只是在原有体制模式的基础上做一些局部的改进，而没有进行根本的改革，旧体制不适应生产力发展需要的矛盾不仅没有得到解决，相反被掩盖、拖延和积累下来，结果问题越来越多。理论上长期把计划经济看成是社会主义的基本特征，始终跳不出计划经济和单一公有制的框架。有学者指出："斯大林拒绝改革，而斯大林以后的历届领导人虽然注意到改革，但都没有跳出斯大林模式的框框。"[1] 苏联关于社会主义基本特征的认识，在很大程度上是对马克思主义的片面、错误认识。

第三，这些领导人的所谓"改革"和建设实践，尽管打着马克思主义指导的旗号，但在实际上形成了意识形态混乱的局面，没有从根本上和整体性上体现马克思主义，甚至在一定程度上背离了马克思主义。"马克思主义是被一百多年来世界历史发展进程和实践反复证明了的科学真理，具有鲜明的科学性和真理性，是人们认识和改造世界的强大思想武器"。[2] 而苏联在后斯大林时期的改革正是没有处理好马克思主义指导与改革的关系，才使社会主义建设和改革实践不断陷入被动与无效，并最终导致社会主义的瓦解。

总之，后期大林时期，在经过了赫鲁晓夫、安德罗波夫、契尔年科和戈尔巴乔夫的改革之后，具有近百年历史、执政达 70 多年的苏联共产党瓦解了，世界

---

[1] 沈志华：《一个大国的崛起与崩溃》，社会科学文献出版社 2009 年版，第 10 页。

[2] 中共中央宣传部理论局：《"六个为什么"——对几个重大问题的回答》，学习出版社 2009 年版，第 4 页。

第一个社会主义国家解体了。苏联的沉痛教训说明，准确、全面地理解马克思主义并用以指导社会主义革命和建设的实践，确实是关系到无产阶级政党和国家前途的命运。

第二节　独联体国家的共产党和马克思主义

一、苏联解体以后的俄罗斯联邦共产党

（一）俄罗斯联邦共产党的发展历程

1985 年 3 月戈尔巴乔夫（Михайл Сергеевич Горбачев）出任苏共中央总书记以后，提出"加速战略"、"民主化"、"公开性原则"、"新思维"等口号，在 1988 年苏共第 19 次全国代表大会上，提出政治体制改革方案，并派团组到美、法等西方国家学习实行议会制和总统制的经验。1990 年 2 月，苏共中央举行全体会议，修改宪法中有关党的领导地位的条款。在戈尔巴乔夫的带动下，中央委员会中的反对派立即提出放弃一党制，允许多党制。俄罗斯境内一些共产党人和无党派人士开始筹划建立俄罗斯自己的共产党组织。和其他加盟共和国的共产党地方组织不同，苏联时期俄罗斯一直没有单独的共产党组织。1990 年 6 月 19～23 日，俄罗斯共产党人召开了代表会议，这次会议成为俄罗斯社会主义联邦共和国共产党（Коммунистическая партия РСФСР，简称俄共）的创建大会，1990 年 6～9 月形成了以俄罗斯社会主义联邦共和国人民代表波洛兹科夫（И. Полозков）为第一书记的中央委员会。① 当时苏联还没有解体，它作为苏联共产党的组成部分，是苏共的加盟共和国一级的党组织。1991 年 8 月，库普佐夫（В. Купцов）任第一书记。1991 年"8·19"事件②以后，俄共和苏共一起被当局禁止活动。

被禁一年半之后的 1993 年 2 月，俄共召开第二次（非常）代表大会，恢复

---

① 由于成立大会分为 1990 年 6 月 19～23 日和 9 月 4～6 日两个阶段举行，故有 1990 年 6～9 月成立的说法。人们通常称 1990 年 6 月举行的这次代表大会为俄罗斯联邦共产党的第一次代表大会。

② 1991 年 8 月 19～21 日苏联高级领导层中部分领导人在苏联政局急剧变化过程中试图改变事态发展方向的一次政治事件。

活动，重建了党组织，并更名为俄罗斯联邦共产党（Коммунистическая партия Российской федерации или КПРФ，简称俄联邦共产党或俄共），在这次重建大会上，通过了党的纲领等一系列党的文件。1993 年 3 月 24 日在俄罗斯司法部登记，当时拥有党员 50 多万人，基层组织 2 万多个。其执行机关是中央执行委员会，由 128 人组成，主席为根纳季·安德烈耶维奇·久加诺夫（Геннадий Андреевич Зюганов）。

俄共明确其宗旨是："坚持共产主义理想，保卫工人阶级、农民阶级、知识分子、所有劳动者的利益".[①] 它以马克思列宁主义为思想基础，以建立在集体主义原则之上的公正的、自由的和平等的社会主义为目标，代表工人阶级、农民劳动者和人民知识分子等阶层的利益，主张苏维埃形式的真正的人民政权，巩固多民族联邦国家。俄共依然认为自己是苏共思想和组织的继承者，在继承苏联共产党的事业。

俄共"二大"（1993 年）的纲领侧重于对刚刚退出历史舞台的苏共的批评。指出，苏共偏离一系列社会主义建设的原则，仅仅热衷于政治鼓动宣传，而对社会生活中多年积累的矛盾和危机现象避而不谈，根本没有进行过全面的分析。当 20 世纪 60～70 年代世界科技革命迅猛发展时，苏共没有认识到世界发展的这一趋势，未能回答时代的挑战并采取适宜的对策。

俄共"三大"（1995 年）仍然把社会主义和共产主义作为自己的目标和原则，但出于生存环境和斗争方式的考虑，表示放弃暴力革命、无产阶级专政、以马克思主义作为唯一指导思想等传统共产党的基本主张，提倡政治多元化、多党制。在"三大"上俄共反思了对苏共的认识，调整了今后的奋斗目标：第一，认为应当肯定十月革命、斯大林模式的历史合理性；第二，认为社会主义在苏联遭到失败，更深层次的原因是由于强制性、国家化、集中化等做法，使社会主义思想被简单化，未能发挥出提高劳动生产率的优势；第三，认为今后在俄罗斯应该坚持的不是不符合实际的传统社会主义，而是更新之后的新形式的社会主义。

俄共"四大"（1997 年）以后，俄共领导人多次在中央全会和代表会议上对俄罗斯的资本主义进行了剖析和批判，认为俄罗斯的现状极其危险。从这一结论出发俄共指出，必须推翻现政权，以社会主义代替资本主义，才能使俄罗斯走上健康的发展道路。

普京执政后，俄罗斯的政治形势发生了有利于执政当局的变化。在这种新形势下俄共仍然坚信，只有社会主义才是俄罗斯的未来，但俄罗斯的社会主义应该

---

① Устав политической партии КПРФ. г. Москва. 2005 год. Официальный сайт КПРФ. http：// kprf. ru/party/charter/.

是重建的社会主义。

（二）俄罗斯联邦共产党对苏联共产党的反思

俄共虽然认为自己是苏共思想、组织和事业的继承者，但对苏共执政时期的作为有了重新的认识。

俄共认为，苏联的社会主义道路带有强制性，要求强力刚性的集中管理，使社会生活的许多领域国家垄断化。这条道路被错误地绝对化并作为领导原则来贯彻。日渐盛行的形式主义中断了许多社会主义建设的构想和实践。结果，越来越抑制了人民自由经营组织的积极性，没有挖掘和释放出社会能量和劳动者的潜力。

在苏联社会主义发展过程中，原则上可信的"在科技革命基础上最大限度地满足劳动人民日益增长的需要"的口号没有实现，科技革命的成就未能与社会主义的优越性结合。实际上，国内现代化开发成果的推广应用受到限制，1961年通过的第三次修订的苏共纲领的基调回到过去的"赶超"口号，实质上是不加批判地复制西方社会在生产和消费领域的旧模式。把传统的生产力发展形式作为样板，社会主义不光在经济领域，而且在许多方面丧失了具有历史意义的创造性。

在社会主义的主要原则中，"各尽所能，按劳分配"这一原则已在相当大的程度上变形和受到破坏。广大的劳动人民阶层感受不到自己是自己劳动成果的所有者。社会主义国家在社会生活各个方面的保障坚定了劳动者对未来的信心，但同时也在一定程度上使部分国民习惯于坐享其成地依赖社会。

久加诺夫在1996年总统竞选前答记者问时谈到，苏联社会主义由于各种原因而发生了严重的扭曲，远不够完善。在他看来，国家垄断是经济停滞的根源，单一的经济成分超越了现阶段社会生产力的发展水平，违背了客观经济规律，致使苏联社会主义未能在提高劳动生产率、提高普通劳动者生活水平、发挥劳动者积极创造性等最重要方面发挥出自己的优势。

俄共认为，造成上述状况和诱发苏联剧变的主要原因在于：

第一，官僚主义和党内上层的蜕变。苏共对权力和意识形态的专断，党内民主和监督机制不健全，一批党的首脑"高傲自大"，党的领导者官僚化。这些将苏共拖入了"自大党"的泥坑，上层领导人物越来越严重脱离千百万党员，脱离劳动群众。苏共成为"一个具有等级结构的国家机构"，从这里走出来的是歪曲了的社会主义建设原则，在意识形态上搞教条主义，上层领导在道德、政治和意识形态方面已经严重退化。原苏共中央政治局委员、中央书记利加乔夫（Е. Лигачёв）曾经指出，苏共的民主集中制原则在20世纪80年代末遭到严重破坏。这导致党内正常的监督权利不能行使，无法监督党的上层领导。

第二，从改革滑向资本主义道路。俄共认为，赫鲁晓夫（Н. Хрущёв）上台后，把"赶超"，即赶上西方现代化的目标绝对化，直至推广到一切生活领域。苏联经济日益明显的落后正是从此时开始的。"赫鲁晓夫的共产主义"事实上是把实现"个人的全面发展"与满足"全面消费"相提并论。对苏联人民来说，吃饱穿暖不是最终目的，这仅是实现更高的精神目标和利益的起码条件。勃列日涅夫（Л. Брежнев）时期的前一阶段进行了有效的工作，取得了很大成就，国家发展较快，每个五年计划都能够完成。但后一阶段则停滞了，产生了各种消极现象，造成的不良后果后来才暴露出来。1983 年，安德罗波夫（Ю. Андропов）开始了国民经济管理改革，国家和社会生活开始了民主化进程。这一开端在人民的生活中显现出有益的影响。这一时期的一些方针，如生产的自我管理、选举民主化、言论和结社自由等，到今天也是不应拒绝的。20 世纪 80 年代以后，社会先进阶层进行改革的愿望，被腐朽无能的国家领导人以欺骗的手段利用了。戈尔巴乔夫等一伙人认为，苏维埃制度已不能改革和完善，而只能摧毁、打碎，改革就是要摧毁社会主义制度。其实质是消灭社会主义，复辟资本主义。戈尔巴乔夫的改革背叛了社会主义的方向，出卖了广大人民的利益，国家为他的改革付出了高昂的代价。

第三，忽视马克思主义创新和社会舆论导向。俄共认为，马克思列宁主义是作为执政党的苏共的指导思想，也是苏联官方的意识形态。苏共没有根据社会发展的客观实际创造性地发展马克思主义（就这方面的失误俄共"二大"纲领集中做了清算）。久加诺夫认为，在苏联解体过程中，新闻媒体起了相当重要的作用，戈尔巴乔夫、叶利钦掌权期间，利用媒体传播西方民主价值观，破坏了人民，特别是年轻人的爱国主义和对祖国历史的感情。利加乔夫曾经指出，苏共在思想政治和意识形态领域存在许多问题：当初的一条口号是意识形态工作要与现实生活相结合，也就是要保证经济和社会发展任务的实现，这是对的，但是领导人很少注意引导意识形态工作；在对祖国历史的宣传和评价上存在偏差；对过去领导人的批评过火。如批判斯大林的个人崇拜等，这些给敌人以可乘之机，使他们得以把造成这些错误的原因归罪于整个苏维埃体制。

（三）俄罗斯联邦共产党对俄罗斯社会的解读

俄共认为，从戈尔巴乔夫改革以来俄罗斯就开始转向资本主义。资本主义的物质基础是私有化。1992 年开始实行的改革，实质上是根本改变俄罗斯社会制度的一种政治手段，是通过侵占的方法，用几代苏维埃人创造的国民财富打造了几个私有者集团，2% ~3% 的居民以非法侵占全民财产成为暴发户。在很短的时期里，代表这部分人利益的大资产阶级政权就给国家强加上新的劳动法典、土地法典、住房法典、森林和水资源法典等一系列能源法律，这些法律使绝大多数公民蒙受了损失。老战士和残疾人的优惠被取消了，千百万俄罗斯公民的优越社会福利和待遇被剥夺了。资本主义的推行，产生了人剥削人，导致了社会严重的贫富两极分化和阶级分裂。随着社会成员普遍分化，大多数同胞无产阶级化，他们被贫困和失业威胁着，为明天的没有保障而忧心忡忡。昨天的工人、职员和专家在寻找生存手段，大多数劳动者的绝对贫困在增长。久加诺夫指出，私有化在各地的事实表明，瓜分和重新瓜分全民财产的犯罪行为变成公开和普遍的。2002年2月10日，久加诺夫代表俄共发表《告人民书》：近10年来俄罗斯减少了800万人口，损失了一半的工业，农业步入衰落，国家财产被一小撮寡头和腐败的官僚所瓜分。①

俄共党纲开篇便指出："俄罗斯处于悲剧性的十字路口上。当今的统治制度企图利用欺骗和强制把我国人民带回到荒蛮原始的资本主义。这是一条政治反动和社会倒退之路，是一条民族灾难之路，是一条毁灭俄罗斯文明之路。"② 俄共认为，俄罗斯的资本主义是寡头的资本主义；是买办的资本主义；是寄生的资本主义。当代俄罗斯的资本主义社会充斥着投机，高利盘剥，社会罪犯。因此说，俄罗斯的资本主义是野蛮的资本主义，是无生产效率的资本主义，是反人民的、反俄罗斯的资本主义，是没有前途的资本主义。③

俄共是目前俄罗斯最大的反对党，有着完善的组织结构和广泛的基层组织网络。它代表社会的左翼政治意见和力量，在历届国家杜马中都形成了以俄共为核心的左翼力量联盟。在20世纪90年代中后期，俄共曾是俄罗斯第二届、第三届国家杜马中的第一大党，当时掌握了包括国家杜马主席在内的议会和政府的一些重要领导职务，而且还推举自己的领导人久加诺夫较有竞争力地参加了总统选举，对叶利钦的地位构成挑战。在当今俄罗斯政治生活中，俄共仍以多种方式左右现政权的政策，是一支举足轻重的重要力量。

二、苏联解体以后的乌克兰共产党

乌克兰共产党（以下简称乌共）成立于1918年，1991年7月之前作为苏联共产党的组成部分而存在。1991年"8·19"事件以后，乌共被取缔组织、禁止

---

① http：//www. cprf. ru，2002. 02. 10.

② Программа партии КПРФ，Официальный сайт КПРФ，http：//www. cprf. ru.

③ Г. Зюганов，Мы выстояли，Впереди трудный марш!，Материалы Х Съезда КПРФ，2004：12 – 13.

活动、没收财产。经过乌克兰共产党人的艰苦斗争，该党又获得合法地位。

（一）乌克兰共产党的发展历程

乌克兰是 1991 年 8 月 24 日独立的，在即将独立的 7 月 22 日，当时还是苏联共产党组成部分的乌克兰共产党得到乌克兰司法部门的注册登记，宣布独立与诞生。然而，此后乌克兰最高拉达①通过的一系列决议却给这个刚刚诞生的政党带来了致命的打击。

在乌克兰宣布独立的时候，乌克兰议会通过了国家机关、机构、组织非政党化的决议。1991 年 8 月 26 日，最高拉达决定暂时中止乌共活动，8 月 30 日又发布命令禁止乌共活动，取缔该党，将其财产收归国有，主要理由是，"乌克兰共产党支持 8·19 政变，并使政变蔓延到乌克兰全境"。② 从此，广大乌共党员以"取消禁共令、重建乌克兰共产党"为主要目标，利用一切有利条件，团结一切可以团结的力量，进行了不懈的努力和斗争。

1993 年 3 月 6 日，来自全国各地的 318 名乌共党员代表在顿涅茨克州马卡耶夫市秘密举行了乌克兰共产党代表大会第一阶段会议，大会通过了重建乌共计划，成立了取消禁共令重建乌共委员会，彼得·西蒙年科（Петр Симоненко）任主席。该委员会利用 1993 年前后乌克兰经济危机严重，民众对当局不满情绪加剧等多种利己因素，发动拥护者在全国各地开展要求取消禁共令与恢复乌共合法地位的大规模群众运动。终于在 1993 年 5 月 14 日迫使乌克兰最高拉达通过决议，准许"那些赞同共产主义思想的乌克兰公民可以依据现行法律创建党组织"。③

乌共充分利用这一被授予的权利，1993 年 6 月 19 日，乌克兰共产党代表大会第二阶段会议在顿涅茨克市举行，召集了来自全国的 550 名代表，会议通过了将此次代表大会改为乌共重建大会的决议，大会选举彼得·西蒙年科为党中央第一书记。大会发表了一项宣言，呼吁把共产主义思想的拥护者联合到乌共党内，宣布重新建立起来的党是被宪法禁止之前的乌共思想与传统的继承者；通过了关于在乌克兰复杂政治环境中乌共主要任务的决议；组建了党纲制定委员会；还发出了一系列其他声明与号召。1993 年 10 月 5 日司法部注册登记了由彼得·西蒙年科领导的乌共。后来乌克兰人习惯把此时注册的乌共称为乌克兰"新共产

---

① 乌克兰议会也称为乌克兰最高苏维埃，或乌克兰最高拉达（Верховная Рада）。"拉达"是 Рада 一词的音译。乌克兰议会法定人数为 450 名议员，一院制，任期 4 年。

② Сергей РАХМАНИН：КПУ，Длинный путь от руководящей силык предполагаемой оппозиции，http：//www. dt. ua/2002 – 03 – 08.

③ http：//www. eurasianhome. org/2006 – 03 – 10.

党",把 1991 年 7 月 22 日注册的斯塔尼斯拉夫·古连科（Станислав Гуренко）领导的乌共称为乌克兰"老共产党"。2002 年 5 月 26 日乌共第二次联合大会决定将"老共产党"并入"新共产党",由彼得·西蒙年科担任领导,并强调联合的共产党是苏联乌共的合法继承者。大会还决定,鉴于库奇马、克拉夫丘克自苏联解体以来不参加党的任何活动,将他们从乌共中开除出去。

1994 年 3 月 27 日乌克兰举行议会大选,这是乌克兰独立后的第一次议会选举。重建不到一年的乌共参加竞选,成绩斐然。在最高拉达中获得 96 个席位,成为议会第一大党。这一胜利标志着乌共迎来了一个新的时期:由议会外斗争为主,转变为议会内与议会外斗争相结合。乌共成为左右乌克兰政治格局的重要力量,议会资源无疑加重了其与当局抗衡的砝码。在 4 年之后的议会选举中,乌共获得了 24.65% 的支持率,有 123 名乌共党员进入最高拉达,继续保持议会第一大党地位。除此之外,乌共中央第二书记亚当·马丁纽克（Адам Мартинюк）任议会第一副议长,和共产党关系很近的乌克兰农民党领袖亚历山大·特卡岑科（Александр Ткаченко）任最高拉达主席。这段时间乌共度过了自苏联解体以来最美好的时光,党的声誉很高,在乌克兰的东部和南部几乎已经不存在竞争对手。

从 2000 年起乌共开始逐渐丧失自己的地位,这种趋势在 2002 年乌克兰议会选举中得以表现。这次议会大选乌共的选民支持率为 19.98%,获得 59 张代表证,再加上从单名制选出的 6 名乌共党员,① 这样此届最高拉达中乌共议会党团总共 65 人,少于"为了统一的乌克兰"和"我们的乌克兰"所组成的联盟议会党团人数。乌共降为议会第二大党,实力已大不如从前。在此之后,维克托·亚努科维奇（Виктор Янукович）领导的地区党把俄语的地位问题、与俄罗斯友好关系问题上升为主旨思想,表现出明显的倾俄反西立场,从而使乌克兰俄语地区原来支持乌共的相当一部分选民转而拥护地区党。在 2006 年的议会选举中,乌共非常艰难地迈过了进入议会须 3% 选民支持率的门槛,支持率仅为 3.66%,只获得了 21 个席位,在议会 5 个党团中居最后一位。

这一届议会选举即将尘埃落定时,乌共的命运又出现了转机。社会党从与"季莫申科联盟"、"我们的乌克兰"组成的"橙色联盟"中分离出来,转而与地区党、共产党结盟,建立了"反危机联盟",形成 2006 年议会执政联盟。参

---

① 1997 年乌克兰最高拉达第 13 次会议通过了新的《乌克兰人民代表选举法》,决定实行多数代表制和比例代表制相结合的混合式代表选举制度。根据该法律规定,议会的 450 个席位被均等分成两部分,225 名代表在单名制选区（一个选区选举一名代表）按照多数制原则由选民直接选举产生;另外 225 名代表则在多名制选区（一个选区可以选举多个代表）内,从参选并达到或超过 4% 选民支持率的选举组织和选举联盟中根据其获得选票的多少来分配在议会中的席位。2004 年 3 月 5 日乌克兰最高拉达又将选举组织和选举联盟进入议会的门槛改为获得 3% 的选民支持率。

加议会执政联盟对于乌共而言是命运的转变，因为乌共除了成为乌克兰立法权与执行权实在的组成部分之外，还可以获得资金供给。虽然乌共在议会中只有 21 席，但对于地区党和社会党而言却是至关重要的，因为两党在议会中总共是 219 席，少于宪法规定的组成议会执政联盟标准。"反危机联盟"不久便解体了，因为"季莫申科联盟"与"我们的乌克兰联盟"中的 11 名议员突然倒戈，以个人身份加入亚努科维奇领导的执政联盟，总统尤先科以本届议会多数派的形成和重组违反宪法为由宣布解散议会。经过几个月的激烈谈判，最终确定 2007 年 9 月 30 日举行提前议会选举。在提前议会选举中，乌共得到的选民支持率为 5.39%，超过了上一届议会选举，获得 27 个席位，在进入议会的 5 个党团中居第四位。"我们的乌克兰——人民自卫联盟"、"季莫申科联盟"组成了议会执政联盟，这对于一向与他们不和的乌共构成了严重的威胁。

参加总统竞选也是乌共彰显实力的重要方面。乌克兰自独立以来经历了 4 次总统大选，即 1991 年、1994 年、1999 年和 2004 年，乌共领袖彼得·西蒙年科参加了后两次竞选。在 1999 年总统选举的第一轮投票中，总统库奇马和西蒙年科分别获得 36.33% 和 22.36% 的选民支持率，居第一和第二位。第二轮投票，西蒙年科获得 37.77% 的选民支持率，不敌库奇马。虽然竞选失败，但也说明乌共领袖是当时可以和总统库奇马相较量的唯一对手。如此高的选民支持率，显示出西蒙年科的个人威望和乌共这一时期的社会影响力。2004 年，西蒙年科再次参加总统竞选，但其结果很令乌共及其领导人失望。10 月 31 日，在第一轮总统竞选投票中，西蒙年科获得的支持率仅为 4.97%，排在第四位，随即他退出了下一轮的角逐。

（二）乌克兰共产党发展中面临的机遇与挑战

自 2000 年以来乌共逐步由盛转衰，最终沦为仅能勉强跨过进入议会门槛的袖珍型议会党团，乌共的命运令人担忧。为了走出困境，近年来乌共不断加强自身建设，党的整体水平有了一定程度提高，加之社会其他利好因素，为乌共进一步发展提供了机遇。应当说，当前乌共机遇与挑战并存，挑战大于机遇。

乌共发展中面临的挑战主要有：

第一，乌共背负着沉重的历史和精神包袱。苏联共产党执政的 70 余年里，包括乌克兰苏维埃社会主义共和国在内的整个苏联，社会主义建设事业取得了巨大成就，这是任何人都不能否认的。但是在几十年的社会主义建设中苏共也确实犯了许多严重的错误，例如践踏民主、忽视民生、贪污腐败、滥用权力，等等。苏联解体之后，乌克兰民族主义分子又对苏共所犯错误进行夸大渲染，致使乌克兰国民一提到苏共便与暴力、镇压、特权等联系在一起，这无疑给宣布自己是原苏共在乌克兰党组织继承者的乌共背上了沉重的历史的和精神的包袱。要卸下包袱，消除国民的顾虑，重新取得他们的信任，并非一朝一夕之事。

第二，乌克兰现有的政治格局使乌共面临着被边缘化的危险。自乌共在2002 年议会选举逊色于以尤先科为首的"我们的乌克兰联盟"（2007 年经过重组更名为"我们的乌克兰——人民自卫联盟"）之后，在乌克兰的政治舞台上又出现了两大政治力量，以季莫申科为首的"季莫申科联盟"和以亚努科维奇为首的地区党。上述三大政治力量在2006 年、2007 年议会中获得议会400 个以上的席位，几乎掌控了该国所有的政治资源。乌共在这两次议会选举中仅获得21个、27 个席位，成为名副其实的袖珍型议会党团。此外，在2007 年议会提前选举中，乌克兰几个左翼政党中只有乌共进入议会，这无疑使乌共在议会中处于劣势地位。

第三，支持乌共的选民整体呈下降趋势。乌共的传统势力范围主要是乌克兰的东部、南部及克里米亚半岛。进入21 世纪以来，传统选区对乌共的支持率有所下降，可以从三方面理解其原因：一是乌共原来特色性口号"授予俄语第二国语地位"、"反对加入北约"等，被中派政党地区党更令人信服地运用，致使相当一部分乌共支持者在议会选举中转向支持地区党。二是一部分选民对乌共越来越持不信任态度，于是将自己的选票投向那些实际上不可能进入议会的其他左翼政党，例如进步社会党、社会民主党等，大大分散了左翼选票。三是那些经过苏联时期培养教育的退休老年人一直是支持乌共的中坚力量，因此有人把乌共称为"退休者"党。但是随着时间的流逝，这些老年人正逐渐离开人世，可见，乌共的选民基础面临严峻挑战。

第四，乌共党的建设存在着严重问题。一是思想停滞、不注重理论创新。乌共很少致力于自己纲领的修改，很少向社会提出新的治国理政方略。常用的那些"怀旧型"口号，在人们耳中已经滞积，对选民已经缺乏吸引力。二是组织涣散、工作效率低下。在近年的大选中，乌共多数基层党委会对党中央及时、有质量地组织选举，形成"左翼战线"，采取紧急措施等要求无动于衷，只是在选举临近才一哄而起，错过了许多时机。三是党员队伍老化、党员人数锐减。根据乌共的相关资料，1999 年60 岁以上党员占党员总数的36%，2003 年占党员总数的38%。[1] 一方面老党员的不断去世，另一方面又忽视发展新党员，致使党员人数大减，1998 年乌共有党员14 万，到2007 年8 月党员总数已经不足10 万。[2]

---

① Егор СОБОЛЕВ: ПРЕДУПРЕЖДЕНИЕ, http：//www. zn. ua/2003 – 09 – 19.

② Владимир БОГУН: Партия исторической перспективы, http：//www. komunist. com. ua/2007 –10 – 09.

乌共发展中面临的机遇主要有：

第一，乌克兰政治、经济形势有利于乌共与执政当局唱对台戏。自独立以来，乌克兰社会政治危机不断、经济危机四伏。政治上，总统、议会、政府之间，特别是总统和议会之间频繁发生权力之争。尤其是"橙色革命"以来，由于乌克兰没有一方居绝对优势的政治力量，政党之间相互倾轧、互相攻击，致使乌克兰政局处于动荡之中。经济上，通货膨胀不断攀高，经济形势持续恶化，人民生活水平下降，甚至有舆论认为，乌克兰经济危机的深度与广度堪称独联体国家之最。百姓对国家的经济形势持悲观态度，对乌克兰执政当局越来越不信任。乌共作为国家现存政权的对立派，如果能够抓住这些社会矛盾，顺应民意提出一些解决社会具体问题的策略主张，维护广大人民群众的基本权利与切实利益，就有可能重新赢得更多民众的信任与支持，在乌克兰政治空间中发挥更大的作用。

第二，同 2006 年议会选举结果相比，2007 年乌共选民支持率略有回升。如果说从 2000 年到 2006 年，乌共的支持率持续下降的话，那么 2007 年议会提前选举的结果证明这一状况有所改变。在 2006 年议会选举中，乌共获选民支持率 3.66%，获议会席位 21 个。2007 年提前议会选举中，乌共获选民支持率 5.39%，获议会席位 27 个。同上一届相比，乌共选民支持率上升 1.73 个百分点，议会席位增加 6 个。值得一提的是，乌共的选民支持率在卢甘斯克州、顿涅茨克州、哈尔科夫州、敖德萨州、塞瓦斯托波尔市增加两倍。[①] 虽然这样的结果与该党处于兴盛时期的实力无法相比，但是这给多年陷于困境中的乌克兰共产党人以极大鼓舞。

第三，有联合左翼形成"左翼战线"，团结中派的可能性。2006 年议会选举，进入乌克兰议会的左翼政党有乌共与社会党，而 2007 年提前议会选举，乌共是进入议会的唯一左翼政党。社会党和进步社会党的支持率分别为 2.86% 和 1.32%，其他几个参选的左翼政党选民支持率都不到 1%。[②] 摆在乌克兰左翼力量面前的是关系生存的抉择：要么各自为战，继续处于分散状态，随着时间的推移，很可能逐一走向灭亡，最终退出乌克兰政治舞台；要么团结在目前唯一进入议会的、能够证明他们生命力的左翼政党乌共周围，联合行动，共同发展。2008年以来，从就乌克兰加入北约问题左翼力量举行的几次联合抗议行动可以看出，左翼力量要求联合的呼声日益高涨。此外，乌共与中派在倾俄反西等基本问题上的一致性，以及作为中派代表的地区党与乌克兰其他两大政治力量时阴时晴的"三角恋爱"关系，为乌共团结中派提供了可能性。2006 年乌共与地区党结成

---

① Рабочая газета：Объединимсяв Левый Фронт！2007 - 10 - 16.

② http：//www. liga. net/conf/2007 - 10 - 08.

"反危机联盟"，2008年就乌克兰加入北约问题乌共与地区党联合封锁议会讲坛，都是乌共可以团结中派的具体例证。

第四，困境中挣扎，乌共在自我完善与发展。一是大力发展党员尤其是年轻党员。截止到2008年6月初，乌共党员总数为103 154人，不仅党员总数增加，党员结构也有所改善：截止到2008年6月初，乌共中不到40岁的党员有17 000人，不到30岁的党员有7 000人，全党几乎一半党员是1993年以后入党的。①二是实施干部年轻化方针。根据乌共中央的指示，地方党委推荐有首创精神的、有能力的年轻党员到中央党校培训，培训结束后他们中的大多数被分派到州委会、市委会及区党委担任要职，在这些地方老党员的经验与年轻党员的活力很好地结合起来，使干部老化、组织松散等问题得以有效纠正。乌共中央委员会第二书记在与记者的谈话中曾经指出，2007年8月之前的一年多时间里，乌共中央党校青年党员培训班已经培养出4届毕业生。在2007年提前议会选举中，乌共提出的人民代表候选人名单体现出年轻化的势头，即同以往相比年轻党员在这个名单中的比例上升，尤其是年轻的顿涅茨克州某市市委书记继乌共第一书记西蒙年科之后在名单中位居第二，乌共对年轻党员的重视可见一斑。三是拓宽信息渠道，准确阐释与广泛宣传乌共的策略主张。为了增进人民群众对乌共的了解，加强党与广大民众的联系，回击反对者对乌共的诋毁，乌共中央提出要在全国范围内开展信息战。鉴于当今是一个信息化的网络时代，运用因特网具有越来越重要的意义，乌共提出各州党委都要努力创建自己的网站，以适应新时代的要求。同时提出，不能忽视传统信息手段乌共党报党刊的重要作用，努力提高其拥有读者量。近几年，乌共根据资金短缺不能拥有自己的电视频道基地的实际情况，同多个州的广播电视公司签订了一系列合同，至少一周2～3次，乌共代表通过这些公司的广播或电视节目向人们阐明该党的社会主张。②

三、苏联解体以后的白俄罗斯共产党

十月革命之后，白俄罗斯苏维埃社会主义共和国成为苏联的重要加盟共和国之一。1918年成立的白俄罗斯共产党成为苏联共产党的组成部分。1991年"8·19"事件之后，白俄罗斯最高苏维埃通过决定，暂停白共在白俄罗斯的活动，其财产被收归国有。此后白俄罗斯共产主义力量的生存与发展大体经历了两个阶段。

① Пётр Симоненко: Из левых партий в новый парламент Украины пройдет только КПУ, http://kprf. ru/international/2008 - 06 - 10.

② Игорь Алексеев: КПУ - проукраинская партия, http://www. kpu. net. ua/2007 - 10 - 08.

（一） 苏联解体后至 1996 年

1991 年 12 月 7 日，一些对戈尔巴乔夫改革持有不同意见的原白共党员发起成立了白俄罗斯共产党人党（Партия коммунистов Белорусской 或 ПКБ）。С. И. 卡利亚金（С. И. Калякин）成为该党第一书记。白俄罗斯共产党人党成立之初，成员有近 1 万人。6 个月后，该党获得正式注册。他们积极争取恢复原白俄罗斯共产党的合法地位。经过不懈努力，到 1993 年 2 月 3 日，最高苏维埃①最终取消了暂停白俄罗斯共产党活动的决定，但拒绝归还其财产。

白俄罗斯共产党"重获新生"之后，客观上造成在白俄罗斯出现两个共产党。鉴于当时的国际和国内形势，1993 年 4 月召开的白共第 32 次代表大会通过决定，将自己的权利完全移交给白俄罗斯共产党人党，并承认它是白俄罗斯共产党政治和法律上的继承人。这样一来，两党以合并的方式维护了共产主义运动在白俄罗斯的统一性。1993 年 5 月，白俄罗斯共产党人党召开第二次（联合）代表大会，再次以决议的方式确认了共产党人党的地位。吸收了白共的白俄共产党人党成员达到近 2 万人，党组织遍布全国；在白俄第 10 届最高苏维埃中，共产党人党占据了代表总数的 46%。20 世纪 90 年代中期的几年时间成为共产党人党最辉煌的时期，它成为最高苏维埃的重要政治力量。

白俄共产党人党反对总统制，更倾向于议会制模式，但 1994 年通过的宪法确立了白俄实行总统制。在 1994 年 7 月的总统大选中，共产党人党推出瓦西里·诺维科夫（Василий Новиков）作为自己的候选人，但最终获胜的是当时偏左翼、亲俄、以独立议员身份出现的亚历山大·格里戈里耶维奇·卢卡申科（Александр Григорьевич Лукашенко）。②

总统大选失利后，共产党人党曾有意与卢卡申科合作，实现卢选举前的承诺，即停止把经济引向西方模式，保留苏联模式下的社会保障体制。卢卡申科上台后，否定了经济改革中照搬西方模式的做法，但同时，他的社会经济政策实际上既不全倾向于市场，也不全倒向计划，而是两者皆备。同时，卢卡申科想方设法加强总统在国家体制上的权威。这与共产党人党的期望有很大差距。政治上，共产党人党质疑白俄罗斯当局不能保障普遍民主，也不尊重人民群众的合法权利；在经济上，共产党人党反对市场改革，批评卢卡申科的改革是要建设资本主

---

① 苏联时期最高苏维埃是国家政权最高代表机构。根据 1994 年 3 月 15 日白俄罗斯颁布的独立后的第一部宪法，议会仍称为"最高苏维埃"，一院制。

② А. Г. 卢卡申科 1994 年当选白俄罗斯首任总统，任期 5 年。2001 年 9 月连任。2004 年 10 月 17 日，白俄罗斯就总统卢卡申科能否参加下届总统大选和取消宪法关于限制总统任期的规定举行全民公决，79.4% 的选民投票表示赞成。2006 年 3 月再次当选。

义。这造成共产党人党与卢卡申科的关系日渐恶化。

1996 年 7 月，白俄共产党人党与包括白俄罗斯人民阵线、农业党在内的六个亲西方政党结成联盟，并发表联合声明，谴责卢卡申科多次违反 1996 年宪法、企图在国内实施独裁统治。在此之前，共产党人党通过决议，称共产党人不支持卢卡申科"反人民"的改革，坚决反对现政权。共产党人党高层选择亲西方的右翼政党为同盟的举动在党内引起了混乱和不满，部分党员退党，卢卡申科乘势推动了共产党人党的分裂。他邀请原共产党人党领袖之一的奇金（В. В. Чикин）进入他的阵营。在这种情况下，1996 年 11 月 2 日，召开了白俄罗斯共产党恢复代表大会，正式恢复其独立政党的地位，取消了加入共产党人党的决定，并收回了原苏共——白共的继承权。1996 年 11 月 26 日该党被注册。左翼两党正式决裂。

当时，共产党人党和右翼政党在立法机关最高苏维埃还拥有比较重要的地位。1996 年秋天，总统与第 13 届最高苏维埃权力斗争激化，卢卡申科就宪法修正案提请全民公决。在这份修正案中，总统被赋予极大的权力，议会和法院作用微弱。共产党人党与民主派政党联合起来反对卢氏的全民公决，但最终卢卡申科取得了胜利，第 13 届最高苏维埃活动被终止，同时组建了新的两院制议会。①

自此，白俄罗斯共产党成为亲总统的党派，共产党人党则与右翼政党一起成为反对党。

（二）1996～2009 年

1996～2009 年的十几年中，卢卡申科提出的一切重要社会经济决策都得到了白共的支持，而共产党人党则毫无例外地予以反对。

按白俄共产党人党领导人卡利亚金的估计，白共脱离共产党人党成立之初，有 1 100 名左右成员；同时，大约有 1 200～1 300 人退出共产党人党，其中 800～900 人加入了白共。白共得到政府支持后，其党组织迅速遍布全国，成员超过 5 500 人，有 400 个初级、155 个市、区级、7 个州和明斯克市级党组织。在两院还有 21 名议会代表。在 2004 年的议会选举当中，白共赢得了 5.99% 的选票和 8 个席位。②

而白俄共产党人党在白共脱离出去后，最初还拥有众多的成员，因为很多共

---

① 1996 年修宪后的白俄罗斯议会称为国民会议，由共和国院（上院）和代表院（下院）组成，每届任期 4 年。共和国院共 64 名代表，其中 56 名由全国 6 州 1 市（明斯克）地方议会会议以无记名投票方式各选举产生 8 名，其余 8 名则由总统任命。代表院由 110 名代表组成，以无记名投票方式直接普选产生。

② http：//www.yabloko.ru/2002－01－29.

产党人对白共完全亲总统的路线并不赞成。但是后来局势的发展让他们感到失望，因为共产党人党领导层亲西方的势力日益增长，他们毫不掩饰地接受美国和欧盟的财政援助，并且反对和俄罗斯建设俄白联盟，这使得共产党人党的成员人数和在群众中的影响力都急剧下降。一些人认为，共产党人党已沦为西方出钱对付卢卡申科的工具。

白俄罗斯共产党最基本的纲领可以概括为：通过合法途径恢复社会主义制度，建立公正的无阶级社会，在人民自愿的基础上重建统一国家。从政治目标上看，白俄罗斯共产党和白俄罗斯共产党人党没有什么原则性的不同。两党都宣布最终目标是建设共产主义社会，要重建社会主义经济，使苏维埃的作用重新崛起，并重建苏联。不同的是，奇金领导的白共支持卢卡申科走"市场社会主义"道路，因为他们把这视作列宁提出的新经济政策模式的翻版。同时，白共指责共产党人党与右翼政党的联盟是与资产阶级无原则的联合。

而卡利亚金领导的共产党人党则指责那些加入白共的党员犯了斯大林主义和教条主义的错误，指责他们不懂现实，也不懂得发展和更新共产主义运动的形式，只知道一味屈从于卢卡申科政权。共产党人党认为它与右翼政党的联盟是现实的需要，是一种策略和暂时的妥协，并辩解说，列宁时期也曾采用类似的策略。

从共产党人党脱离出来后，白俄罗斯共产党的发展并不是一帆风顺。2001年，党的中央委员会出现错综复杂的斗争局面，造成奇金离职。取而代之的是瓦列里·扎哈尔琴科（Валерия Захарченко），但他未能带领白共走出相对停滞的局面，于 2004 年 6 月去世。此后，整个 2004 年党内出现没有最高领导人的局面。直到 2005 年夏天，白俄罗斯议会下院代表塔季扬娜·戈卢别娃（Татьяна Голубева）出任白共第一书记，才逐渐打开局面。白共认为在奇金、扎哈尔琴科和格鲁贝娃的领导下，党的活动建设性地支持以卢卡申科为首的国家对内、对外政策。该党这样的活动在白俄罗斯社会、在党的积极分子中、在白俄罗斯共产党人党中能找到越来越多的认可。这在 2006 年白俄罗斯议会与总统竞选中表现得特别明显，白俄罗斯共产党人党中无论哪一位候选人都没有获得必需的选民支持，而参加选举的 95% 选民中有 82% 支持卢卡申科。① 但从整个发展局面来看，白共缺乏必要的理论建设和创新，未能打造出属于自己的理论方针平台，始终未能从现政权中解放出来，树立自己独立的政党形象。还不能称为有很大影响力的政党。

另一方面，共产党人党的情况更加糟糕。该党的下层组织拒绝执行中央委员

---

① http://www.kprf-kuzbass, 2006-07-19.

会的决定，不少人在总统大选时站到了白共的一边。有资料显示，截至 2007 年 3 月，白俄罗斯共产党人党成员数为 3128 人。^① 卡利亚金自己也承认与民主党派的联盟存在很多问题，比如该党在政治生活中地位低下，联盟活力下降、组织工作无序等等。卡利亚金同时表示，应该成立联盟中的左翼同盟，并尽量争取俄罗斯的支持。但另一方面，该党又希望能征得美国和欧盟的继续支持来对抗卢卡申科。2007 年，为寻求帮助，卡利亚金访问了美国，会见了美国的国会、国务院、商会、非政府组织的官员。

从白俄现政权的态度来看，卢卡申科长期以来对共产党人党施以打压政策。2007 年 8 月 2 日，白俄罗斯共产党人党被卢卡申科宣布禁止活动 6 个月；^② 2008 年 1 月，白俄司法部还以共产党人党在禁止期间擅自活动为由向最高法院起诉，提出撤销共产党人党，不久又撤销了起诉。^③

为了争取国内共产主义队伍的统一，白共在自己的基层党组织发动了关于联合共产党人党的讨论，一些具有一定社会影响力的白共党员，例如原白俄罗斯苏维埃社会主义共和国最高苏维埃主席杰缅捷伊（Н. И. Дементей）等，积极支持这一举措，白俄罗斯共产党人党的个别领导人，例如党中央政治局委员沃斯克列先斯基（Ю. В. Воскресенский）等，也加以迎合。在他们的倡议下筹备召开两党重新联合大会。选出了将出席重新联合大会的 231 名代表，其中白俄罗斯共产党 157 名，白俄罗斯共产党人党 74 名。2006 年 7 月 15 日，白俄罗斯共产党与白俄罗斯共产党人党重新联合大会在首都明斯克举行。227 名代表出席了会议。这次会议得到国际共产主义力量的广泛重视，俄罗斯联邦共产党、乌克兰共产党、格鲁吉亚统一共产党、立陶宛共产党派代表参加了会议，中国、越南、塔吉克斯坦大使馆派工作人员出席了大会。大会通过决议，要以白共为平台合并两党。两党分裂十年，两党部分党员都有重新联合的意愿，但处于相对强势的白俄罗斯共产党希望，以共产党人党加入共产党的方式合并，未能得到共产党人党高层的同意。白俄罗斯共产党人党主席卡利亚金说，所谓的"两党统一"，无非是要取消共产党人党的反对党地位。他认为，合并的问题不仅仅是以白共为平台的问题，实质在于要无条件地支持现白俄政权实行的方针。一旦如此，"两党统一"将成为支持总统的白共对反对党的吞并。因此，共产党人党高层把联合视作当局对共产主义运动的削弱甚至扼杀。鉴于这种考虑，共产党人党高层带头抵制这次联合代表大会，大会的参加者被他们指责为企图创建"政权党"。

从目前的政治形势来看，白俄罗斯共产党的声誉在国内比白俄罗斯共产党人

---

① http：//www. camarade. biz/2007－08－01.

② http：//www. ont. by/2007－08－04.

③ http：//naviny. by/2008－02－04.

党强，群众普遍认为白俄罗斯共产党人党是亲美国和西方的政党。另外，白共与他国共产党有较多的交流，他们的交流圈比共产党人党更广泛。俄罗斯共产党和乌克兰共产党对白俄罗斯共产主义运动的分裂态度有所不同，俄共希望和这两党都尽量保持良好关系，而乌共与这两党都存在隔阂，一方面乌共不满共产党人党与白俄人民阵线联盟，另一方面也不满白共对卢卡申科的一味支持。

十九年来，白俄罗斯共产党和白俄罗斯共产党人党经历了联合和分离。从目前来看，白俄罗斯国内外政治格局和苏联解体之初，以及 1996 年前后都有很大不同，特别是两党政治理念的不同和现实情况的限制，两党在短期内很难合而为一。

第三节　其他国家的社会主义实践与马克思主义整体性

一、东欧国家社会主义的实践与马克思主义整体性

（一）马克思主义理论整体性与东欧国家社会主义道路探索的实践

从社会主义运动史来看，各个社会主义国家的实践，包括实践形式、实践内容、实践模式、实践经验和教训等，综合起来看能够比较真实地反映当时这些国家对马克思主义理论的整体性认识。为此，通过对东欧一些曾经实行过社会主义制度国家实践的分析，同样可以深入认识马克思主义理论整体性与社会主义实践的内在联系。

第二次世界大战之后，东欧一些国家，在实行社会主义制度的初期并没有直接地选择苏联社会主义革命和建设的道路，而是作出了另一种选择：走社会主义的民族化道路。在最初的几年中，从苏联回国的一批共产党人包括党的一些领导人主张结束民主革命阶段，立即进行社会主义革命，实行无产阶级专政，并按照苏联的经验向社会主义过渡，建立完全的社会主义政治经济制度，形成了所谓"莫斯科派"。但与此形成鲜明对照并占有优势的是一些长期坚持国内斗争的人，反对照抄照搬苏联经验，明确提出了社会主义民族化道路的创造性设想，由此形成了"国内派"。

波兰工人党"国内派"提出了"通向社会主义的波兰式道路"，捷共提出了"捷克斯洛伐克式的特殊道路"，保加利亚工人党提出了"人民民主道路"，匈牙

利、罗马尼亚、南斯拉夫等国的共产党也提出了类似的主张。这些主张实际上是各国的无产阶级政党把马克思主义的基本原则同本国实际相结合，根据各自特点而提出的经由人民民主这种过渡形式而达到社会主义的道路。

东欧国家主张社会主义民族化道路的理论依据主要是：

第一，走向社会主义的道路应当是民族化的道路，不应照抄别国的经验。在选择走向社会主义的发展道路时，必须充分考虑各国具体的国情和历史条件，考虑各国的历史传统和文化特点，把马克思主义的基本原则与本国实际紧密结合起来，简单照抄别国的经验对本国的社会主义事业是有害的。

第二，实行多党议会民主制度和多种所有制并存的混合经济是人民民主道路在政治和经济方面的具体体现和主要内容。在民族民主统一战线基础上建立的人民民主政权，是工人、农民、小资产阶级和部分资产阶级的联合政权，这一政权实行的是多党议会民主制度。

第三，人民民主道路是通过和平民主的途径逐步走向社会主义的道路。俄国社会政治制度的改变是经过流血的革命道路实现的，而在有苏联这一强有力的支柱的情况下，东欧国家走向社会主义则不一定完全照搬苏联的道路。人民民主制度既不同于传统的资本主义制度，也不同于苏维埃社会主义制度，是从资产阶级民主革命向社会主义转变的一个过渡时期，其发展前景是社会主义。

但是，在其后冷战爆发的情况下，苏联改变了对东欧国家的政策，要求东欧各国加速革命进程，完全按照苏联模式建立社会主义的政治和经济制度。在苏联的强大压力下，各国党内反对走民族化道路的思想和派别占了上风，从而使社会主义民族化道路的探索夭折。

历史地看，第二次世界大战后初期东欧国家的民族化道路是一种初步尝试。从实践来看，这一道路的探索不仅充分考虑了长期历史形成的民族特性和文化传统，而且反映了第二次世界大战后初期东欧各国的社会政治现实和经济发展要求。从理论上看，这一道路的探索，试图对马克思主义关于如何走社会主义道路理论做整体性理解，对于实践和丰富马克思主义关于社会主义的学说具有一定的意义。

（二）马克思主义理论整体性与东欧国家社会主义改革的实践

东欧国家在社会主义民族化道路的尝试后，在整个 20 世纪 50 年代至 80 年代里，各国在社会主义建设中既有普遍仿照苏联高度集中的计划经济体制的一面，也有根据自身的实际，为逐步形成不同模式而进行改革的一面。以下以南斯拉夫、匈牙利和捷克式为例，重点分析东欧国家的改革实践与马克思主义整体性的内在联系。

1. 南斯拉夫。社会主义事业是人类历史上前所未有的开创性事业。一种新的社会制度取代旧的社会制度，要经历长期而曲折的过程。在这个漫长的历史进程中，胜利与挫折，奇迹与曲折交织在一起。南斯拉夫是东欧实行改革最早的社会主义国家，开始时实行"工人自治"制度，企业是独立的生产单位，由工人管理企业，后来这种自治进一步发展为"社会自治"。南斯拉夫的这种改革，虽有过分分散的缺陷，但曾对苏联模式产生了很大冲击。自 20 世纪 80 年代末开始，南斯拉夫发生了剧变，社会主义制度遇到挫折，民族分裂，导致这一挫折的原因有许多，但是放弃马克思主义为指导是其中最主要原因之一。

首先，放弃公有制。从 1950 年开始，南斯拉夫实行社会所有制。南斯拉夫宪法曾规定，"生产资料属于社会所有，任何人都不得对社会生产资料享有所有权，不论是社会政治共同体，还是劳动组织，或者劳动者个人，任何人都不得在所有权基础上占有社会劳动产品，管理和支配社会生产资料，而只有劳动，即使用这些生产资料的劳动者才能按社会主义自治的原则直接管理生产资料，用它来为自身的利益和全社会的利益服务"。但这种社会所有制并没有随实践的发展而不断发展和完善，而是最终被放弃，并进而放弃了公有制。

其次，放弃了计划与市场的有机结合。南斯拉夫曾经探索实行以"自治协议"和"社会契约"为基础的自治计划体制，基本内容大致划分为三个阶段，即工人自治、社会自治和联合劳动三个阶段。通过把自治原则贯彻到社会生活的各个方面，形成了一套比较完整的"社会主义自治制度"的体系。"这些探索在开始一段时间有一些进展，既坚持了科学社会主义的基本原理，又扎根于南斯拉夫的多民族聚合、经济落后和发展不平衡、经过长期游击战争形成的各个解放区情况不同等具体实际"。① 但在以后长时间里却不能发展和完善，并取消了指令性计划，完全让市场、价值规律、供求规律自发调节生产、流通、分配。以至于到 20 世纪 80 年代末至 90 年代初，连这样的探索也不能为继。

再次，放弃无产阶级专政。前南斯拉夫时期在意识形态上主张国家"消亡论"，他们认为，共产主义社会第一阶段的社会主义社会就应该开始国家消亡。这种主张实际上导致了放弃无产阶级专政，使无产阶级的政权最后被颠覆。

最后，放弃了共产党的一元化领导。建国初期，前南斯拉夫曾经实行过共产党的一元化领导体制。1952 年南共被开除出"欧洲共产党情报局"后，决心摆脱苏共的一元化领导模式。前南共联盟第六次代表大会通过决议将党的名称改为"南斯拉夫共产主义者联盟"，并批判了苏共党的一元化领导体制，对前南共联盟的地位和作用做了与其他社会主义国家明显不同的规定。南共联盟在国家机构

---

① 赵良玉：《浅谈东欧社会主义国家的改革》，载《俄罗斯中亚东欧研究》1987 年第 1 期。

中不设自己的党组织，党也不直接向国家机关发布指示和决议。前南斯拉夫的这种探索最终使共产党执政党的地位丧失。

2. 匈牙利。匈牙利在社会主义发展过程中曾经有过比较顺利的时期，但也有挫折和失败。从 1968 年经济体制改革开始，匈牙利进入了经济高速增长阶段。改革实现了工业化的同时，农业的发展更为成功，经济增长和人民生活水平提高较快，使匈牙利从"三百万乞丐国"发展到中等发达国家，人们通常将这个阶段称作匈牙利经济的黄金年代。

（1）经济改革。1968 年 1 月 1 日，匈牙利正式启动了新的经济体制，拉开了改革的序幕。在此后的经济体制改革中，逐步形成了匈牙利模式。这种模式的特点是在保持公有制占主导地位的前提下，尽可能地发挥市场机制的作用，通过多种经营方式调动生产者的积极性，通过各种经济手段保证计划的实现。工业：在保持公有制占主导地位的框架内，匈牙利在国营经济和合作经济中实行了多样化的经营方式。商业：在商业和服务业广泛采用了承包经营和租赁经营形式。农业：在以国营农场和农业生产合作社为主要生产组织形式的基础上发展集体化和专业化的企业式生产，在互利互惠的基础上组建农业联合企业、农工联合企业和农业工业化生产体系等现代化的农业企业。对外开放和引进外资：通过对外开放引进了西方的资金，扩大了对外贸易，并且将自己的技术出口，帮助第三世界国家发展农业经济。

（2）民主改革。加强劳动者对国家和企业的民主参与和管理，对管理者实行民主监督是匈牙利改革的一个重要内容。深受专制制度之害的卡达尔及其政府成员把加强社会主义政治民主和经济民主作为改革的重要内容之一。他们的具体做法是：

首先，改革和建设政治民主。匈牙利宪法规定，国民议会是国家最高权力机关和人民代表机构，是人民主权的最高体现者，是最高的立法机关。政府的纲领必须通过国民议会的讨论和批准。国民议会下属的各个委员会对政府部门的工作进行监督，并负责起草各项法律。在国家的政治生活中，爱国民主阵线发挥着重要的作用。

其次，改革和建设经济民主。匈牙利市场社会主义条件下的企业民主主要体现在以下四个方面：一是企业职工享有参与管理的民主权利。二是发挥工会组织的重要作用。三是倡导权利与义务的统一。四是加强党组织对经济民主权利的保障作用。经济活动的最终目的是为人民利益和为社会发展服务作为基本原则，党在经济领域的领导作用集中表现在政治领导、协调和监督上。

匈牙利社会主义改革实践及其创造出来的模式，应该说是力图对马克思主义做到整体的科学把握。但是，就后果而言，匈牙利改革实践是成就和失误并存。

它的成就体现为，改革以后匈牙利在政治、经济领域里发生了很大的变化，通过这些改革，匈牙利取得了高速的经济发展。然而，20世纪70年代世界石油危机以后，匈牙利能源完全依靠进口，由于政府没有充分估计石油危机影响的严重性和长期性，匈牙利没有及时根据国际市场价格的变化调整能源产品的价格，而是采用价格补贴保持国内市场的稳定，结果是高进低出，两头受损，国际收支平衡受到严重影响。这种改革实践的成就和失误，正好说明他们在改革过程中所反映出来的对马克思主义理论的认识，存在着整体性和片面性两个方面。

20世纪80年代，匈牙利社会主义制度的瓦解，尽管有许多方面的原因，但是改革的不彻底性，改革成效的短期性等，说明对马克思主义理论整体的科学认识还存在不足，也再次证明，对客观事物的认识永远不能穷尽，同样对马克思主义的认识也不可能一蹴而就。

3. 捷克斯洛伐克。捷克斯洛伐克的改革是在1968年开始实施的。1968年1月，捷共中央召开全会，改革派领导人杜布切克取代诺沃提尼成为捷共中央第一书记。他上台后公开向"苏联模式"挑战，大胆进行改革，拉开了"布拉格之春"的序幕。杜布切克宣称他当时的改革"是一场社会主义复兴运动"。捷共中央在当年4月通过的《行动纲领》集中反映了他们的改革主张：

（1）改革党的领导体制。捷克斯洛伐克领导人认为，党的领导作用虽然在任何情况下，都不容怀疑和动摇，但不能由党来垄断一切。党的领导应以民主方式集中人民的意志，科学地反映社会的需要，在社会主义社会各个发展阶段，提出正确的主张，并通过党组织和党员发挥党的领导作用。因此，要彻底改革党政合一，以党代政的领导方法，通过党的政治工作和组织工作来实现党的领导。

（2）实行有计划的市场经济。捷克斯洛伐克领导人认为，计划经济无论多么周密，也很难全面掌握生产的发展，只能通过市场进行调节。国家计划包括制定长远发展战略，确定重大比例关系，推动市场的经济发展。对重要产品规定指令性指标，其他一切经济都应利用税收、利润、利率、价格等经济手段，通过市场机制调节。广泛参与世界市场，使国内市场与世界市场接轨。

（3）进行政治体制的全面改革。把经济改革和政治改革结合起来，以发展社会主义民主为主题进行政治体制改革，着重改革党和国家的领导制度，健全社会主义法制，建立权力制约机制、民主参与和社会监督机制，使人民群众享有更为广泛的民主权利和自治权利，真正成为国家和社会的主人。

改革的《行动纲领》公布后，一开始在国内就有激烈争论，苏联也强烈反对捷共的改革，并在华沙举行"最高级会议"，谴责捷克斯洛伐克的局势已威胁到苏联等国的"共同利益"，宣称社会主义国家对捷局势"绝对不能容忍"。

1968 年 8 月 20 日夜，全副武装的苏联部队入侵捷克斯洛伐克，与此同时，部分波、德、保、匈国家的军队也以同样方式占领了几座重要城市。此后接连发生三次震惊世界的反苏示威活动，导致捷共总书记一职由胡萨克接任，改革决定被否定，刚刚开始的改革运动随即夭折。

当时捷克斯洛伐克的改革，向传统的模式进行挑战无可厚非。但是，由于改革没有获得绝大多数人的认同，没能代表最广大人民的根本利益。加上当时苏联等国的干预，所以失败是不可避免的。其后捷克斯洛伐克的体制几经变迁，但由于国内条件和国际环境所决定，20 世纪 80 年代末 90 年代初，社会主义制度还是发生了剧变，遇到了挫折。

4. 东欧国家改革实践与马克思主义的整体性。恩格斯指出："所谓'社会主义社会'不是一种一成不变的东西，而应当和任何其他社会制度一样，把它看成是经常变化和改革的社会。"① 东欧的社会主义国家自 20 世纪 50 年代中期开始进行了一次次市场取向的改革尝试，曾经取得了一定成效，有些国家还曾形成了自己的模式，但这些改革并未从根本上冲破传统的计划经济体制，更未能消除后者存在的种种痼疾，所以从总体上说是失败的。

导致改革失败的原因很多，其中最主要的有以下几方面：

第一，旧体制的巨大惯性和保守势力的阻挠。社会主义改革是对传统的体制、观念、思维方式和工作方式以及传统的社会关系的一次重大革命，它必然会触动某些社会阶层和集团的既得利益，因而不可避免地会遭到来自党内和党外、上层和下层保守势力的强烈反对和严重阻挠。"东欧社会民主党趁共产党在党内失势时，趁机发展起来，在政权更迭中起到桥梁作用"。②

第二，改革的思想理论存在根本性缺陷或错误。考察东欧国家改革历程不难发现，这些国家的改革始终没有形成明确的指导思想，更谈不上以马克思主义为指导。他们只是感到旧体制在本国行不通，但并未在思想上彻底脱离旧体制和旧观念的窠臼。可以说，改革思想理论存在的根本性缺陷事实上注定了改革必然失败的命运。

第三，苏联对东欧国家的改革采取怀疑甚至反对态度也在相当大程度上阻碍了东欧国家的改革探索。苏联把在俄国特定历史条件下形成的社会主义模式教条化和凝固化，并将其视为社会主义唯一正确的选择，不仅阻挠第二次世界大战后初期东欧国家进行民族化道路的探索，而且在该体制的弊端已充分暴露的情况下反对东欧国家对其进行根本性改革。推行大国沙文主义，粗暴干涉东欧国家的内

① 《马克思恩格斯全集》第 37 卷，人民出版社 1957 年版，第 443 页。
② 张月明：《历史的回顾：东欧社会主义的喜剧与悲剧》，载《当代世界社会主义问题》1996 年第 2 期。

政，严重损害了东欧人民的感情。毫无疑问，苏联对于传统观念及模式的坚守以及对东欧国家改革的压制和打击，严重制约了东欧国家以寻求社会主义民族化道路为方向的改革探索，这也是东欧国家改革失败的重要原因之一。

第四，东欧国家的多次改革没有成功反而发生巨变导致社会主义制度遭受挫折，其自身原因还在于缺乏对生产力发展规律的正确认识，缺乏对基本国情的准确把握，缺乏对生产关系变革的历史经验。

如果归结到最根本的原因上，就是这些国家在社会主义改革和建设实践中，缺乏对马克思主义理论的科学认识和合理运用，没能在整体上领悟好马克思主义关于社会主义革命、建设和改革的真谛。正因为如此，所以这些国家在改革中最终放弃了社会主义道路，放弃了无产阶级专政，放弃了共产党的领导地位，结果使得已经相当严重的经济、政治、社会、民族矛盾进一步激化，最终酿成了制度剧变、国家解体的历史悲剧。应当指出的是，马克思主义、社会主义在这些国家受到挫折，并不意味马克思主义的失灵和社会主义的失败，相反，正如邓小平所说："一些国家出现严重曲折，社会主义好像被削弱了，但人民经受锻炼，从中吸取教训，将促使社会主义向着更加健康的方向发展。"①

二、其他社会主义国家的实践与马克思主义整体性

（一）古巴在社会主义实践中对马克思主义整体性的认识和应用

冷战结束以后，社会主义运动处于暂时的低潮。这种状况，尽管给社会主义的发展造成困难，但这也促使我们总结和吸取这些曾经实行社会主义制度国家的教训，进一步探究马克思主义整体性与社会主义实践的内在联系，以便在坚持和发展马克思主义的基础上使社会主义发展得更好，更具生机和活力。

在社会主义建设中，古巴长期以来坚持不断深化认识和实践着马克思主义。

1. 积极探索社会主义建设规律和加强执政党能力建设。古巴在 20 世纪 60 年代开始实行社会主义的时候，尽管缺少社会主义实践的经验，但在卡斯特罗的领导下，并不照抄照搬别国现成的模式，而是试图努力探索自己的路子。在 70 年代，古巴建立"经济领导与计划体制"；80 年代上半期实行利用市场的局部性改革，实行了一系列"新经济政策"；80 年代下半期开展了"纠偏运动"，从经济政策上实行收缩。与此同时，"加强党的组织和作风建设，改善执政党领导；加强党内民主建设，密切联系群众；加强思想建设，防止'和平演变'；加强道

① 《邓小平文选》第三卷，人民出版社 1993 年版，第 383 页。

德建设，坚决惩治腐败；加强政权建设，健全全国人民政权代表大会制度等等"。① 从政治上纠正各种不良倾向。

2. 20 世纪 90 年代以来不断进行改革。从 1990 年开始，古巴面对苏联解体东欧剧变以及美国对其进行的长期经济封锁的艰难环境，开始着手进行各个领域全面的持续的改革。具体包括："（1）承认混合经济和私人经济的存在，积极吸引国外投资；（2）允许居民合法持有美元，并曾一度允许美元可与古巴货币比索同时在市场流通；（3）恢复和扩大小商品和服务业的自由市场，缓解消费市场上的供需矛盾，增加就业；（4）将大部分国营农场改为农业生产合作社，完善农业和工业领域国有企业的管理制度，扩大一部分效益好的国有企业的外贸自主权和外汇留成比例；（5）调整经济结构，减少蔗糖产量，重点发展旅游、镍矿、生物医药等创汇产业"。② 总体来看，古巴改革开放坚持谨慎原则。

3. 努力摆脱由于地缘政治和历史原因形成的不利国际因素。社会主义古巴国际生存空间的不利方面主要包括：一是失去了苏联和东欧社会主义国家的经济援助和市场，由此给古巴经济发展和人民生活带来难以想象的困难；二是美国利用苏联解体东欧剧变给古巴造成的严重困难，加大对古巴的封锁，使古巴的国际生存环境进一步恶化；三是其他一些西方国家也向古巴施压，如欧盟正式通过文件，确定对古巴实行"将合作与民主开放相联系的政治战略"。为此，自 20 世纪 80 年代末以来，古巴的外交政策的主要特点是："坚持独立自主的外交政策，走出依附别国的境地；始终把国家主权和安全放在首位，坚持维护国家安全；主张和平、发展、合作，伸张正义，主持公道，反对霸权主义和强权政治"。③

古巴社会主义建设和发展，不断提高了依靠自力更生求生存和发展的能力，逐步打破了"铁饭碗"和消除了平均主义的影响，单一经济的制糖业向多种经济结构的调整取得一定成效，发展了国营农场、合作社农民和个体农民的多种所有制，吸引了部分外资和技术帮助促进经济技术发展。这些做法，反映了古巴在社会主义实践中对马克思主义整体性认识的不断深化。

同时，古巴在社会主义建设中也存在一些比较突出的问题。"第一，经过多年的改革和调整，古巴的计划经济体制仍没有完全打破，资源配置基本还是传统的方式，经济效益和生产效率较低；第二，客观条件的变化使其不能依赖别国，但是由于历史和资源的原因，国民经济体系不健全，还存在一定的国际依赖性；

---

① 李慎明、姜述贤、王立强：《执政党的经验教训》，社会科学文献出版社 2008 年版，第 77 ~ 80 页。

② 朱佳木：《古巴的社会主义政权为什么能够长期存在——访问古巴后的思考》，载《马克思主义研究》2007 年第 11 期。

③ 李慎明、姜述贤、王立强：《执政党的经验教训》，社会科学文献出版社 2008 年版，第 95 页。

第三，历史上形成的单一蔗糖经济正在被逐步打破，但要从根本上解决这种经济结构需要较长的时间，而这样的经济结构又很难支持国家工业化和农产品实现自给"；① 第四，由于改革步伐较慢，因此到目前为止，一些领域仍未触及，一些深层次问题的改革未提上日程，致使一些社会矛盾日益突出。

总体上看，古巴在改革开放进程中始终有自己的独立思考，强调从本国特殊的国际环境出发，吸取了东欧剧变的教训，特别是吸取了自身过去照搬苏联模式的历史教训，"从古巴发展阶段的实际情况出发，走自己的路，探索有本国特色、适合本国国情的社会主义发展道路和模式"。② 这些，是古巴社会主义实践对于马克思主义理论整体性的正确体现。而在改革开放和建设过程中出现的迷茫、徘徊和失误，特别是在对有些重要关系处理上和社会突出矛盾解决上不尽如人意，表明古巴在社会主义实践中对马克思主义有待于进一步全面认识和深刻领悟。

（二）越南在社会主义实践中对马克思主义理论整体性的认识和应用

在社会主义建设中，越南不断加深对马克思主义的认识和实践探索。

1. 积极对社会主义发展道路和发展阶段的探索。越南共产党努力探索本国社会主义建设的发展道路，特别是进入新世纪以来，越共对本国社会主义的发展道路进行了深入研究。越共认为，社会主义并没有一个固定模式可以完全套用到每个国家，各个国家要根据自己的具体情况寻找自己的发展模式，不能完全照抄照搬他国模式，越南要根据本国国情走自己特色的社会主义道路。关于越南社会主义的发展阶段，越南共产党认为越南目前还没有进入社会主义社会，正处于向社会主义过渡的阶段。

2. 加强对社会主义经济体制的探索。越南目前正在进行经济革新，其实质和目标就是要从根本上改变束缚生产力发展的经济体制，建立充满生机和活力的经济体制，核心的问题是正确处理计划与市场的关系。近年来，越共对市场经济模式和经济运行机制做了一系列的探索。2001 年越共九大明确提出"社会主义定向的市场经济"的新概念，越共十大提出了"进一步完善社会主义定向的市场经济体制"③ 的要求。经过多年的探索和改革，目前越南已从过去高度集中、绝对计划化及平均主义、包给制经济的管理模式转变为社会主义定向的、由国家管理的、按市场机制运行的、宏观计划调节的并通过法律监督的新管理模式，即

---

① 刘维广：《古巴社会主义经济建设与发展》，载《拉丁美洲研究》2009 年第 1 期。
② 郭伟伟：《古巴社会主义改革开放十五年》，载《上海党史与党建》2009 年第 1 期。
③ 崔桂田：《越南在经济转型中处理社会矛盾的举措》，载《当代世界社会主义问题》2009 年第 1 期。

社会主义定向的市场经济模式。

3. 开展对社会主义政治革新问题的探索。越南在进行经济改革的同时，积极发展社会主义民主政治，包括推进民主选举，实行民主决策，加强民主监督，强化基层民主建设。并且不断提高执政党能力建设，包括深入开展党内反腐败斗争，修改党章等等。[①]

客观地分析越南的社会主义实践可以看出，他们试图努力从整体上理解和把握马克思主义并在实践中予以贯彻，表现在：

（1）坚定社会主义信念和坚持社会主义的发展方向不动摇。苏联解体东欧剧变，曾使越南的一部分干部、党员、群众对社会主义产生了怀疑、动摇。面对信仰危机，越南共产党高举马列主义旗帜，认真总结经验教训，对各种错误思潮与倾向进行了坚决的回击，同时对越南的社会主义道路进行了深刻的反思，在改革和开放的实践中，更加科学地坚持了马克思主义的正确路线。

（2）加强党的自身建设和整顿，提高党的战斗力和凝聚力。越南共产党在总结东欧剧变的原因时，认为其原因是多方面的，但归根结底，是苏联东欧党的领导者推行了错误的路线、方针和政策，严重脱离了群众。所以，在新的历史时期，切实加强党的建设，不断提高执政水平，成为摆在越南执政党面前的一个十分紧迫的任务。

（3）融入国际社会，实行全方位外交。20 世纪 70 年代末至 80 年代末，由于长期奉行向苏联"一边倒"的外交战略和出兵柬埔寨的错误外交路线，越南在国际上十分孤立。尤其是在苏联解体东欧剧变后，苏联原先允诺向越南提供的物资数量落空。同时，美国继续对越南实行严厉的禁运政策，阻止国际组织和西方其他国家向越南提供任何援助。越南既失去传统的苏联东欧援助以及市场，又无法向西方国家或国际组织寻求任何援助。要走出这个困境，除了全方位的革新开放外别无选择。为此，越共六大制定了"广交友，少树敌，创造有力的国际环境，为国内经济建设服务"的外交方针。进入 90 年代中期以来，逐步形成开放过程中"全方位、多元化的指导方针，优先发展与世界重要国家和国际组织的经济外交"。[②]

（4）实行社会主义定向的市场经济，推动本国经济发展。越南在建国后的相当长一段时间里，一直推行苏联的计划经济模式，直到 20 世纪 70 年代末，经济危机的出现暴露出计划经济体制的严重弊端，使越南领导人不得不进行反思，

---

① 张晓红、鲍常勇：《21 世纪以来越南社会主义革新的新发展及其启示》，载《中州学刊》2009 年第 3 期。

② 赵排风：《越南社会主义革新的实践与理论创新》，载《河南大学学报（社会科学版）》2007 年第 4 期。

并实现了几个重大转变：一是从依附大国的发展战略转到独立自主的发展战略，走上了谋求独立自主的发展道路；二是从走苏联社会主义建设道路转到建设符合越南条件和特点的社会主义；三是从奉行中央计划经济的发展战略转到依靠市场机制与国家宏观管理相结合的社会主义定向的市场经济发展战略；四是从自我封闭的发展战略转到全方位开放的发展战略，提高了在迅速变化的世界中处理对外关系所需要的灵活性。

越南社会主义革新过程中也存在一些问题：（1）对社会主义发展阶段问题认识有待深入。一方面越南把目前的社会发展阶段定位为社会主义的过渡时期，但对社会主义过渡时期的时间长度一直没有定论；另一方面2001年越共九大正式采用"社会主义定向市场经济"的理论，但在实行过程中对出现很多新问题和新矛盾缺乏合理的解释。（2）革新开放步伐过快，如国企改革允许大量的企业破产，金融上实行浮动汇率制等，经济发展的风险较大，对金融危机的承受力较差。（3）党内外各种贪污腐败现象严重，在群众中造成恶劣影响，成为人民群众切齿痛恨的"国难"，甚至"有某些国际组织把越南列为亚洲贪污腐败最严重的国家"。①

总体上说越南一直强调在改革过程中坚持民族独立和马列主义、胡志明思想为基础的社会主义目标。改革不是放弃社会主义，而是对社会主义有更加正确的认识和得到有效的建设；改革不是背离而是要正确认识、创造性地运用和发展马列主义、胡志明思想，并以此作为党的思想基础和革命行动的指南。对马克思主义的认识随着实践发展和时代进步在不断深化。从实践来看，"2008年人均GDP达到了1 000美元的历史性突破，从而迅速地步入了中等发展中国家行列"。② 实践效果表明，越南党和人民对马克思主义的认识克服了许多片面性和教条主义方面的错误，对马克思主义精髓、精神实质、基本原理的理解达到了一定的高度。当然，越南在社会主义实践和革新过程中也存在一些未解难题和失误，这表明对于马克思主义理论的整体性认识，还需要在进一步的建设和革新实践中不断提高水平。

（三）老挝在社会主义实践中对马克思主义理论整体性的认识和应用

老挝人民革命党创建于1955年，1975年执政。苏联解体东欧剧变后，仍坚持共产党的领导和社会主义方向，积极推进经济、政治体制改革。在30多年的

---

① 张晓红、鲍常勇：《21世纪以来越南社会主义革新的新发展及其启示》，载《中州学刊》2009年第3期。

② 潘金娥：《试论越南社会主义道路的历史必然性》，载《科学社会主义》2009年第2期。

社会主义建设过程中，老挝在社会主义的道路上也形成了自身的鲜明特点。

1. 老挝社会主义实践的主要内容。

（1）积极推进经济体制革新。1986 年人民革命党"四大"确定了经济革新路线，老挝由高度集中的指令性计划经济体制向国家调节的市场经济体制过渡。经济体制革新的方针是：态度坚决、循序渐进、成龙配套、充实完善、反对保守和完美无缺的思想。首先是在农村进行改革。1987 年开始解散农业社，推行家庭承包。在此基础上，政府鼓励农民扩大承包范围，除可以承包现有土地、鱼塘外，还可以承包荒山、树林；政府还制定或修订了相应的农业法律。其次是在城市进行改革。在工厂、企业实行经济核算制和扩大经营自主权的基础上，实施了经济转轨的一系列措施。初步形成以生产资料公有制为基础，多种所有制成分、多种所有制形式和多种组织形式并存的格局。

（2）不断推进政治体制革新。1991 年人民革命党"五大"提出政治体制革新的目标、方针、原则，由此拉开了政治体制革新的序幕。政治革新主要表现在：一是加强国家政权建设与发扬民主相结合。1991 年以后，老挝将人民议会的组织机构变成了单一的国会，取消了省、县人民议会；将部长会议改为总理府，总理为政府首脑。1993 年始，国会议员由选民直接选举产生。1997 年 3 月修改《国会议员选举法》，选举遵循民主、公开、竞争、保密原则。二是精简机构、提高效率。为适应市场经济发展的需要，老挝提出建立"精干协调、合理高效的政府机构"的目标，从 1991 年起已两次大规模调整机构，精简人员。三是加强法制建设，依法治国。自 1991 年颁布实施《宪法》以来，已颁布了 40 多部法律。这些法律的出台，对依法治国发挥了十分重要的作用，有力地保障了政局稳定和革新事业的顺利进行。四是加强党的自身建设，提高领导能力。老挝人民革命党执政以来，特别是东欧剧变后，更加注重党的建设，坚定理想信念，提高干部队伍素质，不断加大反腐败工作力度，以适应国际形势和世界社会主义运动剧烈变化及革新事业的需要。

2. 老挝的社会主义理论和实践对马克思主义理论整体性认识的体现。

第一，老挝进行的改革表明了他们对马克思主义的认识日益深化。老挝党自 1975 年成为执政党，特别是 1986 年召开"四大"以来，通过不断总结本国革命与建设中正反两方面的经验教训，同时学习借鉴外国的改革理论、经验，逐步认清了国情，并积极探索适合本国国情的发展道路，完成了革命阶段、中心任务、外交路线的"三个转变"。老挝的社会主义实践在发展，认识在深化，已初步形成了具有老挝特色的社会主义理论，开辟了社会主义事业新局面。

第二，老挝社会主义实践所取得的成就，表明了他们对马克思主义整体把握收到成效。自 1986 年老挝人民革命党在第四次全国代表大会上摒弃了闭关自守的观点，提出了建设社会主义、特别是发展社会主义经济的理论，提出经济革新的目标以来，老挝经济发展取得一定成效，经济增长速度提升，近年来，老挝经济增长速度较快，人民生活水平有很大改善。

第三，老挝社会主义实践的继续创新表明了他们对马克思主义整体性认识不断加深。2001 年，老挝人民革命党在第七次全国代表大会制定了五年、十年和二十年经济社会发展规划，提出了加快自然经济向商品经济过渡，逐步摆脱不发达状态的阶段性奋斗目标。"2005 年老挝的经济增长达到 7.2%，2006 年达到 7.5%，2007 年达到 8%。目前，老挝正在建设东盟地区运输通道，以期发展成为地区交通枢纽国家，从而加强与东盟邻国的联系与合作。2007 年，老挝金融形势继续保持稳定，通货膨胀率仅为 4.1%，为 10 年来最低值。2008 年，老挝人民革命党及老挝政府提出将继续保持国家金融形势稳定，增加银行储蓄存款，扩大信用贷款，继续推动银行业的发展壮大和现代化，为 2010 年建立证券市场打下坚实基础"。[①]

第四，老挝党和人民对社会主义认识的发展，表明了他们对马克思主义的认识上升到了一个新水平。老挝目前已初步形成了具有老挝特色的社会主义理论，作为这一理论和实践的成果，老挝党六大政治报告总结十年革新取得了五条经验：一是加强全党、全民团结统一和发扬独立自主、自力更生精神是革新事业成功的决定性因素；二是一切依靠人民、为了人民是党的一贯宗旨；三是维护政局稳定和社会安宁是革新的必要条件；四是加强党对各个领域的领导和提高国家机关的管理效能是使革新沿着党的路线和目标前进的保证；五是本国的力量与时代的力量相结合，有原则地争取国际援助是老挝经济发展必不可少的条件。所有这些说明，马克思主义在老挝实践中越来越被科学认识。

当然，老挝社会主义实践反映的一些问题，也表明其对马克思主义整体性认识、运用和发展同样存在不足，有待于实践中进一步加以完善。

（四）朝鲜在社会主义实践中对马克思主义理论整体性的认识和应用

1945 年 8 月，朝鲜从日本统治下获得解放。实现了土地改革和重要产业的国有化。从 1953 年朝鲜战争结束到 1958 年，朝鲜通过社会主义改造，建立起国家所有制和集体所有制为基础的社会主义经济制度，并在社会主义实践中选择了"主体社会主义"的建设道路。

1. 朝鲜作为党和国家发展指导思想的主体思想。朝鲜把金日成创立的主体思想作为自己活动的指导方针，称作主体社会主义理论，简称主体思想。主要就

---

① 记者凌朔、黄海敏综述：《老挝经济在革新中持续发展》，新华网，2008 年 3 月 29 日。

是指依据自己的力量，解决问题。要求"每个党员在本国的具体环境和条件下进行革命斗争，并通过这一斗争丰富国际革命运动的经验，为进一步发展这一运动作出贡献"。① 主体思想的核心就是认为革命和建设的主人是人民群众，推动革命和建设的力量也在于人民群众。

2. 朝鲜社会主义实践的特点。

（1）政治方面。朝鲜劳动党是执政党，最高人民会议是最高权力机关，行使立法权；国防委员会是国家权力的最高军事领导机关，它实际上是共和国政权的中枢机关，共和国的国家权力体系实际上是以国防机构为支柱的、军权为重的机构体系，国家最高权力的行政执行机关是内阁，国家地方权力机关是地方人民会议，地方委员会是本级人民会议闭会期间的地方国家权力机关及其行政管理机关，地方人民会议不设地方常任委员会。朝鲜是一个非常讲政治的国家，政治工作走在一切工作的前面。

（2）经济方面。朝鲜在 20 世纪 50 年代构筑了以苏联模式为蓝本的计划经济体制，70 年代经济增长较快，80 年代经济增长放慢，直到进入 21 世纪，朝鲜经济才出现小幅增长，但尚未摆脱困难局面。朝鲜的经济制度表现为：实行生产资料的国家所有制和合作社所有制，前者是全民所有制，后者是集体所有制。目前仍坚持计划经济，反对市场经济，实行有限开放政策。从 1984 年以来，朝鲜也试图进行经济体制调整，但进展缓慢。

（3）军事方面。朝鲜实行以军事为中心的强盛大国战略。近年来，朝鲜一直把加强军事作为重中之重，把军队作为政治稳定和对外政策的最重要的支撑点。在全党全国推行"先军政治"思想。所谓"先军政治"，就是把军队工作、军事建设放在国家政治生活的中心，军队在政治、经济等诸方面享有特殊的地位。1998 年，金正日又提出建设思想强国、军事强国和经济强国的"强盛大国"的战略。

（4）思想方面。提出大力加强思想政治工作，在全国军民中牢固树立坚持主体社会主义、誓死保卫以金正日为首党中央的思想指导。

总体来看，朝鲜的改革和开放步伐不大，是其社会主义实践中与其他社会主义国家实践的显著区别。2007 年朝鲜三大主要报纸《劳动新闻》、《朝鲜人民军》、《青年前卫》的"新年共同社论"使用了很大的篇幅来论述经济建设，明确指出"国家应该集中力量来解决经济问题"，提出国家的主要任务是迅速提高人民生活水平，加紧实现国家经济现代化的技术改造。从 2009 年 12 月 1 日起，朝鲜新推出一项令世人瞩目的货币改革，将现有的 100 元改为新币 1 元，每人可

---

① 金日成：《关于我国革命的主体》第 1 卷，朝鲜外文出版社 1975 年版，第 422 页。

兑换 15 万元。当局解释说兑换货币是为消除富者愈富、贫者愈贫的经济失衡现象，亦有打击黑市、维系政权稳固等多方面的目的。效果如何，需要实践进一步检验。

3. 朝鲜社会主义实践对马克思主义理论整体性的体现。在现有的社会主义国家中，朝鲜实行的是一种特殊的体制。对于朝鲜社会主义实践对马克思主义理论整体性的体现，我们也必须进行辩证的认识。

第一，朝鲜劳动党在非常艰难的实践环境中对马克思主义进行了诠释。自冷战结束后，朝鲜经济开始出现困难局面。金日成去世后，朝鲜经济形势更加严峻。能源和工业原材料供给紧缺，粮食等一次性消费资料供应紧张，国民经济出现了徘徊不前的局面。朝鲜方面认为主要原因有三个：首先，苏联和东欧社会主义市场的消失。过去朝鲜国民经济所需的原油、焦炭、棉花、橡胶等经济战略物资，60%～70% 要依靠苏联与东欧社会主义市场提供，社会主义市场的消失使朝鲜的贸易条件大大恶化。其次，以美国为首的帝国主义对朝鲜的经济封锁。从 1950 年 6 月，即朝鲜战争爆发之后起，美国对朝鲜采取了贸易、金融和技术等方面的制裁和封锁。进入 20 世纪 90 年代以后，美国对朝鲜的经济制裁进一步加剧，采取各种威胁手段，迫使一些国家放弃同朝鲜进行贸易。最后，连年遭受自然灾害。从 1995 年开始，朝鲜连年遭遇严重的洪涝、干旱等自然灾害，粮食产量严重下降，加重了国民经济的困难局面。进入新世纪以后，朝鲜的通货膨胀问题也开始出现，这不仅表明经济问题日益严重，而且呈现多样化趋势。在这种别人不能体验的环境和特殊困难条件下坚持走社会主义道路和社会主义基本原则，就体现了在根本上坚持马克思主义。换句话说，坚持社会主义本身是整体意义上坚持马克思主义的根本体现。

第二，朝鲜劳动党长期以来对马克思主义理解和运用有其独到的见解和实践。例如朝鲜提出的"主体社会主义思想"和"先军政治"，就是根据本国实践和依据一定条件的产物。正如有学者指出的那样，"朝鲜实行的'先军政治'政策，有其现实国际形势与国家生存的需要"。[①]

第三，朝鲜劳动党对马克思主义的理解和社会主义实践运用也有需要进一步认识和实践探索的方面。如对什么是马克思主义，怎样坚持马克思主义的探索和如何运用马克思主义解决本国问题，如何在坚持马克思主义的同时防止把马克思主义教条化，如何在坚持马克思主义的同时不断进行实践创新等等。

---

① 李慎明、姜述贤、王立强：《执政党的经验教训》，社会科学文献出版社 2008 年版，第 53～54 页。

第五章

中国化马克思主义与马克思主义整体性

马克思主义不仅指马克思、恩格斯创立的基本立场、基本理论、基本观点和学说的体系，也包括后人对它的发展，即发展了的马克思主义。作为中国共产党和社会主义事业指导思想的马克思主义，既包括由马克思、恩格斯创立的马克思主义的基本立场、基本理论、基本观点、基本方法，也包括经列宁继承和发展，推进到新的阶段，并由毛泽东、邓小平、江泽民等为主要代表的中国共产党人将其与中国具体实际相结合，进一步丰富和发展了的马克思主义，即中国化的马克思主义。中国化马克思主义是进一步体现马克思主义整体性的马克思主义，要深入理解和把握马克思主义的整体性，必须认真学习和坚持中国化马克思主义。

第一节　马克思主义中国化和中国化马克思主义

一、马克思主义中国化

（一）马克思主义中国化的历史条件

马克思主义中国化首先是一个复杂的社会过程。一种理论，无论其观念形态

157

如何具有高度的抽象性，但使高度抽象的理论具有生命力的现实内容却不可避免地具有历史的、地域的和民族的局域性。因此，这种理论能否超越时空界限进入到另一个民族国家的文化体系，能否为另一个民族国家的知识分子和广大民众所接受，首先取决于这种理论的主题与另一个民族的社会变革的实践主题是否具有相关性，也就是说，这种理论对于这个民族国家社会变革过程所面临的社会矛盾和社会问题是否具有潜在的理论诠释能力，是否能为其摆脱变革困境提供可能的途径或思路①。

中国社会与西方社会虽然发展程度不同、发展道路不同，但随着资本主义生产方式的发展、资本的全球性扩张和世界市场的建立，中国也逐渐在全球范围内结束了民族国家自然、自发的发展道路，而在一定程度上向"世界历史"转变。正如马克思、恩格斯在《共产党宣言》中所讲的那样："资产阶级，由于一切生产工具的迅速改进，由于交通的极其便利，把一切民族甚至最野蛮的民族都卷到文明中来了。它的商品的低廉价格，是它用来摧毁一切万里长城、征服野蛮人最强的仇外心理的重炮。它迫使一切民族——如果它们不想灭亡的话——采用资产阶级的生产方式；它迫使它们在自己那里推行所谓的文明，即变成资产者。"②如同其他任何一个民族国家一样，中国这个最古老的文明古国也被卷入到这个世界历史的进程中，其传统的社会模式受到了现代资本主义的强有力的挑战。1840年鸦片战争的爆发，客观上表明中国闭关自守的封建主义制度已经不能继续存在下去了。1853年，马克思在谈论"中国革命和欧洲革命"的关系时指出："中国的连绵不断的起义已经延续了约10年之久，现在汇合成了一场惊心动魄的革命；不管引起这些起义的社会原因是什么，也不管这些原因是通过宗教的、王朝的还是民族的形式表现出来，推动了这次大爆发的毫无疑问是英国的大炮，英国用大炮强迫中国输入名叫鸦片的麻醉剂。满族王朝的声威一遇到英国的枪炮就扫地以尽，天朝帝国万世长存的迷信破了产，野蛮的、闭关自守的、与文明世界隔绝的状态被打破，开始同外界发生联系，这种联系从那时起就在加利福尼亚和澳大利亚黄金的吸引之下迅速地发展起来。同时，这个帝国的银币——它的血液——也开始流向英属东印度。"③同样，在世界历史条件下，中国社会的变化也不可能不对欧洲乃至整个世界产生强烈的影响。"英国的大炮破坏了皇帝的权威，迫使天朝帝国与地上的世界接触。与外界完全隔绝曾是保存旧中国的首要条件，而当这种隔绝状态通过英国而为暴力所打破的时候，接踵而来的必然是解体的过程，

---

① 杨谦：《中国哲学的现代追寻——马克思主义哲学中国化的过程与机制》，中国社会科学出版社2007年版，第2页。

② 《马克思恩格斯选集》第1卷，人民出版社1995年版，第276页。

③ 《马克思恩格斯选集》第1卷，人民出版社1995年版，第690页。

正如小心保存在密闭棺材里的木乃伊一接触新鲜空气便必然要解体一样。可是现在，当英国引起了中国革命的时候，便发生一个问题，即这场革命将来会对英国并且通过英国对欧洲发生什么影响？这个问题是不难解的。"①

世界历史进程必然把世界上的各个民族紧密联系在一起，任何民族要想独立在世界历史之外都成为不可能的。这种历史条件下，产生于西方社会的马克思主义同样具有世界历史意义，它并不是仅仅适用于欧洲国家或西方社会，而且必然对进入世界历史进程中的民族和国家具有普遍的指导意义。对于中国来说，西方资本主义的入侵，打破了其闭关自守的状态，客观上促进了中国社会与西方社会的联系，这种联系为中国人民寻找救国图强的真理提供了条件。特别是在鸦片战争以后，帝国主义列强对中国的经济掠夺、政治干预、文化渗透乃至军事侵犯，以及清朝政府的专横腐败和对帝国主义列强的软弱、屈从、退让，使这一时期的中国社会成为各种社会矛盾的集合点。错综复杂的社会矛盾和激烈动荡的社会状况，帝国主义列强强迫当时的政府签订的一个又一个不平等条约，带给中国人的灾难和精神痛苦，激发了那些爱国的、先进的中国知识分子对中国社会问题的深度思考和变革社会的强烈愿望。而当他们在不堪忍受的屈辱中思索阻碍中国进步的文化根源时，他们发现本土文化中的那些普遍的观念，尽管不乏丰厚的智慧资源，但在总体上或整体上更有利于维系旧的统治阶级的统治，而不是更有利于改造中国社会，当人们感到自己所处的生活世界必须得到彻底的革命性改造才能更适合于中国人的生存与发展的时候，与这个旧的生活世界息息相关的传统哲学观念却更多地表现为历史的惰性和精神的束缚。摆脱这种文化束缚的努力，使主张进步的中国学者把学术目光投向西方，希图从西方文化中汲取文化更新和社会改造的思想资源，这就是中国进步知识分子最终接受马克思主义的历史前提。

在众多思潮汇涌的近代中国，马克思主义之所以最终能够很快被进步知识分子所吸收，进而主导了中国从以自然经济为基础的封建社会向半封建半殖民地社会并进，进而向新民主主义社会和社会主义转变，其根本原因，就在于马克思主义理论最能适应中国无产阶级和广大劳动群众反剥削、反压迫的斗争需要。马克思和恩格斯所创立的理论是对18～19世纪欧洲国家从以自然经济为基础的、体现农业文明的传统社会向以市场经济为基础的、体现工业文明的现代社会过渡的社会变革过程的理论反映，它考察了资本主义生产方式和资本主义社会形态在欧洲形成和发展的过程，深刻剖析了资本主义社会的性质、结构和基本矛盾，揭示了这个变革过程以及资本主义生产方式本身所蕴含的复杂的社会矛盾和社会问题，特别是揭示了资本主义生产关系本身所包含的无产阶级和资产阶级之间的矛

---

① 《马克思恩格斯选集》第1卷，人民出版社1995年版，第692页。

盾和斗争，指出在资本主义生产力充分发展的基础上，这两大阶级之间的矛盾和斗争必将导致无产阶级革命或无产阶级的解放运动，从而最终造成资本主义的灭亡和新的社会形态即共产主义社会的产生。毫无疑问，马克思主义的理论主题，就是要推翻剥削人、奴役人的社会制度，谋求人类的解放。因此这种理论对于关注社会变革，特别是谋求劳苦大众翻身解放的革命知识分子来说，肯定具有强大的吸引力。

（二）马克思主义中国化的提出和发展

当 20 世纪初马克思主义传入中国的时候，中国还处在半封建半殖民地社会，正在遭受帝国主义列强的践踏和蹂躏，经济文化十分落后。近代以来，为了改变落后挨打的局面，缩短与资本主义之间在社会发展程度上长达数百年的历史差距，中国先进知识分子曾经试图学习西方，从西方引进资产阶级的社会学说和政治理论，在中国发展资本主义，却被实践证明此路不通。

十月革命一声炮响，给中国送来了马克思主义。1921 年中国共产党的成立，给中国革命和中国的发展带来了新的生机。中国共产党成立之后，开始应用马克思主义理论解决中国革命实际问题的探索，但是，由于缺乏对中国国情深刻的认识和对马克思主义深入的理解，因而曾经犯过右倾错误和"左"倾错误，给中国革命造成了巨大损失。产生这些错误的思想根源主要是教条主义地理解和运用马克思主义。错误和挫折促使中国共产党人对历史的经验进行认真的总结和反思。在这样的背景下，马克思主义中国化的思想逐步形成并提了出来。

最早提出马克思主义中国化的是毛泽东。1938 年 10 月，在中国共产党（扩大的）六届六中全会上，毛泽东作了题为《论新阶段》的长篇报告。这一著名报告的第七部分，就是《中国共产党在民族战争中的地位》。他以北伐战争时期和土地革命战争时期我们党经历的两次胜利和两次失败的历史经验为鉴戒，以抗日战争初期我们党在统一战线问题上出现的右倾错误为鉴戒，深刻地指出："没有抽象的马克思主义，只有具体的马克思主义。所谓具体的马克思主义，就是通过民族形式的马克思主义，就是把马克思主义应用到中国具体环境的具体斗争中去，而不是抽象地应用它。成为伟大中华民族之一部分而与这个民族血肉相连的共产党员，离开中国特点来谈马克思主义，只是抽象的空洞的马克思主义。因此，马克思主义的中国化，使之在其每一表现中带着中国的特性，即是说，按照中国的特点去应用它，成为全党亟待了解并亟须解决的问题。"[①] 这里，毛泽东

---

① 毛泽东：《论新阶段》，《中共中央文件选集》第 11 册，中共中央党校出版社 1991 年版，第 658～659 页。

第一次提出了"马克思主义中国化"的任务,强调它是全党"亟待了解并亟须解决的问题"①。其后,刘少奇在党的七大上论述毛泽东思想是我们党的指导思想,明确指出毛泽东"成功地进行了……马克思主义中国化的事业"。由于种种原因,新中国建立以后的长时间内,马克思主义中国化的提法没有普遍运用,但进入 21 世纪特别是党的十六大之后,在党的文件和领导人讲话中又比较频繁地使用马克思主义中国化,并明确提出了"不断推进马克思主义中国化"的要求。②

毛泽东当时提出马克思主义中国化主要目的是反对教条主义,强调的是学会灵活地把马克思主义和外国经验运用到中国实际斗争中去。按照毛泽东最初的阐述,马克思主义中国化主要包括两方面的内容:一是指马克思主义在内容上的中国化,即把马克思主义理论应用于中国的具体环境,把国际主义的内容加以改造,与中国特点相结合,形成中国特点的马克思主义;二是指表现形式上的中国化,即马克思主义要取得民族的形式,使马克思主义通俗化、现实化和大众化,具有中国作风和中国气派。

新中国成立后特别是 1978 年改革开放以来,邓小平、江泽民、胡锦涛的著作或讲话中,也有马克思主义中国化的许多相关论述。邓小平 1956 年 11 月在一次谈话中就说过:"马克思列宁主义的普遍真理与本国的具体实际相结合,这句话本身就是普遍真理。它包含两个方面,一方面叫普遍真理,另一方面叫结合本国实际,我们历来认为丢开任何一面都不行。"③ 1982 年,在党的十二大开幕词中邓小平又强调指出:"把马克思主义的普遍真理同我国的具体实际结合起来,走自己的道路,建设有中国特色的社会主义,这就是我们总结长期历史经验得出的基本结论。"④ 在江泽民的著作中,把马克思列宁主义的普遍真理与中国的具体实际相结合的思想也多处可见:"马克思列宁主义、毛泽东思想一定不能丢,丢了就丧失根本。同时一定要以我国改革开放和现代化建设的实际问题、以我们正在做的事情为中心,着眼于马克思主义理论的运用,着眼于对实际问题的理论思考,着眼于新的实践和新的发展。"⑤ "八十年的实践启示我们,必须始终坚持马克思主义基本原理同中国具体实际相结合,坚持科学理论的指导,坚定不移地走自己的路。"⑥ 胡锦涛不仅多次使用了"马克思主义中国化"的命题,而且强调:"我们必须始终坚持解放思想、实事求是、与时俱进,继续在新的时代条件

---

①② 李君如:《马克思主义中国化若干问题研究》,载《中共中央党校学报》2008 年 2 月第 12 卷第 1 期。

③ 《邓小平文选》第一卷,人民出版社 1989 年版,第 258 ~ 259 页。

④ 《邓小平文选》第三卷,人民出版社 1993 年版,第 3 页。

⑤ 《江泽民文选》第 2 卷,人民出版社 2006 年版,第 12 页。

⑥ 《江泽民文选》第 3 卷,人民出版社 2006 年版,第 270 页。

下把马克思主义基本原理同中国具体实际相结合，不断推进马克思主义的中国化。"①

（三）马克思主义中国化的实质

关于马克思主义中国化的含义和实质，理论界多有讨论。从上述毛泽东提出这一命题时所赋予的含义看，马克思主义中国化，就是按照中国的特点应用马克思主义，就是把马克思主义应用到中国具体环境的具体斗争中去，使之在其每一表现中带着中国的特性，具有民族的形式，使马克思主义在中国具体化。

在近些年的讨论中，理论界对马克思主义中国化的理解虽基本一致但也略有差异。有学者认为，马克思主义中国化就是将马克思主义基本原理与中国实际相结合的一种历史过程。这一历史过程是一个不断认识、掌握和运用马克思主义基本原理的过程；是一个不断深入认识中国国情，揭示和掌握中国革命、建设和改革规律的过程；是一个在实践基础上不断总结经验和推进理论创新的过程。② 也有学者认为，马克思主义中国化的实质是马克思主义民族化、中国传统文化现代化和中国实践经验的马克思主义理论化的有机统一。③ 也有学者认为，马克思主义中国化的思想实质就是把马克思主义基本原理同中国具体实际相结合，它包括马克思主义基本原理同中国的实践、中国的历史传统、中国的民族文化相结合这三个基本方面，它是一个一脉相承又与时俱进的历史过程。④ 还有学者认为，马克思主义中国化，本质是马克思主义的基本原理和中国革命的具体实践相结合。其科学内涵存在着互相联系的两个方面：一是中国化马克思主义的内容和形式的统一；二是马克思主义在中国的发展道路和理论形态的统一。⑤

根据毛泽东最初赋予的含义和后来学者们的讨论和理解，同时考虑到最初提出和后来特别强调马克思主义中国化的 20 世纪 30 年代和 21 世纪初的背景，我们认为，马克思主义中国化最基本的含义就是马克思主义基本原理与中国具体实际相结合。其内涵可以从几个角度去理解和把握：

第一，从理论与实践结合的角度说，马克思主义中国化强调的是马克思主义

---

① 《十六大以来重要文献选编》，中央文献出版社 2005 年版，第 645 页。

② 田克勤：《马克思主义中国化的历史进程与中国化的马克思主义》，载《思想理论教育导刊》2007 年第 1 期。

③ 袁辉初：《论马克思主义中国化的实质》，载《马克思主义研究》2006 年第 2 期。

④ 许全兴：《全面准确地理解马克思主义中国化的内涵》，载《毛泽东和邓小平理论研究》2006 年第 4 期；包心鉴：《一脉相承、与时俱进的重大理论成果——论科学发展观在马克思主义中国化进程中的历史地位》，载《中国社会科学院研究生院学报》2006 年第 4 期；陈占安：《马克思主义中国化的科学内涵》，载《思想理论教育导刊》2007 年第 1 期。

⑤ 李君如：《马克思主义中国化若干问题研究》，载《中共中央党校学报》2008 年第 1 期。

的理论与中国实践相结合。马克思主义是理论形态的真理，而理论是要受到实践检验并在实践中才能得到发展的，所以马克思主义的理论必须与各国具体实际相结合，当然在中国首先是要同中国具体实际相结合，只有这样，马克思主义才能从抽象的理论变成活的具体的理论，才能显示出真理的光芒和理论指导实践的强大力量。

第二，从一般性与特殊性的角度说，马克思主义中国化强调的是将马克思主义的普遍真理与中国的特殊实践相结合。马克思主义是从对多个国家的特殊分析中得出的一般理论，所以具有一般性或普遍适应性，这是就马克思主义的基本原理而言的，而实践总是具体的特殊的实践，当再把这样的基本原理用以指导实践时，就必须从当时当地的实际情况出发。这就是马克思主义中国化强调的必须将马克思主义的基本原理与中国的特殊实践相结合。只有这样，马克思主义才会具有针对性和有效性。

第三，从动态的和发展的角度说，马克思主义中国化强调的是把马克思主义基本原理与中国具体实际相结合不断发展和创新的过程。这个过程也就是毛泽东所讲的把马克思主义应用到中国具体环境的具体斗争中去，使之在其每一表现中带着中国的特性，具有民族的形式，使马克思主义在中国具体化的过程。中国的革命和建设实践是不断发展的，所以马克思主义中国化也将是一个不断发展深化的过程。只有这样，马克思主义才能显示出永久的生命力和活力。

对于马克思主义中国化的这样理解符合马克思主义经典作家本意，也是总结我国几十年实践经验得出的结论。马克思主义理论诞生后，马克思、恩格斯一直都是着眼实际，着眼历史条件的变化，以实事求是的科学态度对待自己创立的理论。早在 1872 年《共产党宣言》德文版序言中，马克思、恩格斯就指出，"这些原理的实际运用，正如《宣言》中所说的，随时随地都要以当时的历史条件为转移"。① 在中国共产党和新中国的历史上，既发生过在新民主主义革命时期某些时候脱离中国的实际情况而完全按"本本"办事的教条主义，结果使中国革命遭受严重损失，也出现过社会主义建设时期某些时候脱离中国的实际情况而拘泥于马克思主义的个别结论的保守僵化的问题，结果束缚了生产力的发展和社会主义优越性的发挥等严重教训。当然，更多的时候是将马克思主义基本原理与中国具体实际相结合，结果走出了农村包围城市武装夺取政权的道路，取得全国革命胜利，建立了新中国；新中国建立后，进行了社会主义建设探索，特别是三十年来实行改革开放，取得举世瞩目成就的成功经验。正反两个方面的经验教训都说明，马克思主义中国化的命题是科学的，将马克思主义基本原理与中国的具

---

① 《马克思恩格斯选集》第 1 卷，人民出版社 1995 年版，第 248 页。

体实际相结合，是坚持和发展马克思主义的正确论断和选择。

二、从马克思主义中国化到中国化马克思主义

（一）"中国化马克思主义"的提出和发展

与马克思主义中国化紧密相关的范畴是中国化马克思主义。1940年2月，艾思奇在《论中国的特殊性》中说，中国已经产生了一些发展马克思主义的理论，因此也就有了自己的马克思主义。这里的"有了自己的马克思主义"的论断是此后提出"中国化的马克思主义"的概念的先导。1942年7月1日，朱德在《纪念党的二十一周年》一文中，首次提出并使用了"中国化的马列主义理论"这一概念。他说："今天我们党已经积累下了丰富的斗争经验，正确地掌握了马列主义的理论，并且在中国革命的实践中创造了指导中国革命的中国化的马列主义的理论。"① 同日，《晋察冀日报》发表了由邓拓撰写的题为《纪念"七一"——全党学习掌握毛泽东主义》的社论，其中说"中国共产党在二十一年的斗争中已经把马列主义民族化、中国化了，马列主义的中国化就是毛泽东主义，毛泽东主义，就是中国马克思列宁主义"。同年11月10日，邓小平在北方局党校整风动员会上的讲话中，又提出并使用了"中国化的马列主义"这一概念。他说："我党自从一九三五年一月遵义会议之后，在以毛泽东为首的党中央领导之下，彻底克服了党内左、右倾机会主义，一扫主观主义、宗派主义和党八股的气氛，把党的事业完全放在中国化的马列主义，即毛泽东思想的指导之下，直到现在已经九年的时间，不但没有犯过错误，而且一直是胜利地发展着"②。1943年6月，任弼时在其撰写的《共产党员应当善于向群众学习》一文中指出："学习马列主义，特别要去学习中国化的马列主义。"此后，1944年2月17日，彭真在关于中央党校第一部作整风学习与审查干部的总结中，在讲到整风运动的实质时，也提出过"毛主席的中国化的马列主义的思想"这一概念。③ 明确提出并使用"中国化的马克思主义"这一概念是在中共七大的重要文献中。1945年5月，刘少奇在大会上作了《关于修改党的章程》的报告，他指出：中国共产党"是一个完全新式的无产阶级政党，是全心全意为中国人民服务而在最坚固的中

① 《解放日报》，1942年7月11日。
② 《邓小平文选》第一卷，人民出版社1989年版，第88页。
③ 《彭真年谱》（上卷），中央文献出版社2002年版，第100~101页。

国化的马克思列宁主义理论的基础上建立起来的党。"① "中国共产党产生以来，产生了、发展了我们这个民族的特殊的、完整的关于中国人民革命建国的正确理论"，② 这个理论就是毛泽东思想，"就是中国的马克思主义"，③ 就是"发展着与完善着的中国化的马克思主义"④。他说：由于中国社会、历史的发展有其极大的特殊性以及中国的科学还不发达等条件，要使马克思主义系统地中国化是一件特殊的、困难的事业，而正是毛泽东出色地、成功地进行了这件特殊困难的马克思主义中国化的事业，形成了毛泽东思想。他在报告中频繁地同时使用"马克思主义中国化"和"中国化的马克思主义"这两个概念。这个报告，充分表明当时的中共领导人对"马克思主义中国化"和"中国化马克思主义"的认识已达到一个新水准。

1992 年中共十四大提出，邓小平建设有中国特色社会主义的理论是马克思列宁主义基本原理与当代中国实践和时代特征相结合的产物，是当代中国的马克思主义。1997 年中共十五大将"邓小平建设有中国特色社会主义的理论"定名为"邓小平理论"，并再次重申这一理论"是当代中国的马克思主义，是马克思主义在中国发展的新阶段"。2001 年江泽民在庆祝中国共产党成立 80 周年大会上的讲话中，使用了"中国化了的马克思主义"的概念。他指出："以毛泽东为核心的第一代中央领导集体和以邓小平为核心的第二代中央领导集体，带领我们党坚持把马克思列宁主义基本原理同中国具体实际紧密结合，形成了毛泽东思想、邓小平理论。这两大理论成果是中国化了的马克思主义，既体现了马克思列宁主义的基本原理，又包含了中华民族的优秀思想和中国共产党人的实践经验。"此后，胡锦涛等中央领导人又多次使用了"马克思主义中国化"的概念。这表明，中国共产党理论创新的高度自觉和已经达到的新境界。

关于中国化马克思主义，有几点需要特别予以明确：

第一，首先需要肯定，中国化马克思主义从本质上说是马克思主义。就基本立场、基本方法、基本观点而言，中国化马克思主义与通常说的由马克思、恩格斯创立，列宁等发展了的马克思主义是一脉相承的。就基本原理而言，中国化马克思主义具有由马克思、恩格斯创立、列宁等发展了的马克思主义的一切特征。因而，中国化马克思主义是中国共产党人对国际共产主义运动的贡献，是对无产阶级和全人类解放事业的贡献。

第二，中国化马克思主义具有时代的、中国的鲜明特色。中国化马克思主义是中国革命和建设所处时代和特殊条件的产物，具有鲜明的时代特征和中国特

---

① 《刘少奇选集》（上卷），人民出版社 1981 年版，第 314～315 页。
②③④ 《刘少奇选集》（上卷），人民出版社 1981 年版，第 333 页。

色。正如江泽民指出，中国化的马克思主义"既体现了马克思列宁主义的基本原理，又包含了中华民族的优秀思想和中国共产党人的实践经验"。① 从这样的意义上说，中国化马克思主义也可称为中国特色马克思主义。中国特色马克思主义是在新的历史条件下丰富发展了的马克思主义，是中国共产党人对马克思主义的继承和创新，是对马克思主义理论宝库做出的历史性贡献。

第三，中国化马克思主义是实践的产物，经过实践检验为实践证明是科学的理论。马克思、恩格斯创立的马克思主义，以科学的世界观和方法论，以发达资本主义为研究对象，揭示了人类社会发展规律和资本主义为社会主义所代替的必然性，成为无产阶级行动的指南。列宁从帝国主义和俄国的实际出发，继承和发展了马克思主义，形成了列宁主义。中国共产党带领中国人民经过新民主主义革命和社会主义革命、建设、改革开放，把一个积贫积弱的人口大国，从半殖民地半封建的落后状态建设成为独立自主的繁荣富强的社会主义国家。中国化马克思主义就是在这样的实践中创立和形成的，期间虽然有曲折甚至失败的惨痛教训，但实践反复充分证明，中国化马克思主义是指引全中国人民从胜利走向胜利的伟大旗帜和根本保证。《共产党宣言》发表以来近一百六十年的实践证明，马克思主义只有与本国国情相结合、与时代发展同进步、与人民群众共命运，才能焕发出强大的生命力、感召力。在中国，坚持中国化马克思主义就是真正坚持马克思主义。在当代中国，坚持马克思主义中国化的最新成果——中国特色社会主义理论体系，就是真正坚持马克思主义。

（二）马克思主义中国化与中国化马克思主义的内在联系

马克思主义中国化与中国化马克思主义是既相互联系又相互区别的概念，其联系在于马克思主义中国化是中国化马克思主义的前提和基础，中国化马克思主义是马克思主义中国化的必然结果；其区别在于前者指的是马克思主义基本原理与中国具体实际相结合的过程，后者指的是在马克思主义中国化的过程中所获得的理论成果。

首先，马克思主义中国化和中国化马克思主义具有共同的实践基础。马克思主义中国化与中国化马克思主义统一于中国革命、改革和发展的实践活动中，统一于中华民族复兴的伟大事业中。马克思主义对于中国革命和建设的价值与意义，首先不是一个理论问题，而是一个实践问题。实践具有直接的现实性，只有实践才能检验和证明马克思主义的真理性。马克思主义中国化的革命主题就是如何把马克思主义与中国的实际相结合，找到通过武装革命建立和通过改革不断发

---

① 《江泽民文选》第 3 卷，人民出版社 2006 年版，第 270 页。

展完善中国特色社会主义的理论和道路。马克思主义中国化的建设主题就是如何把马克思主义与中国的实际相结合，找到中国特色的现代化建设道路，建设社会主义现代化强国。马克思主义中国化就是寻求解决以上问题的理论指导和依据的过程，中国化的马克思主义就是解决这些问题的经验概括和理论提升。中国化的马克思主义包括毛泽东思想和中国特色社会主义理论体系，都是中国革命和建设实践经验的总结，是马克思主义基本原理与中国具体实际相结合的理论结晶。

其次，马克思主义中国化和中国化马克思主义具有共同的理论基础。毛泽东在《实践论》中指出，普遍和特殊、一般和个别、共性和个性、绝对和相对的道理是矛盾问题的精髓，不懂得它就等于抛弃了辩证法。可以说，矛盾的普遍性与特殊性的辩证关系是马克思主义中国化和中国化马克思主义共同的理论基础。不论是马克思主义中国化还是中国化马克思主义都要掌握和处理的理论与实践的核心问题是矛盾的普遍性与特殊性或者一般和个别、共性和个性的辩证关系。马克思主义反映了无产阶级的根本利益和要求，是无产阶级及其政党严整而科学的世界观和方法论，具有世界性的指导意义，这是普遍性。但是，马克思主义只有同各国的具体实际相结合，才能发挥其指导作用。马克思主义是发展的理论，其发展的内涵，就在于各国共产党人把它的基本原理与时代变化的特征相结合，并结合本国实际得出新的结论，中国化马克思主义就是马克思主义的"普遍性"与中国的"特殊性"的辩证统一的结果，因此，马克思主义中国化和中国化马克思主义这两个概念实际是一个问题的两个不同方面，前者更多强调的是马克思主义的"普遍性"，强调的是马克思主义基本原理的指导作用，后者更多强调的是中国的"特殊性"，强调的是中国的特殊历史和现实。普遍性寓于特殊性之中，并通过特殊性表现出来，特殊性中包含普遍性，二者是相互依存的辩证关系，只有掌握这个精髓，才能实现马克思主义中国化，只有掌握这个精髓，才能结出中国化马克思主义的硕果。

马克思主义中国化和中国化马克思主义的内在联系表明，马克思主义中国化和中国化马克思主义是互相促进的互动关系。马克思主义中国化过程促进了中国化马克思主义的产生和发展，中国化马克思主义的确立和发展反过来又推动了马克思主义中国化的进程。纵观马克思主义中国化的历史轨迹，不难发现在马克思主义与中国实际相结合的过程中，马克思主义中国化与中国化马克思主义是一个相互依存、相互促进的关系。中国化马克思主义只能产生于和发展于马克思主义中国化的过程中，中国化马克思主义表现为马克思主义中国化的逻辑结果，而中国化马克思主义的确立和发展又反过来进一步推动着马克思主义中国化的发展，没有马克思主义中国化，就不会有中国化马克思主义。同样，没有中国化马克思主义，就没有马克思主义中国化的历程。

三、马克思主义中国化的文化机制

马克思主义中国化问题多年来一直是我国学界主要关注的理论主题之一。特别是在近几年，有关这个问题的研究达到了一个高潮，产生了大量的研究成果。从文献资料上看，我国理论界比较重视对马克思主义中国化、不同学术传统和文化观念之间的交流与沟通等问题的研究；从研究的范围和所形成的各种学术见解看，研究的深度和广度都比以往有较大幅度的提高。但是，就这个主题所应具有的宏大历史内涵和重要的学术价值而言，目前学界有关这个问题的研究无论在视野上、方法上，还是在观念的建树上都存在着一些明显的不足。其中比较重要的缺陷之一，就是对中国文化吸收、消化外来文化的机制、方法和过程的研究相对薄弱，也就是对马克思主义中国化的研究缺乏方法论层面的探讨。这个问题应当通过探讨马克思主义中国化的文化过程来合理地加以解决。

所谓文化过程是指，在一定的民族国家中所产生出来的理论总是这个民族国家思想文化传统不断发展的产物，其理论的基本内容、话语方式、语言系统、概念框架、逻辑结构等各个方面均体现着民族文化的传承与发展，因而，该理论的思想内涵只有在该民族文化发展的历史脉络中才能得到完整的理解。因此，这种理论能否为异质文化的民族所接受以及怎样被吸收，取决于异质文化之间的互动机制，取决于在异质文化的互动中，一种民族文化消化和吸收外来文化的内在机制。这就如同一个生命有机体必须从外部自然界获取维持生命存在的物质和能量，但外界的物质和能量对于这个生命有机体来说并不是直接可用的，而必须通过一定的消化吸收机制，也就是所谓同化和异化的生理过程，将外界的物质和能量转换为生命有机体本身所需要的和能够使用的物质和能量。毫无疑问，经过这个转换过程，生命有机体维持自身生命存在的物质和能量虽然来自外部自然界，但其直接的存在形态已不同于外界的物质和能量。异质文化之间的互动同样包含着这样一种文化因素的转换过程。这就要求我们必须研究，中国文化通过什么机制消化和吸收了马克思主义理论，以及马克思主义理论如何改造了中国文化。从这个意义上说，马克思主义的中国化，就是通过中国文化的消化吸收机制，把马克思主义转换为中国文化的有机构成，或者说，使马克思主义同中国文化相融合而形成具有中国文化形态的马克思主义，即中国化的马克思主义。这个文化的消化吸收机制，大致包括文本互动、思想交锋、视界融合和综合创新四个基本环节。

1. 文本互动。从直接的表现形式上看，文本互动就是将外来的、记载思想理论的文本从一种语言翻译成本民族的语言，如将马克思和恩格斯的著作从德文或英文的文本翻译成中文文本。初看上去，文本互动主要解决的是语言符号的转换过程，但事实上语言符号的转换本身就包含着两种文化之间内在交流、会通的机理，也就是说，这个翻译过程不只是实现文字和语法的转换，而是将外来的思想文化置于本民族的文化语境或话语方式中。其中，语词或语义的翻译既包含着对外来文化的理解，也包含着对本民族文化的理解，因而翻译作品本质上是两种文化的相互理解过程。

文本互动是异质文化互动或文化消化吸收机制的首要性、基础性环节，马克思主义的中国化必然首先要通过文本互动将马克思主义理论汉语化为中国人可阅读、可理解的读本。其中特别是那些用中文表达的马克思主义理论术语的形成过程奠定了理解马克思主义的文化基础。因此，只有通过对马克思主义理论的关键术语如何转化为中国人可以接受和理解的现代语言的考察和说明，才能说明马克思主义与中国传统文化相互结合，最终融为一体的双向互动过程，才能把对马克思主义理论的研究纳入到中国人的视野之中，并在中国的语境下去发现马克思主义的理论价值。

文本互动的过程同时也是民族文化的语言更新过程。马克思主义理论体系中的基本范畴——如"社会"、"社会主义"、"共产主义"、"生产"、"生产力"、"生产资料"、"生产方式"、"经济基础"、"上层建筑"、"阶级"、"国家"、"革命"、"存在"、"思维"、"辩证法"、"形而上学"、"实践"、"认识"、"唯物主义"、"唯心主义"等——的汉语化绝大部分都是用汉语中含义相关的字组合成的新概念，部分原有的概念也经过重新界定而具有了新的含义。这种新词的产生和旧词的改造，既源自于民族文化传统，又超越了民族文化的原有语境，从而构造出能够容纳新思想、新观念、新理论的中国语言、概念系统，从而不仅为马克思主义的中国化的第一步——汉语化提供了必需的文化基础，而且使中国哲学范畴体系本身得到了更新、充实和完善。①

2. 思想交锋。通过文本互动，外来的思想理论以一种可阅读、可理解的文本形态进入民族文化的思想体系，这必然首先会在学术层面引起民族文化与外来文化的对话过程。这个对话过程一般表现为学术中文化保守主义对外来文化的抵制或抗拒，或者表现为极端崇尚外来文化的学术派别对民族文化的贬损或消解，或者表现为将两种文化进行比较、融通、互补的努力。这通常是一个学术讨论过程，这个过程伴随着文化心态上的种种矛盾。一般来说，一个民族所能接触到的

---

① 关于马克思主义理论范畴的汉语化问题，可参见杨谦著：《中国哲学的现代追寻》，中国社会科学出版社 2007 年版。该书对马克思主义理论的 28 个基本范畴的翻译过程作出了比较细致的考证。此外，还可参见德国学者李博著：《汉语中的马克思主义术语的起源和作用》，中国社会科学出版社 2003 年版。

外来文化并非是单一的，而是多种多样的，因此，思想交锋也表现为多种学术思潮、学术派别之间的对话或论战。只有把社会发展所面临的种种重大现实问题放到各种不同的理论范式中加以思考，才有可能使人们通过比较辨别出哪一种理论范式更有利于把握问题的实质，并为解决这些问题提供可靠的途径，至少为思考解决这些问题的途径提供可靠的思想方法，从而把这种理论吸收到本土文化的机体之中。通过讨论，最重要的是确认一种对民族问题最富有解释力，最能有效地动员社会，最有希望引导民族摆脱发展困境的思想理论的优势地位。

在中国近代史上，思想交锋首先表现为中学和西学之间的思想碰撞。中国的先进分子是在屈辱中感受西方的先进性，这种感受沿着肯定"西器"的先进性，到肯定"西制"的先进性，再到肯定"西学"的先进性这样一条逻辑路线向前延伸，从而使中学和西学的思想交锋不断深化。尽管中学和西学的思想碰撞最初并不或很少直接涉及对马克思主义理论的评价，但是通过这个思想碰撞过程，却使是否肯定西学的先进性大致成为中国先进知识分子与保守、落后、守旧知识分子之间的分水岭。也就是说，通过思想碰撞，使那个时期中国的先进知识分子比较普遍地认同西方学术思潮的先进性，从而在中国知识界激发了引进、学习、研究西学的热潮。这在客观上为马克思主义理论在中国的传播奠定了观念基础。可以想见，如果没有对西学先进性的普遍认同，作为在西方产生的马克思主义理论就很难进入中国社会的学术土壤，充其量只能成为少数知识分子的个人学术旨趣。

思想交锋的结果是促使中国先进知识分子选择马克思主义作为改造中国社会的思想武器。近代中国所面临的各种复杂的社会矛盾和严重的社会危机使中国知识分子普遍意识到改造中国社会的必要性和迫切性，但中国的本土文化很少有可能为中国社会的改造提供可资利用的思想观念和方法，而其主导的意识形态更倾向于维护陈腐的封建主义制度。这就迫使中国先进知识分子面向西方，试图从西学中找到救国的真理。这就使西方各种文化思潮大量地涌入中国，并对中国知识分子产生了强烈的影响。尽管西学的各种理论思潮良莠并存，对中国社会的影响也并不都是积极的，但各种西学思潮的引入，却必然会在中国的学术土壤中引发各种思潮之间的相互批判，从而促使中国知识分子在研究、比较、批判的过程中做出更为慎重、更为准确的选择。尤其重要的是，中国第一批马克思主义者都曾不同程度地受到其他西方学术思潮的影响，而他们最终选择了马克思主义，正是这种理论上慎重选择的结果。

俄国十月革命的胜利使马克思主义理论大踏步地进入中国思想文化领域，同时也使中国先进知识分子队伍产生了重大分化。主张通过彻底的社会革命，从根本上推翻旧的社会制度，争取无产阶级和劳苦大众彻底解放的革命知识分子成为坚定的马克思主义者，而那些惧怕社会革命，仅仅主张通过渐进的改良来改造中国社会，或仅仅争取资产阶级个人解放的知识分子则成为非马克思主义者或反马克思主义者。通过与社会改良主义和无政府主义的理论论战，马克思主义者从理论上认识到：中国革命有可能跨越资本主义发展阶段而实现社会主义，因而中国革命不能走资产阶级改良主义道路，必须以推翻一切形式的剥削制度实现社会主义为基本目的；中国革命的主体是无产阶级，而不是资产阶级，必须依靠无产阶级和广大劳动者同封建地主阶级、官僚买办资产阶级以及入侵的帝国主义展开各种形式的斗争，最终打碎现有的国家机器，建立无产阶级的工农政权；夺取政权后的无产阶级，必须实行无产阶级专政，利用工农政权的力量，发展社会生产力。这些理论成果事实上已经为日后中国共产党领导下的新民主主义革命奠定了最基本的思想纲领。

3. 视界融合。思想交锋是一个不断地把异质文化之间的互动引向深层的过程，它导致对民族文化和外来文化的文本或理论的解读、再解读，理解、再理解。在这个过程中就会发生现代解释学所言称的"视界融合"。即外来文化的文本或理论有着自身的历史经验、民族境遇以及对真理和意义的预期，或者说有着自身的历史的和民族的"视界"，而这种文本或理论的接受者、理解者亦有自身的历史的和民族的"视界"，因此，理解过程就表现为，一方面，理解者自己的视界进入了它要理解的那个视界，随着理解的进展不断扩大、拓宽和丰富自己；另一方面，被理解的文本和理论也进入了理解者的视界，并在理解者的视界中重新被理解、被述说。这个理解过程的逻辑结构是问答逻辑结构。也就是说，理解者在自己的视界内不断向文本或理论提出问题，或者依据自己的视界重新构筑文本或理论提出的问题，并在理解过程中寻求问题的答案。而这个答案作为对问题的理论诠释既不可能停留在文本或理论的原有视界范围内，也不可能仅仅属于理解者本人的视界，而是两个视界的融合，或者说突破了两个视界，形成了一个更大的视界。同时，问题的答案又意味着新的问题的产生，从而在谋求答案的过程中促使新的、更大的视界的形成。在这个没有止境的视界融合过程中，文本和理论的文化异质性逐渐地被扬弃了，对问题的理论诠释，无论在语言形式上，还是在思想内涵上逐渐被民族化。

"视界融合"本身就是外来文化本土化的实现。就马克思主义中国化而言，"视界融合"必然要服从中国社会革命的总体过程，解决中国社会的矛盾和问题，也就是说，必须通过视界融合把马克思主义转变为中国共产党人的实践意志，这意味着它必然地要深入到中国革命的问题域中，从而在从理论和方法上解决中国革命具体问题的过程中，实现和完成在中国语境中的发展。所谓"问题域"是指一系列彼此相关的各种问题构成的有着内在逻辑结构的问题体系。这个问题体系所包含的问题涉及事物或过程的基本性质、因素或环节，谋求对这些问题的理论解答，实际上也就是对事物或过程的理论把握。而中国共产党人在革命和实践中对中国问题的系统解答，构成了中国化马克思主义的理论体系。显然，这一理论体系没有马克思主义理论和方法的指引是不可能形成的，但是仅仅依靠马克思的理论文本也是不可能形成的，这正是中国共产党人的视界与马克思主义理论文本的视界相互融合的理论结晶。同时，问题域本身不是封闭的体系，而是一个开放的体系。随着中国社会革命过程的发展，新的矛盾、新的问题不断涌现出来，在解决这些新的矛盾和新的问题的过程中，中国共产党人的理论视界与马克思主义理论的文本视界实现了不断深化的视界融合。

在马克思主义理论与中国革命的具体实际相结合的过程中，中国的马克思主义者不仅要与马克思主义的理论文本相遇，而且必然地要与源远流长的中国文化传统相遇。也就是说，构成读者视域的不仅是中国社会的现实问题，而且是凝结在读者头脑中的中国社会的历史、文化和语言。中国传统文化历经数千年的发展，在经济、政治、科学技术、宗教、艺术、伦理、哲学等各个方面积累了世世代代的经验和智慧，为整个世界文明的进程做出了卓越的贡献。因此，马克思主义理论的中国化，不仅应当表现在对中国社会现实问题的解决上，而且应当表现为它与中国传统文化思想精华的融合上。这种融合实质上是文化发展中或文明进程中一切积极文化因素在新的文化创造中的有机结合，由此形成一种强大的文化生产力，一方面推进中国文化的改造，另一方面丰富和发展了马克思主义理论本身，并使它真正地融入中国文化的脉流之中。这也是异质文化交流互动过程中，"视界融合"所要达到的目标。在这方面，毛泽东有关批判地承继中国历史优秀文化遗产的理论和构建新民主主义文化的理论，对于中国今日之文化实践，特别是对于马克思主义中国化问题的研究来说，依然是重要的指导原则。

4. 综合创新。综合创新是优秀的理论家或理论家群体在理论研究的一定程度上，努力吸收世界范围内人类文明的一切有益成果，运用民族文化的话语方式所进行的理论创造活动。首先，综合创新表现为多层次视界融合的叠加和贯通，其中包括历史文本的视界与理解者视界的融合，外来文本的视界与理解者视界的融合，同一文本的不同理解者之间视界融合，多种外来文本（多种思潮或学说）的视界与理解者视界的融合等等。其次，综合创新表现为理论的整合、超越和创新，即将通过视界融合所形成的各种理论观念按照一定的思维框架合乎逻辑地构成系统的学说，这种学说立足于民族文化的话语体系，因而必然地表现为民族文化的发展，也就是通过多种意义上的视界融合扬弃了传统文化中陈腐的、仅仅与旧的世代相关联的思想内涵，赋予其语词、观念以新的含义，由此超越了民族文化的历史视界，使之成为能够面对现时代社会问题的现代文化；这种学说在视界融合中吸收了外来文化理论观念，但同样超越了外来文化所具有的历史的和民族的视界，扬弃了外来文化的异质性，使之成为发展着的民族文化的有机内容；这种学说博采众长，不仅使一切积极的文化因素获得新的生命力，而且经过理论家独立的、自主的思考，使理论的建构独树一帜，或者从深度上和广度上拓展了理论对现实问题或学术问题的诠释能力，或者为发现问题和诠释问题提供新的理论范式。

"综合创新"的过程就是中国化马克思主义的形成过程。中国化马克思主义就是以将理论化为现实为理论旨趣，以指导中国革命和建设的具体实践过程为直接目的的马克思主义理论，它作为指导思想、理论根据存在于对总体实践过程的理论把握中，并通过实践的纲领、策略、方针和行动目标体现出来，它忠实地、直接地体现了马克思主义"改变世界"的实践精神。

在中国共产党成立前后，以李大钊、陈独秀、毛泽东等为代表的中国第一批接受马克思主义理论的先进知识分子，他们都在当时的历史条件下对马克思主义的基本理论进行了深入的学习和研究，并及时地将他们的理解著成文章或书籍公开发表。由此促进了马克思主义理论在中国的传播，同时也为中国化马克思主义的第一个成果——毛泽东思想的产生奠定了理论基础。毛泽东思想是马克思列宁主义在中国的运用和发展，是被实践证明了的关于中国革命的正确的理论原则和经验总结，是中国共产党集体智慧的结晶。如果说，马克思主义理论是对欧洲国家从封建社会向资本主义社会过渡的社会变革的理论把握，那么，毛泽东思想则是对以中国为代表的殖民地、半殖民地国家社会革命过程的理论把握，由此丰富和发展了马克思的唯物史观和社会革命理论。

1978年12月召开的中国共产党十一届三中全会是中国社会开始走向"改革开放"新的历史时期的标志，同时也是邓小平理论得以形成的起点。邓小平发动的思想解放运动推动了马克思主义在中国的发展。他的一系列理论创新和丰富了马克思主义的唯物史观和科学社会主义理论。邓小平逝世以后，中共中央新的领导集体立足于国内外形势的新变化，顺应时代发展潮流，总结中国社会主义改革和世界范围内经济与社会发展的正反两方面经验，相继提出了"三个代表"重要思想、"科学发展观"和"构建社会主义和谐社会"的理论。这些理论上的成就是新的历史时期，马克思主义与中国社会主义革命和建设的具体实际相结合的产物，显示出中国共产党人永不衰竭的理论创造能力。

需要指出的是，文本互动、思想交锋、视界融合与综合创新这四个环节虽然能够表现出一定的时间顺序或逻辑顺序，但它们并不是异质文化互动的四个阶段。在理论上，我们可以将四个环节分别加以研究，目的是弄清文化的消化吸收机制之作用的方式。但在实际发生的过程中，每一个环节都不可能一次完成，而是反复发生的过程，并且在多数情况下，四个环节总是反复地、交融地发生在异质文化互动的全过程中。

第二节　马克思主义中国化的理论成果

一、马克思主义中国化的第一个理论成果——毛泽东思想

毛泽东思想诞生于中国新民主主义革命时期。它是以毛泽东为代表的中国共产党人把马克思主义的基本原理与中国具体实际相结合的产物。关于毛泽东思想的理论内容，国内学界有着广泛深入的研究。本书以中国新民主主义革命所面临的主要问题为基本线索，概述新民主主义革命时期毛泽东思想的主要的理论贡献。

（一）关于中国社会的性质和中国革命的性质、对象和任务

由各种社会矛盾和社会问题所决定，1840 年以后的近代中国陷入严重的社会危机。如何把握中国社会的性质，进而把握中国革命的性质、对象和任务，成为中国革命的根本性的问题。如毛泽东指出的那样："只有认清中国社会的性质，才能认清中国革命的对象、中国革命的任务、中国革命的动力、中国革命的性质、中国革命的前途和转变。所以，认清中国社会的性质，就是说，认清中国的国情，乃是认清一切革命问题的基本的根据。"①

显然，这样的问题在马克思主义的文本理论中是不可能找到现成的答案的。但马克思主义在中国的传播却为中国共产党人提供了分析和把握中国社会的性质和状况的全新的观念、方法和视角。马克思主义首先就是一整套考察人类社会的性质、状况、内在矛盾以及发展动力、规律和趋势的问题体系，这个问题体系的内在结构即是考察人类社会及其历史发展过程的基本方法。这就是从社会生产力的水平和状况出发考察社会生产关系即经济基础的基本性质和历史形式，再从经济基础出发考察社会的上层建筑，即社会政治和文化的基本性质和状况。

中国共产党人的全部理论和实践可以说就是从这个问题起步的。经过党内、党外多次理论论战，中国共产党人运用马克思主义哲学的理论和方法最终获得了

---

① 《毛泽东选集》第 2 卷，人民出版社 1991 年版，第 633 页。

对于中国社会和中国社会革命的基本性质的准确把握。这个把握后来在毛泽东于1939 年与他人合写的《中国革命和中国共产党》一文中得到了完整的阐述。毛泽东指出："自从一八四〇年的鸦片战争以后，中国一步一步地变成了一个半殖民地半封建的社会。自从一九三一年九一八事变日本帝国主义武装侵略中国以后，中国又变成了一个殖民地、半殖民地和半封建的社会。……由此可以明白，帝国主义列强侵略中国，在一方面促使中国封建社会解体，促使中国发生了资本主义因素，把一个封建社会变成了一个半封建的社会；但是另一方面，它们又残酷地统治了中国，把一个独立的中国变成了一个半殖民地和殖民地的中国。"①

中国社会这种殖民地、半殖民地和半封建社会的特征，决定了近代中国社会的主要矛盾就是帝国主义与中华民族的矛盾和封建主义与人民大众的矛盾，"而帝国主义和中华民族的矛盾，乃是各种矛盾中的最重要的矛盾。这些矛盾的斗争及其尖锐化，就不能不造成日益发展的革命运动。"② 中国社会的主要矛盾决定了中国革命的主要对象或主要敌人，"不是别的，就是帝国主义和封建主义，就是帝国主义国家的资产阶级和本国的地主阶级"，而革命的任务，"主要地就是打击这两大敌人，就是对外推翻帝国主义压迫的民族革命和对内推翻封建地主压迫的民主革命，而最重要的任务是推翻帝国主义的民族革命。"③

中国社会的性质和主要矛盾、中国革命的对象和任务同时也就规定了中国革命的性质。毛泽东进一步指出："既然中国社会还是一个殖民地、半殖民地、半封建的社会，既然中国革命的敌人主要的还是帝国主义和封建势力，既然中国革命的任务是为了推翻这两个主要敌人的民族革命和民主革命，而推翻这两个敌人的革命，有时还有资产阶级参加，即使大资产阶级背叛革命而成了革命的敌人，革命的锋芒也不是向着一般的资本主义和资本主义的私有财产，而是向着帝国主义和封建主义，既然如此，所以，现阶段中国革命的性质，不是无产阶级社会主义的，而是资产阶级民主主义的。"④ 对中国社会和中国革命的这一精当、深刻、准确的理论把握，无疑为中国共产党领导的新民主主义革命指明了方向，并为进一步分析和研究中国革命的对象、任务、进程和前途奠定了理论基础。

（二）关于中国革命的进程和转变

在如何理解和把握中国革命的进程和转变这个问题上，中国共产党内部曾存在着严重的分歧。以毛泽东为代表的正确路线，最终排除了右倾"退让主义"、

---

① 《毛泽东选集》第 2 卷，人民出版社 1991 年版，第 626～630 页。
② 《毛泽东选集》第 2 卷，人民出版社 1991 年版，第 631 页。
③ 《毛泽东选集》第 2 卷，人民出版社 1991 年版，第 633、637 页。
④ 《毛泽东选集》第 2 卷，人民出版社 1991 年版，第 646～647 页。

"取消主义"和"左"倾盲动主义、冒险主义,依据对中国社会性质和主要社会矛盾的科学分析,深刻、透彻地阐释了中国革命的进程、转变和前途。

在毛泽东看来,中国社会的基本性质是殖民地、半殖民地和半封建社会,中国社会的主要矛盾是帝国主义和中华民族的矛盾与封建主义与人民大众的矛盾,这就决定了中国革命的性质必然是以扫除帝国主义和封建主义为主要任务的资产阶级民主革命。蒋介石背叛革命,建立的南京政府,并非像陈独秀等人所说的那样,表明资产阶级革命已经完成,而是表明政权落到了与帝国主义和封建势力息息相关的买办资产阶级手中。这不仅意味着民族革命和民主革命没有完成,而且使之更加艰难曲折。为此,毛泽东在 1928 年所写的《井冈山的斗争》一文中明确写道:"中国现时确实还是处在资产阶级民权革命的阶段。中国彻底的民权主义革命的纲领,包括对外推翻帝国主义,求得彻底的民族解放;对内肃清买办阶级的在城市的势力,完成土地革命,消灭乡村的封建关系,推翻军阀政府。必定要经历过这样的民权主义革命,方能造成过渡到社会主义的真正基础。"① 为此,毛泽东强调,在资产阶级民主革命阶段,中国共产党完全同意孙中山先生的革命的三民主义。他指出,尽管中国共产党的最终目标或最高纲领是实现社会主义和共产主义,是与三民主义有区别的,但这个目标的实现必须经过资产阶级民主革命的阶段才能达到。这就是说,在资产阶级民主革命尚未完成的历史阶段上,重新整顿三民主义的精神,对外争取独立解放的民族主义、对内实现民主自由的民权主义和增进人民幸福的民生主义之下,领导人民坚决地实行起来,是完全适合于中国革命的历史要求的。对于那种力图发动"直接的社会主义革命"的"左"倾冒险主义错误观点,毛泽东冷静地告诫说:"在将来,民主主义的革命必然要转变为社会主义的革命。何时转变,应以是否具备了转变的条件为标准,时间会要相当地长。不到具备了政治上经济上一切应有的条件之时,不到转变对于全国最大多数人民有利而不是不利之时,不应当轻易谈转变。"②

为了从根本上清除"左"、右倾机会主义思想路线在中国革命进程和转变问题的错误观点,毛泽东描述和分析了中国资产阶级民主革命的历史过程和阶段变化,十分准确地指出,自"五四运动"和中国共产党诞生以来,中国的资产阶级民主革命的历史性质事实上已经发生了根本转变,"在这以前,中国资产阶级民主主义革命,是属于旧的世界资产阶级民主主义革命的范畴之内的,是属于旧的世界资产阶级民主主义革命的一部分。在这以后,中国资产阶级民主主义革命,却改变为属于新的资产阶级民主主义革命的范畴,而在革命的阵线上说来,

---

① 《毛泽东选集》第 1 卷,人民出版社 1991 年版,第 77 页。
② 《毛泽东选集》第 1 卷,人民出版社 1991 年版,第 160 页。

则属于世界无产阶级社会主义革命的一部分了。"①

正是由于旧民主主义革命转变为新民主主义革命，这种革命才能够为社会主义的发展扫清道路。因此，毛泽东说道："若问一个共产主义者为什么要首先为了实现资产阶级民主主义的社会制度而斗争，然后再去实现社会主义的社会制度，那答复是：走历史必由之路。"② 在《中国革命和中国共产党》一文中，毛泽东对这个"历史必由之路"作出了深刻的阐发："完成中国资产阶级民主主义的革命（新民主主义的革命），并准备在一切必要条件具备的时候把它转变到社会主义革命的阶段上去，这就是中国共产党光荣的伟大的全部革命任务。……每个共产党员须知，中国共产党领导的整个中国革命运动，是包括民主主义革命和社会主义革命两个阶段在内的全部革命运动；这是两个性质不同的革命过程，只有完成了前一个革命过程才有可能去完成后一个革命过程。民主主义革命是社会主义革命的必要准备，社会主义革命是民主主义革命的必然趋势。而一切共产主义者的最后目的，则是在于力争社会主义社会和共产主义社会的最后的完成。只有认清民主主义革命和社会主义革命的区别，同时又认清二者的联系，才能正确地领导中国革命。"③

（三）关于中国社会的阶级状况和中国革命的动力

阶级分析的观点是马克思主义唯物史观考察和研究阶级社会的社会结构、社会矛盾和社会革命问题的基本理论和方法。对于阶级社会的分析，是否坚持阶级分析的观点和方法也是马克思主义社会理论与非马克思主义社会理论的根本区别之一。关于这一点，毛泽东在 1930 年所写的《反对本本主义》一文中，明确指出："我们调查工作的主要方法是解剖各种社会阶级，我们的终极目的是要明了各种阶级的相互关系，得到正确的阶级估量，然后定出我们正确的斗争策略，确定哪些阶级是革命斗争的主力，哪些阶级是我们应当争取的同盟者，哪些阶级是要打倒的。"④

当然，对中国社会进行阶级分析，并由此对中国革命的动力或力量作出准确的判断是一项异常艰巨的工作。这不仅是因为，在中国这样一个殖民地、半殖民地、半封建社会中，阶级、阶级矛盾和阶级斗争的状况要比工业革命后资本主义欧洲国家复杂得多，而且在急剧变化的中国社会革命过程中，阶级分化、阶级力量的对比以及各阶级对中国革命的理解和态度都会发生变化。因此，要真实地把

① 《毛泽东选集》第 2 卷，人民出版社 1991 年版，第 667 页。
② 《毛泽东选集》第 2 卷，人民出版社 1991 年版，第 559 页。
③ 《毛泽东选集》第 2 卷，人民出版社 1991 年版，第 651~652 页。
④ 《毛泽东选集》第 1 卷，人民出版社 1991 年版，第 113~114 页。

握中国社会的阶级状况，就不能仅仅从阶级斗争的理论原则中进行推论，而必须对中国社会进行深入的调查研究，必须能够根据中国革命的进程和社会矛盾的变化，具体地分析国际关系和国内阶级关系的变化，以制定出正确的革命斗争策略。

毛泽东本人高度重视对中国社会的阶级分析，并致力于通过阶级分析把握中国革命的动力。早在 1925 年第一次国内革命时期，毛泽东就针对党内只注重与国民党合作和只注重工人运动两种错误倾向，写下了《中国社会各阶级的分析》一文，指出："谁是我们的敌人？谁是我们的朋友？这个问题是革命的首要问题。……我们要分辨真正的敌友，不可不将中国社会各阶级的经济地位及其对革命的态度，作一个大概的分析。"① 该文把中国社会各阶级划分为地主阶级和买办阶级、中产阶级、小资产阶级、半无产阶级、无产阶级和游民无产者六个阶级，并对各阶级的经济地位、阶级心态以及它们对中国革命的态度做出了生动、准确的描述和分析。文章的最后结论是："一切勾结帝国主义的军阀、官僚、买办阶级、大地主阶级以及附属于他们的一部分反动知识界，是我们的敌人。工业无产阶级是我们革命的领导力量。一切半无产阶级、小资产阶级，是我们最接近的朋友。那动摇不定的中产阶级，其右翼可能是我们的敌人，其左翼可能是我们的朋友——但我们要时常提防他们，不要让他们扰乱了我们的阵线。"②

1927 年，第一次国内革命失败以后，中国革命陷入低潮。为挽救革命，中国共产党相继发动了南昌起义、秋收起义和广州起义，组建了中国工农红军，并转入国民党统治相对比较薄弱的农村山区（井冈山地区），建立红色根据地。为了在农村根据地建立和巩固红色政权，为了作出正确的阶级估量并制定出正确的斗争策略，毛泽东极力倡导对农村社会进行经济调查，以明了各阶级的相互关系，确定革命的主力、同盟军和革命的对象。他在《反对本本主义》（1930 年）这篇著名的文章中提出经济调查所要注意的社会阶级包括工业无产阶级、手工业工人、雇农、贫农、城市贫民、游民、手工业者、小商人、中农、富农、地主阶级、商业资产阶级、工业资产阶级，并指出："这些阶级（有的是阶层）的状况，都是我们调查时要注意的。在我们暂时的工作区域中所没有的，只是工业无产阶级和工业资产阶级，其余都是经常碰见的。我们的斗争策略就是对这许多阶级阶层的策略。"③ 此后，在 1933 年，毛泽东为了纠正当时土地改革工作中出现的错误倾向、正确解决土地问题，写下了《怎样分析农村阶级》一文，该文把农村阶级划分为地主、富农、中农、贫农、工人（包括雇农）五个阶级或阶层，

---

① 《毛泽东选集》第 1 卷，人民出版社 1991 年版，第 3 页。
② 《毛泽东选集》第 1 卷，人民出版社 1991 年版，第 9 页。
③ 《毛泽东选集》第 1 卷，人民出版社 1991 年版，第 114 页。

并对其经济地位做出了明确的规定。与《中国社会各阶级的分析》一文相比，毛泽东在这篇文章中对农村阶级的分析更强调的是生产资料的占有情况、收入方式和剥削与被剥削的关系，这表现出阶级分析的理论与方法的成熟。

随着中国革命进程的不断深入，中国共产党人对中国社会的阶级结构和中国革命的动力系统的把握日益全面、深刻。1939 年 12 月，毛泽东与他人合写的《中国革命与中国共产党》一文，围绕中国革命对象、动力、任务这个主题，对中国社会各阶级的经济地位、政治态度做出了完整的剖析。该文把中国社会各阶级划分为六类：地主阶级、资产阶级、农民以外的各种类型的小资产阶级、农民阶级、无产阶级和游民，并对这些阶级在中国革命中的性质、地位和作用作出了准确、详尽的分析。通过对中国社会阶级结构的分析，毛泽东强调指出："中国无产阶级应该懂得：他们自己虽然是一个最有觉悟性和最有组织性的阶级，但是如果单凭自己一个阶级的力量，是不能胜利的。而要胜利，他们就必须在各种不同的情形下团结一切可能的革命的阶级和阶层，组织革命的统一战线。在中国社会的各阶级中，农民是工人阶级的坚固的同盟军，城市小资产阶级也是可靠的同盟军，民族资产阶级则是在一定时期中和一定程度上的同盟军，这是现代中国革命的历史所已经证明了的根本规律之一。"①

在抗日战争时期，由于中日民族矛盾成为主要矛盾，国内矛盾降到次要和服从的地位，从而一方面导致了国际关系"由一般帝国主义和中国的矛盾，变为特别突出特别尖锐的日本帝国主义和中国的矛盾。……因此，便在中国共产党和中国人民面前提出了中国的抗日民族统一战线和世界的和平阵线相结合的任务"；另一方面"变动了国内的阶级关系，使资产阶级甚至军阀都遇到了存亡的问题，在他们及其政党内部逐渐发生了改变政治态度的过程。这就在中国共产党和中国人民面前提出了建立抗日民族统一战线的任务。"② 毛泽东指出，日本帝国主义变中国为殖民地的行动能够改变中国革命和反革命的阵线，例如，"国民党营垒中，在民族危机到了严重关头的时候，是要发生破裂的。……这种情况，基本地说来是不利于反革命，而有利于革命的。由于中国政治经济的不平衡，以及由此而生的革命发展的不平衡，增大了这种破裂的可能性。"③ 正是由于这一点，使组织起广泛的民族统一战线成为可能。在这个问题上，毛泽东坚决批评了反对建立统一战线的"左"倾"关门主义"和认为"革命的力量是要纯粹又纯粹，革命道路是笔直又笔直"的错误观念，他精辟而且生动地指出："革命的道路，同世界上一切事物活动的道路一样，总是曲折的，不是笔直的。革命和反革

---

① 《毛泽东选集》第 2 卷，人民出版社 1991 年版，第 644 页。
② 《毛泽东选集》第 1 卷，人民出版社 1991 年版，第 253 页。
③ 《毛泽东选集》第 1 卷，人民出版社 1991 年版，第 147 页。

命的阵线可能变动，也同世界上一切事物的可能变动一样。日本帝国主义决定要变全中国为它的殖民地，和中国革命的现时力量还有严重的弱点，这两个基本事实就是党的新策略即广泛的统一战线的出发点。组织千千万万的民众，调动浩浩荡荡的革命军，是今天的革命向反革命进攻的需要。只有这样的力量，才能把日本帝国主义和汉奸卖国贼打垮，这是有目共见的真理。因此，只有统一战线的策略才是马克思列宁主义的策略。关门主义的策略则是孤家寡人的策略。关门主义'为渊驱鱼，为丛驱雀'，把'千千万万'和'浩浩荡荡'都赶到敌人那一边去，只博得敌人的喝彩。关门主义在实际上是日本帝国主义和汉奸卖国贼的忠顺的奴仆。"①

在解放战争时期，中国共产党和中国共产党领导下的中国人民解放军经过艰苦卓绝的斗争，已经完全控制了中国革命的整体局面，国民党军队溃不成军，国民党政府即将覆灭，人民民主专政的新政权即将诞生。就是在这个关键时刻，毛泽东在中国共产党第七届中央委员会第二次会议上作了重要报告。在这个报告中，毛泽东指出："无产阶级领导的以工农联盟为基础的人民民主专政，要求我们党去认真地团结全体工人阶级、全体农民阶级和广大的革命知识分子，这些是这个专政的领导力量和基础力量。没有这种团结，这个专政就不能巩固。同时也要求我们党去团结尽可能多的能够同我们合作的城市小资产阶级和民族资产阶级的代表人物，它们的知识分子和政治派别，以便在革命时期使反革命势力陷于孤立，彻底地打倒国内的反革命势力和帝国主义势力；在革命胜利后，迅速地恢复和发展生产力，对付国外的帝国主义，使中国稳步地由农业国转变为工业国，把中国建设成一个伟大的社会主义国家。"②

中国共产党正是由于能够正确地运用马克思主义的阶级分析的方法，科学地分析和把握中国社会的阶级关系、阶级矛盾及其变化，因而也就能够在中国革命的各个历史时期团结和调动中国革命的一切积极力量，也就是使"千千万万"和"浩浩荡荡"聚集在革命的阵营中，最大限度地孤立了反动派。这是中国共产党由小到大、由弱变强，最终领导全国人民取得中国新民主主义革命胜利的关键。

（四）关于把握中国革命战争的特点、规律和道路

中国共产党领导的新民主主义革命，之所以能够克服重重艰难险阻，打垮野蛮凶恶的日本侵略者，能够最终推翻国民党反动政权的统治取得全国的胜利，重要的原因还在于它能够运用马克思主义的基本观点和基本方法，科学地认识和把

① 《毛泽东选集》第1卷，人民出版社1991年版，第155页。
② 《毛泽东选集》第4卷，人民出版社1991年版，第1436～1437页。

握中国革命战争的特点和规律。

1927 年第一次国内革命失败以后，中国共产党相继领导了南昌起义、秋收起义和广州起义，建立了第一支共产党领导的人民军队——中国工农红军，从此走上了武装革命和农村包围城市最后夺取城市和全国胜利的道路。然而，在那个时期，中国工农红军无论在兵力上、装备上还是在经济实力上都无法同执掌政权的国民党反动派相比拟。这种情况，不仅使国民党政府和实力强大的国民党军队气焰十分嚣张，而且在共产党内，也使一些人对弱小的红色政权和红色军队能否长期存在并最终取得胜利产生忧虑和怀疑。

对此，毛泽东在建立和发展井冈山革命根据地的斗争中，于 1928～1930 年写下了《中国红色政权为什么能够存在》、《井冈山的斗争》、《星星之火，可以燎原》等文章，依据对中国半殖民地半封建社会的特殊的经济、政治特征的分析，精辟地、令人信服地指出了中国红色政权能够长期存在并最终有可能取得胜利的条件和原因。在《中国红色政权为什么能够存在》一文中，毛泽东指出，一国之内，在四周白色政权的包围中，有一小块或若干小块红色政权的区域长期存在，这是世界各国从来没有的事，而只能发生在帝国主义间接统治的经济落后的半殖民地的中国。"因为这种奇怪现象必定伴着另外一种奇怪现象，那就是白色政权之间的战争。帝国主义和国内买办豪绅阶级支持着的各派新旧军阀，从民国元年以来，相互间进行着继续不断的战争，这是半殖民地中国的特征之一。不但全世界帝国主义国家没有一国有这种现象，就是帝国主义直接统治的殖民地也没有一处有这种现象，仅仅帝国主义间接统治的中国这样的国家才有这种现象。这种现象产生的原因有两种，即地方的农业经济（不是统一的资本主义经济）和帝国主义划分势力范围的分裂剥削政策。……我们只须知道中国白色政权的分裂和战争是继续不断的，则红色政权的发生、存在并且日益发展，便是无疑的了。"[1] 在《星星之火，可以燎原》这篇文章中，毛泽东进而说道："在判断中国政治形势的时候，需要认识下面的这些要点：（一）现在中国革命的主观力量虽然弱，但是立足于中国落后的脆弱的社会经济组织之上的反动统治阶级的一切组织（政权、武装、党派等）也是弱的。……现时中国革命的主观力量虽然弱，但是因为反革命力量也是相对地弱的，所以中国革命的走向高潮，一定会比西欧快。（二）一九二七年革命失败以后，革命的主观力量确实大为削弱了。……但若从实质上看，便大大不然。这里用得着中国的一句老话：'星星之火，可以燎原。'这就是说，现在虽只有一点小小的力量，但是它的发展会是很快的。它在中国的环境里不仅是具备了发展的可能性，简直是具备了发展的必然性，这在五

---

[1] 《毛泽东选集》第 1 卷，人民出版社 1991 年版，第 49 页。

卅运动及其以后的大革命运动已经得了充分的证明。"①

毛泽东的上述理论有力地论证了中国红色政权长期存在并不断发展壮大的可能性,坚定了中国共产党人发展革命根据地和革命武装的信心。1930～1934 年,蒋介石调集军队对井冈山革命根据地即中央苏区进行了五次大规模的围剿。面对数倍于红军的强敌,毛泽东、朱德等军队领导者,根据敌强我弱和湘敌强、赣敌弱等实际情况,正确地采取了"诱敌深入"、"避敌主力,打其虚弱"、"一个拳头打人"等灵活的战术,成功地击溃了蒋介石的前四次围剿,巩固了革命根据地,扩大了工农红军。

然而,在第五次反围剿期间,中共临时中央负责人以及由他代表的"左"倾路线,完全拒绝了毛泽东等人的积极防御方针,错误地认为这次反围剿是"革命道路和殖民地道路的决战",因而对付敌人围剿的办法是"御敌于国门之外"、"全线出击"、"先发制人"、"不丧失寸土"等等,并指责毛泽东等人的路线是"山沟里的马克思主义",是"右倾机会主义"。这种错误路线,最终导致红军第五次反围剿的失败、中央苏区的丧失和红军被迫向西突围的长征。对于"左"倾路线给中国革命造成的严重损失,毛泽东愤怒地谴责道:"无疑地,这全部的理论和实际都是错了的。这是主观主义。这是环境顺利时小资产阶级的革命狂热和革命急性病的表现;环境困难时,则依照情况的变化依次变为拼命主义、保守主义和逃跑主义。这是鲁莽家和门外汉的理论和实际,是丝毫也没有马克思主义气味的东西,是反马克思主义的东西。"②

"左"倾路线的失败从反面证明了毛泽东理论和策略的正确性。1936 年,中国工农红军胜利地完成了举世闻名的二万五千里长征,进入陕北革命根据地以后,毛泽东认为非常有必要从理论上总结以往革命斗争成功与失败的经验和教训,以弄清中国革命战争的特点和规律。为此,他写了《中国革命战争的战略问题》一书。在这本著作中,他强调指出:"我们现在是从事战争,我们的战争是革命战争,我们的革命战争是在中国这个半殖民地半封建的国度里进行的。因此,我们不但要研究一般战争的规律,还要研究特殊的革命战争的规律,还要研究更加特殊的中国革命战争的规律。"③ 如果不懂得这些特殊规律,就不能在中国革命战争中打胜仗。

毛泽东在书中概括了中国革命战争的四个特点:其一,中国是一个政治经济发展不平衡的半殖民地的大国,而又经过了 1924～1927 年的革命;其二,敌人的强大。这个特点,使红军的作战不能不和一般战争以及苏联内战、北伐战争都

① 《毛泽东选集》第 1 卷,人民出版社 1991 年版,第 99 页。
② 《毛泽东选集》第 1 卷,人民出版社 1991 年版,第 206 页。
③ 《毛泽东选集》第 1 卷,人民出版社 1991 年版,第 171 页。

有许多的不同；其三，红军的弱小。这个特点和前一个特点是尖锐的对比。红军的战略战术，是在这种尖锐的对比上发生的；其四，共产党的领导和土地革命。这个特点是第一个特点的必然结果。这个特点表明，中国革命战争虽然是处在中国和资本主义世界的反动时期，然而是能够胜利的，因为它有共产党的领导和农民的援助。根据地虽小却有很大的政治上的威力，屹然和庞大的国民党政权相对立，军事上给国民党的进攻以很大的困难，因为我们有农民的援助。红军虽小却有强大的战斗力，因为在共产党领导下的红军人员是从土地革命中产生，为着自己的利益而战斗，而且指挥员和战斗员之间在政治上是一致的。

毛泽东进而分析了上述四个特点之间的关系，总结出中国革命战争的根本规律，他说："第一个特点和第四个特点，规定了中国红军的可能发展和可能战胜其敌人。第二个特点和第三个特点，规定了中国红军的不可能很快发展和不可能很快战胜其敌人，即是规定了战争的持久，而且如果弄得不好的话，还可能失败。这就是中国革命战争的两方面。这两方面同时存在着，即是说，既有顺利的条件，又有困难的条件。这是中国革命战争的根本规律，许多规律都是从这个根本规律发生出来的。"[1]

在抗日战争时期，毛泽东有关中国革命战争的特点和规律的思想得到了进一步的深化，这特别体现在他对抗日战争的总体分析上。1938 年 5 月，毛泽东写下了著名的《论持久战》一书。在这本著作中，他严厉批判了"亡国论"和"速胜论"两种有关抗日战争之前途和命运的极端片面的观念，提出并令人信服地论证了抗日战争是持久战，而最后胜利一定属于中国这一论断。

毛泽东指出："中日战争不是任何别的战争，乃是半殖民地半封建的中国和帝国主义的日本之间在二十世纪三十年代进行的一个决死的战争。全部问题的根据就在这里。分别地说来，战争的双方有如下互相反对的许多特点。"[2] 在日本方面，"总起来说，日本的长处是其战争力量之强，而其短处则在其战争本质的退步性、野蛮性，在其人力、物力之不足，在其国际形势之寡助。这些就是日本方面的特点。"[3] 在中国方面，"总起来说，中国的短处是战争力量之弱，而其长处则在其战争本质的进步性和正义性，在其是一个大国家，在其国际形势之多助。这些都是中国的特点。"[4] 通过这种鲜明的对比分析，毛泽东全面地、充分地揭示了抗日战争不能速胜但一定会取得最后胜利的根据，形成了对战争总体过程的科学把握，使中国的抗日武装不仅能够客观地面对当前的困难条件，做好打

---

[1] 《毛泽东选集》第 1 卷，人民出版社 1991 年版，第 191 页。
[2] 《毛泽东选集》第 2 卷，人民出版社 1991 年版，第 447 页。
[3] 《毛泽东选集》第 2 卷，人民出版社 1991 年版，第 448 页。
[4] 《毛泽东选集》第 2 卷，人民出版社 1991 年版，第 449 页。

持久战的策略安排和心理准备，而且能够坚定地树立起抗战必胜的坚强信念和信心。

由于正确地把握了中国革命战争的特点和规律，中国共产党及其领导下的人民军队在极其艰难困苦的环境中不断发展壮大。如在抗日战争初期，只有四万余人的八路军和新四军，到1945年日本投降时就发展成为100多万人的大军，并创立了许多革命根据地。到了解放战争时期，由八路军和新四军组编成的中国人民解放军，已有足够力量抵御蒋介石的进攻。毛泽东在土地革命时期、抗日战争时期和解放战争时期，依据对中国革命战争特点和规律的科学把握和他本人卓越的军事才能，领导人民军队最终取得了中国革命战争的彻底胜利，并由此也创造了世界政治史和军事史的伟大奇迹。

如何理解和把握中国社会和中国革命的性质、如何理解和把握中国革命的进程和转变、如何理解和把握中国社会的阶级结构和革命动力以及如何把握中国革命战争的特点和规律，这四个方面的根本问题构成了中国新民主主义革命的问题域。而中国共产党人在革命实践中对这四个方面问题的理论解答，系统地构成了中国共产党有关新民主主义革命的一整套理论，即马克思主义中国化的第一个理论成果——毛泽东思想。显然，这一理论体系没有马克思主义理论和方法的指引是不可能形成的，但是仅仅依靠马克思的理论文本也是不可能形成的，它只能是中国马克思主义者将马克思主义基本原理与中国具体实际相结合的独特、辉煌的创造。

当然，以毛泽东同志为核心的党的第一代中央领导集体坚持马克思主义中国化而创立的毛泽东思想，不仅仅是在新民主主义革命时期探索的结果，也是以毛泽东同志为核心的党的第一代中央领导集体带领全党全国各族人民在新中国成立后取得社会主义革命和建设伟大成就以及艰辛探索社会主义建设规律取得宝贵经验的结晶。正如《中国共产党中央委员会关于建国以来党的若干历史问题的决议》所指出的：毛泽东同志和中国共产党，依据新民主主义革命胜利所创造的向社会主义过渡的经济政治条件，采取社会主义工业化和社会主义改造同时并举的方针，实行逐步改造生产资料私有制的具体政策，从理论和实践上解决了在中国这样一个占世界人口近四分之一的、经济文化落后的大国中建立社会主义制度的艰难任务。毛泽东同志提出的对人民内部的民主方面和对反动派的专政方面互相结合起来就是人民民主专政的理论，丰富了马克思列宁主义关于无产阶级专政的学说。在社会主义制度建立以后，毛泽东同志指出，在社会主义制度下，人民的根本利益是一致的，但人民内部还存在着各种矛盾，必须严格区分和正确处理敌我矛盾和人民内部矛盾。他提出人民内部要在政治上实行"团结—批评—团结"，在党与民主党派的关系上实行"长期共存、互相监督"，在科学文化工作中实行

"百花齐放，百家争鸣"，在经济工作中实行对全国城乡各阶层统筹安排和兼顾国家、集体、个人三者利益等一系列正确方针。他多次强调不要机械搬用外国的经验，而要从中国是一个大农业国这种情况出发，以农业为基础，正确处理重工业同农业、轻工业的关系，充分重视发展农业和轻工业，走出一条适合我国国情的中国工业化道路。他强调在社会主义建设中要处理好经济建设和国防建设，大型企业和中小型企业，汉族和少数民族，沿海和内地，中央和地方，自力更生和学习外国等各种关系，处理好积累和消费的关系，注意综合平衡。他还强调工人是企业的主人，要实行干部参加劳动、工人参加管理、改革不合理的规章制度和技术人员、工人、干部"三结合"。他提出了调动一切积极因素，化消极因素为积极因素，以便团结全国各族人民建设社会主义强大国家的战略思想。毛泽东同志关于社会主义革命和社会主义建设的重要思想，集中地体现在《在中国共产党第七届中央委员会第二次全体会议上的报告》、《论人民民主专政》、《论十大关系》、《关于正确处理人民内部矛盾的问题》、《在扩大的中央工作会议上的讲话》等主要著作中。[①]

同时，毛泽东思想不局限于此，还包括极其丰富的内容，如：关于革命军队的建设和军事战略，关于政策和策略，关于思想政治工作和文化工作，关于党的建设等等。而毛泽东思想的活的灵魂，是贯穿于上述各个组成部分的立场、观点和方法，它们有三个基本方面，即实事求是，群众路线，独立自主。毛泽东同志把辩证唯物主义和历史唯物主义运用于无产阶级政党的全部工作，在中国革命的长期艰苦斗争中形成了具有中国共产党人特色的这些立场、观点和方法，丰富和发展了马克思列宁主义。它们不仅表现在《反对本本主义》、《实践论》、《矛盾论》、《〈农村调查〉的序言和跋》、《关于领导方法的若干问题》、《人的正确思想是从哪里来的?》等重要著作中，而且表现在毛泽东同志的全部科学著作中，表现在中国共产党人的革命活动中。[②]

二、马克思主义中国化的最新成果——中国特色社会主义理论体系

(一) 马克思主义中国化的最新成果

中国特色社会主义理论体系，是包括邓小平理论、"三个代表"重要思想以

① 《三中全会以来重要文献选编》（下），人民出版社 1982 年版，第 827～828 页。
② 《三中全会以来重要文献选编》（下），人民出版社 1982 年版，第 832～833 页。

及科学发展观等重大战略思想在内的科学理论体系。这个理论体系，坚持和发展了马克思列宁主义、毛泽东思想、凝结了几代中国共产党人带领人民不懈探索实践的智慧和心血，是马克思主义中国化最新成果，是党最可宝贵的政治和精神财富，是全国各族人民团结奋斗的共同思想基础。[①]

中国特色社会主义理论体系是在改革开放新的历史条件下中国共产党人把原理与中国具体实际相结合的产物。在改革开放的历史进程中，我们党把坚持马克思主义基本原理同推进马克思主义中国化结合起来，把坚持四项基本原则同坚持改革开放结合起来，把尊重人民首创精神同加强和改善党的领导结合起来，把坚持社会主义基本制度同发展市场经济结合起来，把推动经济基础变革同推动上层建筑改革结合起来，把发展社会生产力同提高全民族文明素质结合起来，把提高效率同促进社会公平结合起来，把坚持独立自主同参与经济全球化结合起来，把促进改革发展同保持社会稳定结合起来，把推进中国特色社会主义伟大事业同推进党的建设新的伟大工程结合起来，创造性地发展了马克思主义，形成了中国特色社会主义理论体系。

（二）邓小平理论

邓小平理论是以邓小平同志为核心的党的第二代中央领导集体在带领全党全国各族人民进行伟大的改革开放和现代化建设事业的进程中创立的，是中国特色社会主义理论体系的重要组成部分。邓小平理论包括十分丰富的内容，最重要的是：

1. 思想解放与实事求是思想路线。新中国成立后的前三十年中，中国共产党带领全中国人民有取得成功的宝贵经验，也有失误的惨痛教训，"文化大革命"就是教训之一。1976 年 10 月粉碎"四人帮"之后，广大干部群众强烈要求纠正"文化大革命"的错误，彻底扭转十年内乱造成的严重局势，使党和国家从危难中重新奋起。但是，这一顺应时势的愿望遇到严重阻碍，党和国家工作在前进中出现徘徊局面。与此同时，世界经济快速发展，科技进步日新月异，国家建设百业待兴，真理标准讨论热潮涌起。国内外大势呼唤我们党尽快就关系党和国家前途命运的大政方针作出政治决断和战略抉择。

在邓小平同志领导下和其他老一辈革命家支持下，党的十一届三中全会开始全面认真纠正"文化大革命"中及其以前的"左"倾错误，坚决批判了"两个凡是"的错误方针，充分肯定了必须完整、准确地掌握毛泽东思想的科学体系，高度评价了关于真理标准问题的讨论，确定了解放思想、开动脑筋、实事求是、

---

① 《十七大以来重要文献选编》（上），中央文献出版社 2009 年版，第 9 页。

团结一致向前看的指导方针，果断停止使用"以阶级斗争为纲"的口号，作出了把党和国家工作中心转移到经济建设上来、实行改革开放的历史性决策。

在当时的历史条件下，邓小平十分清醒地意识到，要彻底地改革阻碍社会生产力发展的经济体制和政治体制，就必须认真地反思过去的错误，必须清除对旧的体制起维护作用的种种思想观念，也就是打破禁锢，解放思想。这对于发动大规模的社会变革过程来说，是首要的、极为关键的一步，而且刻不容缓。正如他后来所说的那样："只有思想解放了，我们才能正确地以马列主义、毛泽东思想为指导，解决过去遗留的问题，解决新出现的一系列问题，正确地改革同生产力的迅速发展不相适应的生产关系和上层建筑，根据我国的实际情况，确定实现四个现代化的具体道路、方针、方法和措施。"①

1977年5月，邓小平在同中央两位同志的谈话中，旗帜鲜明地指出："毛泽东同志说，他自己也犯过错误。一个人讲的每句话都对，一个人绝对正确，没有这回事情。……彻底的唯物主义者，应该像毛泽东同志说的那样对待这个问题。马克思、恩格斯没有说过'凡是'，列宁、斯大林没有说过'凡是'，毛泽东同志自己也没有说过'凡是'。"② 应当说，邓小平的这番话在当时确实起到了振聋发聩的作用。1978年5月11日，《光明日报》发表了特邀评论员文章《实践是检验真理的唯一标准》，该文比较深入、比较全面、比较系统地阐述了马克思、恩格斯、列宁、毛泽东关于实践是检验真理的唯一标准的理论观点，并由此引起了有关真理标准问题的大讨论。这场讨论的真正意义，在于用马克思主义哲学的基本理论打破思想僵化的坚冰，走出长期以来在"左"倾思潮下形成的思维定式和认识误区，为中国社会即将到来的改革开放伟大实践过程提供精神动力和思想前提。邓小平高度评价了真理标准的讨论，他在1978年12月13日中共中央工作会议上指出："目前进行的关于是检验真理的唯一标准问题的讨论，实际上也是要不要解放思想的争论"。"一个党，一个国家，一个民族，如果一切从本本出发，思想僵化，迷信盛行，那它就不能前进，它的生机就停止了，就要亡党亡国。这是毛泽东同志在整风运动中反复讲过的。只有解放思想，坚持实事求是，一切从实际出发，理论联系实际，我们的社会主义现代化建设才能顺利发展。从这个意义上说，关于真理标准问题的争论，的确是个思想路线问题，是个政治问题，是个关系到党和国家的前途和命运的问题。"③

"实践是检验真理的唯一标准"讨论，为党在新时期的思想路线奠定了理论基础。邓小平立足于马克思主义基本立场和观点，对这个思想路线作出了简洁、

---

① 《邓小平文选》第二卷，人民出版社1994年版，第141页。
② 《邓小平文选》第二卷，人民出版社1994年版，第38～39页。
③ 《邓小平文选》第二卷，人民出版社1994年版，第143页。

明确的理论概括："马克思、恩格斯创立了辩证唯物主义和历史唯物主义的思想路线，毛泽东同志用中国语言概括为'实事求是'四个大字。实事求是，一切从实际出发，理论联系实际，坚持实践是检验真理的标准，这就是我们党的思想路线。"①

当然，在理解和贯彻这一思想路线的过程中，必然会涉及如何看待、理解和发展马克思主义，特别是如何看待、理解和发展毛泽东思想这样一个至关重要的问题。在这个问题上，邓小平坚决反对那种实质上是主张照抄、照搬、照转马克思、列宁、毛泽东原话的本本主义或教条主义学风和态度，强调理论联系实际，强调坚持把马列主义普遍真理与中国革命的具体实践相结合的原则，强调要努力把马克思主义的普遍原则同我国实现四个现代化的具体实践结合起来。他指出："马列主义、毛泽东思想的基本原则，我们任何时候都不能违背，这是毫无疑义的。但是，一定要和实际相结合，要分析研究实际情况，解决实际问题。按照实际情况决定工作方针，这是一切共产党员所必须牢牢记住的最基本的思想方法、工作方法。实事求是，是毛泽东思想的出发点、根本点。这是唯物主义。"② 这就是说，坚持实事求是思想路线就是从根本上坚持了马列主义、毛泽东思想的基本立场、观点和方法。怀疑或否认这一思想路线，也就从根本上背离了马克思主义，"同志们请想一想，实事求是，一切从实际出发，理论和实践相结合，这是不是毛泽东思想的根本观点呢？这种根本观点有没有过时，会不会过时呢？如果反对实事求是，反对从实际出发，反对理论和实践相结合，那还说得上什么马克思列宁主义、毛泽东思想呢？那会把我们引导到什么地方去呢？很明显，那只能引导到唯心主义和形而上学，只能引导到工作的损失和革命的失败。"③ 邓小平的这些思想不仅激发了思想解放的活力，而且恢复并捍卫了马克思主义在党的思想领域中的权威性。

2. 社会主义的本质与"有中国特色的社会主义"。社会主义的本质和建设中国特色社会主义理论是邓小平理论的又一重要内容。邓小平冷静地分析了中国的现实，总结了以往社会主义建设过程中的经验教训，认为中国社会主义建设过程所面临的问题很多，但最根本的问题是：什么是社会主义，如何建设社会主义？他说："我们建立的社会主义制度是个好制度，必须坚持。我们马克思主义者过去闹革命，就是为社会主义、共产主义崇高理想而奋斗。现在我们搞经济改革，仍然坚持社会主义道路，坚持共产主义的远大理想，年轻一代尤其要懂得这一点。但问题是什么是社会主义，如何建设社会主义。我们的经验有许多条，最重

---

① 《邓小平文选》第二卷，人民出版社 1994 年版，第 278 页。
② 《邓小平文选》第二卷，人民出版社 1994 年版，第 114 页。
③ 《邓小平文选》第二卷，人民出版社 1994 年版，第 118 页。

要的一条，就是要搞清楚这个问题。"①

关于什么是社会主义，邓小平曾针对以往中国和世界上其他社会主义国家在发展中产生的各种历史教训，指出："经济长期处于停滞状态总不能叫社会主义。人民生活长期停止在很低的水平总不能叫社会主义。"②"社会主义要消灭贫穷"，"贫穷不是社会主义"，③发展太慢也不是社会主义。否则社会主义有什么优越性呢？邓小平关于社会主义的这些理解，实际上既提出了理解社会主义的方法论，也回答了社会主义的本质。

就方法论而言，按照唯物史观的基本观点，一种生产关系是否适合生产力的发展状况，是否能够为生产力的发展开辟广阔的前景，是衡量这种生产关系是否具有先进性的基本尺度。由此可知，一种社会制度是否具有优越性以及优越性的大小归根到底也取决于它是否能够推动生产力的发展。因此，邓小平认为，社会主义的本质特征及其优越性首先在于，它应当能够较之资本主义社会更有利于推进社会生产力的发展。他说："我们革命的目的就是解放生产力，发展生产力。离开了生产力的发展、国家的富强、人民生活的改善，革命就是空的。……当然我们不要资本主义，但是我们也不要贫穷的社会主义，我们要发达的、生产力发展的、使国家富强的社会主义。我们相信社会主义比资本主义的制度优越。它的优越性应该表现在比资本主义有更好的条件发展社会生产力。"④他还说："我们是社会主义国家，社会主义制度优越性的根本表现，就是能够允许社会生产力以旧社会所没有的速度迅速发展，使人民不断增长的物质文化生活需要能够逐步得到满足。按照历史唯物主义的观点来讲，正确的政治领导的成果，归根到底要表现在社会生产力的发展上，人民物质文化生活的改善上。如果在一个相当长的历史时期内，社会主义国家生产力发展的速度比资本主义国家慢，还谈什么优越性？"⑤

就社会主义的本质而言，仅仅讲社会主义是解放生产力和发展生产力也还是不够的，还要讲生产关系。因为就推动生产力的发展而言，资本主义生产关系不仅在历史上曾经发挥了积极的作用，而且直到今天也依然保持着很大的活力。但是，资本主义生产关系是以生产资料的私人占有制为基础的，因此在资本主义社会中，生产力的发展总是以阶级剥削的方式实现，它不能从根本上遏制和消除贫富两极分化现象，不能使经济增长的利益普及整个社会。与此相反，社会主义社

---

① 《邓小平文选》第三卷，人民出版社1993年版，第116页。
② 《邓小平文选》第二卷，人民出版社1994年版，第312页。
③ 《邓小平文选》第三卷，人民出版社1993年版，第225页。
④ 《邓小平文选》第二卷，人民出版社1994年版，第231页。
⑤ 《邓小平文选》第二卷，人民出版社1994年版，第128页。

会的优越性除了体现为促进生产力的发展，还应体现在它的两条基本原则上：
"一条是公有制经济始终占主导地位，一条是发展经济要走共同富裕的道路，始
终避免两极分化。"① 邓小平相信："只要我国经济中公有制占主导地位，就可以
避免两极分化。当然，一部分地区、一部分人可以先富起来，带动和帮助其他地
区和其他的人，逐步达到共同富裕。"② 邓小平的这一思想指出了社会主义区别于
资本主义的根本特征，阐明了社会主义的实质和终极的价值目标。如他所说：
"社会主义不是极少数人富起来、大多数人穷，不是那个样子。社会主义最大的
优越性就是共同富裕，这是体现社会主义本质的一个东西。"③ 综合上述两个方
面，邓小平对社会主义的本质作出了一个简明的概括，他说："社会主义的本
质，是解放生产力，发展生产力，消灭剥削，消除两极分化，最终达到共同富
裕。"④ 邓小平关于社会主义本质的这一论断，不仅丰富和发展了马克思主义的
科学社会主义理论，而且也丰富和发展了唯物史观的社会形态理论。

在"怎样建设社会主义"这个问题上，以往的历史经验教训同样是十分深
刻的。由于抽象地、教条式地理解马克思主义经典作家关于社会主义的一般论
断，无视其提出的背景和适用的条件，不加分析地将其作为中国社会主义建设的
基本策略，也由于在制度建设方面受苏联经济体制和政治体制的严重影响，在很
大程度上机械地模仿或照搬苏联经济、政治模式和发展途径，从而使中国在改革
开放之前所形成并实行的权力高度集中的计划经济体制和政治体制在总体上基本
上不符合中国社会的具体国情，也不适应那个时期中国社会生产力的实际状况。
这是导致社会生产力发展缓慢，人民群众物质生活水平低下的主要原因。邓小平
通过总结这个历史经验教训，明确提出，中国的社会主义建设必须适合中国的国
情。他说："过去搞民主革命，要适合中国情况，走毛泽东同志开辟的农村包围
城市的道路。现在搞建设，也要适合中国情况，走出一条中国式的现代化道
路。"⑤ 为此，他具体分析了中国社会的两个重要特点，一是底子薄，二是人口
多，耕地少，指出"中国式的现代化，必须从中国的特点出发"。1982 年 9 月 1
日，邓小平在中国共产党第十二次全国代表大会上，进一步提出了"建设有中
国特色的社会主义"这一思想，并将其作为总结长期历史经验的基本结论。他
说："我们的现代化建设，必须从中国的实际出发。无论是革命还是建设，都要
注意学习和借鉴外国经验。但是，照抄照搬别国经验、别国模式，从来不能得到
成功。这方面我们有过不少教训。把马克思主义的普遍真理同我国的具体实际结

---

① ② 《邓小平文选》第三卷，人民出版社 1993 年版，第 149 页。
③ 《邓小平文选》第三卷，人民出版社 1993 年版，第 364 页。
④ 《邓小平文选》第三卷，人民出版社 1993 年版，第 373 页。
⑤ 《邓小平文选》第二卷，人民出版社 1994 年版，第 163 页。

合起来，走自己的路，建设有中国特色的社会主义，这就是我们总结长期历史经验得出的基本结论。"①

"走自己的路，建设有中国特色的社会主义"，为解决"怎样建设社会主义"这个问题提供了基本的思路和原则，是把马克思主义普遍真理同中国社会的具体实际相结合这一原则和传统在新的历史时期的体现。

3. 社会主义改革与社会主义市场经济。社会主义改革与社会主义市场经济理论是邓小平理论的另一重要组成部分。邓小平在改革开放初期就明确指出："社会主义优越性最终要体现在生产力能够更好地发展上。多年的经验表明，要发展生产力，靠过去的经济体制不能解决问题。"② "我们过去一直搞计划经济，但多年的实践证明，在某种意义上说，只搞计划经济会束缚生产力的发展。"③因而必须依据中国的国情，依据中国社会生产力的实际状况和发展要求对之进行改革，把生产力从束缚它的经济体制中解放出来。邓小平的这个思想实际上是一个理论观念上的突破。在以往的马克思主义教科书中，从来不认为甚至根本否认社会主义社会制度建立之后还有可能束缚或阻碍生产力的发展，而是认为社会主义社会一旦建立起来，就为生产力的发展提供了广阔的前景，剩下的事就只是发展生产力，不再存在解放生产力的问题。邓小平从以往社会主义建设的历史经验教训出发反驳了这个看法。在他看来，既然单纯的计划经济体制束缚了生产力的发展，那么改革经济体制就必然包含解放生产力的含义。在这个意义上，邓小平把社会主义改革视同为一场革命。他说："改革的性质同过去的革命一样，也是为了扫除发展社会生产力的障碍，使中国摆脱贫穷落后的状态。从这个意义上说，改革也可以叫革命性的变革。"④ 只不过，这场革命不是一种社会制度推翻另一种社会制度的、疾风暴雨式的社会革命，而是在作为执政党的中国共产党领导下的，以巩固社会主义制度为宗旨的解放生产力的革命。因此，"改革是社会主义制度的自我完善，在一定的范围内也发生了某种程度的革命性变革。"⑤

邓小平完全意识到经济体制的改革不只是经济领域的事情，而必然要涉及政治体制的改革，这是经济基础对上层建筑的决定作用在改革开放过程中的体现。邓小平指出："我们提出改革时，就包括政治体制改革。现在经济体制改革每前进一步，都深深感到政治体制改革的必要性。不改革政治体制，就不能保障经济体制改革的成果，不能使经济体制改革继续前进，就会阻碍生产力的发展，阻碍

① 《邓小平文选》第三卷，人民出版社 1993 年版，第 2～3 页。
② 《邓小平文选》第三卷，人民出版社 1993 年版，第 149 页。
③ 《邓小平文选》第三卷，人民出版社 1993 年版，第 148 页。
④ 《邓小平文选》第三卷，人民出版社 1993 年版，第 135 页。
⑤ 《邓小平文选》第三卷，人民出版社 1993 年版，第 142 页。

四个现代化的实现。"① 此外，经济体制的改革也必然会导致社会生活各个领域的变革，"改革促进了生产力的发展，引起了经济生活、社会生活、工作方式和精神状态的一系列深刻变化。"② 正是由于社会主义改革的这种全面性、深刻性，邓小平又把改革称为"中国的第二次革命"③。

"改革是中国的第二次革命"这个命题的深刻含义，应当说，更突出地体现在对市场经济的认识上。从以往的历史经验教训上看，新中国成立后所实施的计划经济体制之所以束缚或阻碍了中国社会生产力的发展，正是由于这种体制排斥了市场机制在配置资源和推动经济、技术进步上的重要作用。这个历史事实本身就意味着，中国社会主义经济体制改革不可避免地要以重新确认市场经济的作用为核心内容。关于这一点，邓小平在改革开放之初就已经有了明确的意识。1979年11月26日，他在一次会见外宾的谈话中，批评了那种把市场经济归结为资本主义经济的观点，并提出了"社会主义市场经济"概念，他说："市场经济只存在于资本主义社会，只有资本主义的市场经济，这肯定是不正确的。社会主义为什么不可以搞市场经济，这个不能说是资本主义。我们是计划经济为主，也结合市场经济，但这是社会主义的市场经济。虽然方法上基本上和资本主义社会的相似，但也有不同，是全民所有制之间的关系，当然也有同集体所有制之间的关系，也有同外国资本主义的关系，但是归根到底是社会主义的，是社会主义社会的，市场经济不能说只是资本主义的。市场经济，在封建社会时期就有了萌芽，社会主义也可以搞市场经济。"④

随着改革开放的不断深入，计划经济与市场调节的矛盾也不断凸现出来。把计划与市场理解为主辅关系的观点很快就不再适应经济体制改革不断深入的状况。针对这种情况，邓小平对计划与市场的关系进行了更为深入思考。1987年2月6日，他在一次谈话中明确指出："计划和市场都是方法嘛。只要对发展生产力有好处，就可以利用。它为社会主义服务，就是社会主义的；为资本主义服务，就是资本主义的。好像一谈计划就是社会主义，这也是不对的，日本就有一个企划厅嘛，美国也有计划嘛。我们以前是学苏联的，搞计划经济。后来又讲计划经济为主，现在不要再讲这个了。"⑤ 邓小平把"计划和市场都理解为发展社会生产力或发展经济的手段"观点的提出，从根本上清除了"市场经济就是资本主义经济"这样一种错误观念，确立了社会主义市场经济理论的构建原则。

① 《邓小平文选》第三卷，人民出版社1993年版，第176页。
② 《邓小平文选》第三卷，人民出版社1993年版，第142页。
③ 《邓小平文选》第三卷，人民出版社1993年版，第113页。
④ 《邓小平文选》第二卷，人民出版社1994年版，第236页。
⑤ 《邓小平文选》第三卷，人民出版社1993年版，第203页。

20 世纪 90 年代初，邓小平进一步从理论上阐明了这个原则，他说："我们必须从理论上搞懂，资本主义与社会主义的区分不在于是计划还是市场这样的问题。社会主义也有市场经济，资本主义也有计划控制。"①

邓小平的上述思想彻底解除了长期以来在市场经济问题上形成的思想禁锢，首创了社会主义市场经济理论的基本构架，极大地丰富和发展了马克思主义唯物史观的社会形态理论、社会革命理论和社会主义建设理论，使马克思主义中国化继毛泽东之后，再次达到一个新的高度、新的境界。在邓小平理论的推动下，1992 年 10 月 12 日，在中国共产党第十四届全国人民代表大会上，江泽民代表党中央作了《加快改革开放和现代化建设步伐，夺取有中国特色的社会主义事业的更大胜利》报告。该报告正式宣布把建立社会主义市场经济体制作为经济体制改革的目标，并指出：我们要建立的社会主义市场经济体制，就是要使市场在社会主义国家宏观调控下对资源配置起基础性作用。自此，中国社会在发展社会主义市场经济的道路上迈开了强劲的步伐，并日益取得令世人瞩目的丰硕成果。

（三）"三个代表"重要思想

1997 年 2 月 19 日，邓小平逝世。但他所开创的改革开放事业并没有因此截止，而是在中国共产党新的领导集体的领导下，继续大踏步地向前挺进。邓小平理论作为中国改革开放实践过程的活的灵魂，一方面推动改革开放不断取得新的成就，另一方面也使马克思主义中国化的实践不断发展。在邓小平逝世以后，以江泽民同志为核心的党的第三代中央领导集体带领全党全国各族人民将改革开放伟大事业继承、发展并成功推向 21 世纪。从十三届四中全会到十六大，受命于重大历史关头的党的第三代中央领导集体，高举邓小平理论伟大旗帜，坚持改革开放、与时俱进，在国内外政治风波、经济风险等严峻考验面前，依靠党和人民，捍卫中国特色社会主义，创建社会主义市场经济新体制，开创全面开放新局面，推进党的建设新的伟大工程，创立"三个代表"重要思想，继续引领改革开放的航船沿着正确方向破浪前进。

20 世纪 90 年代以来，世界局势发生了深刻的变化。从政治格局上看，90 年代初，东欧的剧变和苏联的解体结束了资本主义和社会主义两极对峙的冷战局面，世界政治朝着多极化的方向发展。从经济格局上看，经济全球化的进程不断加快，随着跨国经济和现代交通、通讯技术的加速度发展，各种生产要素在全球范围内的流动日益加强，世界经济已经构成了一个全面相互依赖又相互制约的全

---

① 《邓小平文选》第三卷，人民出版社 1993 年版，第 364 页。

球化体系。但从总体上看，经济技术实力雄厚的西方发达国家依然在世界经济体系中占据优势地位。从文化格局上看，政治多极化和经济全球化也使世界文化的发展出现错综复杂的状态。一方面随着经济、政治和技术交流的日益密切和深化，各个民族国家之间的文化交流也不断加强。另一方面，在国际争端中，国与国之间、地区与地区之间在利益上的冲突也伴随着各种文化冲突表现出来，不同民族国家之间在文化价值观念、宗教意识和政治意识形态方面的差异往往会强化经济、政治和军事上的相互对抗。

20世纪90年代，自我国提出建立和完善社会主义市场经济体制的战略目标以来，我国的改革和发展突飞猛进。到了90年代后半期，我国的社会主义市场经济体制事实上已见雏形。由于比较充分地发挥了市场机制的作用，我国的社会生产力获得了前所未有的快速发展，国家的综合实力大大增强，人民群众的生活水平也不同程度地得到了改善。但是就在社会主义公有制条件下能否建立完善的市场经济体制而言，仍然有一些根本性的、全局性的问题尚未得到真正的解决，而且这些问题随着改革的不断深入而愈益尖锐突出。

首先，从经济结构上看，全国范围内经济、技术发展还很不平衡，地区之间，城乡之间，经济与社会的发展水平存在着相当大的距离。在市场经济的快速发展中，市场机制本身所具有的导致贫富分化的自然趋势没有得到有效的抑制，收入分配差距依然呈不断扩大的趋势，相当一部分社会成员在收入水平、生活水平、就业机遇和利用社会资源等方面属于社会中的弱势群体，他们的利益要求已是社会矛盾的主要根源之一。其次，从政治上看，我国的社会主义市场经济本身就是包容多种经济成分、多种经营方式乃至多种所有制形式的综合性经济形态，因此市场经济的发展必然使社会生活日益异质化和多元化。不同的利益群体为维护自身的基本权利和合法权益，也必然会以各种方式提出自己的政治要求，这在客观上也必然要求加快政治生活民主化和社会生活法制化的进程。最后，从思想文化上看，社会生活的异质化和多元化，也必然推进思想文化的多元化发展，必然使人们的文化价值观念处于剧烈的变动之中。然而在过去一段时期里，由于在发展策略的具体实施上比较偏重于经济和技术的发展，从而使健康的符合社会进步趋势的文化建设由于缺乏足够的社会支持和资金支持而相对薄弱。在这种情况下，各种腐朽的、没落的，甚至愚昧的、迷信的文化现象沉渣泛起。特别是在市场经济的发展过程中衍生出来的"金钱拜物教"倾向，使得党和政府内一些党员干部，甚至高级领导干部，经不起金钱的诱惑，产生以权谋私的腐败现象。这种腐败的蔓延和扩大，不仅极大地破坏了经济秩序，造成极大的经济损失，而且降低了执政党在人民群众中的威信，使党的领导的权威性和执政能力受到怀疑。这表明，在建立和完善社会主义市场经济体制的过程中，不可避免地存在着先进文化与落后文化的博弈。

国际和国内经济与社会发展的新态势、各种社会矛盾和社会问题的综合发生，使作为执政党的中国共产党在世纪之交面临着重大的考验。我国的社会主义改革是在中国共产党领导下的一场自觉的社会变革过程。能否经得住这种考验，直接关系到我国改革开放事业的成败。要确保社会变革过程的健康发展，执政党就必须根据新的情况、新的问题，与时俱进，进一步提出科学符合新的实际的理论和方针。"三个代表"重要思想，就是顺应这一时代要求而产生的。

2000年2月，江泽民在广东视察工作时，在总结党的建设经验的基础上明确提出："要把中国的事情办好，关键取决于我们党，取决于党的思想、作风、组织、纪律状况和战斗力、领导水平。只要我们党始终成为中国先进生产力的发展要求、中国先进文化的前进方向、中国最广大人民的根本利益的忠实代表，我党就能永远立于不败之地，永远得到全国各族人民的衷心拥护并带领人民不断前进。"① 这是"三个代表"重要思想的最初表达。其后，江泽民又在不同场合对这个思想做了进一步阐述，逐步形成了一个完整的思想体系。2001年7月1日，在庆祝中国共产党成立80周年大会上，江泽民全面阐述了"三个代表"重要思想的理论内涵，指出："总结八十年的奋斗历程和基本经验，展望新世纪的艰巨任务和光明前途，我们党要继续站在时代前列，带领人民胜利前进，归结起来，就是必须始终代表中国先进生产力的发展要求，代表中国先进文化的前进方向，代表中国最广大人民的根本利益。"②

始终代表中国先进社会生产力的发展要求，这是中国共产党人依据唯物史观的基本原理在社会主义建设实践中对社会发展的客观规律的自觉把握。江泽民指出："生产力是最活跃最革命的因素，是社会发展的最终决定力量。……无论什么样的生产关系和上层建筑，都要随着生产力的发展而发展。如果它们不能适应生产力发展的要求，而成为生产力发展和社会进步的障碍，那就必然要发生调整和变革。"③ 因此，"代表中国先进生产力的发展要求"，首先，要自觉把握推进生产力发展的社会机制的改革，积极推进经济体制、政治体制和思想文化体制的改革，克服来自社会、经济、政治和文化领域中一切阻碍生产力发展的因素。"在社会主义社会的各个历史阶段，都需要根据经济社会发展的要求，适时地通过改革不断推进社会主义制度自我完善和发展，这样才能使社会主义制度充满生机和活力。"④ 其次，所谓"中国先进社会生产力"是指在中国社会自身的资源

① 江泽民：《论"三个代表"》，中央文献出版社2001年版，第1~2页。
② 《江泽民文选》第3卷，人民出版社2006年版，第272页。
③ 《江泽民文选》第3卷，人民出版社2006年版，第273页。
④ 《江泽民文选》第3卷，人民出版社2006年版，第274页。

环境、经济环境、政治环境和文化环境中不断发展着的生产力，是在我国最广大人民群众广泛的社会交往活动中形成的社会力量。要代表中国先进生产力的发展要求，就必须发挥人民的积极性、主动性和创造性，"人是生产力中最具有决定性的力量。包括知识分子在内的我国工人阶级，是推动我国先进生产力发展的基本力量。我国农民阶级和其他劳动群众，同工人阶级紧密团结，是推动我国社会生产力发展的重要力量。不断提高工人、农民、知识分子和其他劳动群众以及全体人民的思想道德素质和科学文化素质，不断提高他们的劳动技能和创造才能，充分发挥他们的积极性主动性创造性，始终是我们党代表中国先进生产力发展要求必须履行的第一要务。"① 最后，要掌握、运用和发展先进的科学技术，"科学技术是第一生产力，而且是先进生产力的集中体现和主要标志。科学技术的突飞猛进，给世界生产力和人类经济社会的发展带来了极大的推动。未来的科技发展还将产生新的重大飞跃。我们必须敏锐地把握这个客观趋势，始终注意把发挥我国社会主义制度的优越性，同掌握、运用和发展先进的科学技术紧密地结合起来，大力推动科技进步和创新，不断用先进科技改造和提高国民经济，努力实现我国生产力发展的跨越。这是我们党代表中国先进生产力发展要求必须履行的重要职责。"②③

始终代表中国先进文化的前进方向，这是中国共产党人自觉把握中国社会发展方向或命运的关键。社会生活是一个活的有机体，在经济生活、政治生活和文化生活之间，存在着密切的相互制约、相互作用的关系。任何一个生活领域都不可能脱离其他领域而孤立地发展。社会主义社会的发展更应当自觉地把握发展的全面性，如江泽民所说："社会主义社会是全面发展、全面进步的社会。社会主义现代化事业是物质文明和精神文明相辅相成、协调发展的事业。"④ 因此，"我们党要始终代表中国先进文化的前进方向，就是党的理论、路线、纲领、方针、政策和各项工作，必须努力体现发展面向现代化、面向世界、面向未来的，民族的科学的大众的社会主义文化的要求，促进全民族思想道德素质和科学文化素质的不断提高，为我国经济发展和社会进步提供精神动力和智力支持。"⑤

始终代表中国最广大人民群众的根本利益，这是中国共产党人对社会发展的终极目标和终极价值的自觉追求。唯物史观始终把人的自由自觉的活动即实践活动作为考察人的本质的出发点，并把人的解放和人的发展作为推动社会发展的终极目的。在资本主义社会发展时期，无产阶级的解放是人类解放的标志，而在社

---

① 《江泽民文选》第3卷，人民出版社2006年版，第274～275页。
② 《江泽民文选》第3卷，人民出版社2006年版，第275页。
③ 江泽民：《在庆祝中国共产党成立八十周年大会上的讲话》，人民出版社2001年版，第16页。
④⑤ 《江泽民文选》第3卷，人民出版社2006年版，第276页。

会主义社会发展时期，人的解放和人的发展就集中地体现为最广大人民群众的根本利益能否得到满足和实现。因此，江泽民十分明确地把代表中国人民的根本利益视为党的理论、路线、纲领、方针、政策和各项工作的"出发点"和"归宿点"，他说："我们党要始终代表中国最广大人民的根本利益，就是党的理论、路线、纲领、方针、政策和各项工作，必须坚持把人民的根本利益作为出发点和归宿，充分发挥人民群众的积极性、主动性、创造性，在社会不断发展进步的基础上，使人民群众不断获得切实的经济、政治、文化利益。"① 他还指出："人民群众的整体利益总是由各方面的具体利益构成的。我们所有的政策措施和工作，都应该正确反映并有利于妥善处理各种利益关系，都应认真考虑和兼顾不同阶层、不同方面群众的利益。但是，最重要的是必须首先考虑并满足最大多数人的利益要求，这始终关系党的执政的全局，关系国家经济、政治、文化发展的全局，关系全国各族人民的团结和社会安定的全局。最大多数人的利益是最紧要和最具有决定性的因素。这是马克思主义的基本观点，各级领导机关和领导干部必须充分认识和认真实践。"② 这个观点，应当说充分体现了中国共产党自民主革命以来始终不渝的目标，体现了社会主义革命和建设事业的基本宗旨，同时也体现了社会主义与资本主义的基本区别。因此，代表中国最广大人民群众的根本利益，是中国共产党作为执政党的合法性依据。

江泽民概括了"三个代表"之间的关系，他说："代表中国先进生产力的发展要求，代表中国先进文化的前进方向，代表中国最广大人民的根本利益，是统一的整体，相互联系，相互促进。发展先进的生产力，是发展先进文化，实现最广大人民根本利益的基础条件。人民群众是先进生产力和先进文化的创造主体，也是实现自身利益的根本力量。不断发展先进生产力和先进文化，归根到底都是为了满足人民群众日益增长的物质文化生活需要，不断实现最广大人民的根本利益。"③ 江泽民的这一概括，揭示了"三个代表"重要思想的完整性或系统性。"三个代表"重要思想同样是马克思主义基本原理与中国具体实际相结合的产物，有着丰富的、完整的哲学内涵。它实际上是从社会发展的客观机制、社会发展的文化价值导向和社会发展的终极目的三个方面，进一步阐释唯物史观的基本论点、实质精神和逻辑建构，指出这三个基本方面有机地统一于人类实践活动之中，既构成了社会历史发展的动态过程，同时又是考察和把握社会历史过程的最基本的理论原则、思维形式和方法，从而体现了马克思关于"社会生活在本质上是实践的"这一论断的基本精神。

---

① 《江泽民文选》第 3 卷，人民出版社 2006 年版，第 279 页。
② 《江泽民文选》第 3 卷，人民出版社 2006 年版，第 279～280 页。
③ 《江泽民文选》第 3 卷，人民出版社 2006 年版，第 280～281 页。

（四）科学发展观与构建社会主义和谐社会

科学发展观是中国特色社会主义理论体系的又一个重要组成部分。

科学发展观，是中国共产党领导集体立足社会主义初级阶段基本国情，总结我国发展实践，借鉴国外发展经验，适应新的发展要求提出来的。进入 21 世纪，我国发展呈现一系列新的阶段性特征，主要是：经济实力显著增强，同时生产力水平总体上还不高，自主创新能力还不强，长期形成的结构性矛盾和粗放型增长方式尚未根本改变；社会主义市场经济体制初步建立，同时影响发展的体制机制障碍依然存在，改革攻坚面临深层次矛盾和问题；人民生活总体上达到小康水平，同时收入分配差距拉大趋势还未根本扭转，城乡贫困人口和低收入人口还有相当数量，统筹兼顾各方面利益难度加大；协调发展取得显著成绩，同时农业基础薄弱、农村发展滞后的局面尚未改变，缩小城乡、区域发展差距和促进经济社会协调发展任务艰巨；社会主义民主政治不断发展、依法治国基本方略扎实贯彻，同时民主法制建设与扩大人民民主和经济社会发展的要求还不完全适应，政治体制改革需要继续深化；社会主义文化更加繁荣，同时人民精神文化需求日趋旺盛，人们思想活动的独立性、选择性、多变性、差异性明显增强，对发展社会主义先进文化提出了更高要求；社会活力显著增强，同时社会结构、社会组织形式、社会利益格局发生深刻变化，社会建设和管理面临诸多新课题；对外开放日益扩大，同时面临的国际竞争日趋激烈，发达国家在经济科技上占优势的压力长期存在，可以预见和难以预见的风险增多，统筹国内发展和对外开放要求更高。[①]

这些情况表明，经过新中国成立以来特别是改革开放以来的不懈努力，我国取得了举世瞩目的发展成就，从生产力到生产关系、从经济基础到上层建筑都发生了意义深远的重大变化，但我国仍处于并将长期处于社会主义初级阶段的基本国情没有变，人民日益增长的物质文化需要同落后的社会生产之间的矛盾这一社会主要矛盾没有变。当前我国发展的阶段性特征，是社会主义初级阶段基本国情在新世纪新阶段的具体表现。强调认清社会主义初级阶段基本国情，不是要妄自菲薄、自甘落后，也不是要脱离实际、急于求成，而是要坚持把它作为推进改革、谋划发展的根本依据。我们必须始终保持清醒头脑，立足社会主义初级阶段这个最大的实际，科学分析我国全面参与经济全球化的新机遇新挑战，全面认识工业化、信息化、城镇化、市场化、国际化深入发展的新形势新任务，深刻把握我国发展面临的新课题新矛盾，更加自觉地走科学发展道路，奋力开拓中国特色

---

① 《十七大以来重要文献选编》（上），中央文献出版社 2009 年版，第 10～11 页。

社会主义更为广阔的发展前景。①

2002 年 11 月，在中国共产党第十六届全国代表大会上，胡锦涛当选为中共中央总书记。次年，在党的十六届三中全会上，胡锦涛代表党中央作了《中共中央关于完善社会主义市场经济体制若干问题的决定》的报告。该报告在分析了我国经济体制改革所面临的形势和任务之后，提出了深化经济体制改革的指导思想和原则，这就是："以邓小平理论和'三个代表'重要思想为指导，贯彻党的基本路线、基本纲领、基本经验，全面落实十六大精神，解放思想、实事求是、与时俱进。坚持社会主义市场经济的改革方向，注重制度建设和体制创新。坚持尊重群众的首创精神，充分发挥中央和地方两个积极性。坚持正确处理改革发展稳定的关系，有重点、有步骤地推进改革。坚持统筹兼顾，协调好改革进程中的各种利益关系。坚持以人为本，树立全面、协调、可持续的发展观，促进经济社会和人的全面发展。"这一指导思想和原则同时也就是中国共产党面向新世纪确立的科学发展观，其中"坚持以人为本，树立全面、协调、可持续的发展观，促进经济社会和人的全面发展"，是这一发展观的核心内容。

发展观是关于发展的本质、目的、内涵和要求的总体看法和根本观点。有什么样的发展观，就会有什么样的发展道路、发展模式和发展战略，就会对发展的实践产生根本性、全局性的重大影响。我们党提出的科学发展观，根据马克思主义辩证唯物主义和历史唯物主义的基本原理，总结了国内外在发展问题上的经验教训，吸收人类文明进步的新成果，站在历史和时代的高度，进一步明确了新世纪新阶段我国要发展、为什么发展和怎样发展的重大问题。

科学发展观，第一要义是发展，核心是以人为本，基本要求是全面协调可持续，根本方法是统筹兼顾。

在当代社会发展理论中，"发展观"无疑是发展理论和发展问题研究的核心观念。回顾历史，在关于为什么发展、怎样发展的问题上，人类既有宝贵经验又有深刻的教训。自 20 世纪 50 年代以来，体现在各种社会发展理论中的社会发展观念经历了一个从"以物为本"到"以人为本"的演变过程。在 20 世纪 50 ~ 60年代，发展中国家普遍面临人口增长率高、失业率高、生产率低和收入分配不均等严重问题。为此，发展中国家几乎无一例外地把追求经济增长作为发展策略的首选目标。表现在发展观上，就是把发展归结为经济增长，用国民生产的总值和生产率的高低来衡量发展的程度。然而，进入 70 年代以后，发展中国家普遍出现了"有增长而无发展"的状态，即通过不断加大有形资产的投入固然可以带来经济的快速增长，但这种经济增长并不意味着社会经济结构的变革和经济效益

---

① 《十七大以来重要文献选编》（上），中央文献出版社 2009 年版，第 11 页。

的提高。这就使人们对将经济发展完全归结为经济增长的观点产生置疑。许多发展理论家开始对"发展"与"增长"重新做出分析。认为经济增长不等于"经济发展",经济发展除了人均收入提高以外,还包括经济结构的变化以及国民自立参与经济发展过程和经济结构变迁过程。随着社会发展问题的不断暴露以及对发展问题研究的不断深入和扩展,发展理论家们日益注意到,经济发展并不是一个可以脱离社会系统而孤立的过程,应当从社会进步的历史进程和社会生活各个领域的相互作用关系中确定发展的概念。从而使发展观超出了经济领域的局限而同时强调社会的全面、协调发展,认为新型的可取的发展应当是"整体的"、"综合的"和"内生的"。然而,无论是经济增长,还是经济结构的变革,还是社会的协调发展,显然都不是社会发展的终极目标和根本意义。在发展中国家的发展实践中,普遍存在的问题是,由于片面追求经济增长的速度与规模,在很大程度上忽视了经济利益分配的合理性,由此导致贫富分化的自发倾向得不到有效的遏制,从而使经济增长的利益不能普及到整个社会。针对这些问题,当代发展理论家们认为有必要对发展的目标重新审核,其要点是关注人的发展和人的基本需要的满足,即注重社会成员的物质生活质量、精神文化素质的提高以及人的潜在能力的发挥和发展。与此同时,随着现代社会的发展,环境问题、资源问题、安全问题等日趋严重,这些问题不仅使当代社会的发展面临巨大的挑战,更使人类未来的生存与发展受到严重的威胁。对此,1992年,在巴西里约热内卢举行的世界环境与发展大会上通过了《21世纪议程》,与会各国一致承诺把走可持续发展的道路作为共同发展的战略,并正式把可持续发展定义为:在不损害未来时代满足其发展需要的资源的前提下的发展,这标志着可持续发展观的形成。

在总结我国社会主义建设实践特别是改革开放的实践的基础上,借鉴世界发展的文明成果,我国提出了科学发展观。科学发展观强调"以人为本",这既是对马克思主义的继承又是对马克思主义的发展。马克思主义特别是马克思主义的历史唯物主义学说,归根到底就是关注人的生存和人的解放的学说,其基本精神,就是要把人从受奴役、受屈辱、受压迫的社会关系中解放出来,实现人的全面、自由的发展。但是,长期以来,由于受"左"倾思潮的严重干扰和苏联哲学教科书的深重影响,错误地认为历史唯物主义作为马克思主义的历史观不是以"人"为出发点的,而是以"物"即人们的物质生产活动或物质的生产关系为出发点的,因此,历史唯物主义不是以人为本的哲学,而是以物为本的哲学。直到20世纪90年代,还有学者认为,唯物史观在历史观领域所实现的"哲学革命"就在于它不仅推翻了各种"以神为本"的哲学,而且推翻了各种"以人为本的"哲学。在改革开放的历史进程中,我国哲学理论工作者解放思想、正本清源,突破"左"倾思潮和教条主义学风对学术研究的束缚,通过对马克思、恩格斯理论著作的深入研究并吸收现代哲学发展的积极成果，从理论上阐释和论证了"以人为本"是马克思主义唯物史观的实质精神以及这个实质精神在当代的价值。

科学发展观，是对党的三代中央领导集体关于发展的重要思想的继承和发展，是马克思主义关于发展的世界观和方法论的集中体现，是同马克思列宁主义、毛泽东思想、邓小平理论和"三个代表"重要思想既一脉相承又与时俱进的科学理论，是我国经济社会发展的重要指导方针，是发展中国特色社会主义必须坚持和贯彻的重大战略思想。

在科学发展观的指导下，我们党又进一步提出了构建社会主义和谐社会的政治理念。2004年9月19日，在中国共产党第十六届中央委员会第四次全体会议上，总书记胡锦涛作了《中共中央关于加强党的执政能力建设的决定》的报告。胡锦涛在报告中阐述了提高和加强党的执政能力的重要性和紧迫性，根据我国社会的现实状况和发展要求，提出了我党在现时期必须提高的五种执政能力，其中包括"坚持最广泛最充分地调动一切积极因素，不断提高构建社会主义和谐社会的能力"，并指出："形成全体人民各尽其能、各得其所而又和谐相处的社会，是巩固党执政的社会基础、实现党执政的历史任务的必然要求。要适应我国社会的深刻变化，把和谐社会建设摆在重要位置，注重激发社会活力，促进社会公平和正义，增强全社会的法律意识和诚信意识，维护社会安定团结。"

从我国社会主义革命和建设的历史过程上看，"构建社会主义和谐社会"是党中央应中国改革发展进入关键时期的客观要求而提出的全新的政治理念。实现社会和谐，建设美好社会，这是自古以来人类孜孜以求的社会理想，尽管在人类社会发展的不同历史阶段上，在不同的社会形态中，人们对社会和谐的理解，有着不同的哲学内涵和政治内涵，但实现社会和谐却始终是人们最基本的政治要求。自20世纪70年代末80年代初，中国社会进入改革开放历史时期以后，随着经济体制改革和政治体制改革的不断深入，中国的社会主义经济持续地保持较高的增长速度，综合国力日益增强，人民群众的物质生活水平在很大程度上得到了改善，中国在国际社会中的地位也不断提高。但是，与此同时，新的社会矛盾和社会问题也伴随着市场取向的改革而层出不穷地涌现出来。不同的社会阶层、不同的利益群体有着不同的利益要求；市场经济本身所具有的导致贫富分化的自发倾向，也使不同阶层的社会成员之间在收入水平、生活水平、生活质量和生活方式等诸多方面产生越来越大的差距；社会转型时期各种价值观念、各种文化思潮、政治思潮在思想文化领域相互交织、碰撞，直接影响着人们的社会心理和社会行为。这些问题和矛盾的综合发生造成了社会内部的动荡不安，并在一定条件下还以外部冲突的形式表现出来。在这种情况下，党中央在促进改革开放的同时，也为维护社会稳定付出了巨大的努力和很大的代价。"维护安定团结的政治局面"、"稳定压倒一切"等指导思想和相应的政治策略，在控制社会局势、缓和矛盾冲突、建立和维护基本的社会秩序方面取得了积极的效果，为改革开放事业的不断发展建立了良好的社会环境。但总起来说，这些指导思想和政治策略属于对社会秩序的外在控制，它可以缓和矛盾冲突，或者可以降低矛盾冲突的剧烈程度，避免社会矛盾以外部冲突的形式出现，但不能从根本上消除矛盾冲突的根源，因而依然存在着各种矛盾经过量的积累再次通过外部冲突的形式表现出来的可能性。社会稳定、安定团结的政治局面只有体现社会的内在和谐时，才有可能是长期的、牢固的。"构建社会主义和谐社会"的政治理念的重要意义就在于把"和谐"作为基本的政治目标和处理社会矛盾、社会问题的价值原则，以此推进社会稳定有序的发展。

2005年2月19日，胡锦涛在中共中央举办的省部级主要领导干部"提高构建社会主义和谐社会能力专题研讨班"开班式发表讲话，指出构建社会主义和谐社会，是中国共产党从全面建设小康社会、开创中国特色社会主义事业新局面的全局出发提出的一项重大任务，适应了中国改革发展进入关键时期的客观要求，体现了广大人民群众的根本利益和共同愿望。他说："实现社会和谐，建设美好社会，始终是人类孜孜以求的一个社会理想，也是包括中国共产党在内的马克思主义政党不懈追求的一个社会理想。根据新世纪新阶段中国经济社会发展的新要求和社会出现的新趋势新特点，我们所要建设的社会主义和谐社会，应该是民主法治、公平正义、诚信友爱、充满活力、安定有序、人与自然和谐相处的社会。"

在讲话中，胡锦涛强调，构建社会主义和谐社会，同建设社会主义物质文明、政治文明、精神文明是有机统一的。要通过发展社会主义社会的生产力来不断增强和谐社会建设的物质基础，通过发展社会主义民主政治来不断加强和谐社会建设的政治保障，通过发展社会主义先进文化来不断巩固和谐社会建设的精神支撑，同时又通过和谐社会建设来为社会主义物质文明、政治文明、精神文明建设创造有利的社会条件。

胡锦涛还指出，构建社会主义和谐社会，必须坚持以邓小平理论和"三个代表"重要思想为指导，坚持社会主义的基本制度，坚持走中国特色社会主义道路；必须树立和落实科学发展观，坚持以经济建设为中心，坚持"五个统筹"，促进社会主义物质文明、政治文明、精神文明建设与和谐社会建设全面发展；必须坚持以人为本，始终把最广大人民的根本利益作为党和国家工作的根本出发点和落脚点，在经济发展的基础上不断满足人民群众日益增长的物质文化需要，促进人的全面发展；必须尊重人民群众的创造精神，通过深化改革、创新体制，调动一切积极因素，激发全社会的创造活力；必须注重社会公平，正确反映和兼顾不同方面群众的利益，正确处理人民内部矛盾和其他社会矛盾，妥善协调各方面的利益关系；必须正确处理改革发展稳定的关系，坚持把改革的力度、发展的速度和社会可以承受的程度统一起来，使改革发展稳定相互协调、相互促进，确保人民群众安居乐业，确保社会政治稳定和国家长治久安。为了促进社会主义和谐社会建设，要切实保持经济持续快速协调健康发展、发展社会主义民主、落实依法治国的基本方略、加强思想道德建设、维护和实现社会公平和正义、增强全社会的创造活力、加强社会建设和管理、处理好新形势下的人民内部矛盾、加强生态环境建设和治理工作、做好保持社会稳定的工作。

胡锦涛的上述思想表明，"构建社会主义和谐社会"这一政治理念既是指向未来的社会理想，又是指导中国社会变革过程的现实策略；既包含着中国共产党人对社会有机系统结构关系、内在矛盾日益深刻、日益全面的科学把握，又体现出中国共产党对社会发展过程的价值追求。

随着我国市场取向改革的不断发展，在不断取得新的成就的同时，也不断地衍生着新的社会问题。与此相应地，"构建社会主义和谐社会"这一政治理念也在不断地向纵深发展。2006年10月8日至11日，中国共产党召开了第十六届中央委员会第六次全体会议，会议通过了《中共中央关于构建社会主义和谐社会若干重大问题的决定》（以下简称《决定》），《决定》更为明确地阐述了构建社会主义和谐社会的指导思想、目标、任务和原则。

关于指导思想，《决定》指出：我们要构建的社会主义和谐社会，是在中国特色社会主义道路上，中国共产党领导全体人民共同建设、共同享有的和谐社会。必须坚持以马克思列宁主义、毛泽东思想、邓小平理论和"三个代表"重要思想为指导，坚持党的基本路线、基本纲领、基本经验，坚持以科学发展观统领经济社会发展全局，按照民主法治、公平正义、诚信友爱、充满活力、安定有序、人与自然和谐相处的总要求，以解决人民群众最关心、最直接、最现实的利益问题为重点，着力发展社会事业、促进社会公平正义、建设和谐文化、完善社会管理、增强社会创造活力，走共同富裕道路，推动社会建设与经济建设、政治建设、文化建设协调发展。

关于目标和任务，《决定》指出：到2020年，构建社会主义和谐社会的目标和主要任务是：社会主义民主法制更加完善，依法治国基本方略得到全面落实，人民的权益得到切实尊重和保障；城乡、区域发展差距扩大的趋势逐步扭转，合理有序的收入分配格局基本形成，家庭财产普遍增加，人民过上更加富足的生活；社会就业比较充分，覆盖城乡居民的社会保障体系基本建立；基本公共服务体系更加完备，政府管理和服务水平有较大提高；全民族的思想道德素质、科学文化素质和健康素质明显提高，良好道德风尚、和谐人际关系进一步形成；

全社会创造活力显著增强，创新型国家基本建成；社会管理体系更加完善，社会秩序良好；资源利用效率显著提高，生态环境明显好转；实现全面建设惠及十几亿人口的更高水平的小康社会的目标，努力形成全体人民各尽其能、各得其所而又和谐相处的局面。

关于构建社会主义和谐社会的原则，《决定》指出：必须坚持以人为本。始终把最广大人民的根本利益作为党和国家一切工作的出发点和落脚点，实现好、维护好、发展好最广大人民的根本利益，不断满足人民日益增长的物质文化需要，做到发展为了人民、发展依靠人民、发展成果由人民共享，促进人的全面发展。必须坚持科学发展。切实抓好发展这个党执政兴国的第一要务，统筹城乡发展，统筹区域发展，统筹经济社会发展，统筹人与自然和谐发展，统筹国内发展和对外开放，转变增长方式，提高发展质量，推进节约发展、清洁发展、安全发展，实现经济社会全面协调可持续发展。必须坚持改革开放。坚持社会主义市场经济的改革方向，适应社会发展要求，推进经济体制、政治体制、文化体制、社会体制改革和创新，进一步扩大对外开放，提高改革决策的科学性、改革措施的协调性，建立健全充满活力、富有效率、更加开放的体制机制。必须坚持民主法治。加强社会主义民主政治建设，发展社会主义民主，实施依法治国基本方略，建设社会主义法治国家，树立社会主义法治理念，增强全社会法律意识，推进国家经济、政治、文化、社会生活法制化、规范化，逐步形成社会公平保障体系，促进社会公平正义。必须坚持正确处理改革发展稳定的关系。把改革的力度、发展的速度和社会可承受的程度统一起来，维护社会安定团结，以改革促进和谐、以发展巩固和谐、以稳定保障和谐，确保人民安居乐业、社会安定有序、国家长治久安。必须坚持在党的领导下全社会共同建设。坚持科学执政、民主执政、依法执政，发挥党的领导核心作用，维护人民群众的主体地位，团结一切可以团结的力量，调动一切积极因素，形成促进和谐人人有责、和谐社会人人共享的生动局面。

上述论述清楚地表明，中国共产党领导核心所提出和创立的"构建社会主义和谐社会"的政治理念在理论上已经基本成熟，如果能够在政治实践和整个社会实践中有效地贯彻这些目标和原则，就能够引领中国的现代化建设取得更为重大的积极成果，而且证明社会主义市场经济有可能具有较之资本主义市场经济更大的优越性。

纵观从新民主主义革命到社会主义革命和建设的历史过程，中国共产党领导下的社会变革实践始终贯彻着把马克思主义基本理论与中国社会具体实际相结合的理论原则，由此产生出了马克思主义中国化的两大成果——毛泽东思想和中国特色社会主义理论体系。这两大理论成果是宝贵的财富，是指引中国革命和建设从胜利走向胜利的保证。马克思主义是发展的与时俱进的理论体系，随着中国社会变革实践的不断深入发展，马克思主义中国化的理论成果也将与时俱进，不断迈向新的理论境界。

第三节　马克思主义中国化理论成果的整体性

一、马克思主义中国化的理论成果始终贯彻一切从实际出发理论联系实际的基本原则和方法

马克思主义中国化的理论成果——毛泽东思想和中国特色社会主义理论体系——也就是中国化马克思主义，是一个科学的有机整体。其整体性首先表现在始终贯彻一切从实际出发理论联系实际的基本原则和方法。

一切从实际出发联系实际是马克思主义的基本原则和方法。中国共产党人之所以能够战胜各种困难险阻和错误思想路线的反复干扰，取得了中国革命和建设的胜利，创造出中国化马克思主义，其根本的原因在于坚持了这样的原则和方法。

在新民主主义革命时期，党内"左"、右倾机会主义思想路线的一个共同特征是，它们都自称自己的思想路线和策略主张是来自马克思列宁主义理论，甚至认为，只有它们的思想路线和策略主张是真正的马克思列宁主义，是"百分之百的布尔什维克"。的确，像陈独秀、张国焘、王明（陈绍禹）以及李立三、博古等"左"、右倾思想路线的主要代表人物，都是学养很高的知识分子，不能说他们对马克思列宁主义理论缺乏深入的研究。然而，残酷的斗争狠狠地教训了这些自负的理论家，他们的思想路线和策略主张无一不惨遭失败，并给中国革命带来了极为严重的损失。问题的症结在于，他们只是熟悉了马克思主义理论的词句或书本理论，而完全忽视了运用马克思主义的理论和方法深入地考察中国社会和中国革命的具体实际，他们只是机械地搬用马克思列宁主义书本中的现成结论，而完全没有想到如何将这些结论应用于不同的历史环境和社会环境。

以毛泽东为代表的中国共产党人不仅严厉地批判了"左"、右倾机会主义思想路线的理论和策略，而且深入地挖掘了机会主义思想路线的认识论和方法论根源。毛泽东很清楚，如果不从认识论和方法论上清算机会主义思想路线，那么，在复杂的革命进程中，机会主义思想路线就会反复地、改头换面地出现在党内和

革命阵营中，持续不断地威胁中国革命的健康发展。

早在 1930 年，也就是中国共产党在江西井冈山地区建立和发展革命根据地时期，毛泽东针对党内和红军中普遍存在的并盛行一时的教条主义风气，写下了《反对本本主义》一文。在这篇文章中，毛泽东严厉批评了党内一些人只从马克思主义理论的"本本"出发，而不从中国社会和中国革命的实际情况出发，空谈中国政治局势和斗争策略的"本本主义"（教条主义）思想倾向。他指出，离开实际调查去估量政治形势，去指导斗争工作，是"空洞的"、"唯心的"，是必然要产生机会主义错误或盲动主义错误的。同时，他还指出："本本主义的社会科学研究法也同样是最危险的，甚至可能走上反革命的道路，中国有许多专门从书本上讨生活的从事社会科学研究的共产党员，不是一批一批地成了反革命吗？就是明显的证据。我们说马克思主义是对的，决不是因为马克思这个人是什么'先哲'，而是因为他的理论，在我们的实践中，在我们的斗争中，证明了是对的。我们的斗争需要马克思主义。我们欢迎这个理论，丝毫不存在什么'先哲'一类的形式的甚至神秘的念头在里面。……马克思主义的'本本'是要学习的，但是必须同我国的实际情况相结合。"① 毛泽东的这一观点直到今天，也具有十分重要的意义。

然而，在井冈山斗争时期，毛泽东的告诫并没有在党内引起足够的重视，相反，当时党内的领导人继续打着马克思主义的旗号顽固推行机会主义和盲动主义路线，排斥和打击毛泽东为代表的正确路线，结果导致了第五次反围剿的失败、江西革命根据地的丧失和红军的被迫转移。机会主义路线给中国革命带来的惨重损失，使毛泽东更加感到从理论上彻底清除机会主义路线的认识论和方法论根源，纠正理论脱离实际的学风，关系到中国共产党领导的革命事业的成败。1935 年 1 月，在中共中央召开的遵义会议上，机会主义路线受到了彻底的批判，并确立了毛泽东在党内和军队中的领导地位。这同时也是确立了毛泽东正确思想路线在理论上的优势地位，使毛泽东能够利用这个优势地位继续展开对机会主义思想路线的理论批判，并由此推动中国共产党的理论建设。1936 年，红军到达陕北革命根据地以后不久，毛泽东就发表了《中国革命战争的战略问题》这部著名的著作。在这部著作中，他揭露和批判了"左"倾机会主义和盲动主义错误给革命带来的严重危害，并揭示了这一错误路线的思想根源，他说："这种看起来好像革命的'左'倾意见，来源于小资产阶级知识分子的革命急躁病，同时也来源于农民小生产者的局部保守性。他们看问题仅从一局部出发，没有能力通观全局，不愿把今天的利益和明天的利益相联结，把部分利益和全体利益相联结，

---

① 《毛泽东选集》第 1 卷，人民出版社 1991 年版，第 111 ~ 112 页。

捉住一局部一时间的东西死也不放。……然而这决不能依靠小生产者的近视。我们应该学习的是布尔什维克的聪明。我们的眼力不够，应该借助于望远镜和显微镜。马克思主义的方法就是政治上军事上的望远镜和显微镜。"① 而"左"倾机会主义路线的代表人物，"他们自称为马克思列宁主义者，其实一点马克思列宁主义也没有学到。列宁说：马克思主义的最本质的东西，马克思主义的活的灵魂，就在于具体地分析具体的情况。我们的这些同志恰恰是忘记了这一点。"②

1937年7月，毛泽东又发表了《实践论》这篇著作，从认识论的高度对"左"、右倾机会主义思想路线进行了深刻的剖析，他指出，马克思主义认识论的根本特征就是强调理论与实际、认识和实践的具体的、历史的统一。而由于受到许多社会条件的制约，思想脱离实际的事情是经常发生的。右倾机会主义（或革命队伍中的顽固派）的基本表现就是，思想不能随着变化了的客观情况而前进，看不出矛盾的斗争已将客观过程推向前进了，而它们的认识却仍然停止在旧阶段。与此相反，"左"倾机会主义则表现为，它们的思想超过客观过程的一定发展阶段，有些把幻想看作真理，有些则把仅在将来有现实可能性的理想，勉强地放在现时来做，离开了当前大多数人的实践，离开了当前的现实性，在行动上表现为冒险主义。

毛泽东认为，这种不是从客观的真实情况出发，而是从主观愿望出发，割裂理论与实际的统一的作风，是完全违背马克思列宁主义基本精神的作风。他在《改造我们的学习》一文中毫不客气地说："我们学的是马克思主义，但是我们中的许多人，他们学习马克思主义的方法是直接违反马克思主义的。这就是说，他们违背了马克思、恩格斯、列宁、斯大林所谆谆告诫人们的一条基本原则：理论和实际统一。他们既然违背了这条原则，于是就自己造出了一条相反的原则：理论和实际分离。"③ 这种作风本质就是用唯心主义的、主观主义的态度对待马克思主义理论，"在这种态度下，就是抽象地无目的地去研究马克思列宁主义的理论。不是为了要解决中国革命的理论问题、策略问题而到马克思、恩格斯、列宁、斯大林那里找立场，找观点，找方法，而是为了单纯地学理论而去学理论。不是有的放矢，而是无的放矢。"④ 而真正的马克思列宁主义的态度是与之相对立的，"在这种态度下，就是应用马克思列宁主义的理论和方法，对周围环境作系统的周密的调查和研究。不是单凭热情去工作，而是如同斯大林所说的那样：把革命气概和实际精神结合起来。在这种态度下，就是不要割断历史。不单是懂

① 《毛泽东选集》第1卷，人民出版社1991年版，第212页。
② 《毛泽东选集》第1卷，人民出版社1991年版，第187页。
③ 《毛泽东选集》第3卷，人民出版社1991年版，第798页。
④ 《毛泽东选集》第3卷，人民出版社1991年版，第799页。

得希腊就行了，还要懂得中国；不但要懂得外国革命史，还要懂得中国革命史；不但要懂得中国的今天，还要懂得中国的昨天和前天。在这种态度下，就是要有目的地去研究马克思列宁主义的理论，要使马克思列宁主义的理论和中国革命的实际运动结合起来，是为着解决中国革命的理论问题和策略问题而去从它找立场、找观点、找方法的。这种态度，就是有的放矢的态度。'的'就是中国革命，'矢'就是马克思列宁主义。我们中国共产党人所以要找这根'矢'，就是要为了射中国革命和东方革命这个'的'。这种态度，就是实事求是的态度。'实事'就是客观存在着的一切事物，'是'就是客观事物的内部联系，即规律性，'求'就是我们去研究。"①

1945年4月20日，中国共产党第六届中央委员会第七次全体会议上通过的《关于若干历史问题的决议》（以下简称《决议》），对党的历史上各种错误思想路线作出了进一步的、系统的批判。《决议》指出："一切政治路线、军事路线和组织路线之正确或错误，其思想根源都在于它们是否从马克思列宁主义的辩证唯物论和历史唯物论出发，是否从中国革命的客观实际和中国人民的客观需要出发。……教条主义的特点，是不从实际情况出发，而从书本上的个别词句出发。它不是根据马克思列宁主义的立场和方法来认真研究中国的政治、军事、经济、文化的过去和现在，认真研究中国革命的实际经验，得出结论，作为中国革命的行动指南，再在群众的实践中去考验这些结论是否正确；相反地，它抛弃了马克思列宁主义的实质，而把马克思列宁主义书本上的若干个别词句搬运到中国来当作教条，毫不研究这些词句是否合乎中国现时的实际情况。因此，他们的'理论'和实际脱离，他们的领导和群众脱离，他们不是实事求是，而是自以为是，他们自高自大，夸夸其谈，害怕正确的批评和自我批评，就是必然的了。"②《决议》还指出："在教条主义统治时期，同它合作并成为它的助手的经验主义的思想，也是主观主义和形式主义的一种表现形式。经验主义同教条主义的区别，是在于它不是从书本出发，而是从狭隘的经验出发。……经验主义和教条主义的出发点虽然不同，但是在思想方法的本质上，两者却是一致的。他们都是把马克思列宁主义的普遍真理和中国革命的具体实践分割开来；他们都违背辩证唯物论和历史唯物论，把片面的相对的真理夸大为普遍的绝对的真理；他们的思想都不符合于客观的全面的实际情况。……因此，我们不但要克服主观主义的教条主义，而且也要克服主观主义的经验主义。必须彻底克服教条主义和经验主义的思想，马克思列宁主义的思想、路线和作风，才能普及和深入全党。"③

---

① 《毛泽东选集》第3卷，人民出版社1991年版，第800~801页。
② 《毛泽东选集》第3卷，人民出版社1991年版，第987~988页。
③ 《毛泽东选集》第3卷，人民出版社1991年版，第988~990页。

此后不久，毛泽东又在《论联合政府》一书中总结道："我们党的发展和进步，是从同一切违反这个真理的教条主义和经验主义作坚决斗争的过程中发展和进步起来的。教条主义脱离具体的实践，经验主义把局部经验误认为普遍真理，这两种机会主义的思想都是违背马克思主义的。"①

对于创立中国化的马克思主义来说，理论联系实际就是坚持把马克思主义理论与中国革命的具体实践相结合。作为坚定的马克思主义者，毛泽东确信马克思列宁主义是唯一能够于危难之中拯救中国，把中国革命引向胜利的科学理论。1941 年，他在《改造我们的学习》一文中说："中国共产党的二十年，就是马克思列宁主义的普遍真理和中国革命的具体实践日益结合的二十年。……灾难深重的中华民族，一百年来，其优秀人物奋斗牺牲，前赴后继，摸索救国救民的真理，是可歌可泣的。但是直到第一次世界大战和俄国的十月革命之后，才找到马克思列宁主义这个最好的真理，作为解放我们民族的最好的武器，而中国共产党则是拿起这个武器的倡导者、宣传者和组织者。马克思列宁主义的普遍真理一经和中国革命的具体实践相结合，就使中国革命的面目为之一新。"② 为此，他高度注重马克思主义理论对中国革命的指导作用，他要求"一切有相当研究能力的共产党员，都要研究马克思、恩格斯、列宁、斯大林的理论，都要研究我们民族的历史，都要研究当前运动的情况和趋势；并经过他们去教育那些文化水准较低的党员。……指导一个伟大的革命运动的政党，如果没有革命理论，没有历史知识，没有对于实际运动的深刻的了解，要取得胜利是不可能的。"③

但同时，毛泽东又反复强调，理论的重要性在于它能够指导行动，脱离实际、脱离实践的理论，再好也是没有用处的。"如果有了正确的理论，只是把它空谈一阵，束之高阁，并不实行，那末，这种理论再好也是没有意义的。"④ 因此，"对于马克思主义的理论，要能够精通它、应用它，精通的目的全在于应用。"⑤ 如果只会片面地引用马克思、恩格斯、列宁、斯大林的个别词句，而不会运用他们的立场、观点和方法，来具体地研究中国的现状和中国的历史，具体地分析中国革命问题和解决中国革命问题。这种态度不仅完全丧失了马克思主义的基本精神，而且对于革命事业的发展来说是非常有害的。因此，"马克思、恩格斯、列宁、斯大林的理论，是'放之四海而皆准'的理论。不应当把它们的

<hr>

① 《毛泽东选集》第 3 卷，人民出版社 1991 年版，第 1094 页。
② 《毛泽东选集》第 3 卷，人民出版社 1991 年版，第 795～796 页。
③ 《毛泽东选集》第 2 卷，人民出版社 1991 年版，第 532～533 页。
④ 《毛泽东选集》第 1 卷，人民出版社 1991 年版，第 292 页。
⑤ 《毛泽东选集》第 3 卷，人民出版社 1991 年版，第 815 页。

理论当作教条看待，而应当看作行动的指南。不应当只是学习马克思列宁主义的词句，而应当把它当成革命的科学来学习。不但应当了解马克思、恩格斯、列宁、斯大林他们研究广泛的真实生活和革命经验所得出的关于一般规律的结论，而且应当学习他们观察问题和解决问题的立场和方法。"① 从这个意义上说，仅仅读了许多马克思列宁主义的书籍，还不能算是真正的理论家，"因为马克思列宁主义是马克思、恩格斯、列宁、斯大林他们根据实际创造出来的理论，从历史实际和革命实际中抽出来的总结论。我们如果仅仅读了他们的著作，但是没有进一步地根据他们的理论来研究中国的历史实际和革命实际，没有企图在理论上来思考中国的革命实践，我们就不能妄称为马克思主义的理论家。如果我们身为中国共产党员，却对于中国问题熟视无睹，只能记诵马克思主义书本上的个别的结论和个别的原理，那末，我们在理论战线上的成绩就未免太坏了。"② 真正的理论家，"是这样的理论家，他们能够依据马克思列宁主义的立场、观点和方法，正确地解释历史中和革命中所发生的实际问题，能够在中国的经济、政治、军事、文化种种问题上给予科学的解释，给予理论的说明。"③ "中国共产党人只有在他们善于应用马克思列宁主义的立场、观点和方法，善于应用列宁、斯大林关于中国革命的学说，进一步地从中国的历史实际和革命实际的认真研究中，在各方面作出合乎中国需要的理论性的创造，才叫做理论和实际相联系。"④

随着中国社会主义革命和建设的不断发展，中国化的马克思主义在其理论内容上也必然会不断地发展和创新，但理论联系实际、把马克思主义基本原理同中国革命具体实践结合起来这一基本原则和方法则是始终不变的。邓小平理论、"三个代表"重要思想、"科学发展观"等理论思想作为对马克思主义、毛泽东思想的继承和发展，同样是贯彻这一基本原则和方法的典范。邓小平1956年11月在一次谈话中就说过："马克思列宁主义的普遍真理与本国的具体实际相结合，这句话本身就是普遍真理。它包含两个方面，一方面叫普遍真理，另一方面叫结合本国实际，我们历来认为丢开任何一面都不行。"⑤ 1982年，在党的十二大开幕词中邓小平又强调指出："把马克思主义的普遍真理同我国的具体实际结合起来，走自己的道路，建设有中国特色的社会主义，这就是我们总结长期历史经验得出的基本结论。"⑥ 在江泽民的著作中，把马克思列宁主义的普遍真理与

① 《毛泽东选集》第2卷，人民出版社1991年版，第533页。
②③ 《毛泽东选集》第3卷，人民出版社1991年版，第814页。
④ 《毛泽东选集》第3卷，人民出版社1991年版，第820页。
⑤ 《邓小平文选》第一卷，人民出版社1989年版，第258~259页。
⑥ 《邓小平文选》第三卷，人民出版社1993年版，第3页。

中国的具体实际相结合的思想也多处可见："马克思列宁主义、毛泽东思想一定不能丢，丢了就丧失根本。同时一定要以我国改革开放和现代化建设的实际问题、以我们正在做的事情为中心，着眼于马克思主义理论的运用，着眼于对实际问题的理论思考，着眼于新的实践和新的发展。"① 中国共产党成立以来"八十年的实践启示我们，必须始终坚持马克思主义基本原理同中国具体实际相结合，坚持科学理论的指导，坚定不移地走自己的路。"② 胡锦涛不仅多次使用了"马克思主义中国化"的命题，而且强调："我们必须始终坚持解放思想、实事求是、与时俱进，继续在新的时代条件下把马克思主义基本原理同中国具体实际相结合，不断推进马克思主义的中国化。"③

中国社会主义革命和建设，特别是现时期中国改革开放的伟大实践，正在不断向纵深发展，中国化马克思主义的理论也会随着实践的发展不断创新。无论面对什么样的新情况、新问题，只要始终不渝地坚持一切从实际出发理论联系实际的原则和方法，就能产生无穷的理论创造力，就能与时俱进，把中国特色社会主义事业不断推向新的发展阶段。

二、马克思主义中国化的理论成果始终具有中国的民族形式

在马克思主义理论与中国革命的具体实际相结合的过程中，中国的马克思主义者不仅要始终坚持一切从实际出发理论联系实际的原则和方法，而且必然地要将马克思主义基本原理与源远流长的中国文化相结合，使马克思主义具有中国的民族的形式。

中华民族历经数千年的发展，在经济、政治、科学技术、宗教、艺术、伦理、哲学等各个方面积累了世世代代的经验和智慧，为整个世界文明做出了卓越的贡献。因此，中国化的马克思主义不仅应当表现在对中国社会现实问题的解决上，而且应当表现为它与中国传统文化思想精华的融合上。这种融合实质上是文明进程中一切积极文化因素在新的文化创造中的有机结合，由此形成一种强大的文化生产力，一方面推进中国文化的进步和发展，另一方面丰富和发展了马克思主义理论本身，并使它真正地融入中国文化的脉流之中。诚如 1941 年毛泽东在《新民主主义论》这篇文章中所说的那样："必须把马克思主义的普遍真理和中国革命的具体实践完全地恰当地统一起来，就是说，和民族的特点，经过一定的

---

① 《江泽民文选》第 2 卷，人民出版社 2006 年版，第 12 页。
② 《江泽民文选》第 3 卷，人民出版社 2006 年版，第 270 页。
③ 《十六大以来重要文献选编》（上），中央文献出版社 2005 年版，第 645 页。

民族形式，才有用处，决不能主观地公式地应用它。公式的马克思主义者，只是对于马克思主义和中国革命开玩笑，在中国革命队伍中是没有他们的位置的。"①

在中国革命的历程中，无论是在曲折复杂、艰难困苦的时期，还是在即将迎来全国胜利的辉煌时刻，以毛泽东为代表的正确路线始终高度重视对中国文化优秀遗产的批判继承。1938年，在《中国共产党在民族战争中的地位》一文中，针对"左"、右倾机会主义思想路线无视中国的历史和现实，空谈"马列理论"的错误，毛泽东一方面号召全党结合中国实际学习和研究马克思列宁主义理论，掌握马克思主义观察问题和解决问题的立场和方法，另一方面强调"不应当割断历史"，要用马克思主义的方法批判地总结中国的历史，承继中国文化的珍贵遗产。他说："学习我们的历史遗产，用马克思主义的方法给以批判的总结，是我们学习的另一任务。我们这个民族有数千年的历史，有它的特点，有它的许多珍贵品。对于这些，我们还是小学生。今天的中国是历史的中国的一个发展；我们是马克思主义的历史主义者，我们不应当割断历史。从孔夫子到孙中山，我们应当给以总结，承继这一份珍贵的遗产。这对于指导当前的伟大的运动，是有重要的帮助的。"② 从这段话中，我们可以看出，毛泽东之所以强调"不应当割断历史"是因为"今天的中国是历史的中国的一个发展"。中国社会的现实就是中国社会历史发展的一个结果，不了解中国历史，就不可能把握中国的现实。为此，毛泽东对于那种"言必称希腊"而毫不关注中国历史和中国国情的学风极为反感。他在《改造我们的学习》（1941年）一文中批评道："对于自己的历史一点也不懂，或懂得甚少，不以为耻，反以为荣。特别重要的中国共产党的历史和鸦片战争以来的中国近百年史，真正懂得的很少。近百年的经济史，近百年的政治史，近百年的军事史，近百年的文化史，简直还没有人认真动手去研究。有些人对于自己的东西既无知识，于是剩下了希腊和外国故事，也是可怜得很，从外国故纸堆中零星地捡来的。"③

同时，"不应当割断历史"还因为我们这个民族有数千年的历史，有它的特点，有它的许多珍贵品，我们应当给以总结，承继这一份珍贵的遗产。1942年，毛泽东在《反对党八股》这篇文章中，还特别指出："我们还要学习古人语言中有生命的东西。由于我们没有努力学习语言，古人语言中的许多还有生气的东西我们就没有充分合理地利用。当然我们坚决反对去用已经死了的语汇和典故，这是确定了的，但是好的仍然有用的东西还是应该继承。"④ 在这方面，毛泽东堪

---

① 《毛泽东选集》第2卷，人民出版社1991年版，第707页。
② 《毛泽东选集》第2卷，人民出版社1991年版，第533~534页。
③ 《毛泽东选集》第3卷，人民出版社1991年版，第798页。
④ 《毛泽东选集》第3卷，人民出版社1991年版，第837~838页。

称典范。在他的著作篇章中，我们几乎到处可以看到他对古代文献中丰富的辞章典故、精言词语的纯熟运用，他用古人的语言生动地、深入浅出地阐述他的理论观念，并赋予古人的语言以新的生命力。毛泽东本人国学基础深厚，对中国的历史与文化有着精湛的理解。中国文化，对于他来说，实为生命的一部分。尤其可贵的是，在民主革命时期，毛泽东一直保持着中国文人特有的气质。他在民主革命的各个历史时期，运用传统辞赋的格律写下的诗篇，或深沉凝重，或恢宏壮丽，或幽默诙谐，是中国文学宝库中的瑰宝。与一般文人不同的是，他使用诗的语言来抒发自己的政治理想、革命激情和对斗争生活的体验，既鼓舞着自己和身边的战友，同时又在一切爱国的、进步的中国知识分子的心目中树立起富有魅力的人格形象。

当然，承继中国历史的优秀文化遗产，最根本的目的是要把马克思主义这一人类历史上最为先进的理论同中国革命的具体实际结合起来。毛泽东指出，这个结合必须通过一定的民族形式才能实现，因此必须使马克思主义在中国具体化，要使马克思主义理论真正具有"中国作风"和"中国气派"。他说："共产党员是国际主义的马克思主义者，但是马克思主义必须和我国的具体特点相结合并通过一定的民族形式才能实现。马克思列宁主义的伟大力量，就在于它是和各个国家具体的革命实践相联系的。对于中国共产党说来，就是要学会把马克思列宁主义的理论应用于中国的具体的环境。成为伟大中华民族的一部分而和这个民族血肉相连的共产党员，离开中国特点来谈马克思主义，只是抽象的空洞的马克思主义。因此，使马克思主义在中国具体化，使之在其每一表现中带着必须有的中国特性，即是说，按照中国的特点去应用它，成为全党亟待了解并亟须解决的问题。洋八股必须废止，空洞抽象的调头必须少唱，教条主义必须休息，而代之以新鲜活泼的、为中国老百姓所喜闻乐见的中国作风和中国气派。把国际主义的内容和民族形式分离起来，是一点也不懂国际主义的人们的做法，我们则要把二者紧密地结合起来。"①

中国特色社会主义理论体系的创造者，从邓小平到江泽民、胡锦涛为代表的中国共产党人也同样重视将马克思主义与中国文化相结合，马克思主义具有中国民族的形式，这一点与毛泽东思想一脉相承，形成了一个整体。邓小平理论直接用富有中华民族特色的思维方式和语言风格表达的中国化的马克思主义。"实事求是"、"拨乱反正"、"义无反顾"、"当断不断、反受其乱"等中国传统典籍中的成语或警句，经常被邓小平用来表达马克思主义的深刻道理。江泽民也多次提出要以科学态度对待我们民族的文化传统，认为中国人的思想文化创造只有首先

---

① 《毛泽东选集》第 2 卷，人民出版社 1991 年版，第 534 页。

赢得中国广大观众的喜爱，具有中国特色、中国风格、中国气派，才能堂堂正正地走向世界，才能真正自立于世界民族之林。以科学发展观为主导的马克思主义中国化最新成果的很多方面，都体现了对中国优秀传统思想文化的继承和吸纳。中国传统思想文化特别强调"以和为贵"、"和而不同"，提倡宽和处世，协调团结；强调"天人合一"，主张尊重自然，顺应自然，与自然的和谐相处；强调"协和万邦"，主张不同的民族和国家应和睦共处、亲密友好。这种底蕴十分厚重深远的和谐思想，为社会主义和谐社会理论的提出提供了可供借鉴的思想资源。

三、马克思主义中国化的理论成果始终具有实践性和时代性

中国化马克思主义的整体性，还表现为马克思主义中国化两大理论成果的实践性和时代性。

（一）马克思主义中国化的理论成果始终具有实践性

马克思主义不是马克思和恩格斯坐在书斋里从头脑中冥思苦想出来的，也不是他们从德国古典哲学家、英国古典经济学家、法国空想社会主义者的文本中解读出来的，更不是为理论而理论、为体系而体系杜撰出来的，而是来源于 19 世纪 40 年代波澜壮阔的工人运动的实践，服务于无产阶级和人类解放这个崇高目的的。如果说马克思主义是一种来源于实践、以实践为存在和发展的基础、把实践作为根本目的的理论，那么马克思主义中国化的两大理论成果都秉承了马克思主义的鲜明实践性这一根本特征。

马克思主义中国化两大理论成果的实践性首先表现为实践基础上的问题性。马克思主义中国化的两大理论成果都来源于马克思主义基本原理与中国具体实际结合的实践，服务于建立、建设中国特色社会主义，强国富民，实现中华民族解放、复兴的伟大事业。因此，中国革命、建设和改革的实践是马克思主义中国化的两大理论成果的共同实践基础。中国革命、建设和改革的实践在不同的时期、不同的阶段所遭遇的具体问题截然不同，"问题就是公开的、无畏的、左右一切个人的时代声音。问题就是时代的口号，是表现自己精神状态的最实际的呼声。"① 在回答和解决时代实践提出的"中国的社会性质是什么，中国革命的性质是什么，中国怎样进行革命"这个制约中国社会主义革命和建设的主要问题的过程中，毛泽东思想逐步形成和发展起来。在回答什么是社会主义、怎样建设

---

① 《马克思恩格斯全集》第 40 卷，人民出版社 1982 年版，第 289~290 页。

社会主义，建设什么样的党、怎样建设党，实现什么样的发展、怎样发展这些制约中国社会主义改革事业发展的重大问题的过程中，由邓小平理论、"三个代表"重要思想和科学发展观构成的中国特色社会主义理论体系逐步形成和发展起来。因而，中国革命、建设和改革的实践中面临的基本的、重大问题，就是马克思主义中国化两大成果得以形成和发展的实践基础，是由毛泽东思想到中国特色社会主义理论体系飞跃的源泉和动力。

其次，马克思主义中国化两大理论成果的实践性表现为实践主旨的人民性。马克思主义的实践性还体现在它具有鲜明的政治立场，它公开申明自己的无产阶级性，申明自己的一切理论都是为了实现最广大人民的根本利益，以无产阶级和全人类的解放为历史使命。马克思主义中国化两大理论成果秉承了马克思主义的这一根本立场，无论理论主旨还是实践目标都以维护、代表、实现最广大人民的根本利益为己任。从毛泽东关注的人的政治解放，到邓小平着重的人的经济解放，从江泽民人的全面发展到胡锦涛的以人为本，中国化马克思主义始终围绕"无产阶级和全人类的解放"这一马克思主义的主题来构建理论体系。由于中国化马克思主义有共同价值取向，因而马克思主义中国化的两大理论成果都把以人为本作为共同的治国方略。从毛泽东的"全心全意为人民服务"，到邓小平的"最终达到共同富裕"、江泽民的"始终代表最广大人民的根本利益"、胡锦涛的"以人为本"的执政理念，深刻体现了我们党"立党为公，执政为民"的政治立场，凸显了马克思主义中国化两大理论成果把人民满意不满意、拥护不拥护作为共同追求的实践目标和治国理念。

再其次，马克思主义中国化两大理论成果的实践性表现为指导实践理论的科学性。马克思主义的实践性，来源于它雄厚的科学基础。马克思主义是一个博大精深、逻辑严谨的科学体系，其内容涵盖了政治、经济、文化、军事，人与人、人与社会、人与自然界等诸多领域的各个方面，是极其丰富而深刻的科学体系。马克思主义的科学性集中体现在它是一种科学的世界观和方法论，拥有辩证唯物主义和历史唯物主义这一认识世界和改造世界的科学工具。马克思主义中国化两大理论成果把这一科学的认识世界、改造世界的工具，创造性地应用于中国革命、建设和改革的实践，不断在与现实实践相互作用、及时回应时代提出的最迫切的重大问题，不断吸收社会科学和自然科学发展中有价值的成果，不断从发展着的世界本身中，为人们认识世界、改造世界提供新的理论。马克思主义中国化两大理论成果之所以能够在指导中国革命、建设和改革的实践中稳步推进，取得一个又一个令世人瞩目的辉煌成就，根本原因就在于它是以实践为基础的科学性与革命性高度统一的科学体系，是以辩证唯物主义和历史唯物主义这一认识改造世界的科学理论为基础的理论。中国特色社会主义事业之所以能在复杂多变的世界格局中乘胜前进，是在中国特色社会主义理论体系指导下，坚持一切从实际出发、理论联系实际、实事求是、勇于在实践中检验真理和发展真理这样一条科学的认识论路线的结果。

最后，马克思主义中国化两大理论成果的实践性还表现在指导实践思想的创新性。马克思主义的实践性集中体现在创新性上。马克思主义的创始人及其继承者，总是根据实践的发展和时代的变化，来充实、完善自己的学说，强调要随时随地以变化着的历史条件为转移，决不能拘泥于经典作家在特定条件下、针对具体情况做出的具体判断和行动纲领，否则就会因脱离实际而误导实践。列宁就深有感触地说过："马克思主义者必须考虑生动的实际生活，必须考虑现实的确切事实，而不应当抱住昨天的理论不放"。① 不断与时俱进地进行理论创新是马克思主义的品质。马克思主义中国化两大理论成果都秉承了这一品质。毛泽东谆谆教诲我们："马克思列宁主义并没有结束真理，而是在实践中不断地开辟认识真理的道路。"② 邓小平在新时期一直强调："绝不能要求马克思为解决他去世之后上百年、几百年所产生的问题提供现成答案。列宁同样也不能承担为他去世以后五十年、一百年所产生的问题提供现成答案的任务。真正的马克思列宁主义者必须根据现在的情况，认识、继承和发展马克思列宁主义。"③ 江泽民同志在党的十六大报告中直接指出："创新是一个民族进步的灵魂，是一个国家兴旺发达的不竭动力，也是一个政党永葆生机的源泉"。胡锦涛继承马克思主义一贯保持的创新品质，重申创新的必要性和重要性，忠告我们："要善于从群众的实践和创造中寻找解决问题的答案，善于在新的实践的基础上不断做出新概括，坚持用发展着的马克思主义指导新的实践。"④。事实也证明马克思主义中国化的理论成果是一个无尽的理论和实践的创新过程，由毛泽东思想开辟的中国革命模式，到由中国特色社会主义理论体系的指导、正在逐渐形成的社会主义实践的中国模式的飞跃，就是中国化马克思主义不断创新的结果。

（二）马克思主义中国化的理论成果始终具有时代性

"所谓时代是指某一历史时期世界的格局态势以及阶级力量对比等综合因素的反映，历史时代是以当时社会形态的重要趋势来区别世界历史不同阶段的一个

---

① 《列宁选集》第3卷，人民出版社1995年版，第26页。
② 《毛泽东选集》第1卷，人民出版社1991年版，第296页。
③ 《邓小平文选》第三卷，人民出版社1993年版，第291页。
④ 胡锦涛：《在邓小平同志诞辰100周年纪念大会上的讲话》，载《人民日报》2004年8月23日第1版。

综合概念。"① 马克思精辟地指出，任何真正的哲学都是自己时代精神的精华。马克思主义中国化的理论成果秉承了马克思主义的时代性特征，马克思主义中国化的两大理论成果是随着社会实践的变化而不断形成、发展和完善的科学理论，在理论上它必然具有鲜明的时代性，是时代精神的理论精华和集中体现。马克思主义中国化的两大理论成果之所以能在指导中国革命、建设和改革的实践中，取得一个又一个令世人瞩目的辉煌成就，也证明它始终具有鲜明的时代性，是一种不断发展的开放的理论体系。

马克思主义中国化两大理论成果的时代性首先表现为——准确把握时代主题。毛泽东思想是革命与战争年代创造的理论成果。中国特色社会主义理论体系是在和平与发展成为时代主题的时代境遇中形成和发展起来的理论体系。和平与发展成为时代主题，致使"以阶级斗争为纲"的革命主题伴随着拨乱反正的进行逐步转移到"以经济建设为中心"的轨道上来，邓小平理论得以形成和发展。"三个代表"重要思想作为中国特色社会主义理论体系的重要组成部分，是世界多极化发展的时代产物。江泽民认为，要在世界多极化和经济全球化的历史条件下建设社会主义，就必须加强党的建设以及党的执政能力建设，从而形成了"三个代表"重要思想，"三个代表"重要思想反映了当代世界和中国的发展变化对党和国家工作的新要求。胡锦涛指出，"和平与发展仍然是时代主题，求和平、谋发展、促合作已经成为不可阻挡的时代潮流。"② 为此，以胡锦涛为代表的党的领导集体从和平、发展与合作的时代潮流出发，认为在这样的时代条件下建设中国特色社会主义，就必须全面落实科学发展观，建设社会主义和谐社会，走和平发展的道路，这无疑极大地丰富和充实了中国特色社会主义的理论内涵，丰富了中国特色社会主义的理论体系。可见，中国特色社会主义理论体系是时代发展的产物，它准确把握时代主题，是时代精神的理论精华和集中体现。

其次，马克思主义中国化两大理论成果的时代性表现为——揭示并把握时代发展规律。揭示并把握时代发展及其规律性，是马克思主义科学本质和实践性品格的具体要求。只有揭示客观规律，才能掌握事物发展的方向和未来，只有把握和运用客观规律才能引导实践不断走向胜利。马克思主义早在150多年前就深刻揭示了资本主义发展客观的规律，揭示了资本主义必然被社会主义所代替、人类社会由低级到高级发展的客观规律。毛泽东面对半殖民地半封建的旧中国，揭示了中国社会发展的规律，中国革命战争的规律，直到晚年还在不懈探索中国社会主义建设的规律。中国特色社会主义的理论体系更是展开了对中国特色社会主义

---

① 常守柱、侯治水：《马克思主义中国化：时代性与民族性的有机契合》，载《中国社会科学院研究生院学报》2006年第2期，第41页。

② 《十七大以来重要文献选编》（上），中央文献出版社2009年版，第35页。

建设规律的系统探讨，深刻地揭示出经济社会发展的规律，中国共产党执政的规律，中国特色社会主义现代化建设的规律，乃至人类社会发展的规律。科学发展观就是这种探讨的延续和最新成果。科学发展观总结人类社会发展遭遇的无数惨痛教训，反省人类社会发展付出的惨重代价，对社会发展规律给予科学总结和理论升华，它代表了人类在社会发展实践中逐步认清的发展方向和发展要求，它既考虑当前、当代人的发展，又考虑长远的、子孙后代的可持续发展，它既考虑部分人的发展，更考虑所有人的发展、特别是人类的发展，它全面揭示了人类社会在发展过程中必然遇到的人与人、人与社会、人与自然的关系，它提出的以人为本是发展的最根本要求，它揭示的是发展的普遍规律，它把中国的发展放到世界发展格局中来谋划，放到全球化进程中来思考，放到人类文明发展进程中去考量。因此，坚持以人为本，全面、协调、可持续的发展观，不仅进一步指明了中国现代化建设的发展道路、发展模式和发展战略，而且代表了人类社会进步的必然趋势，是马克思主义发展观在新世纪新阶段的时代性标志。

最后，马克思主义中国化两大理论成果的时代性表现为——正确反映时代内涵。"农村包围城市，武装夺取政权"的革命道路正确反映了革命与战争年代的内涵，创造了世界革命中的中国模式。中国特色社会主义的理论体系正确反映了世界多极化不可逆转，经济全球化深入发展，科技革命加速推进，全球和区域合作方兴未艾，国与国相互依存日益紧密，这个和平与发展时代的内涵。随着市场化取得世界上绝大多数国家和民族的认同认可，全球化的浪潮已滚滚袭来，交往全球化、经济全球化、文化全球化，正在印证着马克思所说的世界历史时代的到来。全球化时代是资本和市场的全球化，资本和市场的全球化是制度层面的全球化，全球化时代还应有价值层面的全球化。全球化的价值理念理所当然应该是建立在马克思主义人类解放理论基础上的、以人为本为核心的科学发展观。在马克思的时代，资本的普遍确立突出地表现为阶级利益不仅对立而且对抗的时代，马克思只能以无产阶级的利益为代表，来高歌全人类解放和自由的价值立场，那时，追逐资本带来的困境，凸显的是阶级利益的对立和由此导致的阶级压迫、剥削和统治，还没有表现为关涉人类生存的普遍危机。在当代，资本全球化以及全球追逐资本带来的困境，不仅是阶级之间的对立和对抗，而且，它开始逾越阶级的界限，成为全人类面临的共同问题，如环境、能源等生态问题，道德滑坡、精神物化、世界观扭曲变形等人的问题，恐怖、暴力、核竞赛等社会问题，都获得了更广泛的总体性，都是当代人类解放面对的主要问题。这个时代，马克思主义世界历史视域中的人类解放理论的本真语境才刚刚凸显出来，因此，是需要马克思主义的主题——人类解放理论引领的时代，更是需要建立在马克思主义人类解放理论基础上的——当代马克思主义的人类解放理论——以人为本为核心的科学发展观引领的时代。

  当然，我们需要指出，马克思主义中国化两大理论成果的实践性和时代性不是两个分割的问题，而是两个互相联系、互相制约的问题。实践性是时代性的基础和前提，时代性是实践性的表征和结果，它们共同标志着中国化马克思主义、乃至马克思主义的整体性特征。

第六章

马克思主义的继承、创新与马克思主义整体性

理论是实践和时代的产物，是时代精神的昭示。不断前进的实践和时代决定了理论必须不断创新和发展。马克思主义的产生和发展是一个随着实践和时代的发展而不断发展的过程，是一个前后一脉相承又与时俱进的整体推进过程，是一个连续性与阶段性相统一的过程。正是这样的发展和与时俱进的特点和不断继承和创新的过程，从另一个角度决定了马克思主义的整体性。

第一节　创新是马克思主义生命力所在

一、时代呼唤着理论创新

创新是马克思主义的本质属性，是马克思主义由学理性探索成为无产阶级革命运动的理论指导、由一国实践到多国实践而经久不衰的动因。

作为无产阶级和人类解放科学的马克思主义产生于 19 世纪 40 年代，是资本主义社会矛盾运动的结果，也是对人类优秀思想文化成果继承和发展的结果。马克思、恩格斯逝世后，马克思主义的后继者们根据时代的变化不断进行理论创新，把马克思主义推向一个新境界。

（一）马克思主义是适应时代的产物

1. 机器的广泛运用加剧了资本主义的矛盾。18 世纪 60 年代在西欧主要资本主义国家先后开始的工业革命，使资本主义由工场手工业时期进入到机器生产时期，有力地推动了社会生产力的发展，创造了巨大的物质财富，形成了工业中心城市。工业制度和工业中心城市的形成把原来复杂的社会阶级关系分化为两大对立阶级——工业资产阶级和无产阶级，使社会生产关系发生彻底变革，最终确立了以现代资产阶级和无产阶级为主体的生产方式——资本主义。工业革命使人类的实践活动，特别是物质生产活动在广度和深度上都达到了前所未有的水平，使人认识世界和改造世界的能动作用得到空前发挥，深刻而迅速地改变社会政治生活和精神生活，"一切等级的和固定的东西都烟消云散了。一切神圣的东西都被亵渎了。人们终于不得不用冷静的眼光来看待他们的生活地位、他们的相互关系。"① 这样，时代召唤着新理论、新思想的诞生。

工业革命进一步加剧了资本主义固有的矛盾——生产社会化与生产资料的资本主义私有制之间的矛盾、资产阶级和无产阶级之间的矛盾。1825 年爆发了资本主义世界的第一次经济危机。经济危机的爆发暴露了资本主义的基本矛盾，为人们认识资本主义制度及其发展趋势从而揭示社会形态的发展和更替提供了可能。19 世纪三四十年代，随着机器生产的广泛采用、经济危机的爆发，无产阶级与资产阶级矛盾的日益尖锐，无产阶级反对资产阶级的斗争日益斗争高涨，1831 年 11 月和 1834 年 4 月法国里昂工人的两次起义、1838～1842 年的英国工人争取政治权利的"宪章运动"和 1844 年 6 月爆发的德国西里西亚工人起义，标志着无产阶级已经作为一支独立的政治力量登上历史舞台。但这些斗争由于缺乏科学理论的指导，都先后失败了。无产阶级的斗争实践，迫切需要反映无产阶级斗争要求和历史使命的科学理论的指导，以保证无产阶级运动沿着正确的方向茁壮成长。

2. 科学的发展为马克思主义的产生和发展提供了丰富养料。18 世纪下半叶至 19 世纪上半叶，自然科学发展到了一个新阶段，细胞学说、能量守恒与转化定律、生物进化论等成就使人类对自然及其运动规律的认识达到了一个新的高度，为新的理论创造提供了可能。

马克思、恩格斯之前的许多思想家，对时代提出的问题进行了多方求索，在不同程度上反映了当时社会经济、政治、思想矛盾的发展，包含了许多有价值的思想。19 世纪的德国古典哲学、英国的古典政治经济学、法国的空想社会主义

---

① 马克思、恩格斯：《共产党宣言》，人民出版社 1992 年版，第 29 页。

是这一时期探索成果的杰出代表，是社会科学的优秀成果，为马克思、恩格斯认识和发现人类社会发展规律特别是揭示资本主义规律提供了丰富的思想素材。马克思、恩格斯在批判地吸收这些成果的基础上，创立了唯物史观和剩余价值学说，从而把社会主义思想奠定在科学的基础上。

由此可见，马克思主义作为 19 世纪中叶出现的一种代表无产阶级利益的革命理论，是由机器生产推动的社会经济关系急剧变化、无产阶级力量的日趋成熟、科学研究的突飞猛进等历史条件催生的，"是被把握在思想中的它的时代"①。

（二）马克思的后继者们根据时代的变化不断丰富和发展了马克思主义，将马克思主义推进到了一个又一个新境界

马克思主义是一种"发展的理论"，"发展学说"。马克思主义永远面对实际，面对世界，关心和研究时代出现的新情况、提出的最迫切的问题，反映时代精神又引导时代前进。正如江泽民在党的十五大报告中所说："马克思主义必定随着时代、实践和科学的发展而不断发展，不可能一成不变。"②

1. 列宁、毛泽东等根据时代变化，提出和形成了帝国主义时代无产阶级革命理论，实现了马克思主义的新飞跃。19 世纪 70～90 年代，出现了以电力的广泛应用为特征的科技革命，资本主义生产由机器生产阶段进入到自动化生产阶段，资本主义生产方式发生了显著的变化，资本和生产的集中使资本主义由自由竞争阶段发展到垄断阶段——帝国主义阶段。经济上，垄断组织在经济生活中起决定作用；工业资本与银行资本混合生长，形成了金融寡头的统治；资本输出具有特别重要的意义，成为垄断资本掠取高额利润的重要手段；瓜分世界的资本家国际垄断已经形成，最大的垄断资本主义列强把世界领土瓜分完毕。政治上，对内一方面收买工人阶级上层，培植工人贵族，从内部分化、瓦解工人阶级，另一方面变本加厉地镇压工人运动；对外加紧殖民扩张与掠夺。

时代的变化使马克思主义面临一系列新课题，资本主义基本矛盾是否消失？新的垄断组织的出现是否改变了资本主义发展的历史趋势？资本主义处在和平时期，无产阶级利用议会等开展的"合法"斗争是否意味着无产阶级革命和政党理论已经"过时"？如何看待垄断引发的系列新经济社会现象等等。还没来得及对这些问题作出全面科学的回答，马克思、恩格斯就相继逝世。以伯恩斯坦为首的第二国际机会主义者根据变化了的情况作出了否定马克思主义的结论，使得马

---

① 黑格尔：《法哲学原理》"序言"，商务印书馆 1982 年版，第 12 页。
② 《江泽民文选》第 2 卷，人民出版社 2006 年版，第 12 页。

克思主义基本原理"已经过时"成为一种时髦的"新思潮"。德国社会民主党和第二国际的理论家未能有效阻止这股修正马克思主义思潮，使机会主义理论思潮在 20 世纪最初几年迅速蔓延开来，在欧洲工人运动中一度占据上风。列宁、毛泽东等马克思主义者用马克思主义的立场、观点和方法，研究新情况，解决新问题，提出、形成了一系列新理论，谱写了马克思主义新华章。

列宁在领导俄国革命的过程中，在与第二国际和俄国机会主义的斗争中，针对 19 世纪下半叶开始的资本主义的新变化，以革命家的胆识和勇气大胆进行理论探索，作出资本主义已经发展到以垄断为基本特征的新阶段——帝国主义阶段的科学论断，历史已进入"帝国主义和无产阶级革命的时代"，革命成为时代的主要内容和突出特征。通过对帝国主义的形成和特征的深入分析，列宁指出：资本主义基本矛盾的发展导致了竞争为垄断所代替，可垄断并没能消除资本主义基本矛盾，反使之更加尖锐化了；垄断的统治也没能使资本主义基本阶级矛盾得以缓和，而且产生了许多新的更加尖锐的矛盾，如垄断资产阶级与中、小资产阶级的矛盾，帝国主义与殖民地半殖民地人民之间的矛盾；帝国主义扩张和掠夺本性决定了它们为了争夺市场、重新瓜分殖民地必然加剧彼此之间的矛盾，帝国主义各国经济政治不平衡发展使它们间的力量对比在不断变化，后起者要求重新瓜分，又不能用协议来达到目的，"这只能用战争来解决"。战争造成帝国主义阵线的薄弱环节，有利于无产阶级革命，"社会主义可能首先在少数甚至在单独一个资本主义国家内获得胜利"[1]，"而其余的国家在一段时间内将仍然是资产阶级的或资产阶级以前的国家"[2]。在这一新的革命理论指导下，列宁领导并取得了俄国十月革命的胜利。在随后的粉碎帝国主义武装干涉和国内反革命叛乱中，进一步丰富了无产阶级革命和无产阶级专政理论。列宁关于资本主义发展新时代的科学判断、分析以及关于无产阶级革命理论，有力地驳斥了第二国际和俄国的机会主义者对马克思主义的歪曲，捍卫和创造性地发展了马克思主义。

在十月革命的影响下，马克思主义在中国得到迅速传播并同工人运动相结合，中国共产党的建立使中国革命面貌焕然一新。以毛泽东为代表的中国共产党人结合中国社会实际，联系世界政治经济格局新变化，用马列主义的立场、观点和方法分析中国国情，认真总结中国革命胜利和失败的经验教训，成功地解决了半殖民地半封建的东方大国在经济文化落后且发展不平衡、对外受帝国主义压迫而没有民族独立、对内有封建主义统治而人民毫无民主权利、人民贫困与不自由程度为世之罕见的条件下如何革命的问题，创立了共产党领导人民大众反帝反封

---

[1]　《列宁选集》第 2 卷，人民出版社 1995 年版，第 554 页。
[2]　《列宁选集》第 2 卷，人民出版社 1995 年版，第 722 页。

建的新民主主义革命理论，走出了一条不同于十月革命而具有中国特色的革命道路，即农村包围城市、最后夺取全国胜利的道路。新中国成立后，中国共产党人又成功地开辟了一条中国特色的社会主义改造道路，顺利实现了从新民主主义到社会主义的过渡，进一步丰富和完善了新民主主义革命理论。毛泽东关于新民主主义理论揭示了无产阶级革命道路的多样性与民族特色，丰富和发展了马克思主义无产阶级革命理论。

2. 中国共产党人在和平与发展成为时代主题的条件下，开创了中国特色社会主义道路，形成了中国特色社会主义理论体系，丰富和发展了马克思主义的社会主义理论。第二次世界大战之后，为医治战争创伤，迅速恢复和发展生产，西方发达资本主义国家调整了策略，采取许多改良措施，以缓和社会矛盾与冲突。20世纪50年代开始的新科技革命，使社会生产发展到了智能化、信息化时代，不仅极大地提高了生产力，使社会财富迅速增加，社会结构发生变化，而且促使西方发达国家进一步调整生产方式，加快了世界经济全球化步伐，国家间的相互依存度提高。两次世界大战的惨痛教训深刻地教育了各国人民，人民渴望和平，反对战争，加之，核战争的毁灭性威胁使得各国不敢轻举妄动，制约战争的因素在增加。而社会主义在多国的建立和社会主义阵营的形成、亚非拉民族解放运动的蓬勃发展和民族国家的建立，世界和平力量的增长超过了战争力量的增长。世界要和平，人民要合作，国家要发展，社会要进步，成为不可阻挡的时代潮流。1985年，邓小平对世界形势作出高度概括："现在世界上真正大的问题，带全球性的战略问题，一个是和平问题，一个是经济问题或者说发展问题。和平问题是东西问题，发展问题是南北问题。概括起来就是东西南北四个字。南北问题是核心问题。"① 邓小平的判断表明：到了20世纪七八十年代，时代主题已经由"革命与战争"转换为"和平与发展"，在和平环境下谋发展成为一种时代的召唤，成为世界人民的共同愿望。

时代主题的转换，为我国聚精会神搞建设、一心一意谋发展提供了良好的外部环境，也为我们把思想从战争思维转为和平与发展思维、从备战转到建设提供了可能。以邓小平为核心的第二代中央领导集体，敏锐地把握住了这一历史性机遇。早在1978年底的中央工作会议上，邓小平就提出：让一部分地区、一部分人通过诚实劳动和合法经营先富起来，影响、带动其他地区、其他人走向共同富裕。"这是一个大政策，一个能够影响和带动整个国民经济的政策。"② 党的十一届三中全会实现了把党和国家的工作重点从"以阶级斗争为纲"转到社会主义

---

① 《邓小平文选》第三卷，人民出版社1993年版，第105页。
② 《邓小平文选》第二卷，人民出版社1994年版，第152页。

现代化建设上来。党的十二大上，邓小平指出："把马克思主义普遍真理同我国的具体实际结合起来，走自己的路，建设有中国特色的社会主义"①，"我们坚定不移地实行对外开放政策"，经济建设是核心，"是解决国际国内问题的基础"，要"进行机构改革和经济体制改革"②，由此吹响了建设中国特色社会主义的时代号角。十二大以后，邓小平同志紧紧围绕"什么是社会主义、怎样建设社会主义"这一根本问题，提出了一系列关于推进我国改革开放和现代化建设的新论断。1987年，党的十三大第一次比较系统地论述了社会主义初级阶段理论，对"一个中心、两个基本点"的基本路线作了明确概括。1992年初，邓小平同志南方谈话提出了社会主义本质理论、判断改革的"三个有利于"标准和"计划与市场都是经济手段"等一系列重大的理论和实践问题，深刻回答了长期困扰和束缚人们思想的许多重大认识问题。同年10月，党的十四大对"邓小平建设有中国特色社会主义理论"的主要内容进行了系统概括。十五大将"邓小平同志建设有中国特色社会主义理论"简括为"邓小平理论"，并进一步指出："邓小平理论是当代中国的马克思主义，是马克思主义在中国发展的新阶段"③。

以江泽民同志为核心的党的第三代中央领导集体，面对20世纪80年代末90年代初，世界社会主义运动的严重挫折以及80年代末以来经济全球化迅速发展而引致的世界的新变化所提出的挑战；加之，国内经济建设中深层次矛盾的凸显、自然灾害的威胁、台独分裂势力的猖獗等带来的考验，围绕着"什么是社会主义，如何建设社会主义，建设什么样的党，如何建设党"，高举邓小平理论伟大旗帜，深化改革开放，建立社会主义市场经济新体制，提出了"三个代表"重要思想，将中国特色社会主义全面推向21世纪。十六大以来，以胡锦涛为总书记的党中央以邓小平理论和"三个代表"重要思想为指导，以全面建设小康社会为目标，提出了科学发展观、构建社会主义和谐社会等创新理论，把中国特色社会主义理论推向一个新的阶段。在此基础上，胡锦涛同志在十七大报告中指出："改革开放以来我们取得一切成绩和进步的根本原因，归结起来就是：开辟了中国特色社会主义道路，形成了中国特色社会主义理论体系。""这个理论体系，坚持和发展了马克思列宁主义、毛泽东思想，凝结了几代中国共产党人带领人民不懈探索实践的智慧和心血，是马克思主义中国化最新成果，是党最可宝贵的政治和精神财富，是全国各族人民团结奋斗的共同思想基础。"④

①② 《邓小平文选》第三卷，人民出版社1993年版，第3页。

③ 《中国共产党第十五次全国代表大会文件汇编》，人民出版社1997年版，第10页。

④ 胡锦涛：《高举中国特色社会主义伟大旗帜　为夺取全面建设小康社会新胜利而奋斗》，人民出版社2007年版，第11～12页。

马克思、恩格斯在对自由资本主义时代特征考察的基础上，批判地继承和吸收了人类历史特别是 19 世纪创造的优秀文化成果，创立了唯物史观和剩余价值学说，使社会主义由空想变成了科学。列宁、毛泽东在资本主义由自由资本主义发展到帝国主义阶段后，科学分析时代特征的变化，继承创新发展了马克思主义的社会主义革命理论，并在这一理论指导下取得了革命的胜利，使社会主义由理论变成现实。睿智的中国共产党人准确地把握时代脉搏，作出时代主题由革命与战争转移到和平与发展的科学论断，并以巨大的政治勇气与理论勇气，发扬求真务实、开拓进取精神，开创了中国特色社会主义道路，形成了中国特色社会主义理论体系，使马克思主义绽放出绚丽的时代光芒。从马克思、恩格斯到中国共产党人，历史已雄辩地证明也必将继续证明：马克思主义作为一个完整的科学的理论体系是与时代发展同进步的，作为整体性继承、创新和与时俱进的马克思主义，会永远保持并焕发出强大的生命力、创造力、感召力。

二、实践是推进马克思主义创新的不竭动力

理论来源于实践，又要在指导实践中接受检验，在实践中不断创新，焕发出勃勃生机。正如江泽民同志所指出："实践基础上的理论创新是社会发展和变革的先导。"①

（一）马克思主义是实践的结晶，在指导无产阶级运动中得到多方面展开，不断得到完善和发展

1842 年 4 月，马克思开始为《莱茵报》撰稿，不久出任主编，发表许多抨击普鲁士专制制度的文章。1843 年在巴黎创办《德法年鉴》，经常深入工人住宅区了解工人的生活和斗争情况，出席工人集会，同法德工人团体建立了密切联系。1842 年 10 月，恩格斯来到英国的工业中心城市曼彻斯特，踊跃参加工人运动，支持工人斗争，同宪章派、正义者同盟保持联系。此间，马克思、恩格斯在各自的革命实践中实现了自身思想的升华，完成了从唯心主义到唯物主义、革命民主主义到共产主义的根本转变。1846 年 2 月，马克思、恩格斯在布鲁塞尔创立了共产主义通讯委员会，任常务委员，以传播科学社会主义思想、加强各社会主义团体之间的联系。1847 年初，马克思、恩格斯应正义者同盟的邀请加入了同盟。同年 6 月，正义者同盟改为共产主义者同盟。同年 11 月底 12 月初，共产主义者同盟召开第二次代表大会，马克思、恩格斯受大会委托用宣言的形式为同

---

① 《中国共产党第十六次全国代表大会文件汇编》，人民出版社 2002 年，第 12 页。

盟起草完备的理论和实践纲领，并于 1848 年 2 月以《共产党宣言》的名义发表。《共产党宣言》全面地论证了科学社会主义的基本原理，宣告了完整的无产阶级思想体系——马克思主义的诞生。

马克思主义一诞生，就面临严峻的考验。1848～1871 年间，马克思、恩格斯以极大的热情投入到 1848 年欧洲革命、第一国际的活动，积极支持和关注第一个工人阶级政权——巴黎公社，相继写了《1848 年至 1850 年的法兰西阶级斗争》、《德国的革命和反革命》、《路易·波拿巴的雾月十八日》、《法兰西内战》等不朽著作，总结了工人运动的经验，传播和发展他们的学说。同时，着手对政治经济学理论的重新研究，撰写了大量的经济学手稿，发表了《资本论》。《资本论》以马克思主义哲学作为理论基础通过对资本主义经济关系的深入剖析，对马克思主义哲学作了最好的证明和最重要的发展；通过对资本主义的分析，创立了科学的剩余价值学说，揭示了无产阶级与资产阶级对立的经济根源、资本主义的发展趋势，科学预测了未来社会的经济特征，丰富了科学社会主义学说。因而可以说，《资本论》对马克思主义理论体系作了适合时代的最为全面的论证。

巴黎公社失败以后，欧美各国工人运动经历一度的消沉后又逐渐兴盛起来，扩展到东欧和其他地方。1875 年德国工人运动中两个较大的派别爱森纳赫派和拉萨尔派合并，组建"德国社会主义工人党"。继德国社会主义工人党之后，欧美各国的社会主义政党和团体雨后春笋般建立起来。有些党基本上不是马克思主义的群众性革命党，其理论纲领或多或少地带有机会主义成分，如德国党的党纲——"哥达纲领"充满拉萨尔主义。马克思、恩格斯在指导工人运动中同形形色色的机会主义思潮进行了坚决斗争，先后写了《哥达纲领批判》、《反杜林论》等著作。《哥达纲领批判》，科学地论证从资本主义社会到共产主义社会过渡时期的理论和未来社会发展阶段的学说，标志着马克思主义关于未来社会形态理论的最终形成。《反杜林论》对马克思主义哲学、政治经济学和科学社会主义进行了系统而连贯的阐述，丰富和发展了马克思主义。

晚年马克思对人类学和历史学进行了研究，作了《人类学笔记》、《历史学笔记》。《人类学笔记》一方面，探讨了原始社会氏族组织、亲属制度和婚姻家庭形态、私有制的起源与发展以及国家、政治法律制度的产生；另一方面，主要探讨了东方国家的土地制度和村社结构及其生活。文化人类学的研究成果，丰富和完善了马克思主义唯物史观，使马克思主义的社会形态理论最终构成和趋于完善。《历史学笔记》对奴隶社会、封建社会和资本主义前期发展史进行了研究，是继《资本论》、《人类学笔记》之后对人类历史形态的又一实证研究，解决了"历史哲学"、"经济决定论"、"西方中心论"这些对唯物史观曲解的问题。马克思逝世后，恩格斯独立承担了指导国际共产主义运动的任务，指导了第二国际的成立和早期活动，同工人运动的机会主义进行斗争，指出机会主义"是运动的灾星"①，捍卫和广泛地传播了马克思主义；恩格斯把主要的精力用于整理和出版马克思的遗作，在整理和出版《资本论》第二、三卷过程中，对《资本论》第一卷出版后资本主义经济发展所出现的新现象，特别是垄断趋势做了大量的研究和探索，丰富和发展了马克思主义。

（二）实践无止境，马克思主义随实践的变化日趋丰富和发展

1. 社会主义由理论到实践，由一国胜利到多国胜利，使马克思主义社会主义革命理论得到新发展。

（1）俄国十月革命的胜利把社会主义由理论变成现实，从理论和实践上发展了马克思主义。19世纪末20世纪初的俄国成为帝国主义各种矛盾集中并特别尖锐的地方，工人运动迅猛发展，农民运动、学生运动、少数民族反抗民族压迫的斗争也此起彼伏。1898年，俄国社会民主工党成立。社会民主工党成立后不久，伯恩斯坦主义在俄国的变种——经济派思想便在党内蔓延，给党的生存和发展蒙上了一层厚厚的阴影。列宁有力地批驳了经济派的理论，全面系统地阐述了建立一个以马克思主义为指导的新型无产阶级政党的理论。1904年，列宁在同社会民主工党内部的孟什维克派的斗争中写了《进一步，退两步》，进一步阐明了无产阶级新型政党的性质、党员条件和组织原则等问题，丰富、完善和发展了马克思、恩格斯的建党学说。

1905年，俄国爆发了革命，这是帝国主义时代发生的第一次资产阶级民主革命。革命中，无产阶级成为革命的先锋，无产阶级政党成为领导者，出现了工人代表苏维埃，土地问题突出，农民运动比较强大，资产阶级背叛了革命。这些新情况引发了对革命的新思考，孟什维克作出了教条主义的回答，列宁为首的布尔什维克把马克思主义运用于新的条件和俄国实际，作出了不同于孟什维克的回答。在总结革命教训过程中，列宁写了《社会民主党在民主革命中的两种策略》、《无产阶级和农民的革命民主专政》等著作，在马克思主义思想史上第一次阐明了帝国主义时代资产阶级民主革命的特点、道路、动力、前途、策略等，谱写了马克思主义民主革命理论的新篇章。

俄国本来就是帝国主义各种矛盾的聚合点，第一次世界大战爆发后，军事上的失利进一步加剧了国内政治和经济危机，农村大量土地荒芜，粮食产量大幅度下降；城市企业停工、交通瘫痪。造成物价飞涨、食物奇缺，人民生活苦不堪言。政府内部混乱，国家机器运转不灵；解散工会组织，镇压罢工运动，迫害进

---

① 《马克思恩格斯全集》第36卷，人民出版社1957年版，第89页。

步人士。1917年2月18日，无法照旧生活下去的彼得格勒工人举行大罢工，拉开了二月革命的序幕，后发展为武装起义，推翻了沙皇统治。二月革命胜利后，出现了工兵代表苏维埃与资产阶级临时政府两个政权并存的局面。列宁根据当时的政局特点，制定了从资产阶级民主革命和平转变到社会主义革命的策略方针。但随后的"四月事件"、"六月事件"和"七月事件"，宣告了革命的和平发展已不可能。布尔什维克党的第六次代表大会制定了武装推翻资产阶级临时政府、夺取政权的社会主义革命方针。10月25日，彼得格勒举行起义并取得胜利，成立了苏维埃政府。至1918年2～3月间，在全国范围内建立了苏维埃政权，十月社会主义革命取得胜利。十月革命的胜利，使马克思、恩格斯创立的科学社会主义理论变成现实，也证明了列宁关于社会主义革命首先在一国或数国胜利的理论的正确性，验证和丰富了马克思主义。

（2）社会主义由一国胜利到多国胜利，中国等国革命实践以各自的方式丰富了马克思主义理论宝库。十月革命的胜利极大地鼓舞了全世界的无产者和劳动群众的斗志，纷纷建立共产党或共产主义组织，国际共产主义运动和民族解放运动蓬勃发展。为加强各国共产主义组织的联合，1919年成立了共产国际，制定了共产国际行动纲领，共产主义运动进入到一个新阶段。在指导各国革命过程中，共产国际制定了关于议会活动、工农联盟、民族殖民地问题、统一战线等一系列原则和策略，特别是共产国际七大制定的关于建立反法西斯统一战线、共产党对统一战线的领导、统一战线的策略原则、各国党独立自主地根据国情制定策略，不仅在实践上推动了各国革命运动的发展，而且在理论上丰富和发展了马克思主义。

第二次世界大战爆发后，各国共产党以多种方式抗击法西斯或支援世界其他国家人民的反法西斯运动。战争结束前后，东欧国家的共产党人把反法西斯的抵抗运动发展为人民民主运动，先后建立了波兰、捷克斯洛伐克等8个人民民主国家。这些国家经过社会主义改造后，逐渐走上了社会主义道路。这样，无产阶级革命实现了由十月革命的一国胜利发展到了多国胜利，从实践上再一次证明了马克思主义的真理性，丰富了马克思主义的革命理论。

中国革命是十月革命后最具影响力的事件。1921年，中国共产党成立，开创了中国革命的崭新局面。成立不久的中国共产党由于多方面的原因未能保住国民革命的胜利果实，国民党反动派对革命的背叛，使革命暂时处于低潮。不屈不挠的共产党人擦干净身上的血迹，掩埋好同伴的尸体，又继续战斗。八一南昌起义打响了武装反抗国民党反动派的第一枪，毛泽东领导的秋收起义及随后开辟的井冈山革命根据地开启了独立探索中国革命新道路的艰苦历程。毛泽东在同教条主义斗争中，把马克思主义与中国革命的实际结合起来，科学总结根据地斗争经

229

验，从 1928 年到 1930 年，写了《中国的红色政权为什么能够存在》、《井冈山的斗争》、《星星之火，可以燎原》、《反对本本主义》等著作，阐明了中国革命的系列基本问题，如红色政权理论、农村包围城市和武装夺取政权理论、土地革命和农村根据地建设理论、游击战争条件下党的建设理论等，论证了中国特色的革命道路，强调必须把马克思主义理论与中国革命实践相结合，根据中国具体情况制定革命策略，在群众斗争中创造新局面。这标志着中国化马克思主义——毛泽东思想初步形成。毛泽东思想在中国共产党领导的抗日战争、解放战争中逐步走向成熟并得到丰富和发展，引导中国革命取得最后胜利，于 1949 年成立了中华人民共和国。1956 年，社会主义改造的完成，中国建立起社会主义制度，实现了从新民主主义向社会主义的转变。中国革命的胜利是马克思主义与中国实际相结合的毛泽东思想的胜利，是中国特色的革命道路的胜利，以其独特的经验丰富和发展了无产阶级革命理论，以其独特的理论魅力载入马克思主义史册。

1953 年和 1954 年，朝鲜民主主义人民共和国与越南民主共和国分别取得了抗击美国侵略者与抗法斗争的胜利，捍卫了国家的独立和主权。此后，古巴、老挝也相继独立。这些国家以各自的方式建立了社会主义制度，在实践中运用和发展马克思主义。

自十月革命胜利到 20 世纪 70 年代，先后有 10 多个国家无产阶级革命取得胜利，步入社会主义社会，社会主义革命由一国胜利发展到多国胜利，各国、各民族在走向社会主义道路的过程中都积累了不少经验，以各自的方式丰富了马克思主义理论宝库。十月革命的胜利代表了这一时代无产阶级革命的高峰，中国等国革命的胜利则证明了革命道路的具体形式可以是多样性的。

2. 社会主义在社会主义建设的曲折实践中前进。20 世纪建立的社会主义国家，都是在经济文化相对落后的国家基础上建立起来的。马克思、恩格斯只探讨了经济文化落后国家在特定条件下可能越过"资本主义制度的卡夫丁峡谷"，取得社会主义革命的胜利，却没有对这些国家在革命胜利后如何建设、巩固和发展社会主义等问题进行具体的探讨。对这一问题的探索成为十月革命胜利后几代马克思主义者不懈探索的最重要问题，决定着现实社会主义的建设、改革和前途命运。

最初，苏联的社会主义建设是简单地以马克思、恩格斯对未来社会的设想为理论依据进行的，而马克思、恩格斯的设想是根据资本主义生产力的高度发展与生产方式的矛盾运动而得出的一般结论。俄国的社会主义建设是在生产力落后、小农占优势且在资本主义的汪洋大海的包围中开始的。当最初实行的"战时共产主义"政策失利后，列宁开始实行"新经济政策"，用国家政权的政治优势，借助国家资本主义、合作社、商品货币关系来推进国家的工业化，进而实现对小农的社会主义改造的办法，以走出一条社会主义道路。列宁逝世后，联共（布）党内围绕苏联一国能否建成社会主义的问题发生了一场激烈的论战。托洛茨基、季诺维也夫和加米涅夫等断然否定苏联一国单独建成社会主义的可能性，布哈林、斯大林认为苏联"一国能够建成社会主义"，"即使西方不能及时发生胜利的革命而给我们以援助，工人阶级和劳动农民结成联盟也能彻底打败我国资本家，也能建成社会主义社会。"① 联共（布）十四次代表大会确定了一国建成社会主义的理论和开展社会主义工业化的任务。"新经济政策"的实施虽然取得了成绩，但远远没有满足农民对工业品的需求，加之，为增加工业投资而对农民的过度剥夺，终于导致了 1927～1928 年度的粮食收购危机，也致使新经济政策不能再继续下去。1927 年 12 月，联共（布）十五次代表大会提出农业集体化和加速工业化的任务，1929 年的联共（布）第十六次代表大会同意了以优先发展重工业为中心内容的"一五"计划，开始了一条完全不同于资本主义国家的工业化道路。到 1936 年，斯大林宣布："我们苏联社会已经做到在基本上实现了社会主义，建立了社会主义制度，即实现了马克思主义者又称为共产主义第一阶段或低级阶段的制度。"② 至此，斯大林模式形成。斯大林模式仅用十多年的时间就使苏联从一个经济文化落后的农业国发展成工业最发达国家，居欧洲第一，世界第二，并使其在第二次世界大战中经受住了考验。在当时的历史条件下，这是一个了不起的功绩。

第二次世界大战后新建立的社会主义国家，在进行社会主义建设的初期几乎都选择了苏联的社会主义模式。苏联模式在实践过程中，其固有的严重缺陷就暴露出来，随着时间的推移愈加明显。"'社会主义社会'不是一种一成不变的东西，而应当和任何制度一样，把它看成是经常变化和改革的社会。"③ 20 世纪 40年代末 50 年代初，南斯拉夫开始独立自主地走适合自己国情的社会主义道路——"自治社会主义"道路。斯大林逝世后，赫鲁晓夫开始对斯大林模式进行改革，由于多种原因，改革以失败告终。随后的勃列日涅夫、安德罗波夫和契尔年科都进行某些改革，都未能从根本上突破斯大林模式。而戈尔巴乔夫的改革则使苏联解体，苏联的社会主义制度也随斯大林模式的终结而走向历史的曲折。20 世纪50 年代开始，东欧国家都不同程度地进行了改革，根据本国情况对社会主义发展模式进行了有益探索，积累了许多经验，但由于国内国际种种复杂的原因也于20 世纪 80 年代末发生剧变，执政的共产党在内外交困中丧失政权，国家改变颜

① 《斯大林全集》第 8 卷，人民出版社 1954 年版，第 92 页。
② 《斯大林选集》下卷，人民出版社 1979 年版，第 399 页。
③ 《马克思恩格斯全集》第 37 卷，人民出版社 1971 年版，第 443 页。

色。苏东社会主义实践虽然遇到挫折，但其对社会主义理论的某些探索，对完善科学社会主义理论具有重要的启示，其失败的教训也是社会主义继续前进的宝贵财富。

中华人民共和国成立后，中国曾学习苏联模式，建立起社会主义制度，在实际中也暴露出许多问题。1956 年，毛泽东提出了以苏为鉴，探索中国自己的社会主义建设道路。1956～1966 年文化大革命爆发前，以毛泽东为核心的中共第一代领导集体提出了许多有创见的社会主义建设思想，丰富了人们对社会主义的认识，成为探索中国特色社会主义理论体系的重要理论来源；其中，关于社会主义社会基本矛盾的学说从理论上进一步丰富了马克思主义关于人类社会发展基本规律的论述，奠定了社会主义改革的理论基础。但由于众多主客观原因，特别是思想路线的"左"的错误，毛泽东在探索中国自己的社会主义建设道路上走了弯路。毛泽东逝世后，在邓小平等同志的支持下，冲破了"两个凡是"的错误观点，重新恢复了实事求是的思想路线，进一步解放思想，实现了各条战线的拨乱反正，实行改革开放，在新的历史条件和新的实践上继续探索由毛泽东等第一代领导开始的社会主义建设的未竟事业。鉴于中国和其他国家社会主义建设的经验教训，一个十分重要的问题又一次摆在中共决策者的面前，那就是：什么是社会主义，如何建设社会主义？正如邓小平所言："社会主义究竟是个什么样子，苏联搞了很多年，也并没有完全搞清楚。"① 随着中国的改革从农村到城市、从经济体制改革到政治与其他方面体制的改革、从计划到市场、从国内的改革到对外开放、从沿海到内地的逐步展开，对这一问题的认识也逐步深化。"社会主义阶段的最根本任务就是发展生产力"，"社会主义要消灭贫穷。贫穷不是社会主义，更不是共产主义"，② 发展太慢不是社会主义，"我们坚持走社会主义道路，根本目标是实现共同富裕"③，"社会主义的本质是解放生产力，发展生产力，消灭剥削，消除两极分化，最终达到共同富裕。"④ 在中国改革开放的 30 多年里，邓小平、江泽民、胡锦涛等中国共产党人提出了系列切合中国实际的新思想、新观点、新理论、新方法，共同创立了中国特色社会主义理论体系，把马克思主义推进到了一个新阶段，使马克思主义在世界社会主义的低潮时期仍然傲然挺立，给马克思主义"过时"论者一种有力的驳斥。

① 《邓小平文选》第三卷，人民出版社 1993 年版，第 139 页。
② 《邓小平文选》第三卷，人民出版社 1993 年版，第 63～65 页。
③ 《邓小平文选》第三卷，人民出版社 1993 年版，第 155 页。
④ 《邓小平文选》第三卷，人民出版社 1993 年版，第 373 页。

三、创新是马克思主义生命力所在

（一）马克思、恩格斯总是根据历史条件的变化不断发展和完善自己的理论

马克思、恩格斯从来不把他们的理论看作是一成不变的东西，在《共产党宣言》1872 年德文版所作的序言中，马克思和恩格斯强调："这些原理的实际运用，正如《宣言》中所说的，随时随地都要以当时的历史条件为转移。"①

马克思、恩格斯本人就是坚持这一观点的典范。在 1846 年的《德意志意识形态》中，马克思、恩格斯提出：随着生产力的巨大增长和高度发展，"人们的世界历史性的而不是地域性的存在同时已经是经验的存在了"②，表明资本主义已经成为一种世界性现象，整个世界走资本主义道路是毫无疑问的；对于世界历史来说，不仅在理论上而且在现实中，任何地域性现象已经不再可能继续存在，不管是哪个地域都不能摆脱资本主义道路。这是一种一元的世界历史观。在1848 年的《共产党宣言》中表达了同样的观点："资产阶级，由于一切生产工具的迅速改进，由于交通的极其便利，把一切民族甚至最野蛮的民族都卷到文明中来了。"③ 19 世纪 60 年代，马克思在解释《资本论》第一卷在德国是否同样适用时说："工业较发达的国家向工业较不发达的国家所显示的，只是后者未来的景象。"④ 继续坚持了他们的观点。19 世纪 50 年代，马克思在研究亚细亚生产方式时，指出英国的殖民统治"在印度要完成双重的使命：一个是破坏性的使命，即消灭旧的亚洲式的社会；另一个是建设性的使命，即在亚洲为西方式的社会奠定物质基础"⑤，认为印度的公社制度将被西方资本主义取代。马克思在谈俄国农民起义时也表达了同样的观点，如果大规模起义爆发，"俄国的 1793 年就会来到；这些半亚洲式农奴的恐怖统治将是历史上空前的现象，然而它将是俄国历史上的第二个转折点，最终将以真正的普遍的文明来代替彼得大帝所推行的虚假文明"⑥。但从 19 世纪 70 年代开始系统、广泛地研究了东方公社的资料和著作后，马克思发现："一方面土地公有制及其各种社会关系是公社的稳定基础，另一方

---

① 《马克思恩格斯选集》第一卷，人民出版社 1995 年版，第 248 页。
② 《马克思恩格斯选集》第 1 卷，人民出版社 1995 年版，第 86 页。
③ 《马克思恩格斯选集》第 1 卷，人民出版社 1995 年版，第 276 页。
④ 《马克思恩格斯全集》第 23 卷，人民出版社 1972 年版，第 8 页。
⑤ 《马克思恩格斯全集》第 9 卷，人民出版社 1972 年版，第 249 页。
⑥ 《马克思恩格斯全集》第 12 卷，人民出版社 1972 年版，第 725 页。

233

面是房屋及其附属物的私有，土地的个人耕种和产品的私人占有又发展了个人。因此，公社的命运取决于这两方面在具体历史环境下的此消彼长——或者是私有原则在公社中战胜集体原则，或者是后者战胜前者"①。"在俄国，由于各种情况的独特结合，至今还在全国范围内存在着的农村公社能够逐渐摆脱其原始特征，并直接作为集体生产的因素在全国范围内发展起来。正因为它和资本主义生产是同时存在的东西，所以它能够不经受资本主义生产的可怕的波折而占有它的一切积极的成果。"② 马克思在回答查苏利奇的信中关于"你对我国农村公社可能的命运的看法和对世界各国由于历史必然性都应经过资本主义生产各阶段的理论的看法"时，作出了如下郑重声明："我明确地把这一运动的'历史必然性'限于西欧各国。"③ 马克思根据当时俄国的情况预言，经济落后的俄国在具备一定的国际国内条件下可以避免资本主义灾难而直接进入社会主义。这样，马克思将其曾经持有的关于世界各国都应经过资本主义的观点发展成世界历史是多样性的统一。

（二）与时俱进是马克思主义理论品质

马克思主义的生命力在于它的与时俱进性，根据时代的变化、实践的发展和科技的进步而不断进行理论创新，永不停止。

1. 列宁主义、毛泽东思想的形成和发展，体现了马克思主义与时俱进的理论品质，赋予马克思主义永不枯竭的生命力。19 世纪末 20 世纪初，列宁把马克思主义与俄国实际和时代特征结合起来，科学地剖析了时代的新变化和新特征，在领导俄国革命和建设的实践中，科学地回答了时代提出的新课题，创造性地发展了马克思主义，这一理论成果就是列宁主义。在社会主义革命道路方面，列宁提出了社会主义在一国或数国取得胜利的理论，发展了马克思、恩格斯在自由资本主义时代曾经提出的社会主义革命，只能在欧洲大多数发达国家同时发动、陆续取胜的观点；在社会主义建设方面，列宁对马克思、恩格斯由于所处条件的限制而没有解答的有关东方落后国家如何建设社会主义问题进行了有益探索，用新经济政策代替战时共产主义政策，把社会主义看作是一个长期的过程，把发展生产力与提高劳动效率摆在首位，利用市场、资本主义为社会主义服务。列宁主义还在哲学、无产阶级政党建设、无产阶级专政与新型民主、帝国主义时代殖民地和民族运动理论等方面，丰富和发展了马克思主义。列宁主义使马克思主义在俄

---

① 《马克思恩格斯全集》第 19 卷，人民出版社 1972 年版，第 450～451 页。
② 《马克思恩格斯选集》第 3 卷，人民出版社 1995 年版，第 762 页。
③ 《马克思恩格斯全集》第 19 卷，人民出版社 1972 年版，第 430 页。

国革命与建设中得以开花结果，影响了世界其他国家共产主义运动的发展，促进了殖民地半殖民地国家的民族解放运动，充分展现了马克思主义的影响力和活力。

20 世纪的中国，以毛泽东为代表的中国共产党人在用马克思主义指导中国革命和建设实践过程中，以解决中国实际问题为中心，寻找救国救民方略，推动马克思主义中国化，形成了毛泽东思想。毛泽东思想解决了半殖民地半封建的中国社会如何进行革命的问题，以农村包围城市的革命道路理论、新民主主义革命理论、社会主义改造理论等独创性的经验和创新性的理论发展了马克思主义革命理论。毛泽东思想对人口众多、一穷二白国家如何进行社会主义建设作了积极探索，提出生产关系和生产力、上层建筑和经济基础在社会主义社会既相适应又相矛盾的思想；把社会主义社会明确划分为两个阶段：不发达的社会主义和发达的社会主义；提出搞上层建筑、生产关系的目的就是解放生产力，提高生产力；提出了"四个现代化"的发展目标，强调社会主义建设要统筹安排，兼顾国家、集体和个人的利益，正确处理农业、轻工业和重工业的关系，正确处理国防建设与经济建设的关系。所有这些对于后来人们深入认识社会主义本质，尤其是创立中国特色社会主义理论体系，奠定了思想和理论基础。

2. 20 世纪 70 年代末期以来，中国等社会主义国家的革新之路，使马克思主义焕发出勃勃生机。20 世纪七八十年代以来，经济全球化步伐加快，科学技术日新月异，综合国力竞争日趋激烈，和平、发展、合作成为不可阻挡的时代潮流。形势逼人，不进则退，挑战与机遇并存，社会主义国家能否抓住机遇乘势而上，成为一个十分迫切的理论和实践课题。苏联和东欧一些原先走社会主义道路的国家发生了剧变，社会主义运动走入低谷。有人就此认为"马克思主义已经死亡"，社会主义已经终结。可中国等社会主义国家则在改革中昂首阔步，社会主义建设呈现出生机盎然的景象，从实践上证实了马克思主义的与时俱进性。

中国的改革始于 20 世纪 70 年代末期。1978 年，由关于真理标准问题的争论引发了一场思想解放运动。邓小平的《解放思想，实事求是，团结一致向前看》充分肯定了这场解放思想的运动，这"的确是个思想路线问题，是个政治问题，是个关系到党和国家的前途和命运的问题"。[1]"我们讲解放思想，是指在马克思主义指导下打破习惯势力和主观偏见的束缚，研究新情况，解决新问题。"[2] 解放思想的实质就是实事求是，"解放思想，就是使思想和实际相符合，使主观与客观相符合，就是实事求是。今后，在一切工作中要真正坚持实事求

---

[1] 《邓小平文选》第二卷，人民出版社 1994 年版，第 143 页。
[2] 《邓小平文选》第二卷，人民出版社 1994 年版，第 279 页。

是，就必须继续解放思想。"① 解放思想运动恢复了毛泽东思想的本来面目，推进了拨乱反正的实现、国家工作中心的转移和改革开放方针的确立，开启了改革开放历史新时期。"从那时以来，中国共产党人和中国人民以一往无前的进取精神和波澜壮阔的创新实践，谱写了中华民族自强不息、顽强奋进新的壮丽史诗，中国人民的面貌、社会主义中国的面貌、中国共产党的面貌发生了历史性变化。"② 理论上，形成了邓小平理论、"三个代表"重要思想、科学发展观等一系列战略思想在内的中国特色社会主义理论体系，开拓了马克思主义中国化的新境界；实践上，昂首阔步，奋勇前进，在经济、政治、文化和社会建设方面取得了举世瞩目的成就。到 2009 年，我国经济保持了良好发展势头，国内生产总值年均增长 9% 以上。2010 年，城乡居民收入较大增加，城镇居民人均可支配收入19 109 元；农村居民人均纯收入 5 919 元，剔除价格因素，分别比上一年实际增长 7.8% 和 10.9%。③ 根据日本 2011 年 2 月公布的数据，我国已经超越日本成为全球第二大经济体。④ 民主法制建设稳步推进，社会主义政治文明建设迈出新步伐；文化建设事业全面进步，全社会文明程度进一步提高，人民的精神文化生活丰富多彩；社会建设全面展开，社会和谐度增强。

在越南，1986 年革新开放之路全面展开。越南共产党六大认为：越南处在"向社会主义过渡的初期阶段"，并确立了革新开放和逐步实现现代化的路线，对内，调整产业结构，鼓励发展个体经济和私营经济，实行全国统一的社会经济政策；对外，广交朋友，扩大外贸，吸引外资。六大后，越南经济形势有所好转，人民生活有真正的改善和提高。20 世纪 80 年代末到 90 年代，苏联解体东欧剧变对越南的冲击很猛烈，许多人惶恐不安，出现了信仰危机，对社会主义产生怀疑、动摇，甚至持否定的态度。对此，越共高举马列主义旗帜，在报刊书籍中大量阐述、论证马列主义基本观点的正确性，澄清对社会主义的糊涂认识，批评对社会主义的错误看法，批判反对马列主义的言论。越共认为革新不是反对马克思列宁主义，而是捍卫、补充、创造性发展马克思列宁主义；革新也不是反对、脱离社会主义，而是把走过的弯路纠正过来。革新就是继续发扬正确的方面，捍卫已经取得的成绩，调整补充不符合新形势的方面，坚决改正错误的思想和做法，在马克思列宁主义的指引下，探索通向社会主义的新道路。通过革新，

---

① 《邓小平文选》第二卷，人民出版社 1994 年版，第 364 页。

② 胡锦涛：《高举中国特色社会主义伟大旗帜　为夺取全面建设小康社会新胜利而奋斗》，人民出版社 2007 年版，第 6 页。

③ 国家统计局：《2010 年国民经济和社会发展统计公报》，http：//www. stats. gov. cn/tjgb/ndtjgb/qgndtjgb/t20110228_402705692. htm。

④ 2011 年 2 月 14 日，日本内阁公布 2010 年经济数据，国内生产总值为 54 742 亿美元，低于我国 1 月公布的 58 786 亿美元。

越南经济取得了快速发展，"1991～2000 年，越南的 GDP 增长了一倍，1991～2005 年，越南连续 15 年年均经济增长率约达 7.5%，2005 年增长速度达到了8.4%，仅次于中国，为东南亚地区发展最快的国家"。① 2006 年召开的越共十大，总结了越南 20 年革新的经验，认为：20 年的革新事业取得了巨大和具有历史意义的成就，国家摆脱了经济危机，经济迅速发展，人民生活明显改善，政治社会稳定，国际地位不断提高。20 年革新实践得出的基本经验是："(1) 革新必须以马列主义和胡志明思想为基础，必须走社会主义道路。(2) 革新必须全面、同步进行，但要有继承、分步骤，采取适合越南国情的形式和措施。(3) 革新必须坚持从人民的利益出发，发挥人民群众的主动性和创造性。(4) 要以大力挖掘'内力'为主，同时积极争取外援。(5) 要提高党的领导能力和战斗力，不断进行政治改革，逐步完善社会主义民主。"② 大会还确定了 2006～2010 年的经济目标，到 2020 年，把越南建设成为"朝现代化目标前进的工业化国家"。

古巴的社会主义建设是在美国的封锁和扼杀下顽强地进行的。这样的外部环境，曾经使古巴从 20 世纪 70 年代开始走上了一条全面学习苏联模式的社会主义建设之路，造成了对苏联和东欧社会主义国家的极度经济依赖。东欧剧变、苏联解体后，经济严重依赖苏东国家的古巴失去了"支柱"，美国又进一步强化了对古巴的制裁和封锁，古巴陷入了空前的危机，国内生产总值从 1990 年到 1993 年连续大幅度下降，1990 年为 -3%，1991 年为 -10.7%，1992 年为 -11.6%，1993 年为 -14.9%。③ 严峻的形势要求古巴采取新的有力措施，以应付困难局面。1991 年，古巴共产党四大提出了"不惜一切代价捍卫社会主义"和"拯救祖国、拯救革命、拯救社会主义"的口号，强调鼓励吸引外资，进一步放宽外商投资条件，把对外开放作为国策。1992 年，开始全面实行以吸引外资、建立合资企业和发展旅游为主要内容的对外经济开放，放宽了对外资的限制。1993年 7 月 26 日，卡斯特罗在纪念攻打蒙卡达兵营 40 周年大会上的讲话中首次宣布持有美元合法化等重大改革措施，标志着古巴社会主义进入了以经济改革和对外开放为主的新时期。在改革中，坚持公有制不搞私有化，允许个体经济、外商独资企业、合资企业存在；坚持计划经济，但要利用市场，开发农贸自由市场和工业产品、小商品市场；重视发展经济，"芸豆比大炮更重要"，但绝不会忽视政治、精神和道德方面的建设。改革的目的是改进这个国家的社会主义制度，而不是摧毁这个制度，要坚持"三不放弃"，即不放弃革命原则，不放弃人民政权，

---

① 范宏贵、刘志强：《继往开来的越共"十大"》，载《当代世界社会主义问题》2006 年第 3 期，第 83～84 页。

② 李家忠：《越共十大和越南的革新开放》，载《马克思主义研究》2006 年第 6 期，第 125～127 页。

③ 毛相麟：《古巴社会主义研究》，社会科学文献出版社 2005 年版，第 277～278 页。

不放弃为民造福的目标。卡斯特罗说：“作为一种政治、经济和社会制度，只有社会主义才能实现正义。社会主义只能完善，不能破坏。我们面临的挑战是十分艰巨的，我们做好了誓死捍卫社会主义的准备。革命者永远不会放弃自己的原则，永远不会放弃我国人民斗争换来的成果，永远不会放弃理想和目标，永远不会放弃建设由我们人民自己选择的社会、经济和政治的权利。”[1] 改革要结合本国实际，不可照搬别国模式。1997 年 10 月，卡斯特罗在古共“五大”上明确指出，在新形势下，古巴共产党重视学习和借鉴中国、越南等国家建设社会主义的经验，但古巴不照搬别国的模式，古巴要根据自己的国情，建设有古巴特色的社会主义。在加强改革的同时也加大了对外开放的力度，1993 年古巴决定建立自由贸易区，1995 年通过的新外资法规定除防务、卫生保健和教育外，所有经济部门都向外资开放。1997 年开始陆续兴建了一些免税区，以吸引更多的外资。自 1993 年宣布改革以来，古巴在改革开放方面已取得了重要进展，1994 年以来古巴经济一直保持增长势头，1994 年古巴经济取得 0.7% 的恢复性增长，1995 年增幅为 2.5%，1996 年为 7.8%，1997 年为 2.5%，1998 年为 1.2%，1999 年为 6.2%，2000 年为 5.6%，2001 年为 3%，2002 年为 1.1%，2003 年为 2.6%，2004 年为 5%。从 1994 年到 2004 年，古巴国内生产总值年均增长率达 3.5%。[2]近年来，经济增长速度有质的飞跃，“2005 年古巴国内生产总值同比增长 11.8%，2006 年的经济增长率更是高达 12.5%，位居拉美各国之首”。[3]

第二节　以整体性的方法论实现马克思主义的创新

一、从总体上把握马克思主义

列宁指出：“马克思主义的全部精神，它的整个体系，要求人们对每一个原理只是（α）历史地，（β）只是同其他原理联系起来，（γ）只是同具体的历史经验联系起来加以考察。”[4] 在新的历史条件下和新的实践中进行马克思主义理论创新，必须立足当代中国和世界的实践，坚持马克思主义的整体性特征，全

---

[1]　肖枫、王志先：《古巴社会主义》，人民出版社 2004 年版，第 111～112 页。
[2]　毛相麟：《古巴社会主义研究》，社会科学文献出版社 2005 年版，第 293 页。
[3]　徐占伟：《稳步改革开放中的古巴共产党》，载《天津支部生活》2007 年第 8 期，第 54～55 页。
[4]　《列宁全集》第 47 卷，人民出版社 1990 年版，第 464 页。

面、准确地理解马克思主义，反对任何割裂、肢解、歪曲、断章取义和以偏概全。

（一）马克思主义是完备而严密的科学体系

1. 马克思主义是由各个相互联系、相互渗透、相互贯通的部分组成的有机整体。马克思主义是由马克思、恩格斯创立，并由其后继者不断发展的观点和学说的体系，是关于自然、社会和思维发展最普遍规律的学说，特别是关于资本主义发展和转变为社会主义以及社会主义和共产主义发展普遍规律的学说。马克思主义内容极其丰富，不仅有哲学、政治经济学、科学社会主义等基础和核心理论，还有军事理论、文化艺术理论、人类学理论、民族学理论等理论，这些理论共同组成了马克思主义的一个庞大系统，这个系统的各部分之间、部分内部各要素之间相互联系、相互渗透、相互贯通，构成一个有机整体，整体的各部分在一定时空范围内作为整体的要素存在并发挥作用，共同推进整体的完善与进步。马克思主义哲学由辩证唯物主义和历史唯物主义构成，揭示了自然、社会和人类思维运动的普遍规律，是科学的世界观和方法论，是全部马克思主义思想的理论基础；马克思主义政治经济学充分运用辩证唯物主义和历史唯物主义，研究人们的社会生产关系即经济关系，阐明人类社会的各种社会经济形态存在和发展的客观必然性，并通过对社会生活深层次物质利益关系的揭示，阐明人类各个发展阶段上支配物质资料的生产和分配的规律，全面而辩证地论证了各种社会经济形态特别是资本主义生产方式产生、发展和转变为更高的社会形态的客观必然性，是马克思主义理论在社会生活中最深刻、最全面、最详细的证明和运用，是马克思主义的主要内容；科学社会主义是以马克思主义哲学和政治经济学的基本思想为理论依据，论证了无产阶级解放斗争的性质、条件以及由此产生的一般目的的学说，是无产阶级解放运动的旗帜，是马克思主义的核心问题和最终结论。[①] 马克思主义通过哲学变革并以之为指导和对资本主义的深刻揭露与批判，实现了与共产主义的内在的统一；在马克思那里，实践唯物主义与共产主义是同一个东西，共产主义被看作唯物主义的内在规定，是对资本主义批判的逻辑结论；马克思反复强调他的政治经济学研究的不是物，而是资本主义社会所特有的物的掩盖下的人与人之间的社会关系，是对现实人类命运及其发展趋势的关注。可见，政治经济学、哲学、科学社会主义在马克思的理论中始终是融为一个整体。[②] 马克思主

① 顾海良等：《马克思主义与现时代》，武汉大学出版社 2006 年版，第 40～41 页。
② 吴玉敏：《总体性　实践性　历史性——马克思主义哲学几个基本观点探析》，载《求实》2005
年第 5 期，第 34～37 页。

义美学和文艺思想，是历史唯物主义基础上形成和发展起来的，在政治经济学研究中进一步揭示其本质和规律，以服务于无产阶级和全人类的解放事业；马克思主义军事理论自觉运用马克思主义哲学理论，以推进无产阶级革命事业和最终消灭战争为目的，继承了人类历史的优秀军事技术思想，科学分析、总结了当代战争实践，为推进人类持久和平奠定了思想基础；马克思主义人类学贯穿于马克思一生的理论活动全部著作中，是与哲学、经济学和历史学的研究交叉进行的，论证了人类社会发展的统一性与多样性。总而言之，马克思主义的各个组成部分紧密联系的，共同构成一个有机整体，各个组成部分之间的关系，是"一个核心（社会主义学）、两个基础（哲学、政治经济学）、十几个周围部分（政治学、法学、军事学等）"①，其中，哲学、政治经济学、科学社会主义是最主要的组成部分，把其中任何一部分从整体中或与其他部分的联系中分割开，片面地加以夸大或缩小，都会使其原有的本性变得不可理解，使其他部分失去科学前提，从而使整体丧失原有性质，丧失其全部价值。马克思主义是一个不可分割的整体，这是一个不争的事实，正如列宁所指出的："马克思的观点极其彻底而严整，这是马克思的对手也承认的"。②

2. 马克思主义是一个连续性和阶段性相统一的既一脉相承又与时俱进的整体。黑格尔说："真理是全体。但全体只是通过自身发展而达于完满的那种本质。"③ 马克思主义是一个有机整体，它的理论体系不是静态的、凝固不变的，要随着时代、实践和科学的发展而不断地展开、完善和向前推进，实现理论的与时俱进。列宁主义、毛泽东思想、中国特色社会主义理论体系是马克思主义与时俱进过程中的几个重要阶段，是马克思主义及其各个组成部分研究对象的内容、方面和层次在不同历史条件下的拓展与深化。列宁主义、毛泽东思想、中国特色社会主义理论体系之所以是马克思主义理论体系的不可分割的组成部分，是因为它们是马克思主义在不同时代、不同国家的具体运用，与马克思、恩格斯的观点和学说同"根"、同"宗"、同"脉"，坚持了马克思主义的世界观与方法论、崇高理想与历史使命、服务人民的根本宗旨，始终保持着科学性与革命性、阶级性与客观性、开放性与创新性、理论与实践的统一的理论品质。但马克思主义、列宁主义、毛泽东思想、中国特色社会主义理论体系之间绝不是后者对前者简单重复，或量的增加，而是后者基于时代的呼唤、实践的要求，在解决实际问题中推陈出新，不断作出新概括、新论证，或提出新公式、新结论，补充、修正或丰富、发展某方面的观点、结论，或是出现理论上或实践上的界碑，使马克思主义

---

① 高放：《马克思主义与社会主义新论》，黑龙江人民出版社 2007 年版，第 45 页。
② 《列宁选集》第 2 卷，人民出版社 1995 年版，第 418 页。
③ 黑格尔：《精神现象学》上卷，商务印书馆 1979 年版，第 12 页。

的发展步入一个新阶段，表现出不同于前阶段的特征。列宁主义是马克思、恩格斯的观点和学说在帝国主义条件下的继承和发展；毛泽东思想是马克思、恩格斯、列宁的观点和学说在 20 世纪中国这样一个经济文化落后的半殖民地半封建的东方大国的继承与发展；中国特色社会主义理论体系是对马克思、恩格斯的观点与学说、列宁主义、毛泽东思想的继承和发展，是在和平发展合作成为时代主题、在社会主义初级阶段进行中国特色社会主义建设条件下的马克思主义。马克思主义发展进程中呈现出的这种连续性与阶段性的统一，是马克思主义理论体系在纵向和横向的深入拓展，否定马克思主义发展的连续性和阶段性，就必然否定马克思主义的彻底性和完整性。

3. 各种对马克思主义的误解、肢解、攻击甚至歪曲、否定，都从不同程度割裂马克思主义的整体性。马克思主义作为无产阶级的思想体系，从产生之日起，特别是取得工人运动的指导地位以后，就遭到各种资产阶级、小资产阶级思想的肢解、攻击甚至歪曲、否定。马克思、恩格斯也正是在同各种非马克思主义、反马克思主义思想的斗争中，逐步丰富和完善自己的理论体系的。马克思、恩格斯逝世之后，工人运动中的机会主义者、各种所谓的马克思主义学派，在修正、补充、发展马克思主义等名义下对马克思主义理论体系进行改造，提出一些五花八门的理论，有的只是运用了马克思的个别词句，有的是借马克思主义之名宣传自己的学说，有的与马克思主义大相径庭。这些非马克思主义，反马克思主义的各种派别在对待马克思主义的态度上有一个共同点，就是否定马克思主义的基本原理，否定马克思主义的整体性，他们往往割裂马克思主义整体与部分、部分与部分之间的相互关系。第二国际的机会主义者们，极力把哲学从马克思主义中驱逐出去，否认马克思主义有自己的哲学基础，主张用新康德主义、马赫主义补充马克思主义；当代西方马克思主义和西方学把马克思主义仅仅归结为哲学，归结为人本主义和异化理论；教条主义者不问时间、地点和条件，固守马克思主义的某些结论，奉为包医百病的灵丹妙药。这样，就遮掩或扭曲了马克思主义理论体系的本来面目。因而，进行马克思主义理论创新，必须坚持马克思主义整体性而反对各种割裂马克思主义的倾向和行为。离开整体性所进行的"创新"，只能是对马克思主义的割裂、肢解、歪曲、断章取义和以偏概全。

（二）在总体性实践中实现马克思主义的创新

实践是人类为创造社会生存的必要条件而进行的全部活动的总和，包括了人的生命活动、劳动和生活，是人类生活的多层次的开放系统和过程，是主体和客体之间改造与被改造、反映与被反映的关系交织并行、贯穿始终的过程。人是以实践的方式来把握世界的，社会生活本质上是实践的，实践包括着人类经济生活、政治生活、精神文化生活等全部社会生活，是全面的、具体的、历史的，因而，实践具有总体性特征。任何认识、理论都源于实践，并在实践中得到检验和发展。"人的思维是否具有客观的真理性，这不是一个理论的问题，而是一个实践的问题。人应该在实践中证明自己思维的真理性，即自己思维的现实性和力量，自己思维的此岸性。关于思维——离开实践的思维——的现实性或非现实性的争论，是一个纯粹经院哲学的问题。"① 马克思主义是科学体系，其中一个重要原因是它建立在科学的实践观基础之上，并源于人类的全部实践活动，尤其是19世纪以来的实践活动。实践的总体性决定了马克思主义理论体系的彻底性和严整性，马克思主义也是总体性实践中不断实现飞跃的，既凝聚着马克思、恩格斯对他们理论进行补充、修正和完善的认识成果，也凝聚着马克思主义继承者们和发展者们根据实践的变化而获得的认识成果；既体现了人类物质生产活动的成果，也反映了人类科学研究、变革社会的成果。

任何实践活动都是在一定历史条件下进行的人们的具体活动，涉及社会生活方方面面，是包罗万象的。任何人的实践活动都是有目的的，即有一个实践主题，不同人的实践活动目的是有差别的，实践主题也异彩纷呈；同一时代的人们的实践活动也会有一个共同的主题，如革命与战争、和平与发展等，但各国家、民族实践的侧重点会有差异。要在千差万别、包罗万象的总体性实践中实现马克思主义创新，必须善于抓住实践的主要矛盾与矛盾的主要方面，分清实践的主流与支流、本质与现象、全局与局部，才能准确把握实践的时代主题，深入总体性实践的内部，透过现象抓住本质，获得对实践的真理性认识，实现马克思主义理论的飞跃。

人类的实践活动无止境，人们的认识活动也永不停息，用于指导人们实践活动的理论也要在千变万化的实践中不断得到检验、修正和提升。现在，人类已经跨入充满希望的21世纪，实践活动出现了许多新的变化。当今世界正在发生广泛而深刻的变化，世界多极化和经济全球化的趋势越来越突出，科技进步日新月异，综合国力竞争日趋激烈，整个世界的政治、经济、文化交往与联系越来越紧密。社会主义与资本主义在全球范围内既共存、竞争、合作，又摩擦、冲突，在竞争中求同存异，在比较中促发展，较长时期内资本主义处于优势的状态不会改变，资本主义尚有发展的空间；社会主义国家面临着发展生产力、创造比资本主义更高的劳动生产率、提高综合国力、实现人民共同富裕的艰巨任务，需要改革与创新体制机制，开放国内与国际市场，防范资本主义和平演变，化解各种风险，促进发展，保持社会稳定和谐，进而面临着系列新的理论和实践挑战。对我

① 《马克思恩格斯选集》第1卷，人民出版社1995年版，第55页。

国而言，21 世纪头二十年是一个可以大有作为的重要战略机遇期，国家和社会也正发生广泛而深刻的变化。全国人民正一心一意地从事全面小康社会建设和构建社会主义和谐社会伟大实践，积极推进中国特色社会主义事业，社会发展到了一个关键时刻，经济体制深刻变革，社会结构深刻变动，利益格局深刻调整，思想观念深刻变化。共产党的执政环境发生了新的变化，执政使命愈发艰巨，自身建设任务更加繁重。新世纪新实践中出现的广泛而深刻的变化，迫切需要马克思主义作出全面的新回答，实现理论创新。

中国化马克思主义理论创新，必须在总体性实践中整体推进，立足中国的经济、政治、文化和社会建设这个总体性实践，以解决现代化建设中出现的理论问题和实际问题为中心，把握世界经济、政治、文化与社会建设的发展趋势，了解和吸收世界范围内科技进步的最新成果、社会发展变革的新鲜经验，要把认识世界与改造世界结合起来，把研究中国问题与世界问题结合起来，把研究社会主义问题与资本主义问题结合起来，把国内建设与推动世界的和平、民主、合作结合起来，把理论的应用与理论的创新结合起来，深化对中国共产党执政规律、社会主义建设规律和人类社会发展规律的认识，实现马克思主义理论在经济、政治、文化和社会发展理论以及党的建设理论的新飞跃，用发展的马克思主义指导中国的经济、政治、文化和社会建设这个总体性实践，夺取全面建设小康社会新胜利，实现中华民族的伟大复兴。

二、在继承基础上创新，在创新中坚持

（一）在继承马克思主义基础上实现马克思主义理论创新

"马克思主义要发展，社会主义理论要发展，要随着人类社会实践的发展和科学的发展而向前发展。"① 马克思主义的发展不是抛开马克思主义理论体系，去建构一种所谓新的理论体系取而代之，也不是从马克思著述中找到某些思想片段加以放大，不是借马克思主义之名来阐述其他各式各样的社会哲学，更不是把马克思主义教条化。而是要在继承马克思主义科学理论体系的基础上，即在坚持马克思主义基本立场、基本观点、基本方法整体性前提下，实现理论创新，否则，马克思主义理论创新就可能走偏路。

1. 继承基础上的创新，必须坚持马克思主义基本原理。马克思主义基本原理是马克思主义立场、观点和方法最基本、最直接、最集中的表述，是马克思主

---

① 《邓小平文选》第三卷，人民出版社 1993 年版，第 42 页。

义理论体系中最稳定、最持久、最具决定意义的内容。因而，坚持马克思主义基本原理是坚持马克思主义整体性的核心和灵魂。邓小平同志反复讲：老祖宗不能丢。丢了，就不是马克思主义了。坚持马克思主义基本原理，要把基本原理与基本原理的具体运用加以分别，基本原理是普遍的，基本原理的运用是具体的，具体的运用过程可能会发生背离基本原理的情形，因而不能用基本原理运用的具体性去否定基本原理本身的普遍性，反之亦然，不能不顾具体历史条件到处机械搬用基本原理。① 坚持马克思主义基本原理，要善于区分基本原理与个别论断，基本原理永远不会过时，个别论断随时空条件的变化会失效。邓小平指出："我们坚持的和当作行动指南的是马列主义、毛泽东思想的基本原理，或者说是由这些基本原理构成的科学体系。至于个别的论断，那么，无论马克思、列宁和毛泽东同志，都不免有这样那样的失误。但是这些都不属于马列主义、毛泽东思想的基本原理所构成的科学体系。"② 任何背离马克思主义基本原理的所谓"创新"，绝不是我们所需要的理论创新；任何固守马克思主义个别论断的做法，只会窒息马克思主义的创造活力，妨碍马克思主义的创新。

2. 继承基础上的创新，必须坚持马克思主义的基本特征。马克思主义具有实践性、科学性、阶级性、批判性的基本特征。实践性是马克思主义首要的根本的理论特征。马克思主义不仅科学地阐明了实践的观点在自身理论体系中的基础和核心作用，自己的理论不是脱离实际的抽象教条，是在实践中产生又经过实践检验并随着实践的发展而发展的科学真理，而且具有改造世界的实践功能，是无产阶级行动的指南。马克思主义是在人类的客观实践活动（尤其是人们的物质生产活动）及其结果基础上对自然界、社会和思维发展的一般规律的正确反映，实事求是地把握事物，用辩证的和发展的观点看待世界，既善于汲取人类文明史上的一切优秀成果，又善于吸取最新的科学成果来丰富和完善自己，是一个开放的科学体系，因而，具有科学性。马克思主义公开申明自己是无产阶级认识和改造世界的思想武器，是无产阶级解放自己、解放全人类的学说。无产阶级的立场和辩证法的本性决定了马克思主义的批判性，它对资本主义社会的一切对抗和剥削形式进行毫不妥协地揭露，并证明它们的暂时性与向社会主义社会过渡的必然性，在彻底地、毫不动摇地同各种虚假、荒谬的意识观念和理论的斗争中前行，也不断地同样彻底地、毫不留情地批判自身存在的缺陷和不足，以求进一步改进和完善。阶级性与批判性，是马克思主义革命性的表现。马克思主义的这些基本特征彼此贯通，相互联系，正如列宁所指出的：马克思主义"这一理论对世界

---

① 顾海良等：《马克思主义与现时代》，武汉大学出版社 2006 年版，第 52～53 页。
② 《邓小平文选》第二卷，人民出版社 1994 年版，第 171 页。

各国社会主义者所具有的不可遏止的吸引力，就在于它把严格的和高度的科学性（它是社会科学的最新成就）同革命性结合起来，并且不仅仅是因为学说的创始人兼有学者和革命家的品质而偶然地结合起来，而是把二者内在地不可分割地结合在这个理论本身中"。① 如果马克思主义失去了阶级性，就无法与其他思潮和学派划清界限；如果马克思主义失了实践性，也就丧失了其与其他思潮和学派的本质区别——改造世界的功能，当然也就失去了为群众实践服务的理论特性；如果马克思主义失去了科学性和批判性，就意味着它失去了彻底性和严整性，失去了生命力和创造力。毫无疑问，只有坚持了马克思主义基本特征的理论创新，才是真正的马克思主义理论创新。

3. 要真正做到在继承基础上的创新，必须坚持解放思想、实事求是、与时俱进的理论品质。解放思想、实事求是、与时俱进，是马克思主义的理论精髓、理论品质。这一概括，是中国共产党人对马克思主义的重大理论贡献，经历了从毛泽东提出实事求是，到邓小平提出解放思想、实事求是，再到江泽民提出与时俱进的过程。在马克思主义发展史上，马克思、恩格斯的辩证唯物主义与历史唯物主义奠定了实事求是的哲学基础。列宁在实践上逐步实现了马克思的哲学唯物主义思想从世界观到方法论的转变。毛泽东根据中国的情况用中国的语言概括为实事求是。邓小平提出实事求是是马克思主义的精髓，是党的思想路线的核心，针对"两个凡是"错误提出坚持实事求是必须解放思想的论断，把解放思想、实事求是辩证地统一起来。江泽民在此基础上进一步提出了"马克思主义具有与时俱进的理论品质"的科学论断，把解放思想、实事求是、与时俱进统一起来，概括为马克思主义的理论品质。解放思想、实事求是、与时俱进的形成与发展过程，体现了对马克思主义理论精髓、理论品质认识的不断深化，既坚持了马克思主义，又实现了马克思主义的创新，既有一贯性，又有新的建树，是对马克思主义坚持与创新的典范。

在新的历史时期的新的实践中，要达到继承基础上的马克思主义理论创新，必须坚持解放思想、实事求是、与时俱进的辩证统一。江泽民指出："进行理论创新，必须坚持两个基本要求：一是必须坚持马克思主义的立场、观点和方法，坚持马克思主义的基本原理。这一点，要坚定不移，不能含糊。二是一定要贯彻解放思想、实事求是的思想路线，坚持勇于追求真理和探索真理的革命精神。这一点，也要坚定不移，不能含糊。这两个'坚定不移、不能含糊'，始终是检验我们是不是真正的马克思主义者的试金石。"② 解放思想、实事求是、与时俱进，

① 《列宁选集》第1卷，人民出版社1995年版，第83页。
② 江泽民：《论党的建设》，中央文献出版社2001年版，第537页。

是相辅相成、相互依赖、不可分割的。解放思想是前提，实事求是是目的，与时俱进是关键。只有坚持解放思想、实事求是，才能实现马克思主义理论创新，真正做到与时俱进；只有做到与时俱进，才能真正体现解放思想、实事求是。不坚持解放思想、实事求是，就不能自觉地把思想认识从那些不合时宜的观念、做法和体制中解放出来，从对马克思主义的错误的和教条式的理解中解放出来，从主观主义和形而上学的桎梏中解放出来，就无法在理论上和实践上迈出新的步伐，实现新的突破，进而达到与时俱进；没有马克思主义理论的与时俱进，理论仍然停留在原有的基础上，思想僵化，不敢越雷池半步，不能及时对实践提出的新问题作出科学的回答，理论滞后于实践，当然不可能做到解放思想、实事求是，更不可能有理论的开拓创新。

（二）在理论创新中坚持马克思主义

继承是创新的前提，创新是最好的继承。在创新中必须坚持马克思主义，是毋庸置疑的。什么样的创新才是坚持了马克思主义，或者说其衡量的标准是什么？如何创新？这是每一个马克思主义理论和实际工作者在创新中必须面对和回答的问题。看一种创新理论是否是马克思主义的，要坚持理论标准和实践标准的有机统一。理论上，就是看这种创新理论成果是不是和马克思主义同根、同宗、同源，即是否一脉相承。具体说来，就是要看创新理论成果是否既坚持和继承了马克思主义的基本原理，又扬弃了不合时宜的具体论断，同时又正确回答和解决了现实的问题；就是要看创新理论成果是否坚持了马克思主义的基本特征，是否以把它们融入了自己的理论之中；是否坚持了解放思想、实事求是、与时俱进的理论品质，是否以发展着马克思主义为指导，开拓了马克思主义理论发展的新境界。若非如此，创新理论成果就是脱离了马克思主义。实践上，一方面，就是看这种创新理论成果是不是以实践为基础，是不是对实践经验的科学总结；是不是客观地反映和回答了当代世界和中国的实践的新要求。也就是说，这种创新理论成果是否揭示了事物的客观规律，体现了社会发展的时代性，能用于指导实践。另一方面，就是看这种创新理论成果能否经得起实践的检验。实践是检验创新理论成果正确与否的唯一标准，只有经得起实践检验的创新理论成果，才能真正称之为马克思主义的理论成果，才能适应建设中国特色社会主义的需要，才会在我国的社会发展中根深蒂固。我们必须把理论标准和实践标准统一起来。科学的理论是重要的，但单纯的理论标准无法完成最终的检验；实践虽然是最终的检验标准，但离开理论指导的实践是盲目的，却会走许多不必要的弯路，更何况，一时一地的实践，也不一定能完成检验理论正确与否的任务。所以把理论标准和实践标准统一起来，并把实践作为检验创新理论成果的最终标准，是应采取的态度。

如何创新呢？最好的途径即理论与实践相结合。而理论与实践相结合，首先，要明确其前提是坚持马克思主义。坚持马克思主义，必须深入研究马克思主义，深入研究马克思主义经典作家的著作，这样，才能掌握马克思主义的基本立场、观点、方法，分清楚哪些是必须长期坚持的马克思主义基本原理，哪些是需要结合新的实际加以丰富发展的理论判断，哪些是必须破除的对马克思主义的教条式的理解，哪些是必须澄清的附加在马克思主义名下的错误观点，才能很好地把马克思主义基本原理与中国实际相结合而不会"走样"。不深入研究马克思主义，就谈不上坚持；不深入研究马克思主义，就谈不上用马克思主义指导实践；不深入研究马克思主义，就谈不上实践基础上的理论创新，开创实际工作新局面。其次，要在实践中发现、修正和完善理论，实现理论的与时俱进。实践是创新理论的唯一源泉，离开实践，理论就成为无源之水、无本之木。真正的马克思主义者只有也必须回到实践去寻找理论创新之源，因为人们不是从观念出发来解释实践，而是从物质实践出发来解释观念的形成。永不停息的实践不仅不断提出理论创新的要求和主题，推动人们去探索和研究，而且不断更新人们进行理论创新的手段与工具，促使人们解放思想、革新观念，积极投身创新活动。马克思主义理论创新，必须在各国的具体实践中进行，实现马克思主义的本土化。中国化马克思主义的创新，只能在中国革命与建设的实践中把马克思主义中国化，把中国革命与建设的经验马克思主义化。马克思主义中国化过程中，要做到有的放矢，用马克思主义之"的"，去射中国革命和建设之"矢"。理论与实践紧密结合在一起，才能真正解决中国的问题，引领中国社会不断走向胜利。马克思主义中国化，这绝不意味着故步自封、夜郎自大，而要有鲜明的时代意识和世界视野，胸怀世界，高屋建瓴，吸收世界科技进步的最新成果、其他国家发展的经验教训，关注和吸收国外马克思主义研究的成果，立足本国实践，依靠本国人民，举全国人民之力，让一切创造之源充分涌流，让各种思想火花在相互激荡、碰撞中绽放光芒，达到思想升华、理论创新，这就是要在马克思主义中国化过程中实现马克思主义的时代化，把马克思主义中国化与时代化结合起来。理论创新的目的是为了指导实践，推动实践前进，因而创新理论要回到实践，不断在实践中得到检验、补充、修正和完善，更有效地指导实践。正如毛泽东所说："实践、认识、再实践、再认识，这种形式，循环往复以至无穷，而实践和认识之每一循环的内容，都比较地进到了高一级的程度。"① 最后，要重视调查研究，全面深刻了解实际，达到创新理论与实际具体的历史的统一。客观事物是不断发展的，新情况、新问题层出不穷，如果不坚持进行调查研究，全面系统地掌握第一手资

---

① 《毛泽东选集》第 1 卷，人民出版社 1991 年版，第 296～297 页。

料，主观与客观的差距就可能逐步扩大，对实际情况的认识就可能由知之较多到知之较少、由比较清楚变得不清楚，到最后可能出现完全脱离实际的瞎指挥、瞎创新，这在我党历史上是有过惨痛的教训的。调查中获得的材料可能是分散的、不系统的，需要对之进行系统的周密的加工制作，去粗取精、去伪存真、由此及彼、由表及里，使之上升为科学的理论，达到理论升华。深入实践、深入群众进行系统、周密的调查研究是"十月怀胎"，解决实际问题的理论创新是"一朝分娩"。调查研究是理论创新的前提和根本方法，不是一时一地的权宜之计，绝对禁止不作调查研究，不同群众商量，关在房子里，作出害死人的主观主义的理论创新。不难看出，马克思主义理论创新，是在理论与实践相结合的过程中、在两者的交互作用中实现的。

第三节　在中国特色社会主义建设中不断丰富和发展马克思主义

一、在探索中国特色社会主义建设道路中深化对马克思主义本质的认识

中国共产党和中国人民探索自己的社会主义建设道路，经历了两个历史时期，一是以毛泽东为核心的第一代中央领导集体带领全国人民独立自主地探索适合中国国情的社会主义建设道路的历史时期；二是改革开放的历史时期，即邓小平、江泽民、胡锦涛等中国共产党人带领全国人民开创中国特色社会主义道路的伟大历史时期。

（一）在独立自主地探索适合中国国情的社会主义建设道路中丰富了马克思主义

中华人民共和国成立后，我国以苏联为榜样，逐渐形成了高度集中的计划经济体制和高度集权的政治管理体制。由于苏联模式并不完全适合中国国情，在实施过程中暴露出不少问题。以毛泽东为代表的中国共产党人在社会主义建设的实践中进行了可贵的探索，这些探索虽然经历了曲曲折折，但取得了许多宝贵的经验，为其后的改革开放奠定了基础，并极大地丰富和发展了马克思主义。

1. 提出社会主义矛盾理论，深化了对社会主义的认识和理解。社会主义社会是否存在矛盾，如存在，其基本矛盾是什么？矛盾的性质如何？该如何处理社会主义社会的矛盾？对这些问题，马克思、恩格斯没有做出明确的解答，列宁虽然指出：社会主义社会，对抗将消失，而矛盾还将存在，却没有做出进一步的分析。斯大林长期不承认社会主义社会还有矛盾，实践上出现了严重的失误，到晚年才吞吞吐吐地承认社会主义存在生产关系的发展落后于生产力的发展的矛盾，留下了深刻的教训。我国社会主义改造完成后，也有人认为社会主义社会中不会再有矛盾存在了。毛泽东等坚持用唯物辩证法观察分析社会主义国家特别是我国社会主义改造完成后的现实状况，科学对待苏联哲学界对社会主义矛盾的讨论，在《关于无产阶级专政的历史经验》、《论十大关系》、《再论无产阶级专政的历史经验》、《关于正确处理人民内部矛盾的问题》等文章中提出了社会主义社会的矛盾学说，发展了马克思主义矛盾理论。

首先，明确提出社会主义社会存在矛盾。毛泽东在《关于正确处理人民内部矛盾的问题》指出："对立统一规律是宇宙的根本规律。这个规律不论在自然界、人类社会和人们的思想中，都是普遍存在的。……许多人不承认社会主义社会还有矛盾，因而使得他们在社会矛盾面前缩手缩脚，处于被动地位；不懂得在不断地正确处理和解决矛盾的过程中，将会使社会主义社会内部的统一和团结日益巩固。"[①] 关于社会主义社会存在矛盾的思想，打破了长期以来在这一问题上存在的禁区，为探索社会主义建设道路提供了理论依据。

其次，首次系统地阐发了社会主义社会基本矛盾理论。"在社会主义社会中，基本的矛盾仍然是生产关系和生产力之间的矛盾，上层建筑和经济基础之间的矛盾。不过社会主义社会的这些矛盾，同旧社会的生产关系和生产力的矛盾、上层建筑和经济基础的矛盾，具有根本不同的性质和情况罢了。"这种不同在于旧社会尤其是"资本主义社会的矛盾表现为剧烈的对抗和冲突，表现为剧烈的阶级斗争，那种矛盾不可能由资本主义制度本身来解决，而只有社会主义革命才能够加以解决。社会主义社会的矛盾是另一回事，恰恰相反，它不是对抗性的矛盾，它可以通过社会主义制度本身，不断地得到解决"。[②] 并指出这两对矛盾贯穿于人类社会发展的始终，是人类社会发展的根本动力，它们规定和制约着社会其他矛盾的存在和发展、性质与状况，是一切社会矛盾的总根源。毛泽东关于社会主义社会基本矛盾的理论指明了社会主义社会的发展动力，为我国的改革、社会主义制度的自我完善和发展提供了理论依据。

① 《毛泽东文集》第 7 卷，人民出版社 1999 年版，第 213 页。
② 《毛泽东文集》第 7 卷，人民出版社 1999 年版，第 213～214 页。

最后，第一次明确提出社会主义社会存在着两类不同性质的矛盾，建立了系统地处理两类矛盾的学说。在社会主义社会，还存在两类不同性质矛盾，即敌我矛盾和人民内部矛盾。社会主义建设时期，革命时期的大规模的疾风暴雨式的群众阶级斗争基本结束，大量存在的是人民内部矛盾，正确处理人民内部矛盾成为国家政治生活主题。具体地、历史地界定人民与敌人的概念，科学分析了两类矛盾的性质与根源，指出处理两类矛盾的不同方法，即用专政的方法处理敌我矛盾，用民主的方法、讨论的方法、批评的方法、说服教育的方法处理人民内部矛盾。用民主的方法解决人民内部矛盾，具体说来，在共产党与民主党派的关系上，实行"长期共存，互相监督"的方针；在科学文化方面，实行"百花齐放，百家争鸣"的方针；在处理党群关系、克服某些国家机关工作人员的官僚作风上，采取整风和马克思主义教育的方针；在经济问题上实行"统筹兼顾，适当安排"的方针；在汉族和少数民族的关系上，实行各民族团结平等，克服大汉族主义和地方民族主义的方针；对民族资产阶级，则采取团结、批评、教育的政策。

关于社会主义社会的两类矛盾学说，在马克思主义发展史上首次确立了严格区分和正确处理社会主义社会两类不同性质的社会矛盾的理论，为我们正确处理纷繁复杂的社会矛盾、协调社会各个阶级、阶层和社会成员之间的利益关系和政治关系定了理论基础，指明了基本方向。

2. 提出了社会主义社会分为两个发展阶段的思想。马克思、恩格斯的科学社会主义理论，不仅论证了社会主义必然取代资本主义，而且认为共产主义要经历一个由低级到高级的发展过程，这一过程大致经历三个阶段：从资本主义到共产主义的革命转变时期（或称过渡时期）、共产主义社会的第一阶段（或称低级阶段）、共产主义社会的高级阶段。列宁把"共产主义低级阶段"称为"社会主义社会"，把"共产主义高级阶段"称为"共产主义社会"，认为落后国家要经历一个漫长而复杂的过渡时期，才能过渡到社会主义，并使用了"初级形式的社会主义"、"发达的社会主义"、"完备形式的社会主义"等概念，但并非作为社会主义的发展阶段来论述的，而是强调要达到社会主义的这种前景，需要经过长期的社会主义建设，从而对社会主义发展的长期性有较为深刻的认识。[①] 斯大林领导苏联人民确立了社会主义制度，于 1936 年宣布建成了社会主义，又于 1938 年提出了向共产主义过渡的设想，没有对社会主义发展阶段进行科学的划分和实事求是的估计。

1956 年社会主义改造完成后，中国共产党人对社会主义发展阶段进行了艰

---

① 王志民：《理论创新与马克思主义中国化》，中国商务出版社 2006 年版，第 102 页。

苦探索。毛泽东在 1957 年发表的《关于正确处理人民内部矛盾的问题》讲话中指出："我国的社会主义制度还刚刚建立，还没有完全建成，还不完全巩固。"①区分了社会主义的"建立"与"建成"两个概念。1958 年 11 月的郑州会议上，毛泽东曾使用过"社会主义初级阶段"这个术语，1959 年底到 1960 年，专门探讨了社会主义发展阶段问题，指出："社会主义这个阶段，又可能分为两个阶段，第一个阶段是不发达的社会主义，第二个阶段是比较发达的社会主义。后一个阶段可能比前一阶段需要更长的时间。"② 这样，毛泽东就比较明确地认为社会主义的发展也是分阶段的，不能混淆和超越阶段。毛泽东后来虽然未能坚持这些思想并作进一步的探讨，在实践上实行了许多超越社会主义发展阶段的错误政策，却为邓小平等对这个问题的探索提供了宝贵的经验教训。

3. 对社会主义建设规律提出了一些富有创见的思想。在以苏为鉴，走适合中国国情的社会主义建设道路的探索中，以毛泽东为首的第一代中央领导集体提出许多反映社会主义建设规律的思想。为了不重蹈照搬苏联的错误，提出要自力更生地进行社会主义建设，实行自力更生为主，争取外援为辅的方针，建设独立的比较完整的工业体系和国民经济体系，实现经济独立，以保障政治独立的思想。针对苏联以牺牲农业换取工业发展的工业化模式，提出我国的工业化应从农业大国这个基本国情出发，以农业为基础，以工业为主导，发展重工业和发展农业同时并举，以农轻重为序安排国民经济计划，实现由农业国向工业国过渡的思想。在经济形式方面，"可以消灭了资本主义，又搞资本主义"，开私营工厂，开夫妻店，陈云还提出了"三个主体和三个补充"的观点，即在工商业生产经营方面，国家经营和集体经营为主体，附有一定数量的个体经营作为补充；在生产的计划性方面，计划生产是工农业生产的主体，按照市场变化而在国家计划许可范围内的自由生产作为补充；在社会主义的统一市场里，国家市场是主体，附有一定范围内国家领导的自由市场作为补充。强调在社会主义也存在商品生产和价值规律，"商品生产，要看他是同什么经济制度相联系，同资本主义制度相联系就是资本主义的商品生产，同社会主义制度相联系就是社会主义商品生产"③。社会主义商品生产与交换，"不同于资本主义的商品生产和商品交换，因为它们是在社会主义公有制基础上，有计划地进行的，而不是资本主义私有制的基础上无政府状态地进行的"。不仅消费资料是商品，部分生产资料也是商品，并提出价值法则是一个伟大的学校的论断，号召要用它来教育我们的干部和人民。

---

① 《毛泽东文集》第 7 卷，人民出版社 1999 年版，第 214 页。
② 《毛泽东文集》第 8 卷，人民出版社 1999 年版，第 116 页。
③ 《毛泽东文集》第 7 卷，人民出版社 1999 年版，第 439 页。

（二）在中国特色社会主义实践中创立了中国特色社会主义理论体系，深化了对马克思主义的认识

1978 年召开的党的十一届三中全会，开启了我国改革开放历史新进程。在改革开放的伟大历史征程中，我们党坚持马克思主义思想路线，不断探索和回答什么是马克思主义、怎样坚持马克思主义，什么是社会主义、怎样建设社会主义，建设什么样的党、怎样建设党，实现什么样的发展、怎样发展等重大理论和实际问题，开辟了中国特色社会主义道路，形成了中国特色社会主义理论体系，实现了马克思主义的与时俱进。

1. 在解答什么是社会主义、如何建设社会主义这个根本问题中，创立了邓小平理论，深化了对马克思主义的认识。20 世纪 50 年代开始，南斯拉夫、苏联和东欧其他社会主义国家不同程度地进行政治体制、经济体制的改革，进入 80 年代，几乎所有的社会主义国家都在搞改革开放，在理论和实践上探索社会主义建设道路，取得了些喜人的成绩，但苏东的改革却以失败告终，留下了深刻的教训。20 世纪 50 年代中期至 70 年代中期，我国对走中国自己的社会主义建设道路的探索也非一帆风顺，历经艰辛，十年文化大革命"左"倾错误达到登峰造极的地步，社会主义建设受到了严重挫折。国内外社会主义建设的严峻现实，使邓小平认识到"社会主义是什么，马克思主义是什么，过去我们并没有完全搞清楚"[①]。以邓小平为核心的第二代中央领导集体在探索"什么是社会主义、怎样建设社会主义"这一首要的根本问题中，初步回答和解决了长期困扰中国和当代世界各社会主义国家建设发展的一系列重大难题，创立了邓小平理论，实现了马克思主义的新飞跃。

首先，提出了社会主义初级阶段理论，丰富和发展了马克思主义社会发展阶段理论。邓小平在坚持和继承前人关于社会发展阶段特别是社会主义发展阶段思想的基础上，立足中国国情，对我国社会发展阶段作出了科学的判断，"我们党的十三大要阐述中国社会主义是处在一个什么阶段，就是处在初级阶段，是初级阶段的社会主义，社会主义本身是共产主义的初级阶段，而我们中国又处在社会主义的初级阶段，就是不发达的阶段"。[②] 党的十三大系统地阐述了社会主义初级阶段理论，论述了社会主义初级阶段的基本含义和主要特征，提出了社会主义初级阶段的基本路线。十四大把社会主义初级阶段理论作为邓小平建设有中国特色社会主义理论的重要理论基础，十五大进一步强调我国现在处于并将长期处于

① 《邓小平文选》第三卷，人民出版社 1993 年版，第 137 页。
② 《邓小平文选》第三卷，人民出版社 1993 年版，第 252 页。

社会主义初级阶段，更加系统地阐述了社会主义初级阶段的基本特征、发展进程、主要矛盾和根本任务等理论问题，提出了社会主义初级阶段的基本纲领。社会主义初级阶段理论首次解决了社会主义发展阶段的划分问题，科学揭示了社会主义初级阶段的本质属性，使马克思主义的社会发展阶段理论达到一个新阶段。

其次，提出了社会主义本质论，把对社会主义的认识上升到新的科学水平。马克思主义发展史上，从马克思、恩格斯到毛泽东没有对社会主义本质作出明确、系统的阐述，马克思、恩格斯只是对社会主义的特征作了某些预想；列宁抓住了社会主义的最主要的基本特征，如公有制、按劳分配、社会主义最主要的任务是发展生产力等，没有说明社会主义本质；斯大林把苏联社会主义模式即斯大林模式看作是社会主义，也只看到社会主义的某些特征，且实践上把它僵化，妨碍了对社会主义本质的探索；毛泽东也未能摆脱斯大林模式。邓小平在改革开放过程中为了突破传统社会主义模式，实施了许多行之有效的政策和措施，遇到了姓"资"姓"社"的争论。为解答人们的困惑与疑虑，进一步推进改革开放，邓小平极力解答社会主义本质这一难题。1980 年 5 月，邓小平在会见几内亚总统杜尔时首次使用社会主义本质概念，指出："社会主义是一个很好的名词，但是如果搞不好，不能正确理解，不能采取正确的政策，那就体现不出社会主义的本质"。① 1990 年 12 月又指出："社会主义不是少数人富起来、大多数人穷，不是那个样子。社会主义最大的优越性就是共同富裕，这是体现社会主义本质的一个东西。"② 1992 年的南方谈话，对社会主义本质作了全面精确的概括。"社会主义的本质，是解放生产力，发展生产力，消灭剥削，消除两极分化，最终达到共同富裕。"③ 邓小平对社会主义本质的认识和概括，揭示了社会主义本质的科学内涵，克服了以往从社会主义特征尤其是从生产关系方面认识社会主义的片面性，使人们对社会主义的认识上升到新的高度。

最后，确立了社会主义市场经济理论，冲破了传统社会主义关于社会主义与市场经济关系的认识误区和理论禁区。关于社会主义有没有市场的问题是一个世界性难题。科学社会主义创始人马克思、恩格斯认为社会主义社会不存在商品货币关系，只有资本主义和前资本主义市场经济理论，没有社会主义市场经济理论。列宁实施的"新经济政策"虽然承认商品贸易的作用，却把它看作一种暂时退让。斯大林创立的高度集中的计划经济模式排斥市场的作用，后来虽然承认社会主义存在商品生产和流通，可认为商品生产的范围只限于个人消费品。毛泽东在这一问题的认识上比斯大林前进了一步，实践上仍排斥市场经济，忽视商品

① 《邓小平文选》第二卷，人民出版社 1994 年版，第 313 页。
② 《邓小平文选》第三卷，人民出版社 1993 年版，第 364 页。
③ 《邓小平文选》第三卷，人民出版社 1993 年版，第 373 页。

交换和价值法则的作用。20 世纪 50 年代开始，南斯拉夫等东欧许多社会主义国家和苏联进行了市场化改革的尝试，积累了一定的经验，最终却都以失败告终。在东、西方思想学界，计划与市场的作用问题也成为一个重要的议题，20 世纪二三十年代的"社会主义经济合理计算"问题、七八十年代有关"市场社会主义"的大讨论、90 年代中后期对兰格模式的批判与多元化社会主义模式的重构等，都是围绕社会主义与市场经济所展开的论战，对不少约定俗成的观念和范式提出了挑战，极大地影响着社会主义改革的现实进程。以邓小平为首的中国共产党人在领导改革开放的实践中，吸收、借鉴国内外探索的实践经验和理论认识，逐渐形成了社会主义市场经济的理论和政策主张。1979 年初，陈云提出了"计划经济为主，市场调节为辅"的方针，并被《关于建国以来党的若干历史问题的决议》和十二大所确认，写进了 1982 年的《宪法》。邓小平在 1979 年 11 月会见美国大不列颠百科全书出版公司编委会副主席吉布尼等人时指出："说市场经济只存在于资本主义社会，只有资本主义的市场经济，这肯定是不正确的。社会主义为什么不可以搞市场经济，这个不能说是资本主义。我们是计划经济为主，也结合市场经济，但这是社会主义的市场经济。虽然方法上基本上和资本主义社会相似，但也有不同，是全民所有制之间的关系，当然也有同集体所有制之间的关系，也有同外国资本主义的关系，但是归根到底是社会主义的，是社会主义社会的。市场经济不能说只是资本主义的。市场经济，在封建社会时期就有了萌芽。社会主义也可以搞市场经济。"[①] 这是我党的文献中第一次提出社会主义市场经济概念并给予初步界定，第一次把社会主义与市场经济联系起来，突破了市场经济只存在于资本主义，社会主义只能搞计划经济的传统认识。1984 年 10 月，党的十二届三中全会通过的《中共中央关于经济体制改革的决定》，提出社会主义经济是公有制基础上有计划的商品经济，商品经济的充分发展是实现我国经济现代化的必要条件。随后，邓小平在多种场合谈到："社会主义和市场经济之间并不存在根本矛盾。""计划和市场都是方法嘛。只要对发展生产力有好处，就可以利用。它为社会主义服务，就是社会主义的；为资本主义服务，就是资本主义的。""资本主义与社会主义的区分不在于是计划还是市场这样的问题。社会主义也有市场经济，资本主义也有计划控制。"[②] 1992 年的南方谈话中，邓小平明确指出："计划多一点还是市场多一点，不是社会主义与资本主义的本质区别。计划经济不等于社会主义，资本主义也有计划；市场经济不等于资本主义，社会主义也有市场。计划与市场都是经济手段。"[③] 1992 年召开的党的十四大把

① 《邓小平文选》第二卷，人民出版社 1994 年版，第 236 页。
② 《邓小平文选》第三卷，人民出版社 1993 年版，第 148、203、364 页。
③ 《邓小平文选》第三卷，人民出版社 1993 年版，第 373 页。

建立社会主义市场经济体制确立为我国经济体制改革的目标，十四届三中全会通过了《关于建立社会主义市场经济体制若干问题的决定》，确定了建立社会主义市场经济体制基本框架的具体步骤和实现途径。至此，社会主义市场经济理论不仅在理论上而且在实践上得以确立起来。社会主义市场经济理论，从根本上突破了把市场经济与社会主义对立起来的传统观念，充分肯定了市场经济是社会主义经济的内在机制，不仅深化了对市场经济的认识，而且深化了对社会主义的认识，极大地发展了科学社会主义和政治经济学理论。

邓小平等在探索什么是社会主义，如何建设社会主义过程中所形成的创新理论，博大精深，内容丰富，除了上述三个最突出方面外，还包括改革开放理论、发展战略理论、一国两制理论、民主法制建设理论、党的建设理论等多方面内容，这里不一一论述。

2. 在创造性地回答执政条件下建设什么样的党、如何建设党中，形成了"三个代表"重要思想，深化了对马克思主义的认识。20 世纪 80 年代末以来，我们所面临的时代主题、主要矛盾和主要任务没有发生根本性的改变，但日益加快的经济全球化深刻影响世界的发展，曲折中前进的政治多极化及影响和平与发展的不确定因素的增多使国际关系错综复杂，激烈的综合国力竞争、相互激荡的思想文化碰撞，像一把"双刃剑"，既是机遇，也是挑战。"苏东"剧变，这些国家的共产党失去政权，社会主义处于低潮；国际上老牌党、大党，相继失去执政地位，沦为在野党，如墨西哥革命制度党、中国台湾地区的国民党，发人深省。国内，改革开放不断深入和社会主义市场经济的发展，经济社会发生广泛而深刻的变化，社会经济成分、组织形式、就业方式、利益关系和分配方式日益多元化，给我国的经济制度和人们的经济生活注入了生机活力，也产生了前所未有的矛盾与困惑，深刻影响着人们的思想观念。在改革开放和市场经济的考验面前，一些党员和领导干部拜金主义、享乐主义和极端个人主义膨胀；在一些地方和部门，拉帮结派、弄虚作假、跑官要官、买官卖官之风盛行，党不管党、治党不严的问题不同程度地存在；一些基层党组织软弱涣散，缺乏凝聚力和战斗力；消极腐败现象在党内滋生蔓延，一些领导干部甚至党的高级干部，利用职权营私舞弊、贪污受贿，严重损害党的形象与威望。执政的共产党在复杂的国际国内形势下，进一步提高党的领导水平和执政水平，提高拒腐防变和抵御风险的能力，成为党必须解决好的两大历史性课题。以江泽民同志为核心的中国共产党人，高举毛泽东思想、邓小平理论伟大旗帜，准确把握时代特征，科学判断党的历史方位，紧紧围绕建设中国特色社会主义这个主题，集中全党智慧，总结实践经验，进一步回答了什么是社会主义、怎样建设社会主义的问题，创造性地回答建设什么样的党、怎样建设党的问题，创立了"三个代表"重要思想，实现了马克思

255

主义的与时俱进。

以江泽民为核心的党的第三代中央领导集体，根据邓小平"要聚精会神地抓党的建设"① 的"政治交代"，于 1989 年 8 月发出了《关于加强党的建设的通知》，1990 年作出《关于加强党同人民群众联系的决定》。1994 年的十四届四中全会专门研究了新形势下党的建设问题，提出"推进党的建设新的伟大工程"。1995 年，江泽民发表"领导干部一定要讲政治"和"讲政治、讲学习、讲正气"的重要讲话，并于 1996 年开始在全国县处级以上领导干部开展以"讲学习、讲政治、讲正气"为主要内容的党性党风教育活动。进入 21 世纪，江泽民同志总结党的建设经验，于 2000 年 2 月在广东视察"三讲"情况时首次提出了"三个代表"。他指出，只要我们党始终成为中国先进生产力的发展要求、中国先进文化的前进方向、中国最广大人民的根本利益的代表，我们党就永远立于不败之地，永远得到全国各族人民的衷心拥护并带领人民不断前进。同年 5 月，在江苏、浙江、上海考察工作时进一步指出："始终做到'三个代表'，是我们党的立党之本、执政之基、力量之源。"② 2001 年 7 月，江泽民在纪念中国共产党成立 80 周年大会上的讲话，全面系统地阐述了"三个代表"重要思想的科学内涵和基本内容，正确回答了在新的历史条件下"建设什么样的党、怎样建设党"这一重大问题，提出了按照"三个代表"要求加强和改进党的建设、始终保持党的先进性和纯洁性的任务，使"三个代表"要求成为中国共产党在新世纪的建党纲领。这个讲话，标志着"三个代表"重要思想科学体系的形成。十六大报告把"三个代表"重要思想上升为党的指导思想，并写进了党章，要求把它贯穿到社会主义现代化建设的各个领域、体现在党的建设的各个方面。2003 年 7 月，胡锦涛同志在全国"三个代表"重要思想理论研讨会上的讲话，对"三个代表"重要思想作为系统的科学理论的内涵作了全面阐述，号召全党不断增强学习贯彻"三个代表"重要思想的自觉性和坚定性，自觉用"三个代表"重要思想指导自己的思想和行动，在建设中国特色社会主义伟大实践中继续创造新的辉煌。胡锦涛同志的讲话，是我们对"三个代表"重要思想理论体系的认识达到新水平的标志，是马克思主义中国化发展的一个重要里程碑。

"三个代表"重要思想在社会主义建设和党的建设两方面发展了马克思主义。首先，"三个代表"重要思想提出了关于实现好、维护好、发展好最广大人民的根本利益的思想，关于把发展作为党执政兴国的第一要务的思想，关于全面建设惠及十几亿人口的更高水平的小康社会的思想，关于基本经济制度和多种分

---

① 《邓小平文选》第三卷，人民出版社 1993 年版，第 314 页。
② 《江泽民文选》第 3 卷，人民出版社 2006 年版，第 15 页。

配方式并存的思想，关于建立社会主义市场经济体制的思想，关于推进经济结构战略性调整和经济增长方式转变的思想，关于推进西部大开发、促进区域协调发展的思想，关于实施"引进来"和"走出去"相结合的开放战略的思想，关于三个文明及其协调发展思想，关于正确处理改革发展稳定关系的思想，关于现阶段发展两岸关系、推进祖国和平统一进程的思想，关于促进世界多极化和国际关系民主化的思想，关于正确应对和驾驭经济全球化、促进共同发展的思想，等等。这些重大思想，进一步回答了建设中国特色社会主义的发展道路、发展阶段、发展战略、根本目的、根本任务、发展动力、依靠力量、国际战略等重大问题，既坚持了马克思主义基本原理，又具有鲜明的时代特征，坚持和发展了社会主义，是对马克思主义理论的重大贡献。其次，"三个代表"重要思想提出了关于中国共产党是两个先锋队的思想，关于坚持立党为公、执政为民的思想，关于坚持把党的思想理论建设放在首位、不断推进马克思主义中国化的思想，关于加强党的执政能力建设、改革和完善党的领导方式和执政方式的思想，关于坚持民主集中制、以党内民主带动人民民主的思想，关于大力培养忠诚于马克思主义、坚持走中国特色社会主义道路、会治党治国的政治家的思想，关于领导干部一定要讲学习、讲政治、讲正气的思想，关于始终保持党同人民群众的血肉联系、不断增强党的阶级基础和扩大党的群众基础的思想，关于治国必先治党、治党务必从严的思想，关于反腐败是关系党和国家生死存亡的严重政治斗争的思想，等等。这些重大思想，是在新的历史条件下对马克思主义党建理论的重大发展，为新时期推进党的建设新的伟大工程指明了前进的方向和现实途径。

3. 在探索实现什么样的发展，怎样发展中，形成了科学发展观，深化了对马克思主义的认识。人类跨入 21 世纪的时候，我国的发展进入一个新的里程碑——人民生活总体上达到小康水平，进入全面建设小康社会、加快推进社会主义现代化的新的历史阶段。在这个新的历史阶段，我国发展呈现出一系列新的阶段性特征，主要是：经济实力显著增强，同时生产力水平总体上还不高，自主创新能力还不强，长期形成的结构性矛盾和粗放型增长方式尚未根本改变；社会主义市场经济体制初步建立，同时影响发展的体制机制障碍依然存在，改革攻坚面临深层次矛盾和问题；人民生活总体上达到小康水平，同时收入分配差距拉大趋势还未根本扭转，城乡贫困人口和低收入人口还有相当数量，统筹兼顾各方面利益难度加大；协调发展取得显著成绩，同时农业基础薄弱、农村发展滞后的局面尚未改变，缩小城乡、区域发展差距和促进经济社会协调发展任务艰巨；社会主义民主政治不断发展、依法治国基本方略扎实贯彻，同时民主法制建设与扩大人民民主和经济社会发展的要求还不完全适应，政治体制改革需要继续深化；社会主义文化更加繁荣，同时人民精神文化需求日趋旺盛，人们思想活动的独立性、

257

选择性、多变性、差异性明显增强，对发展社会主义先进文化提出了更高要求；社会活力显著增强，同时社会结构、社会组织形式、社会利益格局发生深刻变化，社会建设和管理面临诸多新课题；对外开放日益扩大，同时面临的国际竞争日趋激烈，发达国家在经济科技上占优势的压力长期存在，可以预见和难以预见的风险增多，统筹国内发展和对外开放要求更高。以胡锦涛为总书记的党中央，在科学分析和把握这些阶段性特征的基础上，总结长期以来我国发展经验，汲取世界各国发展经验，借鉴国外发展理论有益成果，适应新的发展要求，着眼于把握发展规律、创新发展理念、转变发展方式、破解发展难题，提出了科学发展观，创造性地回答了"实现什么样的发展、怎样发展"等重大问题，丰富了马克思主义关于社会发展的理论。

科学发展观，是党的十六大以来重要的理论创新成果。2003 年 10 月，党的十六届三中全会通过的《中共中央关于完善社会主义市场经济体制若干问题的决定》首次提出科学发展观，指出："坚持以人为本，树立全面、协调、可持续的发展观，促进经济社会和人的全面发展。"随后，党的十六届四中全会把树立和落实科学发展观作为提高党的执政能力建设的重要内容；党的十六届五中全会强调，要坚定不移地以科学发展观统领经济社会发展全局；十六届六中全会把坚持科学发展作为构建社会主义和谐社会必须遵循的原则，党的十七大指出"科学发展观，……是我国经济社会发展的重要指导方针，是发展中国特色社会主义必须坚持和贯彻的重大战略思想"，并写入党章。

科学发展观，是对党的三代中央领导集体关于发展的重要思想的继承和发展，是马克思主义关于发展的世界观和方法论的集中体现，是同马克思列宁主义、毛泽东思想、邓小平理论和"三个代表"重要思想既一脉相承又与时俱进的科学理论。科学发展观的第一要义是发展，坚持把发展作为党执政兴国的第一要务，牢牢扭住经济建设这个中心，坚持聚精会神搞建设、一心一意谋发展，不断解放和发展社会生产力，继承和发展了党的三代中央领导集体关于发展的重要思想，深刻反映了我们党对发展问题的新认识和当今世界经济政治文化发展的新情况，并强调发展必须是经济社会又好又快发展。科学发展观的核心是以人为本，以实现人的全面发展为目标，把经济社会发展与人的全面发展统一起来，做到发展为了人民、发展依靠人民、发展成果由人民共享，坚持了马克思主义群众观点和党的群众路线，继承和发展了社会主义生产目的的理论和党的宗旨。科学发展观的基本要求是全面协调可持续，就是要按照中国特色社会主义事业总体布局的要求，全面推进经济、政治、文化和社会建设，促进现代化建设各个环节、各个方面相协调，促进生产关系与生产力、上层建筑与经济基础相协调；坚持生产发展、生活富裕、生态良好的文明发展道路，建设资源节约型、环境友好型社会，实现经济社会的永续发展。全面协调可持续是一个互相联系、互相制约、互相促进的有机整体，抓住了发展的内在规律，其实质是又好又快发展。科学发展观的根本方法是统筹兼顾，就是要正确认识和妥善处理中国特色社会主义事业中的重大关系，统筹城乡发展、区域发展、经济社会发展、人与自然和谐发展、国内发展和对外开放，统筹中央和地方关系，统筹个人利益和集体利益、局部利益和整体利益、当前利益和长远利益，统筹国内国际两个大局，既总揽全局、统筹规划，又着力推进，重点突破，体现了我们党对社会主义建设规律认识的深化，展现了马克思主义更加灿烂的真理光芒。

科学发展观是我党指导科学发展的思维方式和实践理念，是十六大以来党的创新理论的核心和灵魂。十六大以来，以胡锦涛为总书记的党中央紧紧抓住中国特色社会主义这个主题，在经济建设、政治建设、文化建设、社会建设和党的建设等方面坚持科学发展，提出了一系列重要思想和论断，如构建社会主义和谐社会、建设社会主义新农村、建设创新型国家、树立社会主义荣辱观、加强党的执政能力和加强党的先进性建设、倡导八个方面的良好风气、树立三种意识、建设和谐世界等，形成重大理论创新成果。这些重大理论创新成果是科学发展观在不同方面、不同领域的展开、具体化和延伸，是科学发展观统领经济社会发展的生动体现，它们紧密相连、相互贯通、相互促进，与科学发展观共同构成一个创新理论整体，是我们党中国特色社会主义理论宝库中新的阶段性成果，体现了马克思主义中国化的最新要求，与毛泽东思想、邓小平理论和"三个代表"重要思想一脉相承又与时俱进，是当代中国的马克思主义；这些重大理论成果，又转化为建设中国特色社会主义的一系列方针、政策和措施，成为解决制约我国经济社会发展难题、解决人民群众最关心、最直接、最现实的利益问题的重大举措，实实在在体现出科学发展观是我国经济社会发展的重要指导方针。

二、用发展的实践和理论丰富马克思主义

人类要生存和发展，必然从事实践活动以获得生存和发展资料，人类与实践共始终。实践是个具体的历史的范畴，人类的实践活动每时每刻都在变化，实践的主题、动机、要求、方式等都在变，必然引发许多新矛盾、新问题，有来自国际的和国内的、自然的和社会的，有可以预料的和意想不到的。应对和解答这些层出不穷的新课题，既不可能在马克思主义的先辈们那里找到现成的答案，也没有现成的模式可用；既不可套用过去或现在的做法，更不可能照搬别国的经验与做法。唯一可行的且历史已反复证明是有效的办法是实践基础上进行理论创新，即立足千百万群众的实践，向群众学习，向实践学习，把群众实践中创造的零散

的、不系统的经验，甚至失败的教训，集中起来，运用科学的方法加以提炼加工，找出事物的规律性，把群众的感性认识上升为理论，用新的理论指导实践，再在实践中丰富和完善理论，如此循环往复，永不停息。实践基础上的理论创新，是马克思主义永葆生机和活力的奥秘。"实践没有止境，创新也没有止境。我们要突破前人，后人也必然会突破我们。这是社会前进的必然规律。"① 社会实践及其发展同社会实践的主体及其发展是共存的，只要人类社会还存在，还在延续，社会实践就一定要不断发展和提升到一个更高一级程度。这是一个永无止息的过程。与此相应，人类的理论创新也是一个永无止息的过程，用发展着的理论丰富马克思主义也永不停息。一部马克思主义发展史，就是一部随着时代的变迁和实践的推进而不断进行理论创新的历史。

中国特色社会主义事业是改革创新的事业，需要新的理论概括和发展着的马克思主义的指导。世界在变化，我国改革开放和现代化建设在前进，人民群众的伟大实践在发展，迫切要求我们以马克思主义的理论勇气，总结实践的新经验，借鉴当代人类文明的有益成果，在理论上不断扩展新视野，作出新概括，实现中国化马克思主义理论的与时俱进，丰富、充实和发展马克思主义理论宝库。然后，用发展着的马克思主义指导我国的经济建设、政治建设、文化建设、社会建设以及党的建设，进一步探索共产党执政规律、社会主义建设规律和人类社会发展规律，推动科学发展，促进社会和谐，实现经济社会又好又快发展，进一步开拓马克思主义理论新境界。

---

① 《中国共产党第十六次全国代表大会文件汇编》，人民出版社 2002 年版，第 12 页。

第七章

国外马克思主义与马克思主义整体性

马克思主义理论的整体性是由马克思主义理论的实践性所决定的。马克思和恩格斯所处的时代正值欧洲国家的社会转型时期，他们的全部理论努力就在于认识和把握这个转型过程，特别是剖析现代资本主义生产方式乃至整个资本主义社会经济、政治和文化结构，揭示其内在矛盾、客观规律和动态趋势，由此探索无产阶级解放或人类解放的现实动力、途径和方法，并为这一运动提供指导思想和政策策略。无论是现实的历史过程，还是现实的实践运动，都是具体的整体。所谓具体的整体，就是包含着多方面规定性的整体。在现实的过程中，没有纯粹的哲学问题、经济学问题、政治问题或思想文化问题。任何具体问题必然综合地、有机地包含着多方面的内容和规定性。如果我们从马克思所言的"改变世界"的角度来理解马克思主义理论，马克思主义理论必然是整体的，因为它所面对的现实问题是具体的、整体的。

国外马克思主义主要是指国外那些有别于苏联为代表的所谓"正统马克思主义"的各种各样的"马克思主义"学说，其中特别是所谓"西方马克思主义"。国外马克思主义思潮林立、学说观点繁杂，但它们有一个大致的共同点，即它们中的绝大多数，都没有把马克思主义划分为三个组成部分，而是自觉不自觉地都是把马克思主义理论作为一个整体来加以研究、理解和发挥。在理论上主要表现为把马克思主义理解为一种社会理论，或者更为具体地说，是一种对资本主义社会或现代社会的、迄今为止最为卓越的社会批判理论。

国外马克思主义之所以可以被称之为马克思主义，主要是因为，属于这个学术群体的学者基本上都把马克思主义的理论接受为自己的思想渊源，都通过自己的理解把马克思主义的批判精神贯彻到对现代社会发展现实的考察中。需要指出的是，在国外马克思主义这个庞大的学术群体中，学者们的观点并不是一致的，而是充满了差异和矛盾，甚至可以说，他们之间的相互批判绝不亚于他们共同面对的非马克思主义的挑战，他们对马克思主义的理解也显然出自他们个人的视角和态度，在不同程度的接受或继承中包含不同程度的批判或改造，而绝少受教条主义思维框架的影响。从某种意义上说，独立思考、自由思维和批判精神才是这个学术群体唯一可以识别的共同特征。尽管他们对马克思主义的理解可能被认为包含着误解甚或曲解，但对他们的思想坚持批判和借鉴的态度，我们仍然可以从中得到有益的启发。

第一节　西方学者对马克思主义整体性的一般理解

一、从整体上把马克思主义理解为一种"总体性"的理论和方法

在整体上把马克思主义理解为一种"总体性"的理论和方法是国外马克思主义的一个基本特征。这个特征在早期西方马克思主义者的理论研究中就形成了，并得到了理论上的论证。这里所说的早期西方马克思主义者主要是指活跃在20世纪前半叶欧洲学术舞台上的一批马克思主义理论家，其代表人物是卢卡奇（匈牙利）、柯尔施（德国）和葛兰西（意大利）等，他们被公认为是西方马克思主义的开创者、奠基人。

（一）卢卡奇对马克思主义整体性的理解

卢卡奇对马克思主义的整体性的理解，起于对"什么是正统马克思主义"问题的思考。他在1923年发表的文集《历史与阶级意识》这部著名的代表作中，对当时社会主义阵营中教条化的所谓"正统马克思主义"提出质疑。他反对那种"用类似于对圣经进行训诂的学究式来注释经典著作，鼓励对'事实'做'公正研究'的方法"，强调指出，坚持马克思主义并不在于固守马克思提出的一些具体结论，而在于坚持马克思主义的辩证唯物主义方法。即便马克思的每

一个个别命题都被证明是错误的，"正统的"马克思主义者仍然可以通过坚持唯物辩证法来表明其所坚持的马克思主义的正确性。因而他指出："正统的马克思主义并不意味着不加批判地接受马克思的一些研究成果。它不是对这个或那个命题的'信奉'，也不是对'圣书'的解释。与此相反，正统的马克思主义指的只是方法。它科学地坚信，辩证唯物主义是通向真理的道路，只要沿着其奠基人所开创的路线前进，马克思主义的方法就能得到发展、扩大和加深。"① 当然，卢卡奇对唯物辩证法的理解不同于我国以往马克思主义哲学教科书对唯物辩证法的阐释。在他看来，唯物辩证法的本质在于其唯物主义的特征，而这必然涉及辩证法的理论与实践的统一问题。他认为，唯物辩证法最重要的内容是历史主客体之间的辩证关系，因此，辩证法并不是从外面注入历史本身中的，也不是像黑格尔那样靠历史而解释出来的，而是起源于历史并在历史发展的特殊阶段中被认识的。在这个意义上，他认为，由于人同时具有存在和非存在两个方面"人本身是历史辩证法的客观基础，主客体处在它的根基之中"②，一旦失去了历史过程中主客体间的辩证关系，辩证法就不再是革命的了。

对马克思主义唯物辩证法的上述理解，直接导引出卢卡奇对马克思主义理论的整体性的理解。卢卡奇在其代表作《历史与阶级意识》一书中明确声称，他"始终把马克思的世界观看作本质上是一个不可分割的整体"③。为此，他提出了马克思社会历史研究的总体性观点，即把所有局部现象都看作是整体——被理解为思想和历史统一的辩证过程——的因素，也就是把社会作为总体来认识。他说："对马克思主义来说，归根结底就没有什么独立的法学、政治经济学、历史科学等等，而只有一门唯一的、统一的——历史的辩证的——关于社会（作为总体）发展的科学"。④ 为此，他认为："马克思主义与资产阶级思想的根本分歧并不在于从历史来解释经济动机的首要作用，而在于总体性的观点。总体性范畴，总体之于部分的完全至高无上的地位，这是马克思从黑格尔那里汲取的方法论的精华，并把它出色地改造成一门崭新学科的基础。"⑤ 马克思的辩证法的目的，在于把社会作为整体来理解。它不承认法律、经济或历史等等科学是独立存在的，作为一个整体，它只承认一种唯一的、统一的社会发展的科学，它是辩证的和历史的。因此，总体性范畴的首要性在于它在科学中是革命原则的支撑者，亦即"对马克思主义来说，如果对资本主义历史局限性（积累问题）的认识成为生

---

① 卢卡奇：《历史和阶级意识》，张西平译，重庆出版社 1989 年版，第 2 页。
② 卢卡奇：《历史和阶级意识》，张西平译，重庆出版社 1989 年版，第 215 页。
③ 卢卡奇：《历史与阶级意识》，杜章智等译，商务印书馆 1999 年版，第 22 页。
④ 卢卡奇：《历史与阶级意识》，杜章智等译，商务印书馆 1999 年版，第 77 页。
⑤ 卢卡奇：《历史和阶级意识》，张西平译，重庆出版社 1989 年版，第 30 页。

命攸关的问题,那么它之所以如此,是因为只有在这种联系中,在理论和实践的统一中,社会革命、即对社会总体的总体改造的必然性才显得是有根据的。"①

(二)　柯尔施对马克思主义整体性的理解

早期西方马克思主义另一主要代表人物柯尔施则更侧重于从社会历史发展过程的整体性中理解马克思主义理论的整体性。他认为,马克思主义理论在其最初产生的时候就是一种"把社会发展作为活的整体来理解和把握的理论,或者更确切地说,它是一种把社会革命作为活的整体来把握和实践的理论。在这一阶段,毫无疑问,任何把这一整体的经济、政治和思想的要素划分为知识的各个分支的做法,甚至在每一个分支的具体特征被把握时,都是以历史的忠实性去分析和批判的。当然,不仅经济、政治和意识形态,而且历史过程和有意识的社会行动,都继续构成了'革命的实践'的活的统一体。这一作为社会革命理论的马克思主义理论的早期和富有青春活力的形式的最好例子,显然就是《共产党宣言》"②。在马克思和恩格斯的后期著作中,马克思主义理论的这一核心特征仍然没有变化,"因为在后期的论述中,马克思和恩格斯的马克思主义作为科学社会主义,仍然是社会革命理论的唯一整体。不同之处仅仅在于,在较后阶段,这个总体的各个组成部分,它们经济的、政治的和意识形态的要素,科学理论和社会实践,进一步分离出来了。我们可以使用马克思自己的一种表达说,它的自然联系的脐带已经断了。但是,在马克思和恩格斯那里,这绝不会产生代替整体的大量的各个独立要素。这仅仅是体系的组成部分的另一种结合开始以更大的科学精确性发展起来,并在政治经济学批判的基础上建立起来。在它的创立者的著作中,马克思主义体系自身从未消融在各个知识分支的总和之中,尽管它的成果的实际的和外在的应用暗示着这样的结论。"③据此,他指责那些所谓的"马克思的支持者和追随者",认为他们"尽管在理论上和方法论上全都承认历史唯物主义,但事实上他们把社会革命的理论割裂成碎片"。④他强调指出:"马克思主义的科学理论必须再次成为《共产党宣言》的作者所描述的东西——不是作为一个简单的回复,而是作为一个辩证的发展:一种关于包括整个社会一切领域的社会革命的理论。"⑤

与卢卡奇一样,柯尔施也提出并强调"总体性"的观点在马克思主义理论

---

① 卢卡奇:《历史与阶级意识》,杜章智等译,商务印书馆1999年版,第91~92页。
② 柯尔施:《马克思主义和哲学》,王南湜、荣新海译,重庆出版社1989年版,第23页。
③ 柯尔施:《马克思主义和哲学》,王南湜、荣新海译,重庆出版社1989年版,第24页。
④ 柯尔施:《马克思主义和哲学》,王南湜、荣新海译,重庆出版社1989年版,第25页。
⑤ 柯尔施:《马克思主义和哲学》,王南湜、荣新海译,重庆出版社1989年版,第33页。

中的优先地位。在他看来，总体性理论首先是一种认识论理论，只有把对对象的认识置于总体之中，才能给它以哲学的意义，也才能完整、准确地理解它。柯尔施把马克思在《政治经济学批判·导言》中阐发的"从抽象上升到具体的方法"视为是自己"总体性"理论的依据，认为马克思所讲的具体，实际上就是抽象中的具体，也就是他所讲的总体中的部分、局部、片面。柯尔施把自己的总体性理论运用于社会历史领域，便形成了他的总体性的社会历史观。他认为"实在"或"社会"由三个方面组成，这三个方面分别是"经济"、"法和国家"、"纯粹的意识形态"。这三者的关系也不是如传统马克思主义者所表述的那样是原生性和派生性的关系，亦即把其他二者还原为"经济"，从而构成经济的唯物主义和发展为经济决定论。基于这个理解，柯尔施坚决反对经济基础决定上层建筑的观点。在他看来，马克思和恩格斯当时把探讨的重点放在经济事实基础上，并从而引申出政治观念、法权观念，但这绝不意味着马克思和恩格斯就是经济决定论者，而把马克思主义视为经济决定论则是对马克思主义的歪曲。他指出，恩格斯在晚年意识到了这种歪曲的危害性，并对这种歪曲进行了理论上的批驳，阐明了社会历史运动的活生生的辩证联系。恩格斯在 1891 年 2 月 23 日致考茨基的信中，就曾批判了这种歪曲。恩格斯指出，如果说马克思主义看不到政治上层建筑和意识形态在社会历史发展中的作用，看不到政治斗争和政治事件的特殊作用，硬要制造经济和政治的二元对立，在政治斗争和意识形态斗争中硬去寻找经济的原因，那绝不是真实的，而是形而上学家的观点。在恩格斯看来，"整个伟大的发展过程是在相互作用的形式中进行的"，因而绝不能忽视政治、法律、文化、宗教在社会总体中的作用。

应当指出的是，柯尔施的上述观点对于批判社会历史领域中的机械决定论观点和庸俗的经济决定论观点的确具有重要的参考价值。但是他完全否认经济生活或经济基础对社会上层建筑乃至整个社会生活及其历史发展的基础作用和决定作用，也并不符合马克思和恩格斯唯物史观的基本论点。恩格斯在 1890 年 9 月 21日致约·布洛赫的信中，就曾明确指出："经济的状况是基础，但是对历史斗争的进程发生影响并且在许多情况下是决定这一斗争的形式的，还有上层建筑的各种因素……这里表现出这一切因素间的相互作用，而在这种相互作用中归根到底是经济运动作为必然性的东西通过无数偶然事件（即这样一些事物和事变，它们的内部联系是如此疏远或者是如此难以确定，以致我们可以认为这种联系并不存在，忘掉这种联系）向前发展。"从这段话中可以看出，恩格斯始终坚持经济状况或经济运动作为基础归根到底起决定作用的观点，他反对的是把这一观点庸俗化，而忽视了历史斗争的复杂性。柯尔施显然是有意"忽视"了恩格斯的这一基本观点。

（三）葛兰西对马克思主义整体性的理解

在对马克思主义的理解上，意大利哲学家葛兰西既反对普列汉诺夫（1857～1918）将马克思主义与传统唯物主义等同起来的观点，也反对伯恩施坦、麦·阿德勒、奥托·鲍威尔（OttoBauer，1882～1938）和德·曼等人将马克思主义与康德主义、托马斯主义或弗洛伊德主义结合起来的主张，而在总体上将马克思主义理解为一种"实践哲学"。他认为，这种哲学是在黑格尔哲学的基础上，进一步超越了传统的唯物主义和唯心主义。因此，对于实践哲学来说，"物质"概念不应当从它在自然科学中获得的意义上来理解，也不应当从人们在各种唯物主义形而上学中发现的任何意义上来理解。自然物质仅仅在它是物质生产力的一个要素的范围内，才是特定的社会力的属性的一个客体，并表现一种符合于特定的历史时期的社会关系。他写道："物质本身并不是我们的主题，成为主题的是如何为了生产而把它社会地历史地组织起来，而自然科学则应当相应地被看作是一个历史范畴，一种人类关系。"① 从这个观点出发，他反对脱离历史和人类之外的客观性概念，强调只有求助于历史和人才能证明客观实在。他写道："客观的总是指'人类的客观'，它意味着正好同'历史的主观'相符合，这就是说，'客观的'意味着'普遍地主观的'。"② 在这个意义上，"我们只是在同人的关系中认识实在，而既然人是历史的生成，认识和实在也是一种生成，客观性也是如此，等等。"③ 只有当存在着一种有效的和积极的前提，人们心目中对于这种前提的意识已经发挥作用，并且向集体意识提出具体目标，而且已构成一套以"人民大众信念"的形式有力地发挥作用的信念和信条的复合体的时候，一种"历史—具体"意义上的必然才会存在。这种前提中当然必须包含有已经发展起来或正在发展过程中的为实现集体意志的冲动所必需的物质条件，但绝不能将这个物质前提同作为智力行为的复合体的一定的文化水平分割开来，不能同作为这些行为的产物和结果的热情和感情的某种复合体分割开来。这样才能获得一种历史主义的而不是思辨抽象的历史的合理性概念。可以看出，葛兰西对实践哲学的理解，更强调历史的主观因素、集体意识或意识形态在历史发展中的作用，而反对那种把社会历史的物质过程和客观规律看成是独立于人的意识活动的庸俗唯物主义观点。

依照对实践哲学的上述理解，葛兰西认为，马克思主义作为一种实践哲学，

---

① 葛兰西：《实践哲学》，徐崇温译，重庆出版社1990年版，第162页。
② 葛兰西：《实践哲学》，徐崇温译，重庆出版社1990年版，第139页。
③ 葛兰西：《实践哲学》，徐崇温译，重庆出版社1990年版，第140页。

其独创性不仅在于它超越了先前的哲学，而且在于它开辟了一条道路，彻底地更新了整个设想哲学本身的方式。而这种更新的关键，就在于采取一种历史主义的态度。他写道："实践哲学是绝对的'历史主义'，思想的绝对的世俗化和此岸性，一种历史的绝对的人道主义，人们正是必须沿着这条路线追踪新世界观的这条线索。"① 为此，他坚决反对布哈林在《历史唯物主义——马克思主义社会学通俗教材》中把马克思主义的实践哲学同所谓永恒的和绝对的物质形而上学混为一谈的观点，认为这种观点把马克思主义变成永恒的和绝对的真理的教条体系，使它成为一种最坏意义上的意识形态。在他看来，历史和哲学是不可分割的。对于马克思主义理论来说，不存在离开历史过程的哲学，也不存在脱离哲学的独立的经济学和政治学。马克思主义的实践哲学将实践作为哲学的统一中心，实际上就把哲学建立在经济基础和上层建筑之间关系的基础上，因而"在哲学中，统一的中心是实践，就是人的意志（上层建筑）和经济基础之间的关系。"② 在这个意义上，哲学既是"政治的哲学"，又是一种"哲学的政治"③。他指出，迄今存在的一切哲学，都是把社会撕碎的内部矛盾的表现，但是，每一个哲学体系本身并不认为自己是这些矛盾的自觉表现，因为只有彼此进行冲突的一切体系的总和才能提供这种表现。

（四）胡克对马克思主义整体性的理解

除了卢卡奇、柯尔施和葛兰西外，美国实用主义哲学家胡克早期对马克思主义理论的理解也是很重要的。胡克是美国实用主义者杜威的学生，但他在20世纪40年代前非常推崇马克思，他在1933年发表的《对卡尔·马克思的理解》，也是力图依据自己对马克思主义的理解来澄清当时各种思潮对马克思主义理论的"误解"。在对马克思主义的理解上，胡克吸收了卢卡奇、柯尔施和葛兰西的观点，不过他更侧重于强调马克思主义在整体上是一种"战斗哲学"、"社会行动的哲学"、"社会革命的理论"。他说："马克思主义主要地是一种社会主义革命的理论。它具有比较广泛的含义——逻辑的、心理的形而上学的含义——这些含义构成了那通常被称作为辩证唯物主义哲学的松散的学说体系。但是，虽然马克思主义包含有一种宗的哲学立场，例如相信时间的实在性，相信一般概念的客观性，相信认识的能动性等等，然而都不能从它的较为广泛的哲学中演绎出它的社会理论来。因为这种社会理论在逻辑上并不为任何一种哲学所必需的。"④ 在他

---

① 葛兰西：《实践哲学》，徐崇温译，重庆出版社1990年版，第161页。
② 葛兰西：《实践哲学》，徐崇温译，重庆出版社1990年版，第91页。
③ 葛兰西：《实践哲学》，徐崇温译，重庆出版社1990年版，第83~84页。
④ 胡克：《对卡尔·马克思的理解》，徐崇温译，重庆出版社1989年版，第204页。

看来，马克思主义的客观真理性，在于通过有知识的革命行动而实现自己，因此，"马克思主义既不是科学，也不是神话，而是一种实在主义的社会行动方法。"①

二、从整体上把马克思主义理解为资本主义批判理论

当代国外马克思主义的诸多学者或学派的一个基本共识，就是在整体上将马克思主义理解为考察、分析和批判现代资本主义的学说，并在这个意义上肯定马克思主义理论的历史价值和当代意义。应当说，国外马克思主义的大多数学者或学派，之所以能够从整体上理解马克思主义理论，就在于它们同样是把认识和把握现代社会的具体的现实问题作为理论的基点或着眼点。因而他们能够从不同的角度、针对不同的问题重新理解和阐释马克思主义，并发挥、运用马克思主义的理论和方法对现代社会，特别是对现代资本主义社会进行批判性研究。

当代马克思主义思潮的主要代表人物詹姆逊就明确指出："马克思主义是关于资本主义的科学，或为了给资本主义和马克思主义这两个术语以更深刻的含义，我们还可以说马克思主义是关于资本主义固有矛盾的科学。"② 在他看来，马克思主义最重要的特征就是将抽象的理论思辨转移到对社会现实的分析中，他说："马克思和恩格斯的成就在于，他们把这种对于理论的自我永恒化的分析，对抽象过程倾向于用自身来替代现实客体的那种内在力量的分析，转移到对我们身处其中的社会文化世界的日常理解的领域。商品拜物教的概念，自然是对这种感性上的晦涩的明确阐述，因为它是由我们自己历史社会的结构所决定的。"③

美国马克思主义者波特尔·奥尔曼在他新近出版的《辩证法的舞蹈——马克思方法的步骤》一书中认为，马克思的学术关注点是资本主义。他说："如何研究随着时间的推移而不断演进和变化的现代社会这个无限复杂的有机体呢？马克思主义作为解决这个问题的最为系统的（尽管显然还是不完整的）理论进入了这一视野。通过对资本主义时代商品的生产、交换和分配方式的关注，马克思主义试图说明全部社会系统的结构和动力，包括它的起源和可能的未来。"④ 为此，他明确表示："我倾向于将马克思主义看成是所有这四个方面——科学、批判、理想和革命策略——的一种不寻常的、可能是唯一的结合，从而把马克思本

① 胡克：《对卡尔·马克思的理解》，徐崇温译，重庆出版社1989年版，第96页。
② 詹姆逊：《后马克思主义五条论纲》，王逢振主编：《詹姆逊文集》，中国人民大学出版社2004年版，第308页。
③ 詹姆逊：《辩证的批评》，王逢振主编：《詹姆逊文集》，中国人民大学出版社2004年版，第54页。
④ 奥尔曼：《辩证法的舞蹈》，田世锭、何霜梅译，高等教育出版社2006年版，第12页。

人看成是一位科学家、批判家、理想家和革命家，而这四个方面又总是相辅相成的。"① 因而对于研究马克思主义来说，重要的问题是弄清，"什么因素使马克思在资本主义内部发现了共产主义，以及他的发现如何既构成了对资本主义的一种批判，又构成了推翻他的策略的基础？"同卢卡奇一样，奥尔曼特别注重对马克思主义辩证法的研究，他认为："在研究资本主义的过程中，马克思揭示了资本主义是什么、可能成为什么、不应成为什么，以及能为此做些什么之间的关系。他发现了所有这一切，首先是因为他们就在那存在着，但允许他——在多数人只能看到现象（被误称为'事实'）的时候，——发现这一切的是他的辩证法。"② 在这里，他不是把马克思的辩证法看成是可以同对资本主义的研究相脱离的纯粹的理论思辨，而是把辩证法理解为马克思思考和研究资本主义这个真实系统的要素及其关系的思维方式。因而他说："为什么需要辩证法？因为它是研究由处于不断演进中的相互依存的过程所构成的世界的唯一明智的方法，也是解读这一方法的最主要研究者马克思的唯一明智的方法。正是对于以下方面而言，辩证法是必要的：理解巨大而又复杂的资本主义、理解帮助我们认识资本主义的马克思主义、指导我们从事离开公有地的研究、帮助我们发展一种收回公有地的政治策略。资本主义总是并且完全是辩证的，所以马克思主义对于理解资本主义也总是必要的，而辩证法对于正确理解马克思主义又总是必要的。"③

围绕对现代资本主义的批判这个主题，自 20 世纪以来，在西方国家中形成了名目繁多、论域宽阔、各具特色的各种现代马克思主义学说。值得充分肯定的是，由于 20 世纪以后的资本主义社会较之马克思那个时代已经发生了许多重大变化，因而国外马克思主义诸学派依据各自的理解对马克思主义理论进行"充实"、"发展"和"改造"，力图使马克思主义能够面对新的经验、新的变化和新的问题，这就大大地拓展了马克思主义理论的研究领域，形成了批判现代资本主义的各种学说，如卢卡奇的总体性理论、物化理论和阶级意识理论，葛兰西的西方革命理论和布洛赫的乌托邦精神与人的自我解放理论；法兰克福学派批判理论的意识形态批判、技术理性批判、大众文化批判、社会心理批判以及列斐伏尔的日常生活批判等等。西方马克思主义者身处现代资本主义社会的发展现实之中，他们对现代资本主义社会的内在矛盾和问题有着深切的体会或体验，因而他们不是从理论教条出发，而是从现实问题出发理解和运用马克思主义理论的方法。在这个意义上，国外马克思主义者的理论努力，不仅可以启发我们对马克思主义整体性的理解，而且更重要地是可以帮助我们更为准确、更为深入、更为系统地认

---

① ② 奥尔曼：《辩证法的舞蹈》，田世锭、何霜梅译，高等教育出版社 2006 年版，第 3 页。
③ 奥尔曼：《辩证法的舞蹈》，田世锭、何霜梅译，高等教育出版社 2006 年版，第 203～204 页。

识和把握现代资本主义社会的内在矛盾和问题及其可能的发展趋向，并以此为参照，发现和揭示我国社会变革过程已经存在和可能出现的矛盾和问题，进而为理解和解决这些矛盾和问题提供有说服力的理论方案。从这个意义上说，马克思主义理论的整体性取决于现实问题的具体性，因此，这种整体性不是把不同的组成部分拼接在一起，而是必须从理论与实践的统一出发，把马克思主义的理论和方法不可分割地运用于对现实问题的研究。

三、从整体上将马克思主义理解为一种"人学"理论

国外马克思主义学派林立，学说众多，角度和方法各有不同，理论观点也存在着很大的分歧，但它们一个大致相同的观念，就是把马克思主义理论理解为一种人道主义的学说，一种人学的理论体系或社会理论。特别是当马克思的《1844年经济学哲学手稿》（以下简称《手稿》）在1932年公开问世以后，围绕人道主义和异化问题的研究，把马克思主义视为一种人道主义的人学理论成为国外马克思主义的主流观点。

20世纪50年代以前，西方一些学者对《手稿》的最初研究形成了"两个马克思"的见解，即制造出青年马克思和老年马克思的对立。代表人物是朗兹胡特、迈耶尔、德曼等。他们认为，《手稿》的人道主义才是真正的马克思主义，马克思晚期的人学思想是早期人道主义思想的退化。如朗兹胡特、迈耶尔在《马克思，历史唯物主义的早期著作》一书中就认为，《手稿》是"真正的马克思主义的启示录"。德曼也在《新发现的马克思》一文中声称：马克思的任何一部其他著作，都不像这部著作这样清楚地展示出隐藏在马克思思想后面的人道主义主题。美国学者丹尼尔·贝尔则更为明确地说，马克思在成熟时期的著作中，丢开了"一条本来有可能导向新的、人道主义的道路"。这种关于"两个马克思"的观点对于突出"人"和人道主义在马克思主义理论中的核心地位起了重要的推动作用。但是说马克思在成熟时期放弃了人道主义精神是不符合马克思思想发展的逻辑的。马克思的《手稿》是对资本主义的哲学批判，这个批判理所当然的是把人的本质、人的价值和人道主义精神作为主要理论内容。此后，马克思专心于经济学研究，其目的是用实证的、科学的方式揭示资本主义的内在矛盾和动态规律，但他并没有因此放弃在《手稿》中已经明确阐述出来的人道主义思想，没有放弃对资本主义的人道主义批判，而是使他的人学思想获得更为坚实的科学支撑。卢卡奇的"物化理论"就是从马克思《资本论》中的商品拜物教理论引发出来的，这足以证明了马克思主义理论的连续性和一贯性。20世纪50年代以后，通过更为深入的研究，大多数西方学者明确反对"两个马克思"论，

认为"青年马克思"与"老年马克思"的思想实质上是一致的，即只有一个人本主义的马克思。

把马克思主义理解为人道主义学说包含着国外马克思主义者对以苏联为代表的教条主义式的马克思主义的拒绝和批判。在这方面，试图把马克思主义同存在主义结合起来的哲学家萨特和梅洛－庞蒂等人的观点是富有代表性的。萨特认为，斯大林教条主义的意识形态极大地歪曲了马克思主义"改造世界"的实践性，"把实践变成一种无原则的经验主义，而理论则变成一种纯粹的和僵硬的知识"，这就使历史唯物主义在教条主义那里变成了一种远离生活现实的知识化了的体系，这种体系与真实存在的人之间是格格不入的。他强调，马克思主义如果不把人本身作为它的基础而重新纳入自己之中，那么，它就将变成一种非人的学说。梅洛－庞蒂也认为，苏联模式的马克思主义与斯大林主义者只看到外部的客观因素，而低估了无产阶级意识的主观作用。在他看来，马克思主义是同存在主义一样突出人的意识的作用，马克思主义实际上是一种人学，马克思的主要贡献就是创立了"马克思主义人学"。他不仅把马克思主义归结为人学，还强调人在马克思主义那里，不仅是客观存在，而且是主观存在。他把马克思的实践唯物主义说成是最能说明人的主体能动作用的理论。

在西方马克思主义的发展中具有极其重要地位的法兰克福学派同样把人学和人道主义理解为马克思主义理论的实质精神，并以此为依据批判苏联等教条主义马克思主义。该学派著名代表人物埃·弗洛姆认为，苏联为代表的所谓"正统的马克思主义者"将马克思的哲学误解为经济决定论式的唯物主义。这种经济决定论式的唯物主义更接近于马克思所反对的 19 世纪资产阶级的机械论的唯物主义，而不接近于马克思的历史唯物主义，因为马克思的目的在于人的精神解放，在于人从经济决定的枷锁下解放出来，在于恢复人的完整性，使他有能力达到与他人和大自然的统一与和谐。在弗洛姆看来，马克思绝不是简单地认同经济决定论，将所谓的客观规律说成是人类社会发展的一般规律，更不是试图将人性泯灭在历史物质的总体运动中，总而言之，马克思从不否认人之精神存在的重要价值，恰恰相反，马克思追求的正是人的解放。另一代表人物马尔库塞在对待斯大林主义的问题上也明确表示：马克思的《手稿》被用来证明"人道主义社会主义"的思想，以对抗官僚极权的苏联模式。这些手稿有力地推动了反斯大林主义和后斯大林主义的斗争。弗洛姆和马尔库塞也不同意"两个马克思"的观点。弗洛姆认为，马克思的人学思想在青年马克思与老年马克思那里是一致的，马克思在《手稿》中所表达的关于人的基本思想和在《资本论》中所表达的思想并没有发生根本的转变。马尔库塞较之弗洛姆更强调马克思成熟时期的人学思想，他说："在所有的方面看，马克思的早期著作都是达到他的成熟理论的主要阶段，但也是不可过分强调的阶段。"

《手稿》发表以后，有关人道主义和异化问题的探讨在东欧一些国家如南斯拉夫、匈牙利和波兰等国的马克思主义研究中也产生了强烈的反响，产生了一批反斯大林主义或反教条主义的马克思主义理论家，他们的思想被称为"东欧新马克思主义"，其基本理论倾向就是从总体上重建人道主义的马克思主义。如南斯拉夫实践派的主要代表人物马尔科维奇在 1967 年发表的《辩证的人道主义》一文中，就明确宣称："当今马克思主义的基本哲学问题是：如何使辩证法具有人道主义特征，使人道主义具有辩证法特征。"在这个意义上，他认为，马克思主义哲学的最贴切的名称是"辩证的人道主义"。① 马尔科维奇还区分和评析了三种意义上的"人道主义"：其一，人道主义是一组哲学问题，主要涉及人的本性或本质、人的存在与自由、人的生存意义等；其二，人道主义是一种哲学立场，他从人的存在的立场出发来解决一切哲学问题；其三，人道主义是一种带有价值色彩的态度。马尔科维奇指出："马克思主义在上述三种意义上都是人道主义。"② 由于把马克思主义定位为人道主义，因而东欧新马克思主义者也高度重视异化问题的研究。实践派哲学家日沃基奇说："当代世界的基本的人道主义问题都包含在马克思的异化理论之中"，因此"整个马克思主义是一个伟大的异化理论"。③ 实践派的另一位哲学家弗兰尼茨基也断言："对于任何社会问题，包括社会主义的创造性的马克思主义哲学批判，如果不从马克思的异化理论出发都不可能有丰富的成果。"④

第二节　西方学者对现代资本主义的批判

一、对现代资本主义的总体性批判

早期西方马克思主义者卢卡奇对现代资本主义的研究和批判是基于他所提出的总体性观念。他反对那种只着眼于对来自经济生活的直接资料进行个别研究的经验主义或实证主义研究方法，认为这种方法不是把直接的事实放到社会生活的

---

① 转引自衣俊卿等著：《20 世纪的新马克思主义》，中央编译出版社 2001 年版，第 548 页。
② 转引自衣俊卿等著：《20 世纪的新马克思主义》，中央编译出版社 2001 年版，第 549～550 页。
③ 转引自衣俊卿等著：《20 世纪的新马克思主义》，中央编译出版社 2001 年版，第 531 页。
④ 转引自衣俊卿等著：《20 世纪的新马克思主义》，中央编译出版社 2001 年版，第 555 页。

总体过程中加以理解，而是孤立地看待"事实"本身，因而对"事实"的理解必然是支离破碎、空洞无物的。在卢卡奇看来，不管经验主义者怎样简单地列举事实，不管他们对事实抱有怎样一种"不加解释"的客观态度，都已经意味着一种对事实的"解释"。因为，所谓"事实"一旦被揭示出来，就已经被一种理论或一种方法所领会，就已经把它们从原来的生活内容中提取出来，并固定在一种理论中。因此，当经验主义者坚持认为来自经济生活的直接资料是科学考察的基础时，他们也就是在资本主义社会的基础上通过对事实的界说而确立了自己的立场。这就使经验主义不可避免地成为资产阶级的思想武器。为此，卢卡奇强调，只有将来自社会生活中的个别的、直接的材料放到社会生活的总体过程中加以理解才能真正成其为"事实"。因此，研究现代资本主义的关键在于把握它的总体性质、结构和特征。

就对资本主义社会的总体过程和总体性质的理解而言，卢卡奇充分吸收了马克思分析资本主义商品生产的理论和方法，特别是发挥了马克思在《资本论》中提出的商品拜物教理论和物化理论。马克思在《资本论》中精辟地指出："商品形式的奥秘不过在于：商品形式在人们面前把人们本身劳动的社会性质反映成劳动产品本身的物的性质，反映成这些物的天然的社会属性，从而把生产者同总劳动的社会关系反映成存在与生产者之外的物与物之间的社会关系。由于这种转换，劳动产品成了商品，成了可感觉而又超感觉的物或社会的物。……这只是人们自己的一定的社会关系，但它在人们面前采取了物与物的关系的虚幻形式。"①卢卡奇认为，马克思所描述的这种商品拜物教现象正是现代人的物化现象，它使商品结构中物的关系掩盖了人的关系，或者说，使人的关系变成了一种物的关系。他说："商品结构的本质常常被人们所指出。它的基础是，人际关系具有一种物的特征，这样它就获得了一种'幻想的客观性'，一种自主性，似乎它成了如此精确的理性和包囊一切的东西，以致人际关系——它的这个根本性质的一切痕迹都被掩盖住了。"②

卢卡奇进而指出，物化现象是在商品经济成为普遍现象，商品结构渗透到社会生活各个方面时才出现的，也就是说，只有商品作为一个整体成了社会的普遍范畴时，人们才有可能正确地理解它的本质。据此，卢卡奇把"物化"（Reification）现象看成是资本主义社会或资本主义生产的总体特征。他指出，所谓物化"在这里最重要的是因为这种情况：人自身的活动，他自己的劳动变成了客观的、不以自己的意志为转移的某种东西，变成了依靠背离人的自律力而控制了人

① 《资本论》第1卷，人民出版社2002年版，第88～89页。
② 卢卡奇：《历史和阶级意识》，张西平译，重庆出版社1989年版，第93页。

的某种东西。"① 受德国社会学家马克斯·韦伯的影响，卢卡奇把物化和现代社会的理性化进程结合起来，从理性特别是技术理性对人的主体性发展的负面效应的角度揭示了物化现象的种种表现形式：其一，人的数字化。卢卡奇认为，发达的商品经济遵循着"建立在被计算和能被计算的基础上的合理化原则"，这种理性化的高度发展逐步清除了工人在特性、人性和个性上的特殊性，形成和强化了依据商品本性和理性原则建立起来的机械化体系。这个专门化、理性化的生产体系和社会机制取得了超人的自律性，劳动者被整合到这一机械体系之中，变成了抽象的数字，失去了主体性和能动性，其活动变成一个专门的固定动作的机械重复。卢卡奇说："随着对工人工作过程的近代'心理学'分析（在泰罗制中），这种合理的机械化被一直扩展到工人的'心灵'中。"② 其二，主体的客体化。即人由生产过程和社会历史运动的自由自觉的主体沦为被动的、消极的客体和追随者。人不再是劳动过程的真正主人，"相反，他是被结合到机械体系中的一个机械的部分，无论他是否乐意，他都必须服从于它的规律。由于劳动被逐渐地理性化和机械化，随着人在这个活动中动力的减少，他丧失的热情也越来越多。他的意志的沦丧日益加重。人们对于它自己所机械地面对着的客体采取了被动的态度，这种客体就是被固定的规律和被确定的独立于人的意识，不受人的干涉所影响的客观过程即完全封闭的系统。"③ 其三，人的原子化。即人与人的隔膜、疏离、冷漠，人与人之间丧失了统一性和有机性。"生产过程被机械地分解为它的组成部分，也破坏了在生产还是'有机'的整体时个人和社会之间的紧密联系。在这一方面，机械化也把他们分裂成孤立的、抽象的原子，他们的工作不再把它们直接地有机地结合在一起；由于禁锢他们的机械抽象规律的作用，在日益扩大的范围内，他们成了中介。"④

卢卡奇认为，"物化是生活在资本主义社会中每一个人所面临的必然的、直接的现实性。"⑤ 因此，在资本主义社会中，不仅无产阶级不可避免地成为被物化的阶级，而且物化命运也随之普遍化为社会的命运。当商品普遍地属于支配地位时，"工人的命运成为作为一个整体的社会的命运"⑥。这种物化的普遍化也特别体现为政治领域的物化和普通官吏在官僚体制中的物化命运。在资本主义商品经济条件下，司法、国家、行政机构，以及公司中的行政管理均实现了形式上的标准化和理性化，成为自律运转的机构。在这种"非人性的、标准化

---

① 卢卡奇：《历史和阶级意识》，张西平译，重庆出版社1989年版，第96页。
② 卢卡奇：《历史和阶级意识》，张西平译，重庆出版社1989年版，第98页。
③ 卢卡奇：《历史和阶级意识》，张西平译，重庆出版社1989年版，第99页。
④ 卢卡奇：《历史和阶级意识》，张西平译，重庆出版社1989年版，第100页。
⑤ 卢卡奇：《历史和阶级意识》，张西平译，重庆出版社1989年版，第224页。
⑥ 卢卡奇：《历史和阶级意识》，张西平译，重庆出版社1989年版，第101页。

的分工"中，工作和工作人员的个人能力极其需要相脱离，成为一种无主体性的例行公事，而工作人员本身则片面化和抽象化，成为给定机构的被动的客体。

物化的普遍化的最直接的后果就是物化内化到人的生存结构和活动方式中，成为一种物化意识。所谓物化意识是指人自觉地或非批判地与外在的物化现象和物化结构认同的意识状态。也就是，物化的结构逐步积淀到人们的思想结构中，人从意识上缺乏超越这种物化结构的倾向，反而将这种物化结构当做外在的规律和人的本来命运而加以遵循与服从，由此，人丧失了批判和超越的主体性维度。也就是说，"当资本主义的体系本身不断地在越来越高的经济水平上生产和再生产的时候，物化的结构逐步地、越来越深入地、更加致命地、更加明确地沉浸到人的意识中。"① 卢卡奇认为，要彻底打破这种物化结构，只能依赖于无产阶级革命。因为无产阶级即是物化的彻底的牺牲者，又是扬弃物化的根本力量。而无产阶级革命的实现，又有待于无产阶级的阶级意识的成熟。所谓无产阶级的阶级意识实质上是关于无产阶级作为社会历史进程的"统一的主体和客体"的地位的自觉意识，这既是无产阶级关于自身的阶级状况和社会地位的一种自觉的阶级意识，也是超越无产阶级的阶级局限、关于扬弃物化结构的、真正意义上的人的存在的意识，因而无产阶级的命运同人类一般命运有着本质上的一致性。无产阶级要成为真正意义上的历史进程中的主体和客体的统一，就应当在真正意义上的人的存在层面上，扬弃自身存在的分裂和社会历史进程的支离破碎，不再单纯地作为一种客体，而成为积极的、自觉的主体，这其中的"关键是应该有一种对总体性的渴望，行动应该为我们上面在讨论过程中的总体性时提到的目的服务。"② "如果阶级意识从个别阶级的利益出发，它就不能发现社会存在的总体；如果一个阶级把思想归因于个别阶级的利益，并认为依赖于这种利益的思想可以达到它们的逻辑结论，这样，它就无法击中社会存在总体的要害部位，那么，这个阶级注定要起次要作用的。"③

应当说，卢卡奇的上述思想比较深刻地揭示了马克思之后现代资本主义发展的新特征和新问题，因而深化了马克思的物化理论和商品拜物教理论。这使他的物化理论对后来的国外马克思主义的各种学说、各个思潮流派都产生了不可忽视的深刻影响。值得指出的是，他的"物化"理论是通过研究和分析马克思《资本论》中的商品拜物教而引申出来的，但其基本观点却和马克思《1844 年经济学哲学手稿》所阐述的"劳动异化"思想非常一致，尽管卢卡奇写作和出版

---

① 卢卡奇：《历史和阶级意识》，张西平译，重庆出版社 1989 年版，第 104 页。
② 卢卡奇：《历史和阶级意识》，张西平译，重庆出版社 1989 年版，第 225 页。
③ 卢卡奇：《历史和阶级意识》，张西平译，重庆出版社 1989 年版，第 59 页。

《历史和阶级意识》时，他还没有看到《手稿》这本书。这同时也表明马克思的《资本论》并非像有些学者所说的那样，放弃了青年时期的"异化"理论。1932年，马克思的《1844年经济学哲学手稿》公开问世。卢卡奇对之进行了认真研究，并用"异化"概念代替了"物化"概念。他在谈到"物化"和"异化"的争议时说道："谁第一个提出异化问题，是谁影响了谁并不是什么关键问题。重要的是，人的异化问题是我们生活的这个时代决定性的问题，它已被资产阶级和无产阶级的思想家，被右翼和左翼的评论家这样地认识到了。因此，《历史和阶级意识》在青年知识分子的范围中产生了深刻的影响。据我所知，正是这个事实，一大批优秀的共产主义者被吸引到革命的运动中来。"①

葛兰西对现代资本主义的批判亦是一种总体性意义的批判，不过他更侧重对现代资本主义政治结构和意识形态结构的分析。他认为，在西方现代社会中，国家政权是由政治社会和市民社会两方面构成的。所谓政治社会，就是被用来控制群众，使之与特定的生产和经济类型相一致的专政或强制性机器；所谓市民社会，是指一个社会集团通过像社会、工会或学校这样一些所谓的私人组织来行使的整个国家的领导权，这种领导权是通过知识分子来实现的。因此，同以强权和暴力为本质特征的传统国家根本不同的是，在现代资本主义社会中，政治社会与市民社会构成了权力关系的两种形式，资产阶级不但拥有政治上的"霸权"（Hegemony）②，而且取得了文化上的或意识形态的"霸权"，采取了"强权＋同意"这样一种统治方式，也就是说，政治社会的强制功能与来自市民社会的同意相互补充。这样一来，西方的民主制度使市民社会变成了一个非常的结构，它能够抵御直接的经济灾变所导致的政治危机。

葛兰西特别重视对这种"文化霸权"的分析，指出这种霸权具有许多渗透在生活各方面的微妙形式。为延续资本主义社会所必需的各种不同的世界观和组织原则，不仅在国家和生产范围内起作用，而且还通过教育制度、宣传媒介、文化、宗教、家庭和日常生活而发挥作用。这些原则是由信仰体系、价值观念、神话和习惯组成的。所谓文化霸权就是指社会中的各种统治集团用来维护自己统治的一种文化的和意识形态的手段或社会控制方式，它通过协商建立一种将统治和被统治集团合为一体的政治与意识形态舆论，以确保各种从属集团的"自动赞同"。如果一个政治阶级成功地说服了社会其他阶级接受它自己的道德、政治和文化价值标准，就意味着它取得了霸权。它会使统治阶级对武力的使用降到最低限度。而要使霸权得到保证，统治者也必须对从属集团做出各种让步。因此，围

---

① 卢卡奇：《历史和阶级意识》"新版序言"，张西平译，重庆出版社1989年版，第27页。

② 国内学界，亦有不少学者将"Hegemony"一词译为更具中性色彩的"领导权"。本文采用"霸权"这个译法，以突出葛兰西使用这个词时所采取的批判态度。

绕这种霸权建立起来的文化也会以某种方式表现从属集团的利益。但统治阶级的这种让步不可能触及到本质，不能对统治结构形成威胁。如果说政治国家负责的是高压统治，那么市民社会负责的就是霸权的生产和再生产。霸权在文化上和意识形态上的运作，要通过市民社会的各种机构，这些机构包括教育、家庭、教会、大众传媒和通俗文化等等。通过这些市民机构来形成和行使霸权，是成熟的资本主义社会的特征。他进一步认为，知识分子是投身于在市民社会的各种机构中建立主导霸权的人，他们具有指导、组织、教育和智力方面的功能，其作用是保证人民大众对于由统治集团加诸社会生活的总方向予以"自发的"同意。他们实际上是代表着统治集团行使社会的领导权。

依据上述分析，葛兰西认为，在西方现代社会中，政治社会与市民社会达到了一种平衡。而无产阶级革命屡遭挫败的原因就在于没有从根本上触动资产阶级的霸权，特别是其中的文化霸权。同时社会主义的反霸权也没有强大到足以保证资本主义的经济危机也变成政治危机和意识形态危机的地步。因此，对来自市民社会的文化霸权的掌握应当先于对国家政权的夺取。没有这种夺取文化霸权的斗争，夺取国家权力的一切努力都将是枉费心机。只有当无产阶级能够对市民社会行使有效的霸权，并将这种霸权扩大到社会的决定性阶层，诸如警察和军队这样的国家强制性制度才会被瓦解和消亡，并最终使国家成为社会的一切成员的国家。这表明，一种革命性的社会变革应当是包括社会一切方面的总体革命，而其中意识形态的革命又具有突出的地位，因为它是维护现存秩序的强大工具。无产阶级革命必须要努力创造一种新的文化，将群众从一种消极接受资本主义的社会—经济客观性的状态，引导到具有革命意识的状态。

二、法兰克福学派的对现代资本主义异化的批判

卢卡奇的"物化理论"拉开了当代国外马克思主义批判现代资本主义的序幕。特别是在 1932 年，马克思的《1844 年经济学哲学手稿》公开问世之后，现代社会的"异化"问题迅速成为国外马克思主义各种学说揭示和批判现代资本主义内在矛盾的理论主题。正如卢卡奇本人所说的那样，"人的异化问题是我们生活的这个时代决定性的问题"。作为对于 20 世纪以来，特别是第二次世界大战结束后，现代西方资本主义社会发展现实的理论反思，"异化"概念主要被用于描述现代社会无视、压抑或扭曲人的存在价值、揭露现代资本主义统治的非人性或反人性的本质以及表现这种本质的新的统治形式。因此，对异化问题的研究远远超出了对"异化"概念的传统理解，也在很大程度上扩展了马克思的"劳动异化"说，使异化概念以及围绕异化概念形成的基本观念成为现代性批判的

主要理论范式。在这个方面，以"批判理论"著称的法兰克福学派可以说是 20世纪社会理论中的最为卓越的代表。

法兰克福学派始建于 1923 年。该学派在学术上的一个显著特征就是把马克思主义理论，特别是马克思早年在《1844 年经济学哲学手稿》中阐述的关于"异化"和人道主义理论作为自己的思想来源，继承马克思的批判精神，对现代资本主义进行批判性研究，而他们的理论也被称之为批判理论。

受卢卡奇物化理论和韦伯对现代社会合理性问题的探讨的深刻影响，法兰克福学派的批判理论起之于对现代资本主义的合理性论证的批判性分析。20世纪以来，特别是第二次世界大战以后，西方资本主义国家在经济、技术充分发展的基础上，对经济、政治和社会制度进行了多方面的调整，并广泛实施社会福利策略，这使得社会中两大基本阶级——无产阶级和资产阶级——尖锐对立、激烈斗争的状态在较大程度上得到缓解，使社会中产阶层的规模迅速扩大，无产阶级本身事实上也被多元化的阶层结构所吸收。这些发展变化给现代资本主义统治披上了"技术合理性"的外衣，即把资本主义的现代统治形态理解为一种具有理性意义的、技术上的必然性。但是，这种技术合理性论证却又无法回避或掩遮 20 世纪以来资本主义社会内部，以及在全球范围内频繁爆发出来的各种社会问题和社会危机，如贫富对抗、经济危机、民权运动、人权斗争、种族对抗、宗教冲突、战争威胁、霸权主义、恐怖主义、生态危机等等。这些重大问题的存在不能不使人们对资本主义统治的合理性产生质疑。法兰克福学派的批判理论就是力图剥去现代资本主义统治的合理性外衣，揭露其内在的非人性实质。

法兰克福学派的批判首先着眼于对资本主义"合理性论证"的历史反思。在他们看来，自近代欧洲启蒙运动时起，理性主义的发展就逐渐地为这种合理性论证奠定了思想基础。1947 年，法兰克福学派第一代领袖人物霍克海默和阿多诺合作出版了《启蒙的辩证法》一书。这本书一个主要内容，就是对以"启蒙精神"为名义的理性主义的批判。在这本书中，所谓的"启蒙"，不仅仅是指 17～18 世纪欧洲进步知识分子发起的反对神权和封建专制统治的思想解放运动，而是泛指人类社会在近代以来的理性化进程中所发生的强调理性至上和人类对自然的技术征服的启蒙运动或思想解放运动。霍克海默和阿多诺认为启蒙运动或启蒙精神就是强调理性万能、理性至上，用知识取代神话，把人类从迷信中解放出来，使世界变得清醒。启蒙运动最重要的成就就是确立了理性能够统治世界的信念，确立了人对自然界的无限统治权。在启蒙精神的鼓舞下，现代人把从内部和外部支配自然界变成了他们的绝对的生活目的，而人征服自然，使理性统治世界的目的归根结底是为了增强人的本质力量，增强人的自由，实现人的自我确定权。在理性精神和科学技术的推动下，人类也的确极大地改变了自己的生存条件，创造出前所未有的物质财富和精神财富。

但是，在现实的历史进程中，启蒙精神同时又悄悄地走向自己的反面。用霍克海默和阿多诺的话说："天堂和地狱是连在一起的"，"进步转化为退步"。启蒙的悲剧性的辩证法就在于，它所设想的人对自然的无限的统治权和人的普遍的自由等目标并没有真正得到实现，相反却走向了启蒙的"自我摧毁"，"人类不是进入到真正合乎人性的状况，而是堕落到一种新的野蛮状态。"① 首先，启蒙以消除神话为己任，意欲以知识来代替想象；但是，在现实中，实证化的启蒙理性却走向了反面，走向了新的迷信，即受实证科学支配，科学理性由于在科学技术方面的巨大成功，逐渐地成为人们崇拜的偶像，使人们顺从于理性的逻辑，停留于对事物的直接的认识和精确的描述，而缺乏对现存世界的否定性的理解和超越。亦即"思想机器越是从属于存在的东西，它就越是盲目地再现存在的东西。从而启蒙精神就倒退为神话学，但它也从未想到要摆脱神话学。"② 其次，启蒙理性的宗旨是确立人对自然的无限的统治权，然而，人征服自然的结果并没有使人成为自然的主人，也没有使自然成为属人的存在。相反，人对自然的统治导致人与自然关系的破裂，导致自然对人类的报复。再其次，在完全被技术理性统治的世界中，不但人与自然相异化，而且人与人也相互异化，人在普遍异化的世界中相互冲突，"现代工业社会的整个挖空心思想出来的机制，也不过是相互残杀的自然界。再没有手段可以表达这种矛盾了。这种矛盾是与单调严肃的世界一起运动的，艺术、思想、否定性就是从这个世界中消失的。人们相互之间以及人们与自然界是在彻底地异化，他们只知道，他们是从那里来的，以及他们要做什么。每个人都是一个材料，某种实践的主体或客体，人们可以用他来做什么事，或者不能用他来做什么事。"③ 最后，在技术理性统治的世界中，理性和技术的发展并没有像启蒙精神允诺的那样，增强人的本质力量，实现人的普遍自由。相反，技术本身成为自律的、总体性的统治力量，成为扼杀人的自由和个性的异化力量，即"今天，技术上的合理性，就是统治上的合理性本身。它具有自身异化的社会的强制性质。"④

霍克海默和阿多诺进而认为，启蒙精神的自我摧毁特别体现在现代社会中文化工业或大众文化的发展中。他们认为，文化工业或大众文化是资本主义社会中典型的异化现象。因为，在发达的工业社会中，文化与技术结合起来，并服从于

---

① 霍克海默、阿多诺：《启蒙的辩证法》，重庆出版社1990年版，第1页。
② 霍克海默、阿多诺：《启蒙的辩证法》，重庆出版社1990年版，第23页。
③ 霍克海默、阿多诺：《启蒙的辩证法》，重庆出版社1990年版，第241页。
④ 霍克海默、阿多诺：《启蒙的辩证法》，重庆出版社1990年版，第113页。

技术的统治，现代大众文化是一种技术化的文化，电影、广播、杂志、音乐等是依赖于新科学技术的发明。本来技术应该为文化艺术服务，使之更好地表达自己，但在资本主义社会中，文化艺术反而为技术所统治，其发展和繁荣为技术所支配，这样，文化工业所做的就是证实"技术理性对真理的胜利"。因此，文化工业实质上是资本主义商业生产的延伸。文化工业的产品并不是艺术品，而是在市场上销售的商品。它表现出文化与资本的结合，并服从于资本的商业利益。这样，同其他产业一样，文化工业必须以商业利益为最高目的，把文化当做一个赚钱的机构，这就必然导致大众文化产生一系列负面的社会效应。

首先，大众文化的商品化，造成艺术创造性的丧失，使艺术失去了自己的独立性，失去了自己的真正本质，不再体现人对其生存价值和意义的追求，而是沦落为一种为商业利益服务的商品。而且在垄断权力下，它越是表现得荒诞无稽，就变得越是有威力。这些动机都是有充分的经济根据的。"文化工业只是承认效益，它破坏了文艺作品的反叛性"①，使艺术成为供人们闲暇时间娱乐和消遣的东西，从而可悲地走向了异化，成为一种以追求利润最大化为目标的技术性的文化生产。其次，在文化工业中，艺术的功能蜕变为一种虚假的个性，真正的创造性地自由个体不复存在了。"在文化工业中，个性之所以成为虚幻的，不仅是由于文化工业生产方式的把准化，个人只有当自己与普遍的社会完全一致时，他才能容忍个性处于虚幻的这种处境。"② 文化创作的非个性化造成文化产品的同质化。再其次，大众文化具有很大的欺骗性。经由文化工业体系生产出来的大众文化，通过提供越来越多的娱乐消费与通俗产品，满足现代社会人们的消费需求。大众文化在娱乐大众的同时，也在麻醉着作为消费者整体的大众，使人们渐渐失去思想与深度，渐渐远离超越于批判，在文化消费主义的享乐中迷失自己。因为，"文化工业不仅说服消费者，相信它的欺骗就是对消费者需求的满足，而且它要求消费者，不管怎样都应该对他所提出的东西心满意足。"③ 最后，大众文化对艺术的异化和对人的异化其根本目的在于维护资本主义的统治。在法兰克福学派的多数成员看来，大众文化与技术理性一样已经成为一种新的统治形式。大众文化的商品化迎合市场消费的需要，迎合在机械劳动中疲惫的人们的需求，提供越来越多的娱乐消遣，来消解人们内心的超越维度和反抗维度，使人们失去思想和深度，沉溺于无思想的享乐中，逃避对现实的批判和改造，这样就有利于维护资本主义的统治。"与自由时代不同，工业化的文化可以像民族文化一样对资本主义制度发泄愤怒，但不能从根本上威胁资本主义制度。这就是工业文化的全

---

① 霍克海默、阿多诺：《启蒙的辩证法》，重庆出版社 1990 年版，第 117 页。
② 霍克海默、阿多诺：《启蒙的辩证法》，重庆出版社 1990 年版，第 145 页。
③ 霍克海默、阿多诺：《启蒙的辩证法》，重庆出版社 1990 年版，第 133 页。

部实质。"①

总之，霍克海默和阿多诺力图通过文化批判挖掘导致异化和社会危机的深层根源，他们之所以把批判的矛头指向技术理性或工具理性，是因为在他们看来，现代社会的整个社会生活已经为交换机制和消费逻辑所控制，人的异化不仅存在于经济的诸领域中，而且业已深深地渗透到大众媒介和文化中，并通过大众传媒把异化了的意识散布到社会各个地方，由此形成了一种整合社会的力量。这种整合力量实际上构成了对人自身和自然的宰制。同时，这种宰制只能在超越个体的社会秩序中才能够实现，也就是说，宰制和社会秩序是互动的，宰制在一定程度上成为社会秩序的基础。这表明工具理性已经深入到人的主体内部和社会秩序的建构中，这就不能不导致异化的深化和社会危机的不断加重。

霍克海默和阿多诺的上述观点对于人们透过自由、民主的合理性形式，揭示了现代资本主义统治的内在的非人性或反人性的实质具有十分重要、十分深刻的启发意义。但是，霍克海默和阿多诺把启蒙运动以来的理性精神归结为一种技术理性或工具理性，从而在很大程度上否认了理性精神的积极价值，这就使他们的理论具有明显的片面性。针对这个问题，法兰克福学派第二代领袖人物哈贝马斯认为，把理性归结为工具理性就不能不使霍克海默和阿道尔诺陷入两难的境地，一方面，他们把理性和工具理性看作是同一种意识形态，即一种当做应该抛弃的东西，也就是说他们不再相信理性；但是，另一方面，没有理性就不可能形成任何规范，没有理性的规范也是不可理解的。这种两难的矛盾境地使"他们陷入了一种批判的绝境"②，实际上无法提出和论证社会规范与秩序的基础。

为摆脱这个"两难境地"，哈贝马斯从语用学的角度提出以"交往理性"概念为核心的交往行动理论。他认为，人不仅具有对象化、工具化的特征，更重要的是人具有交往的特征，应该从人的交往角度理解人的异化和社会的危机，理解社会规范和秩序的基础。早期法兰克福学派之所以陷入理论困境，就在于完全忽视了人的交往理性的存在。根据这一理解，哈贝马斯对法兰克福学派的批判理论作出了重要的修正，认为人的异化和社会危机根源于"生活世界"与"系统"的分离。

在哈贝马斯看来，"生活世界仅仅是由文化传统和制度秩序以及社会化过程中出现的认同所构成的。……生活世界是日常交往实践的核心，它是由扎根在日常交往实践中的文化再生产、社会整合以及社会化相互作用的产物。"③ 这个生

---

① 霍克海默、阿多诺：《启蒙的辩证法》，重庆出版社 1990 年版，第 132 页。

② Jurgen Habermas, *The Theory of Communicative Action*, Vol. 1, trans. Thomas McCarthy, Polity Press, 1984, p. 383.

③ 哈贝马斯：《后形而上学思想》，曹卫东译，译林出版社 2001 年，第 86 页。

活世界的主要特点在于：（1）生活世界的主要因素是文化、社会和人格。（2）生活世界是我们日常交往实践活动的核心。（3）在生活世界中人们使用语言相互交流，人们这种行为目标是为了达成理解，并形成共识。因而生活世界是"达成理解的过程的集合"，同时，为了达成理解而进行交流的背景应当是确定的，没有分歧和疑问①。（4）由于在生活世界中，人们之间的交往是互动的，因此交往者需要具备语言能力和行为能力。在这种以语言为媒介的交往活动中起规定作用的就是交往理性，这种交往理性不同于工具理性或技术理性，它要求在施行任何言语行为时，必须满足普遍的有效性要求，即具有可领会性、真实性、真诚性和正确性。

所谓的"系统"原属于生活世界，但在现代社会的形成过程中，经济和社会管理活动的复杂性大大增加，并逐渐从人们的生活世界中独立出来，形成具有自己特定制度和运行规则的系统，其中主要有经济系统和国家管理系统。经济系统和国家管理系统运作的媒介是货币和权力，主要机制是市场和科层制度，在这些系统中人们的行为指向成功，而不是指向理解。系统自身能够形成一定的使系统有序运行的整合力量，这种整合是针对系统的，但也影响生活世界。哈贝马斯认为，在早期资本主义社会发展中，生活世界转向合理化，这是社会现代化的起始条件。在现代化过程中，货币和权力作为系统的媒介没有脱离生活世界，而是挂靠在生活世界中，通过各种途径对生活世界施加影响，而且它们的意义也在于对生活世界有影响。当生活世界合理化达到一定程度时，经济活动和国家管理就逐渐从生活世界中分化出来，成为相对独立的系统，它们通过货币和权力媒介与作为环境的生活世界形成交换。随着资本主义现代化的发展，经济系统日益获得自己的增长动力，在整个社会中占据优先地位。这种优先地位对生活世界产生重大影响，要求生活世界适应自己。但是生活世界和系统所遵循的逻辑是不同的，各自具有在一定其范围内保持秩序的整合力量。而当系统要求生活世界适应系统自身的逻辑时，也就开始侵犯生活世界。

系统对于生活世界的侵犯意味着社会异化和社会危机的产生。最早的社会性经济危机是商业循环中的需求不足和商品过剩，后来又表现为经济停滞、通货膨胀。产生这个危机的原因是，市场对于生活世界反应必须通过货币这个媒介，如人的需求，只有表现为有效的货币性市场需求或者价格变化时，市场才会做出反应。人服从市场的规则，就是要服从货币的规则和交换的规则，而人在生活世界的交往中所奉行的相互理解和达成共识规则在市场制度中不能实现，这样，人的

---

① Jurgen Habermas, *The Theory of Communicative Action*, Vol. 1, trans. Thomas McCarthy, Polity Press, 1984, p. 124.

异化就产生了。另外，科层制度作为国家管理机制要良好运转，从内部看来，就需要以权力而不是语言作为媒介。需要解决的问题必须经过一定的程序，进入权力系统，然后才有可能利用国家资源解决。对于仅仅具有语言能力和一般行为能力的人，没有足够的货币和权力，无法或者不愿意对市场或科层制度做出反应，社会的危机和人的异化就产生了。这就是说，货币、权力一类的媒介应该具有自己的活动范围，如果这类媒介成为支配人的生活世界的规则，使人们不得不顺应而又难以适应时，就必然"或者直接形成危机，或者形成生活世界的病态。"①

　　哈贝马斯认为，异化和社会危机在晚期资本主义社会中的普遍存在，是因为以交往行动为基础的生活世界被以成功取向的行动为基础的系统侵害。要确立消除异化和危机的社会策略，就必须认识到，社会秩序和规范的基础不应该是资本主义社会中占据主导地位的货币和权力等媒介的法则，而应该是话语法则，亦即促使人们在生活世界的交往行动的基础上达成理解和形成共识。在人们行动中占主导地位的媒介应该是语言，而不是货币和权力。任何有语言能力和行为能力的人，无论占有多少货币和权力，都应该成为建构和遵守社会规范和秩序的平等参与者。要形成良好的社会秩序，避免危机的发生和异化的蔓延，就必须限制系统对于生活世界的入侵，把系统及其媒介的活动限定在一定范围内。

三、对现代资本主义的心理学批判

　　第二次世界大战以后，法兰克福学派的主要代表人物赫伯特·马尔库塞始终致力于把弗洛伊德精神分析理论与马克思的学说结合起来，力图从弗洛伊德理论中开发和引申出政治批判的理论与方法，并将之与马克思的理论结合起来，由此生成一种新的关于人的解放的理论。他的《爱欲与文明》一书可以说是这一努力的辉煌成果。

　　马尔库塞在《爱欲与文明》的"1966年政治序言"中，开宗明义地写道："《爱欲与文明》这个书名表达了一种乐观的、委婉的甚至是积极的思想：发达工业社会的成就能使人扭转进步的方向，打破生产与破坏、自由与压抑之间命运攸关的联合，换言之，它能使人懂得作乐的科学，以使人在反抗死亡威胁的一贯斗争中，学会按照自己的生命本能，用社会财富来塑造自己的环境。这种乐观主义的根据是假定那些使人们长期接受统治的理论根据已经失效，匮乏和苦役这些

---

　　① Jurgen Habermas, *The Theory of Communicative Action*, Vol. 1, trans. Thomas McCarthy, Polity Press, 1984, p. 385.

现象也只是为了维护统治制度而被'人为地'维持着。"① 在这里，马尔库塞提到的"生命本能"就是作为他的解放理论的核心概念"爱欲"（Eros）。"爱欲"本是表达个人情欲类型和心理状态的心理学概念，但在马尔库塞这里，这个概念成为政治批判理论的起点。在这个问题上，深受弗洛伊德精神分析理论启发的马尔库塞，以其犀利而独特的理论目光看到，在现代社会中，心理学范畴已经变成政治范畴，因为个人自主的、独立的精神生活过程已经被国家的共同生活同化，个人精神生活的失调更为直接地反映着整个社会的失调，对个人的失调的医治因而也比以前更直接的依赖于对社会总失调的医治。不仅如此，发达工业社会的巨大能量正在被动员起来，以各种方式对人的本真的生命过程进行压抑，而不是用它自己的资源去抚慰和完善人类的生存，这就构成了一种新的极权主义统治，一种新的奴役形式，使个体的自由和满足统统带上总的压抑的倾向。这样一来，人的解放，不论是本能的解放还是理智的解放，都是一个政治问题。这就意味着，心理学与社会政治哲学之间的传统分野不再生效，心理学问题成为政治问题，而我们的任务"就是要揭示心理学观念的社会学的、政治学的实质"。②

与法兰克福学派的代表人物霍克海默和阿多诺一样，马尔库塞认为现代社会的"异化"主要表现为工具理性对人的统治。在他看来，这种统治首先表现为"科学地看待人的本能"，也就是从科学的、技术的角度论证资本主义经济制度和政治制度的合理性或合法性，如把竭力推销的商品解释成"利比多"的对象，亦即满足本能需求而必须购买的东西；把一切有碍资本主义扩张的因素，歪曲成自由和民主的敌人也就是民族的敌人，以便激发国民心理无意识深层的攻击性要求。通过把人的本能需求的满足的工具化，使"民主"、"自由"之类的政治价值也成为资本主义统治的政治装饰。

首先，在"科学技术"的外观下，资本主义的政治统治原则已成为压抑人们本能的"现实原则"，而"大众民主"为这种现实原则的"心力内投"提供了政治装饰，"它不仅允许人民在一定程度上可以选择自己的主人，参与统治自己的政府，而且还使主人们藏匿在一层由他们控制的生产和破坏设施的技术面纱背后，并掩盖了合作者在接受它的好处和舒适时所付出的人力（和物力）代价。虽然被有效操纵和组织的人是自由的，但无知、无能和内投于心的他律却是人获取这种自由的代价。"③ 这种广泛而又有效的"民主的心力内投"压制着历史主体，它不仅压抑着没有足够力量解放自己的被压迫者，而且也通过对民主的认同

① 马尔库塞：《爱欲与文明》，黄勇、薛民译，上海译文出版社1987年版，"1966年政治序言"，第1页。
② 马尔库塞：《爱欲与文明》，黄勇、薛民译，上海译文出版社1987年版，"1966年政治序言"，第12页。
③ 马尔库塞：《爱欲与文明》，黄勇、薛民译，上海译文出版社1987年版，"1966年政治序言"，第9页。

而压制着革命分子，使革命分子视自己为自由人而无须为解放进行斗争。

其次，"自由"也正在同"奴役"相结合，并由此形成一种新的奴役形式。在对外关系中，这种自由与奴役的结合表现为"富裕社会"，即资本主义国家对外的政治霸权和军事扩张能力，使今天的富裕社会成为一个在"自由的旗帜下"正在交战的社会。马尔库塞痛斥说："事实上，这种自由和满足正在把人间变成地狱"。也就是在发达的现代资本主义社会中，自由与奴役的这种奇特的结合已经变得理所当然，已经成为一种在自由的辉煌口号下对人的奴役。面对这种自由与奴役的结合，马尔库塞说道："使用'自由'一词时，我是十分犹豫的。因为时下一些对人类犯下的罪恶恰恰打着自由的旗号。这种情况在历史上也屡见不鲜，因为贫困和剥削是经济自由的产物，全世界人民都曾一再得到其主宰和君主施与的自由，而他们的新的自由结果表明只是对别人的法律统治（而不是一般的法律统治）的服从。这样，最初的暴力征服很快就变成了'甘受奴役'，变成了通力合作，以繁衍一个使奴役变得越来越有价值、越来越有意义的社会。"①

马尔库塞以其独到、深邃的目光看到，就现代资本主义这种"富裕社会"的压抑性剥削和压迫制度而言，传统理性主义的政治批判武器，如民主、自由等等，不仅软弱无力，而且已经被扭曲，或完全被同化到现代的政治机器、教育机器和商业机器中，按照这些"机器"的内在逻辑，任何形式的压抑性剥削和压迫，包括对外的战争和掠夺就都是合理的、必要的，都是为了"文明"而必须付出的代价。在这里，马尔库塞提出了"多形态性欲"概念，其意是指，"进步的这个新方向将完全取决于是否有机会使受压抑、被束缚的有机体的生物需要发挥积极作用，也即使人的躯体成为享乐的工具而不是劳动的工具。"② 也就是说，让人的各种本能需求能够不受压抑地为人的生命存在发挥积极的作用。

问题在于，是否存在着改变进步方向的可能？对于这个问题，马尔库塞抱有一种十分坚定、乐观的信念。他认为，这种新的进步方向作为新的"现实原则"，其实现的可能性就蕴含在当代发达的工业社会中，即"这种新的现实原则的观点是基于这样一个假定：它的产生的物质（技术）前提在当代的发达工业社会里不是已经确立，就是能够确立的"。尽管现代社会中的现存秩序是非常强大、非常有效的，是得到了大多数人的认同和信赖的，但恰恰也正是现存秩序的这种力量和效能有可能成为瓦解它本身的因素。因为，技术的进步本身对于维持现存社会确是必要的，但它也助长了与现存社会制度相对立的需要和机能。随着自动化的提高，社会产品的价值越来越不受必要劳动时间的约束，因而社会对生

---

① 马尔库塞：《爱欲与文明》，黄勇、薛民译，上海译文出版社 1987 年版，"1966 年政治序言"，第 5 页。
② 马尔库塞：《爱欲与文明》，黄勇、薛民译，上海译文出版社 1987 年版，"1966 年政治序言"，第 3 页。

产劳动的实际需要降低了，取而代之的必然是非生产性活动。在这一点上，马尔库塞充分吸收了马克思"自由王国"理论中关于"自由时间"的思想。在他的乐观信念中包含着一个重要因素，这就是"自由时间"的概念。马克思在批判资本的剥削本性时指出："资本的不变趋势一方面是创造可以自由支配的时间，另一方面是把这些可以自由支配的时间变为剩余劳动。"① 但马克思同时也指出，随着科学技术的进步，自由时间也会不断扩大，在这种情况下，"直接劳动本身不再是生产的基础，一方面因为直接劳动主要变成看管和调节的活动，其次也是因为，产品不再是单个直接劳动的产品，相反地，作为生产者出现的，是社会活动的结合"，"那时，财富的尺度决不再是劳动时间，而是可以自由支配的时间"。"于是，以交换价值为基础的生产便会崩溃，……个性得到自由发展，因此，并不是为了获得剩余劳动而缩短必要劳动时间，而是直接把社会必要劳动缩减到最低限度，那时，与此相适应，由于给所有的人腾出了时间和创造了手段，个人会在艺术、科学等方面得到发展。"② 马克思关于自由时间的理论实际上已经道出了人类解放的基本途径。马尔库塞正是受到马克思自由时间理论的启发，才真正能够从弗洛伊德的保守的文明进步论中走出来，创立非压抑文明的理论。他说："在摆脱了统治的要求之后，劳动时间和劳动能量在量上的减少，将导致人类生存发生质的变化：决定人类生存内容的，不是劳动时间，而是自由时间。不断扩展的自由王国真正成了消遣的王国，即个体即能得到自由消遣的王国。"③

当然，仅仅依靠物质技术的进步并不足以把上述可能性变成现实。我们必须看到，在现代资本主义社会中，这些科学成就正在为相反的目的服务，即为维持统治者利益服务。要把这种技术上的可能性转变成现实，就需要发动一场革命。这场革命的实质就在于使那种一直在文明的进程中受压抑的生命本能获得解放，就是要创造一种"非压抑性文明"。马尔库塞相信，这种非压抑性文明是现阶段文明有可能达到的新的阶段，向这个阶段过渡意味着将传统文化颠倒过来，也就是颠倒那种把文明看作是对本能的压抑的文化传统，从物质上和精神上解放迄今为止一直受到禁忌和压抑的本能需要及满足。以往的一切社会变革，都是以文明压抑生命本能为特征，在今天，这种变革已经走到了尽头，真正的性质全异的社会变革则必然是颠倒这个传统，指向人的生命本能的解放，指向非压抑性文明。

马尔库塞在批判了现代资本主义的不合理性的基础上，进一步追问：为什么在现代社会中缺乏反抗社会不合理性的变革力量？他的回答是：社会和人们的思想已经由双向度改变为单向度（One Dimensional）。也就是说，在以科学技术发

---

① 《马克思恩格斯全集》第 46 卷（下），人民出版社 1972 年版，第 221 页。
② 《马克思恩格斯全集》第 46 卷（下），人民出版社 1972 年版，第 222 页。
③ 马尔库塞：《爱欲与文明》，黄勇、薛民译，上海译文出版社 1987 年版，第 164 页。

展为背景的相对富裕的消费世界中，出现了一种新的异化的和物化的生存方式。这里所说的不是马克思所描述的工人的"自我折磨、自我牺牲的"异化劳动，而是人的自愿的、带有享乐性质的物化活动。工人被"整合"或"一体化"到现存的社会体制中，不再作为社会的反抗力量；人作为一种自由的创造性的实践存在所应具有的否定性、超越性和批判性被技术理性所消解，人成为失去超越维度和批判维度的"单向度的人"。正是这种单向度的同化过程，阻碍了社会变革的出现。而这一点正是这个社会的不合理性的最集中表现。

在马尔库塞看来，造成社会单向度化的最主要原因，是技术的极权主义统治。传统的统治是以人身依附为基础的，而现代社会的统治却是通过技术实现的。技术不再是一种"中立"的因素，不能把技术本身同它的用处孤立开来。他写道："在这个社会里，生产设备不仅决定着社会需要的职业、技艺和态度，也决定着个人的需要和欲望，就此而言，它倾向于成为极权主义的。因此，它消除了私人生活和公共生活、个人需要和社会需要之间的对立。技术有助于组成社会控制和社会凝聚的新的更有效和更令人愉快的形式。"① 以技术为中介，文化、政治和经济融合成一个无所不在的体系，这个体系吞没或抵制一切替代品。这个体系的生产力和增长潜力稳定了这个社会，并把技术的进步包容在统治的框架内。技术的合理性已变成了政治的合理性。从表面上看，技术的控制像是增进一切社会集团和利益群体的福利的理性的体现，以致所有对技术的反抗都是荒谬和不可能的。当代社会正是凭借组织自己的技术基础的方式而成为极权主义的。它不仅是一种恐怖主义的政治协调，而且是一种非恐怖主义的经济—技术协调。它排除了一个反对整体的有效的反对派的出现。统治不仅通过技术而且作为技术而使自身永久化并不断扩大，为不断扩大的同化所有文化领域的政治权力提供了很大的合法性。

这种技术统治在经济领域中创造出虚假的需求，并通过对这种虚假需求的满足来维持社会的统治。这种虚假需求具有一种由个人控制不了的外部力量决定的社会内容和功能。不管这些需求可以多么完全地成为个人本身的需求，并被他的生存条件所再生和增加，不管他同这些需求多么一致并在这些需求的满足中找到自我，这些需求仍将是一个靠着统治利益来实行压制政策的社会的产物。在文化领域，技术统治表现为消除高级文化中的敌对因素，来实现文化的一体化。文学艺术本来都包含着否定的合理性，它总是对现实的拒绝和抗议。但现在发达的技术社会正在弥合艺术同时代秩序之间的基本裂痕。艺术中的反抗向度被同化进占主导地位的状态中。它们成了广告节目，起着销售、安慰或激励的作用。

---

① 马尔库塞：《单向度的人》，张峰、吕世平译，重庆出版社 1988 年版，导论，第 6 页。

在政治领域中，资本主义的发展已经改变了两个阶级的结构和功能，致使它们不再是历史变革的动因。一种维护和改善制度现状的凌驾一切的利益，把以前的敌对者联合了起来。劳资双方的串通，对国家目标的普遍赞同，多党制，这一切都证明了对立面的一体化，都成为社会变革的遏制力量。技术的统治改变了传统的自由含义。这样，不断的技术进步已经充满了政治内容，技术的逻各斯已经成为继续奴役的逻各斯，技术的解放力量已经变成自由的枷锁，导致了人的工具化。发达工业文明的被封闭的操作领域，造成了自由与压制、生产与破坏、增长与倒退之间的可怕的和谐。

四、对现代资本主义的"日常生活批判"

"日常生活批判"是当代国外现代性批判理论中的一个重要领域，在这个理论领域中，法国后马克思主义哲学家列菲伏尔的"日常生活批判理论"是最具代表性的。与法兰克福学派的批判理论一样，列菲伏尔也是通过对马克思的异化理论的理解和重新阐释而引申出了他的"日常生活批判"理论，并且他不止一次地公开申明，他对马克思主义的最重要贡献就是提出了"日常生活批判"这个概念。他认为，马克思的异化理论和"全面的人"的理论仍然是对日常生活批判的指针，所需要做的是，把马克思只应用于经济领域的异化理论扩大到人类的日常生活中。也就是应该把日常生活批判当做当代资本主义社会变革的主要特征和手段。

在列菲伏尔看来，之所以必须把日常生活批判当做社会变革的起点和主题，主要是因为，只有通过日常生活批判才能真正把经济与政治的关系的真实性质从意识形态的遮蔽中显示出来。他说："正如在日常生活中所表现的那样，经济和意识形态只有在发生革命危机的时刻才能提高到政治意识的水平。那时候，社会实践中、自发意识中、群众生活和阶级生活中的一切因素都凝结在政治生活上。除了这些时刻外，社会实践的各个方面便互相分离，甚至分道扬镳。经济和政治的关系尤其如此。这时候，在日常生活中，直接的东西、也就是意识形态的东西，一方面已把经济现实、现存的政治上层建筑的作用和革命的政治意识包容起来；另一方面又把它们掩藏和隐匿起来。所以一定要撕破面纱才能接触真相。这种面纱总是从日常生活中产生着，不断地再生产着；并且把日常生活内含的更深刻、更高级的本质隐蔽起来。"[1] 依据这一论点，列菲伏尔认为，仅仅从消灭资

---

[1] Lefebvre, Henri, 1991, *Critique of Everyday Life*, trans. by John Moore, Verso, 1994, Everyday Life in the Modern World, trans. By Sacha Rabinnovitch, Transaction Publisher, pp. 66 – 67.

产阶级和阶级对抗、消灭所有制和生产的资本主义关系的角度来谈社会主义革命，所涉及的还只是社会主义的消极定义，因为从资产阶级政权过渡到无产阶级政权，就事实而论，并不牵涉具体生活中的改革。因此，要涉及"改革"、涉及"具体生活"的社会主义的"积极意义"，就应当把日常生活批判放到极其重要的位置上。

列菲伏尔指出，在启蒙运动的思想史中，日常生活通常被理解为烦杂琐碎、微不足道和无足轻重的生活情节，而哲学的或纯粹的思想则表现为对日常生活的超脱，甚至表现为对日常生活的一种不屑一顾的轻视。列菲伏尔认为，纯粹思想与日常生活感性世界的这种隔离，本身就是日常生活的异化现象，即人类精神与人类生存的最为深刻的矛盾。事实上，日常生活是所谓哲学或纯粹精神得以产生的现实基础，因此对哲学或纯粹精神的批判必然导致对其根基即日常生活的批判，只不过这种批判必须建立在对日常生活的总体性把握上。"日常生活在某种意义上是一种剩余物，即它是被所有那些独特的、高级的、专业化的结构性活动挑选出来用于分析之后所剩下来的'鸡零狗碎'，因此也就必须对它进行总体性的把握。……日常生活是一切活动的汇集处，是它们的纽带、它们的共同的根基。也只有在日常生活中，造成人类的和每一个人的存在的社会关系总和，才能以完整的形态和方式实现出来。在现实中发挥出整体作用的这些联系，也只有日常生活中才能实现并体现出来，虽然通常是以某种局部的不完整的方式实现出来，这包括友谊、同志关系、爱、交往的需求以及游戏等等。"①

列菲伏尔强调，日常生活不是社会体系中一个相对独立的子系统，也不是一种专业化的社会实践领域，而是一个未分化的人类实践的总体。因此，日常生活是相当散漫的、初级形态的，以无穷无尽的重复涨落起伏及生死轮回为特征，它潜移默化地塑造着每个人的人格特征，决定着他们的生存状态，并制约着整个社会经济、政治和文化的发展。这意味着，日常生活的异化就是社会的全面异化，或者说是整个社会异化的集中体现。在现代资本主义社会中，资本主义的政治统治和意识形态已渗透到日常生活的各个角落，日常生活已经被全面地组织和纳入到生产与消费的总体环节中，日常生活已经被技术的和官僚阶层相结合的统治方式牢牢控制住了，对差异的普遍压抑构成了现代日常生活的基础，日常生活已完全异化。

现代日常生活的异化首先表现为主体的"客体化"。自19世纪以来，资本主义商品经济在世界范围内的扩张已经侵入到包括文字、艺术等在内的一切事物

---

① Lefebvre, Henri, 1991, *Critique of Everyday Life*, trans. by John Moore, Verso, 1994, Everyday Life in the Modern World, trans. By Sacha Rabinnovitch, Transaction Publisher, p. 97.

中，使这些事物的个性和风格被商品的普遍特征所吞噬。这导致了当代资本主义社会统治和奴役结构从"物质生产——经济域"向"消费——符码域"转变，即广告和宣传对消费的控制，使人在符号和信息的不断膨胀中缺乏真正的交往。并且，随着资本主义商品经济的发展，消费的对象已不再是过去意义上的物性的东西，而是被广告和宣传创造出来的意象；消费主体也不再是直接面对物或使用价值的主体，而是成为由符号构成的"主体幻象"。也就是说，个人根据自己的意愿对消费品进行的判断和选择，其实是受广告、电视等媒体的控制和操纵。在这个意义上，消费者已经成为实实在在的"客体"。

随着主体的客体化，符号"上升为主体"。消费行为不再是为了满足纯粹的生理需求，而是更多地被具有社会意义的符号所渗透。人们试图借助这些符号来展现自己的地位，因而所消费的不再是商品的使用价值，而是商品的符号价值。符号消费具有区分社会层次、巩固社会差异的作用。现代人被社会符号的区分所控制，并竭力为符号价值而劳动。在现代资本主义社会中，符号消费已经成为促进资本主义生产的环节，并潜在地成为资本主义统治的合法性根据。它的普遍化表明，日常生活已经遭受到全面的深刻的异化。这种异化已经侵蚀到人的心灵深处。如果说，劳动产品的异化是人创造的东西不属于自己，那么现代社会中的异化则是人的自我不属于自己。作为人类主体性体现的理性异化为非主体的反人类的工具理性，是异化的异化或异化的二次方。在全面异化的日常生活中，人们的每一件小事都是被操纵的，从而异化为一种不能自主的客体状态，变成了虚假生活的木偶。当代人类社会在无度的欲望中付出了"异化"自己的代价，导致了意义的缺失、自然的祛魅。①

对于能否消除异化这个问题，列菲伏尔的理解是很独特的。他认为，异化是人与自然、人与人、人与自我的关系交互作用的在历史发展的一定阶段上的必然产物。任何事物的发展都存在异化，没有异化就没有进化。因此，不能只从消极的意义上理解异化，而应当看到异化在一定意义上也是创造之源。在列菲伏尔看来，马克思低估了异化的力量和持久性。实际上，人和社会的进步并非体现为人最终可以消除一切异化，而是体现为在与新的异化形式的不断应战中，增强本质力量、创造性活动与自由。从这个意义上说，异化将伴随人类社会的始终，是人的存在方式。因此，对于现代社会来说，根本的问题不是消除异化本身，而是消解日常生活的全面异化。在这方面，马克思的劳动的解放和生产关系的转化只是最低限度的革命，最高限度的革命是完全改变生活，即在劳动、娱乐、家庭、邻里、两性关系等等这些每日重复的日常生活小事中摆脱资本主义异化。当然这种

---

① 吴宁：《列菲伏尔日常生活批判理论探析》，载《哲学研究》2007 年第 2 期。

摆脱也不意味着异化的完全消解，人们摆脱或超越一种异化，然后又异化在这种超越中，这是社会生活进步的内在逻辑或辩证法。

列菲伏尔进而认为，对日常生活异化的消除就是对日常生活的重新占有，也就是对日常生活的革命。被异化了的日常生活既包括着被压迫的因素，也包括着解放的因素，即包含着对日常生活异化的否定性因素。日常生活作为各种社会活动与社会制度结构中最深层次的连接处，是一切文化现象的共同基础，具有总体性。日常生活虽然被现代性所异化，但仍然是总体性革命的基础。通过日常生活革命，人从其片面的存在中摆脱出来，成为总体的人。这种总体的人是变化的主体和客体，又是个体的人，是自由的超越者，是消除了异化的、自由的人，是自然主义和人本主义的统一，是自由集体中的自由个体。可以看出，列菲伏尔的这些思想是深受马克思的异化理论和"自由人的联合体"思想的影响的。

列菲弗尔关于日常生活批判和当代资本主义社会革命问题的理论观点，揭露了当代资本主义社会的统治阶级为了缓和阶级矛盾而采取了非镇压性和日常性的战略；提醒人们革命不仅需要重视宏观革命，即经济与政治革命问题，而且也要重视微观革命，即重视日常生活问题、重视个人的解放、重视意识革命；提醒人们要克服革命的片面性，把革命变成为总体性的革命。

五、对现代资本主义的意识形态批判和文化批判

从总体上看，西方马克思主义诸学派的理论都程度不同地具有意识形态批判的特征。卢卡奇对现代资本主义社会中的物化意识和无产阶级的阶级意识的探究、葛兰西对文化霸权的解析、霍克海默和阿多诺对技术理性或工具理性以及文化工业的批判、马尔库塞和弗罗姆对现代社会心理结构的研究、列菲伏尔对日常生活的批判等，均从不同的角度或不同的方面揭示现代资本主义意识形态的特征、内容和基本性质，分析这种意识形态对现代资本主义统治的维护作用和对人的自由本性的压抑、扭曲乃至剥夺，强调意识形态革命对于消除人和社会的异化状态、改变人类生存命运的重要作用。当然，上述这些理论还不是对意识形态本身的专门研究，但它们充分地显示出对资本主义意识形态进行批判性研究的重要性，从而使探讨意识形态的形成、性质、特征及其在现代社会中起作用的机制成为必要。齐泽克和詹姆逊的意识形态理论或文化批判理论是非常值得重视的。

斯洛文尼亚哲学家斯拉沃热·齐泽克是当代所谓"后马克思主义"的主要代表人物之一。他的意识形态理论是从主体生成的角度对意识形态的形成过程的探析。在这方面，他充分吸收了法国精神分析学家拉康的思想。拉康把主体（"自我"）的形成过程从纵向上分为三个阶段：前镜像阶段、镜像阶段和俄狄浦

斯阶段；从横向上把主体涉及的领域分为"三界"：想象界、象征界和实在界。他认为，主体的真正形成是在"俄狄浦斯阶段"。在这个阶段，主体从自然状态进入到社会文化的象征秩序中，亦即进入到一个由"象征符号"，如语言、制度、规则等构成的巨大网络中，主体通过认同这个由象征符号构成的网络而构成自身的"象征界"，并实现了自身的社会性和文化性，成为社会化的人。但是，在这个过程中，主体必然要接受社会象征秩序对自身欲望的审查和驯化，将其不适合象征秩序的成分予以压抑和摒弃。拉康将其称为"符号性阉割"。然而，这种阉割又是不完全的，总会留下一些未被处理的、尚未实现的东西，即不能被符号化或不能融入符号秩序的"原质"，这些东西构成了"实在界"，它是人的思维和记忆永远触及不到东西，它在象征活动之外，是象征界的对立面。这就必然造成人格的自我分裂和异化，即一方面，主体作为由象征符号制造出来的话语主体，他完全服从意识形态命令和法律权威，并凭借这种服从获得自己力量的外观；另一方面，这一话语主体身份的获得，又必然是以丧失"实在界"的原初真实状态为代价，造成了"主体的空无"（或"真实的缺失"）。主体的这种自我分裂或异化必然带来人格的创伤，引起焦虑，并引发个体与社会的矛盾。

齐泽克将拉康的上述理论延伸到人类社会，以此揭示意识形态形成的秘密。他认为，社会本身就是文化符号意识形态构建的结果。人类要将原来混乱无序的社会构建成有利于自身存在的有序的社会，就必须借助意识形态的构建来确立每个个人的合理的自我身份。但这个过程恰恰是以"主体的空无"或"真实的缺失"为代价的。在他看来，意识形态就是围绕这个无法避免的空无而建构自身的，任何国家和社会之所以不能没有意识形态，原因就在于意识形态的"幻象功能"能够避免直接的"主体空无"和"真实的缺失"可能带来的"社会创伤"、"社会对抗"和"社会矛盾"。所谓意识形态幻象功能，就是通过幻象修饰、填补符号秩序与实在界之间的裂缝，隐藏其非一致性，赋予社会以一致性和整合的意义，营造一个完美的社会存在。因而他说："在意识形态中，我们可以适当地使用'幻象'这一概念：这里同样没有阶级关系，社会总是被对抗性的裂口所穿越，而对抗性的分裂是无法整合成符号秩序的。社会意识形态的幻象的赌注是要构建一个有关真正存在的社会的景观，构建一个没有被对抗性的分工所割裂的社会，构建一个其各部分的关系呈现有机性、互补性的社会。"① 所以，意识形态的基本性质在于，"它是用来支撑我们的'现实'的幻象建构；它是一个'幻觉'，能够为我们构造有效、真实的社会关系，并进而掩藏难以忍受、真

---

① 齐泽克：《意识形态的崇高客体》，季广茂译，中央编译出版社 2002 年版，第 176 页。

实、不可能的内核，协调符号秩序的不一致性。"① 不难看出，齐泽克的这一思想实际上构成了对马克思关于意识形态的"虚假性"的解释。

齐泽克指出，意识形态起作用的机制，或者说意识形态的幻象可以构建现实的奥秘，就在于对意识形态的信仰和服从。对意识形态的信仰，就是说，意识形态是崇高的、神圣的，对意识形态的驯服不需要理由。即使意识形态有缺陷，这也丝毫不会损伤它的权威性。对意识形态的服从，就是说要无条件地接受意识形态的要求，而不要去怀疑它的权威性和合理性。显然，没有这种信仰和服从，意识形态就难以发挥它的应有的作用。齐泽克进一步指出，对意识形态的信仰和服从还在于这种意识形态本身是被"意识形态的崇高客体"所支撑。所谓"意识形态的崇高客体"就是指信仰的对象作为客体具有一种崇高性。这种崇高性取决于这种客体所处的结构位置。以现代社会中的货币崇拜为例：货币最初是作为一般等价物出现的，但货币一旦确定，真正发挥作用的就不再是其物质材料，而是其在商品交换中所处的结构性位置和所起的结构性作用。由于这种结构性的位置和作用，货币好像不是由物质材料组成，而是由某种崇高的、不可毁灭和不可改变的材料组成的，是一种可以超越生死的"躯体之内的躯体"。这就意味着，客体的崇高并不是由于客体本身带有某种特殊崇高的物质材料，而是因为它处在符号秩序与实在界之间的裂缝之中，它的作用使人们产生弥合裂缝的幻觉。因此，"崇高客体之所以为崇高客体，并不是因为它本身有什么特别之处，而是因为它能够满足我们的幻想的迫切愿望，满足我们内心的隐秘需要。"②

从对意识形态幻象功能及其起作用的方式的解析出发，齐泽克对现代资本主义社会意识形态进行了批判性的研究。在这方面，他和卢卡奇一样，继承和发挥了马克思《资本论》中关于商品拜物教的理论。齐泽克首先区分了两种拜物教的形式。第一种是"直接的拜物教"，它发生在马克思所说的"人的依赖性"的传统社会中。例如，在国王与臣民的关系中，"成为国王"是"国王"与其"臣民"之间所构成的象征秩序网络的结果。这里存在着一个拜物教性质的误认，即要想成为这种社会结合物的参与者，就必须赋予这种关系以意识形态的幻象：臣民之所以认为它们是臣民，要给予国王皇室待遇，是因为国王天生就是国王。他引用拉康的话说："一个疯子相信自己就是国王，一个国王也相信自己就是国王，疯子和国王相较，疯子并不比国王更疯，虽然国王总是把自己等同于'真命'天子。"③ 第二种拜物教形式是"祛拜物教化"（Defetishized）或不完全拜物教，也就是商品拜物教。这种拜物教发生在现代资本主义社会中。资本主义生产

① 齐泽克：《意识形态的崇高客体》，季广茂译，中央编译出版社 2002 年版，第 173 页。
② 齐泽克：《意识形态的崇高客体》，季广茂译，中央编译出版社 2002 年版，第 20 页。
③ 齐泽克：《意识形态的崇高客体》，季广茂译，中央编译出版社 2002 年版，第 34 页。

方式把人与人之间的统治与奴役的关系伪装于物与物之间、劳动产品与劳动产品之间的社会关系形式之下，使之具有自由平等的外衣。"我们在这里所讲的是'自由'人之间的关系，每个人追随的都是他自己的利益。他们相互关系中主要的、决定性的形式不是统治和奴役，而是法律面前人人平等的自由人之间的契约。"①

可见，无论是直接的拜物教还是商品拜物教都是一种把统治与奴役的对抗关系隐匿起来的意识形态幻象。只不过，在进入资本主义之后，市场交换中相遇的两个主体已经摆脱了"奴才对主子的崇拜，主子对奴才的恩典和保佑"的关系，或者说把这种关系置换到商品的生产和交换关系中，使人们通过对商品关系和交换规则的认同被动地接受由"自由"、"平等"、"公平"的表面话语所构成的意识形态幻象，并产生对商品、货币的崇拜。然而，在这个表面上看似平等的帝国中，"奴役和拜物教真的消失了吗？不！在资本主义社会中，人的确第一次获得了表面的自主性，人成为了人。或许这就是马克思曾经说过的政治解放——在消除了最后的动物性后的'将人还给人'。可是，统治和奴役并非真的被消除，相反，它的来势更猛却更隐蔽了，它被更深地压抑在人的存在内部。"②

20世纪70年代以后，以微电子技术为核心的新技术革命迅速发展使传统的生产模式和商品交换方式逐渐被新的金融手段所取代，其中特别是以互联网和电子货币为媒介的虚拟经济网络已经渗透到经济生活的各个角落。齐泽克迅速捕捉到这一新的发展趋势所带来的拜物形式的变化。他注意到，随着电子货币的出现，金钱失去了它的物质存在形式，转变为一种纯粹的虚拟体，一种纯粹的符号。但这种物质化的消失，并不意味着商品本身的拜物教性质消失了，而是更加强化了商品拜物教对社会生活的控制能力。因为，物质化的消失使金钱以及它的衍生物转变成一种看不到的东西，一种无所不在、无所不能的幽灵，它渗透到并统治着我们生活的一切方面。齐泽克将此称为"拜物的幽灵化"。这种"幽灵化"只有通过其效果才能显示出来。他认为，拜物的幽灵化最终导致一种新的意识形态——他称之为"犬儒主义"——的产生。这种犬儒主义意识形态与传统意识形态有所不同：传统意识形态是由于朴素的无知所导致的虚假意识，人们是在不知情的情况下接受拜物教的观念；而犬儒主义意识形态的特征则是，人们清楚拜物的虚假性，知道意识形态普适下掩藏着的特定利益，因而不再信奉意识形态的真实性，也不再严肃地对待任何意识形态命题，但他们仍然承认并接受拜

---

① 张一兵：《社会征兆和非完全拜物教——齐泽克〈意识形态的崇高客体〉解读》，载《理论探讨》2004年第5期。

② 苏平复：《"征兆"：意识形态的创伤性内核——齐泽克意识形态理论初探》，载《现代哲学》2006年第4期。

物的存在，而不是与之断绝关系。他们永远从个人利益出发理解和阐释一切，并以一种逆反的方式，把正直、诚实想象为虚伪和欺骗的最高形式，把道德想象成放荡不羁的最高表现，把真理想象成最有效的谎言等等。齐泽克认为，随着资本主义经济的发展，这种犬儒主义的拜物教形式将不断在全世界扩展和蔓延。

美国当代著名的马克思主义理论家德里克·詹姆逊从对大众文化的透析入手，揭示现代资本主义对民众的意识形态操纵，并针对后现代文化的兴起，提出了晚期"资本主义文化逻辑"的理论。詹姆斯高度评价马克思主义理论在意识形态批判或文化批判中的重要价值。他在1981年出版的《政治无意识》一书中指出，只有马克思主义才能提出一种在哲学上自洽的，而且在意识形态上令人信服的解决，才能够给予我们对于往日文化神秘本质以一种充分的说明。

詹姆逊认为，以法兰克福学派为代表的西方的大众文化理论存在着一个基本缺陷，即总是以传统的现代主义精英文化作为标准，来衡量大众文化的"低级"状况，而没有考虑精英文化与大众文化对立的实际情况。在他看来，现代西方的文化发展趋势是高级文化与大众文化正日益互相渗透。因此，应当以辩证的方式重新确定大众文化与精英文化之间的联系。为此，他具体考察了大众和大众文化的形成过程。他首先将"大众文化"（Mass Culture）与"通俗文化"（Popular Culture）区别开来。他认为，过去的通俗艺术产品所依赖的社会现实与大众文化产品极不相同。它们事实上是对多种不同社会群体或阶级的"有机"表达，标志着文化生产者同阶级或群体公众之间的某种审美"契约"；它们从作为审美生产和消费的境遇的社会和集体状况中汲取它们的活力。就是说，艺术家和公众之间的关系是一种社会机制，或一种具体的社会和人际之间的关系，具有自身的合法性和特殊性。但随着市场经济的到来，商品的普遍化和市场体系逐渐分解、破坏或分裂了艺术家和公众的这种关系，使他们各自成为孤立的、同等个体的组合。审美意义上的"大众"已不复存在，艺术消费和生产成为商品生产的一个分支，艺术家因此失去所有的社会地位，而公众也在实际上变成了一种"找不到的公众"，即变成了大众。正是在这个意义上，当代工业化的大众文化的商品生产，与旧的通俗或民间艺术（Folk Arts）的形式毫不相干，也没有任何共同之处。

詹姆逊赞同法兰克福学派提出的大众文化操纵论，并给予了进一步的完善和补充。他认为，艺术作品的精神功能应当被描述为两个不相容的审美喜悦特性的协调：一方面是它的愿望满足功能，另一方面是其对精神的保护功能，使精神避免由于欲望和物质需求的具有破坏力的爆发导致精神的自我毁灭。从这一观点出发，詹姆逊把大众文化理解为对社会和政治焦虑与幻想的一种改造工作，这些焦虑和幻想必然在大众文化文本里有某种实际的存在，唯其如此才能"控制"或压制它们。为此，他说："现代主义和大众文化对基本的社会焦虑和关怀、希望和盲

295

点、意识形态的二律背反和灾难的幻想（这些都是它们的素材）具有压制的关系；但只有在现代主义倾向于通过生产各种补偿结构处理这种材料的地方，大众文化才通过对想象的解决的叙述结构或通过对社会和谐的视觉幻觉的投射来压制它们。"①

詹姆逊认为，意识形态要达到操纵或遏制真正的社会和历史内容的目的，首先必须以某种肯定的方式来对社会和历史内容进行发挥和表达。他把这种作用称为"乌托邦"或"超验的潜能"，它意味着，即使在最低级的大众文化中，也仍然隐含着对社会秩序的否定和批判，尽管大众文化同时也是那种社会秩序的产物。因此，大众文化作为有操纵能力的意识形态，"前提是大众文化的作品必须同时含蓄或明显地是乌托邦的，否则它们不可能是意识形态的：它们不可能进行操纵，除非它们向即将被这样操纵的公众提供某些真正的内容作为幻想的诱饵。"② 立足于这一分析，詹姆逊反对两种相反的大众文化理论：一种是忽视大众文化中的乌托邦部分，而只是空洞地指责大众文化的操纵功能和低下的地位；另一种是忽视大众文化的意识形态使命，只是一味地赞扬其中的乌托邦冲动。他指出："一切阶级意识——或换言之，一切最鲜明有力的意识形态，包括统治阶级意识的最具排斥性的形式，正如对立阶级或被压迫阶级的意识一样——都是乌托邦性质的。"③ 只有同时承认艺术文本内的意识形态和乌托邦功能，"马克思主义的文化研究才有希望在政治实践中发挥作用，当然，这种实践依然是马克思主义的全部意义所在。"④

对于当代非常兴盛的后现代主义文化，詹姆逊从社会历史发展的整体视角着眼，独具特色地将后现代主义文化视为晚期资本主义的文化逻辑的产物。他认为，大部分后现代主义都是作为对现代主义既有形式的刻意反动。因此，有多少不同形式的现代主义，就会有多少相应的后现代主义。在他看来，后现代主义在文化上的特征，就是取消高级文化与所谓大众文化或商业文化之间的先前界限，形成一些新型的文本，并将文化工业的形式、范畴和内容注入其中。在这个意义上，后现代主义迷恋的正是文化工业的景象，包括宣传和汽车旅馆，夜晚表演和B级好莱坞电影，以及所谓的亚文学，如机场销售的平装哥特式小说和传奇故事、流行传记、凶杀侦探小说和科幻小说或幻想小说。为此，詹姆逊指出，不应仅仅将后现代主义文化视为一种新的风格，而应将其视为在一定历史阶段的文化逻辑的产物。他写道："这里所描述的后现代主义概念与其说是个风格的概念，不如说是个历史概念。我无论怎么强调以下两种观点之间的根本区别也不算过

---

① 詹姆逊：《快感：文化与政治》，王逢振等译，中国社会科学出版社1998年版，第255页。
② 詹姆逊：《快感：文化与政治》，王逢振等译，中国社会科学出版社1998年版，第260页。
③ 詹姆逊：《政治无意识》，王逢振、陈永国译，中国社会科学出版社1999年版，第276页。
④ 詹姆逊：《政治无意识》，王逢振、陈永国译，中国社会科学出版社1999年版，第286页。

分：一种认为后现代主义是诸多风格中的一种，另一种则试图把后现代主义当成后期资本主义逻辑的文化主导因素来理解。这两种观点实际上导致产生两种整体地把握这个现象的方法。一方面是道德评价（对此，积极或消极无关紧要），另一方面是试图真正辩证地在历史中思考我们所处的时代。"①

詹姆斯还认为，后现代主义表现了晚期资本主义中新出现的社会秩序的内在真相。他写道："我们所谓的后现代（或多国）空间不仅仅是一种文化意识形态或幻想，而且具有作为资本主义在全球的第三次巨大的、空前的扩张（第一、二次扩张是国内市场和旧的帝国主义体系的扩张，它们都有各自的文化特征，并且产生了与各自的动力相适应的新型空间）的真正历史（和社会经济）现实。新文化生产欲探索与表达这种空间所作的歪曲的无反射的企图，于是，也该被视为是以它们自己的方式走向反映现实。"② 他具体分析了在晚期资本主义社会中出现的历史感的消失。在这种状态下，整个当代社会体系逐渐开始丧失保存它过去历史的能力，开始生活在一个永恒的现在和永恒的变化之中，而抹去了以往社会曾经以这种或那种方式保留的信息的种种传统。在某种意义上，新闻媒体的真正作用就是把这新近的历史经验尽可能快地放逐到过去。媒体的资讯功能将是帮助我们遗忘，并为我们的历史遗忘症充当代理人和机构。而后现代主义的两个特征，即现实转化为影像和时间断裂为一系列永恒的现在，都与这个过程惊人地吻合。他写道："历史性的危机现在以新的方式决定了一种回归，即回到后现代力量场中普遍的时间组织问题，实际上，回到在一个越来越被空间和空间逻辑所主宰的文化中时间、时间性和句法能够采取的形式问题上来。如果主体已确实失去了越过时间多层次积极地伸展其前张力和再张力，以及将过去和将来组成连贯一致的经验的能力，那么，除了'成堆的碎片'以及一种任意异质的、支离破碎的、瞎碰运气的实践以外，很难知道这种主体的文化生产如何能产生其他东西。"③

六、福斯特的生态马克思主义：对现代资本主义的生态学批判

20 世纪中叶以来，生态问题迅速地成为最重要的全球问题之一。环境污染和资源耗竭以几何速率倍增，不仅已经给当代人的生活造成了巨大的困难，更威胁着人类生存的不太久远的未来。对此，各国科学界、经济学界、政治界纷纷提出用以缓解环境危机的方案，环境保护、可持续发展等环境意识也已在大众意识

① 詹姆逊：《快感：文化与政治》，王逢振等译，中国社会科学出版社 1998 年版，第 202 ~ 203 页。
② 詹姆逊：《快感：文化与政治》，王逢振等译，中国社会科学出版社 1998 年版，第 206 页。
③ 詹姆逊：《快感：文化与政治》，王逢振等译，中国社会科学出版社 1998 年版，第 179 页。

中形成共识。但到目前为止，有关环境保护的各种方案似乎并不奏效，无论是单纯的技术革新、自然市场化的尝试，还是公众的环保意识和活动，都没能触及生态危机的本质，因而也不能使人们真正摆脱人与自然环境间的尖锐冲突。这种情况促使关注生态问题的学者进一步深入探讨造成生态危机的深层原因，即检讨和批判与现代社会的生产方式、经济模式和社会制度的关系，从而使生态问题的研究成为现代性批判的主要内容。当代生态马克思主义就是在这一背景下产生的。其主要代表人物之一是美国学者约翰·贝拉米·福斯特。

福斯特在他的三部著作《马克思的生态学：唯物主义和自然》（2000 年）、《生态危机与资本主义》（2001 年）、《脆弱的星球：环境经济简史》（1994 年，1999 年）中，对当代资本主义生态危机进行了马克思主义的解读。《马克思的生态学：唯物主义和自然》的主旨是"挖掘对自然和生态危机的唯物主义认识"[1]，通过梳理马克思主义原著，阐释马克思的实践唯物主义自然观的范畴，并提出了"物质变换裂缝理论"，成功地为马克思主义的生态立场提供了哲学基础和切入现实的路径。《脆弱的星球：环境经济简史》则展现了从前资本主义社会到当前阶段的生态破坏情况，面向资本主义经济和生态的本质对立，"为读者提供了一幅前资本主义社会到今天生态环境恶化的简明历史画卷"。[2] 在《生态危机与资本主义》一书中，福斯特不再作单一的历史性描述，而是试图直接介入当代政治经济领域对资本主义和环境的争论，以直接解读当今生态危机的各方面具体问题。

在产生于 20 世纪 60 年代的西方主流绿色理论中，兴起了一股以生态学的形式复活马尔萨斯主义的思潮，即新马尔萨斯主义。在生态危机面前，这一思潮重新强调了马尔萨斯理论的主要观点：资产阶级社会乃至全世界所遭遇的所有问题的关键都可以归咎为穷人的过多生育，并且穷人的秉性是倾向罪恶和贫困，所以帮助穷人的企图只能使他们继续生衍繁殖，最终导致所有人的共同毁灭，改进未来社会的方法只能是继续富人的财富积累。福斯特依据马克思的自然观和人口理论对这一思潮进行了严厉的批判。他指出，新马尔萨斯主义将生态危机归咎为人口过剩危机的言论，无非是试图证明，未来社会条件的改善和穷人境况的根本改善是不可能的，这实际上远非对生态的贡献，本质上讲是非生态甚至反生态的，是企图赋予生态学以保守的维护资本主义的特性，因而"是统治阶级的无耻献媚者"。[3] 针对当代主流绿色思想把马克思曲解为一个支持技术进步的反生态论者，把唯物主义等同于机械决定论和技术决定论等观点，福斯特旗帜鲜明地指出："马克思的世界观是一种深刻的、真正系统的生态（指今天

---

[1][2]　约翰·贝拉米·福斯特：《生态危机与资本主义》，上海译文出版社 2006 年版，第 1 页。

[3]　转引自 Marx, Theries of Surplus Value, Part 2, p. 120。

所使用的这个词中的所有积极含义）世界观，而且这种世界观是来源于他的唯物主义的"。[1] 他强调割裂社会和自然联系的主流绿色思想不可能真正解决当代生态问题，这就凸显出马克思唯物主义哲学的优越性，他说："不仅在于这种唯物主义强调物质——社会生产条件这个社会前提，以及这些条件如何限制人类的自由和可能性，而且因为，在马克思那里，至少是在恩格斯那里，这种唯物主义从来没有忽视过这些物质条件与自然历史之间的必然联系，也就是与唯物主义自然观的必然联系。"[2] 因此，在马克思的唯物主义思想传统中内在地蕴含着生态思想。

福斯特生态马克思主义理论的重要贡献之一，就是他在梳理马克思唯物主义发展史的过程中发现了马克思的"物质变换裂缝理论"。通过这个理论，福斯特找到了马克思思想与当代生态问题间有机联系的切入点。他认为，马克思的物质变换理论源于对德国农业化学家李比希"物质变换"概念的继承。李比希于1840 年出版了《农业化学》一书，从自然科学的角度对土壤进行了研究，提出了一个"归还定律"，即"要维持地力必须全部归还从土壤中拿走的东西。如果拿走的东西不全部归还的话，那么不可能指望再收到那么高的产量。"[3] 他还指出，造成土壤贫瘠的两大根源，是资本主义掠夺式的农业制度和城市污染所造成的城乡分离，以及人类和动物的排泄物无法有效收集并返回农业。因此，只有建立在归还原则基础上的理性农业才能根本解决土壤贫瘠问题。马克思吸收了李比希的物质变换概念，并将其纳入到政治经济学的研究中，和劳动概念结合成有机的整体，来分析和批判资本主义农业、工业对人力的自然力和土地的自然力的破坏。

从马克思运用物质变换概念分析自然和人类社会间物质变换的联系和矛盾（裂缝）中，福斯特看到了马克思的生态学及其解读当代生态问题的可能。他认为，马克思的"物质变换"概念包含自然和社会双重内涵：一方面是物质变换的"自然内涵"，主要是指自然界内部的物质交换和以劳动为中介的自然与社会间的物质交换，如自然界内部的物质交换即是指所有生命体都具有的新陈代谢过程，无机界的新陈代谢过程以及自然和社会之间的物质交换。其中，自然与社会之间的物质变换是最能体现物质交换的自然内涵的形式。马克思在阐释这种交换时，将劳动作为中介，把劳动定义为人以自身的活动来引起、调整和控制人和自

---

① 约翰·贝拉米·福斯特：《马克思主义的生态学：唯物主义和自然》，高等教育出版社 2006 年版，第 3 页。

② 约翰·贝拉米·福斯特：《马克思主义的生态学：唯物主义和自然》，高等教育出版社 2006 年版，第 22 页。

③ 李比希：《农业化学》，中国农业出版社 1983 年版，第 6 页。

然间的物质变换过程，劳动过程是制造使用价值的有目的的活动，是人类为了满足自身需要对自然物的占有，人类通过主观能动的劳动创造出人类社会与自然界间的物质交换。在现实的生产劳动中，这种物质交换最突出的表现为人与土地的物质交换，人在主观能动的劳动同时又受到"归还定律"等农业化学定律的约束，这说明自然的物质变换受到自然的生命律的调控。另一方面是物质变换的"社会内涵"，即社会的物质变换，包括人类在劳动过程中以劳动组织为基础形成能动的各种需要和关系构成的网络，人类通过劳动获得的产品或商品根据这个网络在人类社会内部进行分配、交换和消费，不同的社会形态有不同的需要和关系网络。福斯特强调，物质交换的社会内涵（社会的物质变换）是以自然内涵（自然的物质变换）为前提和物质基础的，二者的结合就能够表达人与自然的辩证关系，既强调人类赖以生存的自然条件的客观性，又强调人类改造自然条件的能动性。

福斯特认为，物质变换的自然内涵所面对的是人类一般劳动过程，而社会内涵面对的是随着人类社会历史发展的具体劳动过程。资本主义生产是人类历史上最为复杂的具体劳动方式，它把一切都卷入了生产和再生产，把包括人的生产劳动和自然的产物在内的一切都贴上了商品的标签，资本主义作为特殊的社会形态在管理、调整现实的社会物质变换以及社会和自然之间的物质变换过程存在巨大局限性，使物质变换产生了裂缝，给人类社会和自然带来了严重的后果，生态破坏就是它的现实的具体的表现形式。如马克思在《资本论》中指出的那样，资本主义生产使人口向大城市聚集，城市中人与动物排泄物流失，造成人以衣食形式消耗的土地组成部分不能回归到农村土地中，破坏了人和土地间的物质变化；另外，资本主义农业的进步、化学肥料的使用，都反而使土地更为贫瘠。在资本主义制度下，人们为了经济目的，破坏了人与自然间正常的物质变换过程，最终导致了自然生态遭到破坏。

通过马克思、恩格斯的这些论述和对物质变换概念的自然和社会内涵及其辩证关系的理解，福斯特将物质变换裂缝理论总结概括为："自然的生命律规定并控制着社会的物质变换。自然的生命律要求土壤营养成分的'系统归还'，然而社会的物质变换却掠夺了土壤的营养构成要素，使之不能'系统归还'，而是导致了'土壤构成要素异化'。"① 在他看来，资本主义生产条件下出现的物质变换裂缝实质上是自然和社会关系的异化：首先是人与外部自然间的异化，主要表现为人与土地间的异化，在原始资本的积累中，绝大多数人被少数土地垄断者所控

---

① 约翰·贝拉米·福斯特：《马克思主义的生态学：唯物主义和自然》，高等教育出版社 2006 年版，第 156 页。

制；其次是人的内部自然的异化，即在工业资本主义条件下，工人生活的基本条件和身心的异化。也就是马克思曾解释的，在资本主义状态下，人类生存的无机条件和人类自身的积极的生存状态相分裂，这种分裂从物质基础上看就是作为自然一部分的人与自然的异化，也就是自然本身的异化，同时也是作为人与自然间物质交换中介的劳动异化。也就是说，导致物质变换裂缝或者说导致生态危机的本质原因是资本主义的生产方式，在资本主义土地私有制下，土地被少数资本家所控制，大部分人与土地的直接联系被切断，沦为雇佣工人。因此，资本主义雇佣劳动制发展的前提是自由劳动同其赖以实现的客观条件相分离，即劳动手段和劳动资料的分离。资本主义生产的目的是追逐利益，土地私有制是实现这一目的的必要条件。福斯特认为，马克思一直坚持强调人同土地的异化是资本主义制度的必要条件。因此他指出，无论资本主义制度下的农业在技术和管理上如何进步，它都不可能成为合理的，因为在资本主义制度下人与土地之间的物质变换裂缝的产生是必然的。

裂缝产生的原因决定了其无法弥补性，在马克思时代的物质变换裂缝在当代仍然没有被消除，反而随着城乡的进一步分离、全球化贸易的发展而不断加剧，人与自然间的异化已经成为了人类生存与发展所要面对的首要问题。这表明，生态与资本主义是在本质上和整体上对抗的，从资本主义的立场上解决环境问题的所有尝试都将是徒劳的，物质变换裂缝的不可修复性证明了资本主义下的可持续发展是不可能实现的。

福斯特的上述理论，可以说是非常成功地发展了马克思的实践唯物主义的自然观和劳动异化理论，他用马克思的自然异化观统领了其劳动异化观，从自然异化的角度重新解释了劳动异化的概念，突出了人与土地、人与自然的异化是劳动异化的前提和基础，引申出从人与自然关系的角度批判资本主义私有制的全新的维度，并通过物质变换裂缝理论的重新建构找到了用马克思主义解读当代资本主义生态危机的切入点。福斯特的理论充分显示出马克思主义理论在当代生态问题研究中的重要价值，确立了现代资本主义批判的新的角度和方法。

第三节　当代国外学者对马克思主义理论的"补充"、"修正"和"改造"

从第二节可以看出，20世纪以来，国外马克思主义者之所以被称为"马克思主义者"，其共同特征是，他们都将马克思主义理论视为自己思想理论的渊

301

源，都肯定马克思主义理论的当代价值，并把自己的理论看成是马克思主义理论的后继；他们都坚持马克思主义理论的批判精神，深刻地揭示现代资本主义在其发展中所暴露出来的各种矛盾、危机及其内在原因，从而使对现代资本主义的马克思主义批判能够随着资本主义本身的演进而不断向纵深发展。尤其值得注意的是，国外马克思主义者对马克思主义的坚持和发展，并不受制于某种意识形态的制约，也不是出于某种党派政治的偏见，而是始终保持着学术的独立性和自主性。因此，他们坚决反对对马克思主义理论进行教条主义式的坚持，而是依据他们自己对马克思主义基本理论和方法的理解以及他们对现代资本主义发展所呈现出来的新矛盾、新问题和新经验的认识而发挥和发展马克思主义的理论主张和批判精神。这其中就包括了他们各自对马克思主义原初理论的"局限性"或"缺陷"的理解和他们试图克服这些局限性或缺陷的努力，亦即他们对马克思主义理论作出的"补充"、"修正"乃至"改造"。应当指出的是，他们对马克思主义理论的局限性或缺陷的理解本身就是十分重大的理论问题，尽管他们的理解本身就可能程度不同地包含着"误解"甚至"曲解"，而且他们中一些人为克服这些所谓的局限性或缺陷所作的努力实际上具有背离马克思主义基本理论、方法和原则的倾向，甚至最终放弃了马克思主义，但是，他们在这个方面提出的问题大都发生在马克思主义理论与当代资本主义发展现实的交接点上，也就是说，发生在理论与实践的结合之处。因此，认真研究这些问题，对于我们更为准确地理解马克思主义理论，对于我们促进马克思主义理论在当代的发展，对于我们从理论上把握现代社会的发展现实和趋势，都具有十分重要的理论意义。

一、卢卡奇、葛兰西对马克思主义理论的补充和修正

在本章第一部分，我们已经提到，早期西方马克思主义者卢卡奇从历史过程的主客体统一的观点出发，强调唯物辩证法的总体性特征，认为马克思主义体系的最高原则不是经济原则，而是总体性原则。在他看来，马克思的辩证法的目的就在于把社会作为一个整体来理解，它不承认法律、经济和历史等等科学的独立存在，作为一个整体，它只承认一种唯一的、统一的社会发展的科学，它是辩证的和历史的。从这个总体性论点出发，卢卡奇表述并论证了他对马克思主义唯物辩证法的理解。他认为，马克思的辩证法关键在于它的唯物主义特征，这涉及辩证法的理论与实践的统一问题。他指出，辩证法不是从外面注入历史本身之中的，而是起源于历史，在历史发展的特殊阶段中被认识的。基于这个观点，他对恩格斯的辩证法思想提出了批评，认为恩格斯从与"形而上学"对比的角度阐述了辩证法的特征，强调辩证法的特征在于概念间那种明确的界限的消失，却忽

视了历史过程中主体和客体之间的相互作用。他说："恩格斯甚至根本没有提历史过程中的主体和客体之间的辩证关系这种最重要的相互作用，更不必说给予它本应值得重视的地位了。但是如果没有这个因素，辩证法就不再是革命的，尽管试图（归根到底是妄想）保持住'流动的'概念。因为这意味着没有认识到，在一切形而上学中，都没有触及和改变客体。这样，思想就停留在思辨的水平上而没有成为实践；而对辩证法来说，中心的问题是要改变现实。"① 进而，他从主客体相互作用以及主体改变客体的实践出发，对恩格斯的自然辩证法理论提出了质疑，认为恩格斯的失误就在于忽略了辩证法的主客体统一的本质，而把辩证法归结于纯粹的自然进程本身。对此，他反复强调应当把辩证法限定在社会历史领域，即限定在与人的活动有关的领域，以及人对自然的认识和改造，而反对将辩证法推广到自在的自然本身。

卢卡奇对于唯物辩证法的这一理解的确是具有启发性的。离开了人的历史活动，离开主客体相互作用关系，谈论自然辩证法，并把唯物辩证法建立在与人的活动无关的自在自然的基础上，的确是理论上的偏颇。但卢卡奇的观点却也显示出另一种偏颇，即离开自然而谈论辩证法。正如后来葛兰西所指出的那样，如果卢卡奇的断言预先假定了自然和人之间的二元论，那么他就是错误的，因为他陷入了否认人与自然的统一的唯心主义的自然观。但如果人类历史也应被看作自然史的话，辩证法就无法同自然分割开来。此外，从认识论意义上说，"自然辩证法"这个用语并非完全没有意义。如果把自然辩证法理解为人类对自然的辩证认识，它产生于人们对自然的理论把握中，那么它无非是表明，固守"非此即彼"的形而上学方法并不能具体地、完整地或真正科学地把握自然过程。在这个意义上，恩格斯所说的，"对于现今的自然科学来说，辩证法恰好是最重要的思维形式"这一观点，依然具有重要的意义。

卢卡奇的思想在葛兰西的理论中得到了进一步的发挥。葛兰西从总体上把马克思主义理解为一种实践哲学。它同卢卡奇一样，反对脱离历史和人类之外的客观性概念，反对所谓"外部世界"是否客观存在的问题，认为只有求助于历史和人才能证明客观实在。他也不赞同马克思把经济基础是为社会最终决定因素的观点，而是强调："在哲学中，统一的中心是实践，就是人的意志（上层建筑）和经济基础之间的关系。"为此，他批判那种把马克思主义同所谓永恒的和绝对的物质形而上学混为一谈的理论，认为这种理论把马克思主义变成永恒的和绝对的真理的教条体系，使它成为一种最坏意义上的意识形态。葛兰西不反对把马克思主义理解为"一元论"的哲学，但他对马克思主义一元论作出了这样的解释：

---

① 卢卡奇：《历史和阶级意识》，张西平译，重庆出版社 1989 年版，第 4～5 页。

"'一元论'这一术语表达什么意义呢？当然不是唯物主义的，也不是唯心主义的，而是意味着在具体的历史行动中的对立面的同一性，即与某种组织起来的（历史化了的）'物质'，与人所改变了的自然不可分割地联系在一起的具体意义上的人的活动（历史一精神）。这是行动（实践、发展）的哲学，但不是'纯粹'行动的，而恰好相反是'不纯粹'的、最世俗的、最普通意义上的行动的哲学。"①

在意识形态批判方面，葛兰西接受了马克思关于统治阶级的思想在每一时代都是占统治地位的思想这一基本观点。但他依据现代资产阶级文化意识形态发展的特征，对这一思想作出了补充。他认为，马克思的这一思想，并不一定意味着资产阶级文化和意识形态总是试图取代工人阶级的文化和意识形态，从而直接制定框架来约束工人阶级的阶级意识和经验。反之，资产阶级之所以能够成为霸权阶级，其前提是资产阶级意识形态必须在不同程度上能够吸收和容纳对抗阶级的文化和价值，并为其提供一定的空间。资产阶级霸权的巩固不在于消灭工人阶级的文化，而在于联系工人阶级的文化形式，并在这一形式的表征中来组建资产阶级的文化和意识形态，从而使工人阶级文化的政治属性也在这一过程中发生改变。应当说，葛兰西对马克思思想的这一补充是非常深刻的，对于人们认识资产阶级意识形态的构成和起作用的方式，揭露其虚假性、欺骗性具有重要的理论价值和指导意义。

当然，葛兰西的实践哲学理论与卢卡奇的总体性理论在其最基本的理论原则上，具有大致相同的贡献，也存在着大致相同的问题。指出社会历史的统一性在于人的实践活动，强调物质因素与人的意志或经济基础与上层建筑的关系的重要性，都是重要的理论见识。但如果我们进一步追问经济基础与上层建筑或人的意志的关系是怎样的？这个问题就不能仅仅停留在"相互作用"和"同一性"的抽象议论中。

二、哈贝马斯对历史唯物主义的"重建"

在当代国外马克思主义理论阵营中，哈贝马斯的最为重要的理论贡献之一，是他从语用学的角度提出了"交往行为"的理论。他认为，交往行为是具有语言能力和行为能力的主体之间为达到相互理解而做出的行为，它涉及的是主体之间的相互关系。达到相互理解是交往行为的根本目的，为达到这个目的，必须具备两方面基本条件，其一是共同的语言背景和语言规则，这是实现主体间相互理

---

① 葛兰西：《狱中札记》，人民出版社 1983 年版，第 58 页。

解的一个条件；其二是要有共同的价值准则。这种共同的价值准则是具有理性能力的人通过商谈过程形成的普遍共识，因此，对这种普遍的道德规则的接受，不是被迫的，而是自愿的。因为这些普遍规范是否正确，不是根据先验的普遍原则，而根据人们的共同认同。它的根据既不是绝对精神，也不是单个主体或类主体，而是主体间性。

马克思主义理论本身重视社会交往过程，并以经济交往为基点说明社会历史进步的机制。但在哈贝马斯看来，马克思的社会交往理论侧重于交往的客观方面，局限于生产力和生产关系的侧度，考虑的只是技术和组织知识以及工具行为和战略行为。这对于理解社会进步的复杂过程来说是片面的或不完整的。为此试图以自己提出的交往行为理论为基础对历史唯物主义进行重建。对这个所谓"重建"，他的解释是："重建意味着把一个理论分解开，然后在某种新形式中，再将其整合在一起，以便更充分地实现它为自己确立的目标，这对于处理那些在许多方面需要修正、但其潜在的鼓舞力尚未枯竭的理论来说，乃是一种标准的方式（在我看来，这对于马克思主义者同样是标准的）。"①

哈贝马斯的基本观点是将社会进化过程理解为社会文化的学习过程。他认为，学习机制属于人类有机体的装置。通过语言建立的主体间性结构使社会文化的学习成为可能。这种主体间性结构是社会系统与个体系统存在的条件。社会系统可以视作交往行为网，而个体系统则可以在言语与行为能力的大方位下进行考察。在社会文化的学习水平上，社会再生产与其成员的社会化乃是同一过程的两个方面，它们互相依存于同一结构中。在哈贝马斯看来，这种"学习机制"较之马克思的经济交往概念更具普遍性和根本性，它不仅涉及经济的、技术的知识以及工具行为和战略行为，而且也涉及道德洞见、实践知识、交往行为以及对行为冲突的交感性调整等等。因此他说："（人类）物种所学习的，不仅是对生产发展具有决定意义的、技术性的有用的知识，而且包括对相互作用结构具有决定意义的道德—实践意识。交往行为规则确实对工具行为和战略行为领域内的变化作出了反应，并推进了后者，但在这样做的时候，它们是遵循着自己的逻辑。"②

在此基础上，哈贝马斯提出了进化性创新的理论。首先，他将社会进化的标志，不再局限于生产方式，而进一步抽象为"社会的组织原则"。在他看来，"生产方式"的概念的抽象程度不足以捕获社会发展的普遍性，因此应当用更抽象的"社会组织原则"的概念来替代"生产方式"的概念。所谓组织原则，指的是这样一些创新发明，它们通过可发展地、逻辑地加以重建的诸学习阶段使自

---

① 哈贝马斯：《交往与社会进化》，张博树译，重庆出版社 1989 年版，第 99 页。
② 哈贝马斯：《交往与社会进化》，张博树译，重庆出版社 1989 年版，第 152 页。

身成为可能，并使新的社会学习水平制度化。一个社会的组织原则决定着在哪种结构里制度系统的变化才是可能的，在什么程度上生产力的可利用能力能被社会地加以运用，新的生产力的发展在什么意义内才能被催动，在什么程度上系统复杂性和适应性能力可以被提高。一种组织原则由若干调节规则构成，这些调节规则的抽象程度远远高于生产方式，以至在由它们决定的社会形态里，若干种功能等效的生产方式的同时存在是可能的。其次，社会的进化学习的目标是要解决没有进化性创新就无法解决的系统问题，这些问题超过了既定社会的组织形式所限定的适应能力。进化的学习会首先开始于社会的个体成员或边缘集团，他们所获得的新的学习能力会通过范例性学习过程进入到该社会的译解系统中。在这种学习过程中，新的社会组织原则被建立起来。新的组织原则的引入，意味着新的社会一体化水平的建立。它反过来又使提供或制造新的可利用的技术—组织知识成为可能。它创造了一种可能性，使生产力得以增长，使系统的复杂性得以延伸。这样，对于社会进化来说，道德—实践意识领域中的学习过程就作为领步者发挥着功能。最后，社会的进化过程开始于由进化发展导致的问题和需要，而社会进化学习的过程会产生出新的能源，但这同时又意味着新的匮乏测度和由此而来的新的历史需求。

哈贝马斯的交往行为理论的确可以说是对马克思主义的社会交往理论的重大发展。他用"学习机制"来描述和解析社会进化的过程，不仅在一般意义上用主体间的交往行为解释了社会生产力何以得到发展以及怎样得到发展的问题，而且大大拓展了研究这一问题的理论视野，推进人们重新认识道德的、政治的实践意识在经济与社会发展中的重要作用。

三、对马克思主义阶级剥削理论的"修正"

马克思主义的阶级剥削理论以劳动价值学说为基础，以"剩余价值学说"为核心，深刻地揭示资本主义生产方式对工人阶级或无产阶级的奴役性质，阐释了资本主义经济关系、经济制度和经济过程中存在着的统治与被统治、压迫与被压迫和剥削与被剥削的关系，并据此对无产阶级反剥削反压迫革命斗争的合法性进行了论证。正因为如此，20世纪以来，西方资产阶级经济学家通常否认马克思的劳动价值论，否认马克思建立在劳动价值论基础上的剥削理论。在他们看来，市场上的交易是公平、自愿和互利的，因而根本就不存在马克思意义上的剥削。对此，美国当代著名左翼经济学家和政治哲学家、分析的马克思主义者约翰·罗默通过对马克思的阶级剥削理论的"修正"作出了理论上的回应。

罗默首先肯定"剥削"现象的存在，但他不同意把剥削理论建立在劳动价值学说基础上。他通过经济均衡模型表明：即使不存在劳动力市场，剥削依然是存在的，因此马克思把剥削理论建立在劳动价值论和剩余价值论基础上是不必要的。为此，他提出了一个"一般剥削理论"，认为剥削现象的存在与劳动价值论无关，而仅仅与生产资料的不同所有权或与财产分配的不平等有关。在他看来，剥削的根源在于财产的不平等分配，只要存在着财产的不平等分配，就一定存在着剥削。因此，剥削现象不仅存在于资本主义社会中，也存在于前资本主义社会和社会主义社会中。从这个"一般剥削"概念出发，罗默对封建主义剥削形式、资本主义剥削形式和社会主义剥削形式进行了比较分析。他认为，封建的剥削形式主要特征是，财产权表现为对农奴劳动的部分占有，因而剥削可以被看作是与他人劳动权力的不平等分配相联系的不平等。而资本主义剥削的特征是，财产权不再表现为对他人和他人劳动权力的占有，而是表现为对可转让的生产资料的占有。因而在既定的资本主义经济的初始财产权的条件下，人们的阶级地位取决于自己的最优化的行为：有产者由于有资本可以雇工剥削，从而成为剥削阶级，这是优化行为；无产者不得不出卖自己的劳动力以维持生计，成为被剥削阶级，这也是他们的优化行为。在这个意义上，阶级和剥削的概念并不主要取决于劳动力市场，而是根源于生产资料占有的不平等，亦即剥削归根结底是由财产关系决定的。这里的"财产"是指广义的生产要素，包括劳动、资本、技能（人力资本）和其他可用于生产和决定分配的财产。如果一部分社会成员在可转让生产资料的平等的再分配中获益，他们就是资本主义社会的剥削者，反之就是被剥削者。按照这个"一般剥削"的逻辑，罗默认为，在社会主义社会中也存在着剥削。尽管社会主义公有制的确立取消了生产资料占有的不平等，但因为社会主义社会的分配方式是按劳分配，这种分配方式是以承认技术不平等为前提的，因而存在着"技术剥削"。此外，"在现存的社会主义社会中还存在着一种看上去比技术剥削更有害的不平等，即因地位不同或由于不同职务导致的收入分配的不平等。"[①]他将之称为"地位剥削"。

罗默在其理论中还提出了"社会必要剥削"的观点。他明确地认为，剥削并不都是坏事，从实证的即技术的角度来说，剥削有时是社会经济发展所"必需"的。他对"社会必要剥削"的理解是，如果一个生产群体退出后，不能维持激励技术核心和发展劳动生产的机构，因而使群体变得比在原（受剥削的）经济体还糟，那么存在于原经济体中的剥削就是"社会必要剥削"。这种剥削不但不能被取消，而且还应当得到适当的保护。

----

① 罗默：《在自由中丧失——马克思主义经济哲学导论》，段忠桥译，经济科学出版社 2003 年版，第 155 页。

第七章 国外马克思主义与马克思主义整体性

罗默确信自己的"一般剥削理论"较之马克思的剥削理论更具有理论的诠释力，并且同历史唯物主义的原理是一致的。他认为，历史通过社会不必要剥削形式的相继消灭而获得进步。当一种剥削形式成为社会不必要剥削形式或生产力发展的桎梏时，这种剥削形式就通过革命的形式被消灭。

对于罗默的"一般剥削理论"，美国社会学家、分析马克思主义的另一代表人物 E.O. 赖特表示了不同意见。他在 1985 年发表的《阶级》一书中明确表示反对罗默用财产关系对阶级进行的概念界定，认为这个界定模糊了马克思主义对阶级的定义与韦伯对阶级的定义之间的区别。他主张通过对所谓的"经济压迫"和剥削加以区分来恢复马克思主义剥削概念的核心地位是可能的。因为，"经济压迫"概念解释了一系列客观物质利益，"即在剥削存在的情况中，剥削阶级的福利依赖于被剥削阶级的劳动。在仅仅存在经济压迫的情况下，压迫阶级只在保护自身财产权利方面具有利益；而在存在剥削的情况下，它还在被剥削者的生产性活动和成果方面具有利益。在经济压迫的情况下，如果所有被压迫者仅仅是消失或死亡，压迫者的物质利益不会受到损害。而另一方面，在剥削的情况下，剥削阶级需要被剥削阶级。如果被剥削者全部消失，剥削者就将受到损害。因此，剥削将剥削者和被剥削者绑在了一起，而这一点是经济压迫所不需要的。正是对抗性的物质利益同相互依存关系的这种特殊结合，造成了剥削与众不同的特性，并且使阶级斗争成为具有潜在爆发性的社会力量。"①

在《阶级》一书中，赖特还对资本主义国家中的中间阶层的剥削情况作了较深入的探讨，认为在这个阶层中，各种不同的剥削微妙地交叠在一起。例如，中间阶层的成员由于其传统生产资料的占有程度低于平均水平而常常是受剥削的；但由于他们占有高于平均水平的不可转让的财产如技术和管理职能，因而又是剥削者。他还指出，"阶级意识"与一个人遭受剥削的总量有关，而这又依赖于他在可转让的与不可转让的财产中的相对地位。爱欧斯特则对阶级问题提出了一系列的挑战，比如，他不同意那种认为阶级是历史上重要的集体行动者的观点，认为围绕其他中心，如语言、民族、宗教等组织起来的联盟在历史变迁中与阶级同样重要，甚至更为重要。

四、国外马克思主义与当代西方社会思潮的结合

20 世纪以来，在西方哲学和社会科学领域相继产生了许多新的学说、思潮和学术流派，这些学说、思潮或流派从不同的角度、以不同的方式对现代社会发

---

① 赖特：《阶级》，刘磊、吕梁山译，高等教育出版社 2006 年版，第 78 页。

展以及人的生存和价值问题进行了深入的研究，并为这种研究提供了新的视角和方法。在这个理论背景下，国外马克思主义研究也出现了与多种现代思潮相融合的多元化发展形态。这种趋向表现出当代马克思主义的发展与当代西方学术思潮之间的复杂关系，既包含着吸收、借鉴当代学术研究的积极成果以"丰富"和"充实"马克思主义理论的学术努力，也包含用当代西方思潮"修正"和"改造"马克思主义的理论企图，而对于大多数与当代学术思潮相融合的马克思主义理论来说，这两种情况通常是兼而有之。本书在这里选择一些比较重要的学术派别，加以简要的介绍。

（一）胡克对马克思主义的实用主义解释

悉尼·胡克是美国著名的实用主义哲学家，是杜威的得意门生和得力助手。在 20 世纪 40 年代之前，胡克对马克思是非常推崇的，出版了多部有关马克思主义理论的著作。在胡克眼中，实用主义与马克思主义并不矛盾。杜威在某些时候所运用的历史方法和马克思的历史唯物主义可以相互补充、并行不悖；而杜威对哲学二元论根源的劳动分工式的分析，对人的超时空的目标的设定的反对，对哲学与社会环境密切关系的强调，对实践本体论地位的重视，对理论与实践不可分离思想的主张，都与马克思的相关思想非常接近。他认为，马克思主义首先是一种指导革命实践的价值理论，一种非常重视人的活动、人的参与的实践理论。在这个意义上，马克思主义和杜威的实用主义在基本出发点上是一致的，那就是"人的需要、进化和活动"。

胡克对马克思主义的实用主义解释特别体现在认识论问题上。他不同意把马克思主义认识论归结为反映论的观点，认为这种观点是"费尔巴哈的爱的政治在政治上的消极被动主义"，与马克思的"能动认识论"格格不入。在他的理解中，马克思主义的能动认识论等同于实用主义的"效果论"，即认为，正确的观念就是一种为我们的实践活动同外部对象这两者之间的相互作用的结果所证实的观念。他说："既然我们所力求知道的客观情况，由于经验活动的缘故而发生了某种变化，那么，就必须把观念同事物之间的符合，看作是事后的，而不是事前的。"①

当然，胡克用实用主义来解释马克思主义最终还是遭到了失败，他的解释没有被大多数马克思主义者所接受，这导致了他对马克思主义的重新审查。他发现恩格斯以后的大多数马克思主义者所信奉的马克思主义有着严重的理论缺陷，它的主要部分——辩证法和历史唯物主义没有他原先以为的那种说服力。这动摇了

---

① 胡克：《对卡尔·马克思的理解》，徐崇温译，重庆出版社 1989 年版，第 87~88 页。

胡克对马克思主义的信心，甚至认为自己对马克思思想的理解（即实用主义解释）是一个幽默。此后，他不但更加具体地对正统的马克思主义激烈指责，而且也对马克思本人进行反思，并最终放弃了马克思主义，回归于实用主义。他说："是不是被称为马克思主义的，就像这是不是'马克思的真正意思'的问题一样，是不重要的"[①]。他明确表示："为了心理上和历史上的理由，也许有必要放弃'马克思主义'一词，不用它来作为一种鉴定的名词。"[②]

（二）以萨特为代表的存在主义马克思主义

法国哲学家萨特的哲学历程经历了一个重大的思想转变，即从单纯的存在主义哲学走向存在主义与马克思主义的结合，"其中融入马克思主义的成分是第一位的，马克思主义作为一种全新的因素进入到萨特的思想体系里。对于萨特的哲学视界来说，这是一种新质的融入，因为萨特是从自己原有的存在主义的出发点走向这种结合的，体现了对存在主义哲学本身的一种自我反思与批判。这是萨特哲学的新生。尽管如此，对于萨特来说，这种结合也还有另一重意味，即他试图以存在主义来补充马克思主义，克服马克思主义的理论缺陷。"[③]

萨特高度评价马克思主义理论的历史地位，认为马克思主义是当代上升阶级即无产阶级的自我意识方式，只要马克思所提出的问题还没有解决，马克思主义就是不可超越的。不过，他从存在主义的基本立场出发，把马克思主义视为一种真正意义上的人道主义，一种以个人实践为基础的"人学"。在这个意义上，马克思主义本身就应当包含着存在主义。但是，在马克思主义后来的发展中，却把"人"这个最重要的东西丢掉了，使马克思主义中出现了"人学的空场"，从而失去了生命力。为此，他主张把存在主义合并到马克思主义中，以便使马克思主义能够重新"发现人"、"探究人"。他甚至认为，存在主义不过是寄生在马克思主义哲学之上的"思想体系"，因而"一旦马克思主义的研究把人的高度（即存在的计划）作为人学的基础而加以掌握的时候，存在主义就再没有存在的理由了。"[④]

但从萨特理论的总体倾向上看，他实际上是把马克思主义存在主义化。他全盘否认"辩证唯物主义"的存在，并力图把历史唯物主义改造成"历史人学"。他从存在主义的抽象的、绝对自由的基本观点出发，否认社会历史规律的存在，否认社会历史条件和历史的客观必然性对人的制约，强调作为辩证法的历史唯物

---

① 胡克：《理性、社会神话和民主》，上海人民出版社 1965 年版，第 106～107 页。
② 胡克：《理性、社会神话和民主》，上海人民出版社 1965 年版，第 109～110 页。
③ 衣俊卿等著：《20 世纪的新马克思主义》，中央编译出版社 2001 年版，第 372～373 页。
④ 萨特：《辩证理性批判》，安徽文艺出版社 1998 年版，第 133～134 页。

主义不能研究不依人的意志为转移的历史规律，而只能研究人的特征、人的实践等等。这些观点表现出萨特思想对马克思主义基本理论的背离。当然，萨特在后期多少修正了自己观点，在一定程度上承认历史对人的制约。但这种承认依然是以坚持存在主义的基本观点，即人的存在的主观性、人的绝对自由为前提的。

（三）阿尔都塞对马克思主义的结构主义解读

20 世纪 60~70 年代，法国著名的马克思主义理论家路易·阿尔都塞针对法国和西方马克思主义思潮中把马克思主义"人道主义化"的理论倾向，系统地研究和重新阐发了马克思主义的社会结构理论。按照阿尔都塞的看法，马克思主义是一种关于社会结构分析的科学，其中对资本主义社会的具体结构的分析在马克思主义的社会历史理论中占有重要的地位。他认为，资本主义是一种历史发展的结果，但马克思对当代资产阶级社会的理解绝不是从有关这种结果的发生理论中获得的，而是从有关"机体"，即有关当代社会结构的理论中获得。马克思的以"实践状态存在的辩证法"就是对于现实资本主义社会结构的具体分析，而结构分析方法也就是矛盾分析法。"矛盾"是同整个社会集体的结构不可分割的，是同该结构的存在条件和制约领域不可分割的。"矛盾"在社会结构内部受到各种不同矛盾的影响，因而在同一运动中既规定着社会形态的各方面和各领域，同时又被它们所规定。因此，社会结构关系在本质上就是矛盾关系。阿尔都塞还认为，在马克思的辩证法中，矛盾是复杂的，是"多元决定"的。这表现为，马克思把历史看作不同因素之间的关系的发展过程，除经济以外，它还包括政治、意识形态和理论等各不相同而又相互联系的因素。社会总体的性质由经济因素决定，然而这种决定作用只是归根结底的决定作用，"无论在开始或在结尾，归根到底起决定作用的经济因素从来都不是单独起作用的"①，而是在经济、政治、理论等多种因素之间主要作用的相互调换中行使的，它决定其本身在一个社会结构中，在特定时间里是决定的还是非决定的，并在自己是非决定性因素时，决定上层建筑中哪个因素成为决定性因素。阿尔杜塞把自己的这一观点称为"多元决定论"或"结构因果性"。

从理论上看，阿尔都塞与结构主义理论的联系表现在许多方面。其中最明显的地方之一就是，阿尔都塞把拉康的"症候解读法"用于他对马克思理论的重新解释，以建构马克思主义的"实践状态存在的辩证法"理论。在《读〈资本论〉》一书中，阿尔都塞明确表示要在《资本论》的字里行间寻找其理论框架，要把它不明显的形式挑明，把作品的"潜在"机制和埋在作品中无意识结构找

---

① 阿尔都塞：《保卫马克思》，商务印书馆 1984 年版，第 91 页。

出来，使读者能够把原作品中白纸黑字上的原文与无、空白、沉默等许多"症状"连接起来解读。"症候解读法"使阿尔都塞冲破了对马克思的《资本论》解读的传统。他认为，马克思主义的科学性在于对一定的社会形态结构进行理论分析，用生产力、生产关系、经济基础、上层建筑等概念来思考社会运动的辩证法，用阶级斗争的形式和具体结果来决定人的具体生活，从而建立了一门关于"社会结构"的历史科学。

阿尔都塞理论的一个重要内容，就是他坚决反对把马克思主义理论人道主义化。他运用结构主义方法，对马克思著作进行"依据症疾的阅读"，认为在马克思的思想发展中，存在着科学同意识形态之间的认识论断裂，即在1845年以前为非科学的意识形态时期，经过1845～1857年的过渡后，进入科学时期。而在进入到科学时期以后，马克思早期提出的有关人道主义、人的异化过程等理论观点就完全被对资本主义社会结构的科学考察和分析所取代，没有主体的过程的概念得到了"解放"，成为《资本论》中一切分析的基础，这意味着抛弃以往哲学的旧假设而采用一种新假设。因为以往的哲学都建立在人性、人的本质的假设基础上，都以经验主义和唯心主义世界观为前提。为此，阿尔都塞十分明确地指出，不应该用"个人"、"自由"、"理性"这些属于18世纪资产阶级的意识形态的观念来解释马克思主义的哲学。他认为，马克思所讲的"具体的个人"、"真正的个人"只是社会关系的占据者和执行者，而真正的"主体"则是这些使具体的个人成为占据者、执行者的那些规定者和分配者，即生产关系以及与之相适应的政治的和意识形态的社会关系。科学的马克思主义的社会理论是反经验主义、反历史主义和反人道主义的。应当指出的是，阿尔都塞的这一理论是有一定的积极意义的。对于人道主义、主体、理性、自由等概念，既可以做出唯心主义的解释，也可以做出唯物主义解释。如果不把人道主义命题建立在唯物主义历史观的基础上，没有把主体性、理性、自由等观念与马克思对资本主义社会结构的科学考察结合起来，就很难避免陷入资产阶级意识形态的可能性。然而，阿尔都塞的片面性也恰恰是在这里。事实上马克思主义与资产阶级意识形态的根本区别，并不是他最终放弃了人道主义的命题，而是他把人道主义精神真正地建立在对资本主义乃至整个人类社会的科学考察基础上。他对资本主义的批判性研究和对共产主义的理论设想，始终贯穿着一个基本主体，即无产阶级或全人类的解放。这是马克思主义理论永恒不灭的实质精神。阿尔都塞没有看到马克思从革命民主主义者到无产阶级理论家转变的过程中的连续性，只是片面地强调了"断裂"和历史唯物主义的科学性，回避了马克思主义哲学所固有的批判性。他不能正确理解马克思哲学中的"生产力"、"生产关系"等概念所表达的现实实践活动的内容，把个人的创造性、能动性消解在社会结构中。这就使他不加区别地把一切意义上的人道主义笼而统之地划归到资产阶级、唯心主义意识形态的范畴中，否认了马克思主义的人道主义精神实质。

（四）弗洛伊德主义的马克思主义

19世纪末20世纪初，奥地利精神病专家弗洛伊德创立了精神分析学说之后，他的一个学生，奥地利医学博士和奥地利共产党员赖希就试图把精神分析学同马克思主义结合起来，从而成为"弗洛伊德主义的马克思主义"的创始人，并以"生命论"的发现者、"性革命"理论的奠基者而闻名于世。赖希认为，马克思主义实质上是一种社会理论，其注意力集中在对社会情境的分析上，对人的精神的研究也只是侧重于人的理性方面，而精神分析学的研究范围则主要限于个人的"无意识"。精神分析学与马克思主义之所以具有结合的可能性和必要性，首先在于二者在理论上可以相互取长补短，克服各自的局限性。其次，二者在基本出发点和方法上有某些共同之处。从理论出发点上说，二者的出发点都聚焦在人类的基本需要上；从方法论上说，马克思主义和精神分析学本质上都是辩证的，因为弗洛伊德学说把人的心理结构看作是动态的，是本我、自我、超我之间的活生生的运动变化。因此，马克思主义与弗洛伊德主义在本质上都是批判的、革命的，马克思主义代表了对资本主义的经济学批判，精神分析学则代表了对资本主义的道德批判。基于这个理解，赖希创立了以"性高潮"、"性格结构"和"性革命"为主要理论内容的"弗洛伊德主义马克思主义"的理论体系。其中，"性高潮"论是用马克思主义改造弗洛伊德主义，即在马克思的唯物主义学说的指导下，重新确立了生殖功能作为生理功能、生物功能的性质，并提出了"情欲亢进力"这一概念来指"有形的性能量"；"性格结构"论在于一方面推倒了弗洛伊德把人类文明与本能压抑必然联系在一起的悲观主义情态，另一方面则解释了社会经济情况向社会意识和社会心理转化的机制。他指出，性格结构是社会经济发展过程和人的意识形态之间的中心环节，经济发展过程是借助于这个环节转变成意识形态的。"性革命"论表现为用弗洛伊德主义改造马克思主义。认为，马克思主义的社会革命理论是一种宏观革命论，它必须用微观革命论，即"性革命"加以补充。真正的革命斗争应该是社会全体人员同压抑人们的本能需求的社会制度之间的斗争。

对于赖希把弗洛伊德主义同马克思主义结合起来的做法，弗洛伊德本人表示坚决的反对。他把赖希开除出精神分析学会，并明确指出："共产主义的意识形态同精神分析理论是不可调和的"。赖希本人后来也放弃了这种努力，公开承认他企图把精神分析学与马克思主义"综合"在一起的尝试"在逻辑上已经失败"。但尽管如此，20世纪30年代之后，西方社会理论界仍不断有人致力于实现二者的结合。其中,法兰克福学派的马尔库塞和弗洛姆是最具代表性的。他们尝试着把马克思的异化理论同弗洛伊德的精神分析学结合起来,从哲学、社会学和心理学的交汇之处,展开对现代人的性格结构和心理机制的异化进行分析。

1932 年,马尔库塞出版了《历史唯物主义的基础》一书,对马克思的异化理论进行了系统的研究和阐述。他高度评价马克思的异化理论,认为这一理论构成了马克思全部学说的基础。同时,他对弗洛伊德的精神分析学也给予了极大的重视。1955 年,他发表了《爱欲与文明》一书,把马克思的异化理论同弗洛伊德的精神分析学系统地结合起来,用后者弥补前者在社会心理结构分析上的不足,用前者改造后者的悲观主义的文明观。在理论上提出人的本质是"爱欲",并在此基础上,把"爱欲解放"同马克思的"劳动解放"联系在一起。弗洛姆则与赖希一样,更侧重对现代社会的"性格结构"的分析。他认为,弗洛伊德在思想的深度上和广度上都不能与马克思相比,但我们不能由此否认精神分析学的理论价值。弗洛伊德所发现的无意识过程及其性格特征的心理动力学在于揭示人的本质方面,同马克思的人道主义一样,作出了独特的贡献。因此,精神分析方法可以用来补充马克思主义。例如,马克思主张经济基础决定上层建筑,但并没有具体说明经济基础是怎样转变成意识形态这种上层建筑的。而运用精神分析这门工具就能弥补马克思主义理论中的这一不足之处,阐明联系经济基础和上层建筑的各种纽带,包括社会性格和社会的无意识。他指出,弗洛伊德和马克思在彻底的批判精神和怀疑精神、对真理的执著信念、坚定的人道主义,以及辩证法方面都是一致的。弗洛姆对现代人心理机制和性格结构的异化性质的分析和对资本主义统治的心理结构的分析,主要体现在他的《逃避自由》(1941 年)、《自为的人》(1947 年)和《健全的社会》三部著作中。其中,《逃避自由》一书所作出的心理分析从深度上讲是一般社会心理学研究不可比拟的。在这本书中,他从人的生存的内在冲突以及人与自然的矛盾关系入手,把对人的存在的人本学思考同对人的内在心理机制或精神结构的分析结合起来,又从对人的心理机制的一般阐释进入到对现代人的异化的心理机制的具体解析,并对现代资本主义统治的新的"极权主义"性质进行了全面的心理结构分析。

把马克思主义同精神分析学结合起来的努力是值得称道的。在马克思主义的原初理论中的确缺乏对人的心理机制和社会的心理结构的足够重视,而精神分析学说是目前唯一能够把个人心理结构同社会经济、政治、文化结构沟通起来的科学学说和哲学学说。因此,赖希、马尔库塞和弗洛姆的研究应当说为我们提供了典范,其贡献远远大于其中所存在的问题。

(五) 分析的马克思主义

20 世纪 70 年代英、美等国迅速兴起的一种马克思主义研究流派。它是 20

世纪初以来流行于西方各国的分析哲学在马克思主义研究领域的反映。其主要代表人物有加拿大学者 G. A. 科亨、美国经济学家约翰·罗默、挪威哲学家 J. 埃尔斯特、美国社会学家 E. O. 赖特、比利时政治哲学家范帕里斯、波兰政治哲学家普泽沃斯基、美国历史学家布伦纳等人。该学派像分析哲学一样，重视逻辑分析，要求运用现代数学、数理逻辑和模式设立等手段分析马克思主义的基本原理，并试图为其确立"微观基础"。它在马克思主义研究方面有区别于其他学派的三个特征：其一，致力于抽象原则。认为传统马克思主义者一般都害怕离开现实历史太远，但要想抓住并揭示一种学说中富有生命力的东西，就得进行抽象；致力于抽象也是基础探索的需要。其二，注重对基础的探索。它提出和探讨的问题，大都是传统马克思主义者认为无须提出的问题。比如，为什么阶级要作为重要的集体行动者出现？剥削，即剩余劳动的有规则地转移，为什么是不道德的，或这是不道德的吗？社会主义革命或向社会主义过渡有没有可能？平等是不是马克思主义的目标？等等。认为在回答这些问题时，就需要理解什么是奠定马克思判断基础的基本原理。其三，非教条式地探讨马克思主义。它认为，社会主义事业盛衰无常，资本主义并没有衰败这一事实无疑是对马克思主义的严重挑战；马克思主义是 19 世纪的社会科学，如按现代标准来衡量，它的许多表述是粗糙的，某些方面甚至是错误的；但在解释某些历史时期和历史事件时，它又表现出很强的说服力，这说明其中必然有一个需要加以澄清和阐发的有效核心；因此，对它的探讨不能拘泥于条条框框。该学派学者在理论观点上鲜有一致，但他们至少为自己能够清晰地阐明论点、观点，以及能够采用公开的批评和争论方式而自豪。由于这个原因，他们称自己的小组为"非胡说的马克思主义"（No-Bullshit Marxism）。

在分析的马克思主义这个学派中，柯亨是最重要的代表人物。他抓住历史唯物主义可作物质属性和社会属性区分这一基本点，对生产力、生产关系、经济基础和上层建筑等范畴进行了界定，并据此"澄清"了一些容易引起混乱的概念，从而"清晰地"阐述了他的用生产力解释历史发展的马克思的历史学说。他认为，这一学说包括两个重要命题：生产力占优先地位的"首要性命题"和生产力的发展贯穿整个历史的"发展命题"，这两者合在一起就说明了历史的发展。他还坚持"一切社会的历史都是阶级斗争的历史"的观点，认为这个论断与生产力和生产关系之间的辩证关系并不矛盾，相反，阶级斗争恰恰能从这种辩证关系中得到说明。在方法论上，科亨还认为理解历史唯物主义的主要论断如生产力决定生产关系，经济基础决定上层建筑、社会存在决定社会意识等的唯一方法是采用"功能解释"。他说，这种解释原是生物学，特别是达尔文关于自然选择的一个范畴，即物种的某些特征的存在是由它们对物种在生存竞争中的利益来解释的；用到这里来就是：决定者从功能上解释被决定者，被决定者的特性是由它对解释者的影响所决定的。他用此对他所理解的历史唯物主义作了如下说明：生产关系所以具有它们自身的性质，是由于依赖这种性质它们才促进了生产力的发展，上层建筑之所以具有它们自身的性质，也是因为依赖这种性质它才可以巩固生产关系；这就是说，生产力可以从功能上解释生产关系，经济基础也可以从功能上解释上层建筑；但这种解释不能颠倒过来，这种不对称的关系恰恰表明了生产力的首要性，经济基础的首要性。

科亨关于重建历史唯物主义的其他许多方面也受到抨击，很多人认为他的发展命题没有说服力。在《卡尔·马克思的历史理论》一书中，科亨把发展命题建立在处于物质匮乏境地的生产者个人的理性基础之上。但在许多分析的马克思主义者看来，这一命题暗含着超历史的理性解释，因而是非马克思主义解释。科亨后来多少修正了他的观点：不仅强调面对物质匮乏处境的个体生产者的技术创造力，而且强调对发展的最优生产关系的理性选择。但科亨认为，经过理性选择的社会模式或新社会关系的更有效性是社会革命的必要条件，这在历史上和现实中是极为不可能的。对此，美国学者布伦纳采取了与科亨正相反对的立场。他认为，历史上财产关系的变化总是先于经济的发展（或生产力的发展），而不是如科亨所说的是在经济的发展之后。历史行动者的行为是受自己的物质环境制约的，而阶级斗争的结局却完全是历史上阶级力量特定平衡的结果，因此根本不存在经济结构转变的一般的唯物主义决定论。埃尔斯特则指出，完成社会主义的革命转变必须具备主、客观两方面的条件：能够进行革命的阶级和充分发展的生产力。只有具备这两个条件社会主义才能在经济结构上超过资本主义并使生产力得到进一步发展。他用数学函数表对这两个条件进行了图解，并断言：实现社会主义革命的这两个必要条件不太可能正好在同一个国家里同时都具备，尤其在发达资本主义国家，更是如此。因此，要在那里搞社会主义革命至少目前是不太可能的。

科亨对历史唯物主义的功能解释在分析的马克思主义内部也引起了较大的争论。埃尔斯特在一系列文章中声称如果马克思主义依靠功能性解释，那么对马克思主义而言情况会更加糟糕。他认为，要使人们能够接受功能解释，就必须用更多的规则和要素组成的"馈环"（Feedback Loop）来加强，但在历史唯物主义中没有发现类似的可行方法。埃尔斯特因此认为，必须放弃这种解释模式（至少是科亨辩护的模式）。在方法论方面，埃尔斯特更主张把博弈论应用于马克思主义研究。他用博弈论中的"囚犯困境"说分析了个人对革命所作的理性选择。他说，按照马克思的理论，资本主义发展到某一阶段，就会激发人们或阶级的成员投身到一场形成新生产关系的革命中去。但每个人为什么非参加这一革命呢？

马克思没有解释。他通过图表证明说，从个人的角度出发来考虑，最好的选择是自己不革命而别人革命，这样可以不花任何代价而分享革命成果；最坏的选择是自己革命而别人不革命，由于一人孤军奋战，结果不仅一无所获，自己还要付出代价；双方都去斗争，然后革命成功，这是好的选择；双方都不革命，什么都不改变，算是一种次好的选择。从以上四种情况来看，对个人来说，无论别人是否革命，他自己不革命都是一种最好的选择，而马克思认为大家都会革命，但没有说明为什么大家会这样做，这种情况恰恰说明马克思的理论缺少微观基础。

一些分析的马克思主义者还在方法论上提出了个人主义和理性人的社会交往模型。方法论的个人主义认为所有的社会实践和社会结构在原则上只有以个人行为的方式才是可以理解的；理性人模型用经济理论制定包含假设的欲望和信念的个人行为模型。方法论的个人主义反对结构主义或整体论所持有的观点：将社会基本单位解释为预先占有或决定个人选择的如国家、阶级或生产方式这样的超个人实体。美国经济学家罗默论证了方法论的"个人主义原则"对马克思主义的重要意义。他说，方法论的个人主义不同于政治上的个人主义，它是基于所有的社会现象和社会变化都只能通过考察个人的行为、愿望、信仰来寻求解释这一事实提出来的；在马克思的方法论原则中，有些是不能接受的，如"整体主义"，它让整体高于个别，在研究问题时不考虑个体的选择、不考虑个人之间的联系；而方法论的个人主义原则却可以避免整体主义的缺陷，它让人们懂得，社会生活的基本组成部分就是个人的行为，不研究这一点就得不出准确的结论。对于这种个人主义观点，许多分析的马克思主义者并不表示赞同，他们认为，方法论的个人主义错误地解释了正确的观点。虽然坚持研究社会事件需要个人主义基础是正确的，社会科学仍然研究社会类型。这些社会类型能够通过具有不同信仰、动机的个人的不同结合分别地得到实现，因此个人主义的还原主义方法并不能够解释这些类型。

五、后马克思主义对马克思主义的"解构"和"背离"

"后马克思主义"是指在20世纪70年代末至80年代中期逐渐孕育成形的一种既与马克思主义密切相关，同时又力图从根本上改变或解构马克思主义理论的基本原则和方法的社会理论思潮。冷战后期资本主义社会的结构性变化是后马克思主义产生的大背景。针对继自由竞争的资本主义、垄断的资本主义之后资本主义社会的新变化，许多理论家引入了新的概念图式：E. 曼德尔提出了晚期资本主义概念，R. 达伦多夫提出了后资本主义的概念，而丹尼尔·贝尔则提出了后工业社会的概念，这些不同的概念描述的是资本主义在后现代社会的同一变迁景象：与原子能、信息论、控制论、新技术、知识经济和全球化时代相伴随的是，资本主义显现出对经济危机的巨大克服力、对"尖锐矛盾"的化解以及对多种多样异质的对抗性社会因素的包容。面对这一变化,"形形色色的后马克思主义竭力为这些新现象著书立说,以对这些明显的区别作出解答。发展了的资本主义这一理论的提出引发了马克思主义的研究课题"①。

在解构马克思主义基本理论方面,后马克思主义代表人物拉克劳、墨菲的观点是最为典型的。他们在评析葛兰西的霸权理论的过程中,提出所谓"新霸权概念",认为确立新的霸权概念必须消除传统的本质主义的束缚,必须祛除"经济的最终决定性作用"。经济决定论是本质主义的"最后堡垒"。在拉克劳、墨菲看来,所谓"本质主义"就是把社会看成是一个封闭的结构,强调社会发展有其自身的客观规律,并按照自身的逻辑运行。社会围绕一个固定的中心建构起来。在马克思主义的传统理论中,这个中心指的就是经济的决定性作用。他们主张对这种本质主义进行彻底的解构。这种解构建立在两个基本观点上:其一,政治与经济之间没有必然的联系,政治独立于经济,它具有自身独立性,它是自我建构的;其二,政治的主体身份是多元的、变化的,而不是唯一的、确定的和统一的。面对现代社会阶级、阶层结构不断变化的复杂性和工人阶级革命热情的低迷,他们得出结论说:"经济领域不是一个内在的自我调节空间,哪里也不存在着可以被固定在根本阶级中心之上的社会代表的构造原则,更不存在由历史利益定位的阶级立场。"② 总之,在拉克劳、墨菲看来,只有通过消解传统马克思主义的决定论缺陷,运用解构主义方法摒弃其中的"本质主义残余",才能在新形势下发展"新"马克思主义理论。

拉克劳、墨菲极端地反对经济决定论,极端地强调话语和链接等"偶然性逻辑"的作用,实际上会不可避免地走向其反面,走向"什么都行"的逻辑,这就为论证现实存在的资本主义的合理性奠定了基础。此外,他们反本质主义逻辑中也隐藏着一个"最大的本质主义",即他们的资本主义概念。在他们的理论中,资本主义并不是不确定的、偶然的、可变的,而是被赋予了整体化的、确定的、不可改变的、不可动摇的本质。如迪斯金、桑德尔指出的那样:"在《霸权与社会主义策略》中资本主义不像其他社会习俗和社会活动,资本主义拥有一个本质,自己本身就是一个本质。它是一个原因,而没有在相同程度上成为一个结果,就这个意义而言,它存在于多元决定论之外。"③

---

① 詹姆逊:《后资本主义是现实存在的马克思主义的课题》,载《国外社会科学》1995 年第 3 期,第 13 页。

② Laclau and Mouffe, 2001, Hegemony and Socialist Strategy, London, Verso, p. 84.

③ 吉布森－格雷汉姆:《资本主义的终结》,陈冬生译,社会科学文献出版社 2002 年版,第 1 页。参见付文忠、孔明安:《新霸权理论与后马克思主义的结构逻辑》,载《哲学研究》2007 年第 2 期。

　　如果说，拉克劳、墨菲是用解构主义的逻辑消解马克思主义的经济决定论，那么，后马克思主义者齐泽克的理论则是以拒绝马克思主义的解放理论为特征的。齐泽克把马克思主义的社会矛盾理论理解为"社会对抗"，认为马克思主义的革命观是建立在这种社会对抗根本解决论或者叫彻底解放论之上的。他以拉康的主体生成理论为依据，断言马克思主义的这种解放理论或"共产主义理论"是绝对不可能实现的。因为，从拉康的主体生成论角度看，个人主体从来就不是他自己，而不过是"他者"的幻象，即便作为主体的人能够看破"他者"的面相，也不能回复到自己的本真状态，主体永远是"残破"的、"创伤性"的存在。从社会层面上说，在阶级斗争和经济力量的冲突中，任何科学的解决方案都不可能使获得彻底解放并回复自身。因此，一切试图通过彻底颠覆存在框架以复归人类解放的想法都是意识形态。只不过，空想社会主义是简单的意识形态革命幻象，而历史唯物主义的革命理论则是更复杂一些的意识形态崇高渴望。齐泽克的结论是，革命不再以彻底解放为目标，现实斗争永远呈现为一种妥协。①

　　以提出"日常生活批判"理论而著称的法国哲学家列菲伏尔在晚年也试图对马克思主义基本理论进行根本性的改造，从而加入到后马克思主义的阵营中。列菲伏尔的改造策略主要体现为，他试图将社会历史辩证法改造成一种"空间化本体论"，用"空间的生产"来取代马克思的物质生产概念。他承认，他的"空间化本体论"和"空间的生产"概念源自于马克思的社会关系生产和再生产的辩证法理论，并且认为社会关系再生产的辩证法的进一步发展就是"空间的生产"的辩证法。按照他的理解，马克思当年提出的"资本越发展……资本同时也就越是力求在空间上更加扩大市场，力求用时间去更多地消灭空间"，其实已经预感到资本主义生产必然要突破自然界空间中物的生产的"限止"，而寻求在一种社会关系所生产出的社会空间中实现自我的无限生产。但是，列菲伏尔认为，马克思的历史辩证法中就没有从根本上摆脱社会物质生产的范畴，也就是没有超出人与自然的关系而对生产力的无限潜能及其革命意义做出更深一步的批判和反思。马克思仅仅看到一定时间和空间制约下的物质生产，而没有看到，资本主义的生产更是一个不断超越地理空间限制而实现的空间的"自我生产"过程。资本主义生产就是要"用时间消灭空间的限止"，而所谓"消灭空间的限止"其实就是"创造出新的空间"。资本主义之所以"幸存而没有灭亡"，就在于资本主义对空间的占有。基于这个理解，列菲伏尔反对马克思历史观中的生产主义或生产本质主义，指出生产力与再生产是一个异质化与重复性相统一的过程。再生

①　张一兵：《不可能性：后马克思思潮的政治立场》，《国外马克思主义的基本问题》，社会科学文献出版社 2006 年版，第 212～224 页。

产即社会关系的再生产，其隐喻就是"空间的生产"，而不是物的或社会的生产。而空间的生产已经越出了传统的物质利益追求的范围，变成了纯粹的权力意志。

从后马克思主义的上述比较具有代表性的观点中可以看出，后马克思主义对马克思主义基本理论的解构或改造，的确构成了对马克思主义的背离。因而国内有些学者认为，后马克思主义不是马克思主义。尽管我们不能因此简单地断言，后马克思主义就是反马克思主义，他们中主要代表人物自始至终都对马克思和马克思的理论抱有崇敬的态度，并承认自己理论的马克思主义根源，但他们对马克思主义基本理论的改造或解构的确直接地否认了马克思主义基本理论的当代价值。回应后马克思主义的这些富有挑战性的观点，需要我们对马克思主义基本理论做出较之后马克思主义者更为深入的、更富于创造性的研究。

参考文献

1. 《马克思恩格斯全集》第 1 卷，人民出版社 1956 年版。

2. 《马克思恩格斯全集》第 2 卷，人民出版社 1958 年版。

3. 《马克思恩格斯全集》第 3 卷，人民出版社 1960 年版。

4. 《马克思恩格斯全集》第 4 卷，人民出版社 1958 年版。

5. 《马克思恩格斯全集》第 9 卷，人民出版社 1972 年版。

6. 《马克思恩格斯全集》第 12 卷，人民出版社 1972 年版。

7. 《马克思恩格斯全集》第 13 卷，人民出版社 1962 年版。

8. 《马克思恩格斯全集》第 19 卷，人民出版社 1972 年版。

9. 《马克思恩格斯全集》第 20 卷，人民出版社 1995 年版。

10. 《马克思恩格斯全集》第 21 卷，人民出版社 1965 年版。

11. 《马克思恩格斯全集》第 23 卷，人民出版社 1975 年版。

12. 《马克思恩格斯全集》第 24 卷，人民出版社 1975 年版。

13. 《马克思恩格斯全集》第 25 卷，人民出版社 1975 年版。

14. 《马克思恩格斯全集》第 36 卷，人民出版社 1975 年版。

15. 《马克思恩格斯全集》第 37 卷，人民出版社 1971 年版。

16. 《马克思恩格斯全集》第 39 卷，人民出版社 1974 年版。

17. 《马克思恩格斯全集》第 40 卷，人民出版社 1982 年版。

18. 《马克思恩格斯全集》第 42 卷，人民出版社 1979 年版。

19. 《马克思恩格斯全集》第 46 卷（上），人民出版社 1979 年版。

20. 《马克思恩格斯全集》第 46 卷（下），人民出版社 1972 年版。

21. 《马克思恩格斯选集》第 1 卷，人民出版社 1995 年版。

22. 《马克思恩格斯选集》第 2 卷，人民出版社 1995 年版。

23. 《马克思恩格斯选集》第 3 卷，人民出版社 1995 年版。

24. 《马克思恩格斯选集》第 4 卷，人民出版社 1995 年版。

25. 《列宁全集》第 33 卷，人民出版社 1985 年版。

26. 《列宁全集》第 34 卷，人民出版社 1985 年版。

27. 《列宁全集》第 47 卷，人民出版社 1990 年版。

28. 《列宁选集》第 1 卷，人民出版社 1995 年版。

29. 《列宁选集》第 2 卷，人民出版社 1995 年版。

30. 《列宁选集》第 3 卷，人民出版社 1995 年版。

31. 《列宁选集》第 4 卷，人民出版社 1995 年版。

32. 《斯大林全集》第 8 卷，人民出版社 1954 年版。

33. 《斯大林全集》第 13 卷，人民出版社 1956 年版。

34. 毛泽东：《论新阶段》，《中共中央文件选集》第 11 册，中共中央党校出版社 1991 年版。

35. 《毛泽东文集》第 7 卷，人民出版社 1999 年版。

36. 《毛泽东文集》第 8 卷，人民出版社 1999 年版。

37. 《毛泽东选集》第 1 卷，人民出版社 1991 年版。

38. 《毛泽东选集》第 2 卷，人民出版社 1991 年版。

39. 《毛泽东选集》第 3 卷，人民出版社 1991 年版。

40. 《毛泽东选集》第 4 卷，人民出版社 1991 年版。

41. 《邓小平文选》第一卷，人民出版社 1994 年版。

42. 《邓小平文选》第二卷，人民出版社 1994 年版。

43. 《邓小平文选》第三卷，人民出版社 1993 年版。

44. 《江泽民文选》第 1 卷，人民出版社 2006 年版。

45. 《江泽民文选》第 2 卷，人民出版社 2006 年版。

46. 《江泽民文选》第 3 卷，人民出版社 2006 年版。

47. 胡锦涛：《在邓小平同志诞辰 100 周年纪念大会上的讲话》，《人民日报》2004 年 8 月 23 日。

48. 胡锦涛：《高举中国特色社会主义伟大旗帜　为夺取全面建设小康社会新胜利而奋斗》，人民出版社 2007 年版。

49. 胡锦涛：《全面贯彻"三个代表"重要思想立党为公执政为民》，人民出版社 2003 年版。

50. 《三中全会以来重要文献选编》（下），人民出版社 1982 年版。

51. 《十六大以来重要文献选编》（上），中央文献出版社 2005 年版。

52. 《十七大以来重要文献选编》（上），中央文献出版社 2009 年版。

53. 《中共中央文件选集》第 11 册，中共中央党校出版社 1991 年版。

54. 《中国共产党第十六次全国代表大会文件汇编》，人民出版社 2002 年版。

55. 《中国共产党第十五次全国代表大会文件汇编》，人民出版社 1997 年版。

56. 《中国共产党中央委员会关于建国以来党的若干历史问题的决议》，人民出版社 1981 年版。

57. 《彭真年谱》（上卷），中央文献出版社 2002 年版。

58. 中共中央宣传部：《"三个代表"重要思想学习纲要》，学习出版社 2003 年版。

59. 中共中央宣传部理论局：《"六个为什么"——对几个重大问题的回答》，学习出版社 2009 年版。

60. 吴树青等：《毛泽东思想邓小平理论和"三个代表"重要思想概论》，高等教育出版社 2008 年版。

61. 逄锦聚等：《马克思主义基本原理概论》，高等教育出版社 2008 年版。

62. 顾海良等：《马克思主义与现时代》，武汉大学出版社 2006 年版。

63. 庄福龄：《马克思主义史》第 1 卷，人民出版社 1996 年版。

64. 李家忠：《越共十大和越南的革新开放》，《马克思主义研究》2006 年第 6 期。

65. 李君如：《马克思主义中国化若干问题研究》，《中共中央党校学报》2008 年第 1 期。

66. 李坤云、吴建功、李春秋：《科学社会主义理论在中国的实践与创新》，国防科技大学出版社 2002 年版。

67. 李慎明、姜述贤、王立强：《执政党的经验教训》，社会科学文献出版社 2008 年版。

68. 梁树发：《马克思主义史》第三卷，人民出版社 1996 年版。

69. 梁树发：《马克思主义整体性问题的实质》，《教学与研究》2005 年第 8 期。

70. 周新城：《越南、古巴社会主义现状与前景》，安徽人民出版社 2000 年版。

71. 朱佳木：《古巴的社会主义政权为什么能够长期存在——访问古巴后的思考》，《马克思主义研究》2007 年第 11 期。

72. 肖枫、王志先：《古巴社会主义》，人民出版社 2004 年版。

73. 许全兴：《全面准确地理解马克思主义中国化的内涵》，《毛泽东邓小平理论研究》2006 年第 4 期。

74. 杨谦：《中国哲学的现代追寻——马克思主义哲学中国化的过程与机制》，中国社会科学出版社 2007 年版。

75. 杨英法编著：《矛盾的处理、解决方式问题研究》，兰州大学出版社 2003 年版。

76. 衣俊卿等著：《20 世纪的新马克思主义》，中央编译出版社 2001 年版。

77. 袁辉初：《论马克思主义中国化的实质》，《马克思主义研究》2006 年第

2 期。

78. 林明华:《越共"十大"的主要成果及面临的重大课题》,《广东外语外贸大学学报》2006 年第 4 期。

79. 刘美珣:《中国特色社会主义》,清华大学出版社 2004 年版。

80. 包心鉴:《一脉相承与时俱进的重大理论成果——论科学发展观在马克思主义中国化进程中的历史地位》,《中国社会科学院研究生院学报》2006 年第 4 期。

81. 本刊课题组:《社会主义在探索中前进——三论社会主义发展的历史进程》,《求是》2000 年第 23 期。

82. 常守柱,侯治水:《马克思主义中国化:时代性与民族性的有机契合》,《中国社会科学院研究生院学报》2006 年第 2 期。

83. 陈占安:《马克思主义中国化的科学内涵》,《思想理论教育导刊》2007 年第 1 期。

84. 陈之骅:《勃列日涅夫时期苏联的主要问题和历史教训》,《东欧中亚研究》1998 年第 6 期。

85. 崔桂田:《越南在经济转型中处理社会矛盾的举措》,《当代世界社会主义问题》2009 年第 1 期。

86.《段若非文集》,红旗出版社 1992 年版。

87. 范宏贵、刘志强:《继往开来的越共'十大'》,《当代世界社会主义问题》2006 年第 3 期。

88. 付文忠、孔明安:《新霸权理论与后马克思主义的结构逻辑》,《哲学研究》2007 年第 2 期。

89. 高放:《马克思主义与社会主义新论》,黑龙江人民出版社 2007 年版。

90. 高放主编:《当代世界社会主义新论》,云南人民出版社 1998 年版。

91. 张雷声:《论斯大林的社会主义观》,《中国人民大学学报》2000 年第 2 期。

92. 张晓红、鲍常勇:《21 世纪以来越南社会主义革新的新发展及其启示》,《中州学刊》2009 年第 3 期。

93. 张一兵:《社会征兆和非完全拜物教——齐泽克〈意识形态的崇高客体〉解读》,《理论探讨》2004 年第 5 期。

94. 张一兵:《不可能性:后马克思思潮的政治立场》,《国外马克思主义的基本问题》,社会科学文献出版社 2006 年版。

95. 张月明:《历史的回顾:东欧社会主义的喜剧与悲剧》,《当代世界社会主义问题》1996 年第 2 期。

96. 赵良玉:《浅谈东欧社会主义国家的改革》,《俄罗斯中亚东欧研究》

1987 年第 1 期。

97. 赵明义：《当代社会主义》，山东大学出版社 2001 年版。

98. 赵排风：《越南社会主义革新的实践与理论创新》，《河南大学学报（社会科学版）》2007 年第 4 期。

99. 赵向君等：《马克思主义中国化的理论与实践》，中国科学技术大学出版社 2006 年版。

100. 葛兰西：《实践哲学》，徐崇温译，重庆出版社 1990 年版。

101. 葛兰西：《狱中札记》，人民出版社 1983 年版。

102. 哈贝马斯：《后形而上学思想》，曹卫东译，译林出版社 2001 年版。

103. 哈贝马斯：《交往与社会进化》，张博树译，重庆出版社 1989 年版。

104. 哈贝马斯：《作为意识形态的技术与科学》，学林出版社 1999 年版。

105. 海德格尔：《存在与时间》，三联书店 1987 年版。

106. 黑格尔：《法哲学原理》"序言"，商务印书馆 1982 年版。

107. 黑格尔：《精神现象学》（第二版）上卷，商务印书馆 1979 年版。

108. 胡克：《对卡尔·马克思的理解》，徐崇温译，重庆出版社 1989 年版。

109. 胡塞尔：《生活世界现象学》，上海译文出版社 2002 年版。

110. 胡欣：《也谈马克思晚年有关东方社会问题的思维成果》，《哲学研究》1992 年第 5 期。

111. 霍克海默、阿多诺：《启蒙的辩证法》，重庆出版社 1990 年版。

112. 吉布森－格雷汉姆：《资本主义的终结》，陈冬生译，社会科学文献出版社 2002 年版。

113. 卡罗尔·古德：《马克思的社会存在论》（英文版），麻省理工学院出版社 1980 年版。

114. 柯尔施：《马克思主义和哲学》，王南湜、荣新海译，重庆出版社 1989 年版。

115. 科尔纽：《马克思的思想起源》，中国人民大学出版社 1987 年版。

116. 赖特：《阶级》，刘磊、吕梁山译，高等教育出版社 2006 年版。

117. 李比希：《农业化学》，中国农业出版社 1983 年版。

118. 卢卡奇：《历史和阶级意识》，张西平译，重庆出版社 1989 年版。

119. 罗蒂：《后哲学文化》，上海译文出版社 1992 年版。

120. 罗默：《在自由中丧失——马克思主义经济哲学导论》，段中桥译，经济科学出版社 2003 年版。

121. 马尔库塞：《爱欲与文明》，黄勇、薛民译，上海译文出版社 1987 年版。

122. 马尔库塞：《单向度的人》，张峰、吕世平译，重庆出版社 1988 年版。

123. 麦金太尔：《马克思的〈关于费尔巴哈的提纲〉——一条未走之路》，《国外社会科学》1995 年第 6 期。

124. 《普列汉诺夫哲学著作选集》第 3 卷，生活·读书·新知三联书店 1962 年版。

125. 齐泽克：《意识形态的崇高客体》，季广茂译，中央编译出版社 2002 年版。

126. 约翰·贝拉米·福斯特：《马克思主义的生态学：唯物主义和自然》，高等教育出版社 2006 年版。

127. 詹姆逊：《后资本主义是现实存在的马克思主义的课题》，《国外社会科学》1995 年第 3 期。

128. 詹姆逊：《快感：文化与政治》，王逢振等译，中国社会科学出版社 1998 年版。

129. 《詹姆逊文集》，王逢振主编，中国人民大学出版社 2004 年版。

130. 詹姆逊：《政治无意识》，王逢振、陈永国译，中国社会科学出版社 1999 年版。

131. Jurgen Habermas, *The Theory of Communicative Action*, Vol. 1, trans. Thomas McCarthy, Polity Press, 1984.

132. Laclau and Mouffe, 2001, Hegemony and Socialist Strategy, London: Verso.

133. Lefebvre, Henri, 1991, *Critique of Everyday Life*, trans. by John Moore, Verso. 1994, Everyday Life in the Modern World, trans. By Sacha Rabinnovitch, Transaction Publisher.

后 记

    本课题由逄锦聚教授主持完成，担任各章初稿写作的是：前言逄锦聚教授，第一章王南湜教授，第二章寇清杰教授，第三章李毅教授，第四章杨永志教授（其中第二节丁军教授），第五章杨谦教授，第六章丁军教授，第七章阎孟伟教授。初稿形成后，由逄锦聚教授阅改并与初稿作者讨论定稿。冯素杰副教授协助做了大量组织工作和校对、打印工作。

    在本书出版之际，特向教育部社会科学司、经济科学出版社以及一切给予本课题支持的单位和个人表示诚挚地感谢。

编书组

2010 年 3 月 18 日

教育部哲学社會科学研究重大課題攻關項目
成果出版列表

书　名	首席专家
《马克思主义基础理论若干重大问题研究》	陈先达
《马克思主义理论学科体系建构与建设研究》	张雷声
《马克思主义整体性研究》	逄锦聚
《人文社会科学研究成果评价体系研究》	刘大椿
《中国工业化、城镇化进程中的农村土地问题研究》	曲福田
《东北老工业基地改造与振兴研究》	程　伟
《全面建设小康社会进程中的我国就业发展战略研究》	曾湘泉
《自主创新战略与国际竞争力研究》	吴贵生
《转轨经济中的反行政性垄断与促进竞争政策研究》	于良春
《中国现代服务经济理论与发展战略研究》	陈　宪
《当代中国人精神生活研究》	童世骏
《弘扬与培育民族精神研究》	杨叔子
《当代科学哲学的发展趋势》	郭贵春
《面向知识表示与推理的自然语言逻辑》	鞠实儿
《当代宗教冲突与对话研究》	张志刚
《马克思主义文艺理论中国化研究》	朱立元
《历史题材创新和改编中的重大问题研究》	童庆炳
《现代中西高校公共艺术教育比较研究》	曾繁仁
《楚地出土戰國簡册［十四種］》	陈　偉
《中国市场经济发展研究》	刘　伟
《全球经济调整中的中国经济增长与宏观调控体系研究》	黄　达
《中国特大都市圈与世界制造业中心研究》	李廉水
《中国产业竞争力研究》	赵彦云
《东北老工业基地资源型城市发展接续产业问题研究》	宋冬林
《中国民营经济制度创新与发展》	李维安
《中国现代服务经济理论与发展战略研究》	陈　宪
《中国加入区域经济一体化研究》	黄卫平
《金融体制改革和货币问题研究》	王广谦
《人民币均衡汇率问题研究》	姜波克

书　名	首席专家
*《中国抗战在世界反法西斯战争中的历史地位》	胡德坤
*《近代中国的知识与制度转型》	桑　兵
*《中国水资源的经济学思考》	伍新林
*《转型时期消费需求升级与产业发展研究》	臧旭恒
*《京津冀都市圈的崛起与中国经济发展》	周立群
*《中国金融国际化中的风险防范与金融安全研究》	刘锡良
*《中部崛起过程中的新型工业化研究》	陈晓红
*《中国政治文明与宪法建设》	谢庆奎
*《地方政府改革与深化行政管理体制改革研究》	沈荣华
*《知识产权制度的变革与发展研究》	吴汉东
*《中国能源安全若干法律与政府问题研究》	黄　进
*《农村土地问题立法研究》	陈小君
*《中国转型期的社会风险及公共危机管理研究》	丁烈云
*《我国资源、环境、人口与经济承载能力研究》	邱　东
*《产权理论比较与中国产权制度变革》	黄少安
*《西部开发中的人口流动与族际交往研究》	马　戎
*《中国独生子女问题研究》	风笑天
*《当代大学生诚信制度建设及加加强大学生思想政治工作研究》	黄蓉生
*《农民工子女问题研究》	袁振国
*《边疆多民族地区构建社会主义和谐社会研究》	张先亮
*《数字传播技术与媒体产业发展研究》	黄升民
*《数字信息资源规划、管理与利用研究》	马费成
*《非传统安全合作与中俄关系》	冯绍雷
*《中国的中亚区域经济与能源合作战略研究》	安尼瓦尔·阿木提
*《冷战时期美国重大外交政策研究》	沈志华

……

*为即将出版图书

书　名	首席专家
《我国土地制度与社会经济协调发展研究》	黄祖辉
《南水北调工程与中部地区经济社会可持续发展研究》	杨云彦
《产业集聚与区域经济协调发展研究》	王　珺
《我国民法典体系问题研究》	王利明
《中国司法制度的基础理论问题研究》	陈光中
《多元化纠纷解决机制与和谐社会的构建》	范　愉
《中国和平发展的重大国际法律问题研究》	曾令良
《中国法制现代化的理论与实践》	徐显明
《生活质量的指标构建与现状评价》	周长城
《中国公民人文素质研究》	石亚军
《城市化进程中的重大社会问题及其对策研究》	李　强
《中国农村与农民问题前沿研究》	徐　勇
《中国边疆治理研究》	周　平
《中国大众媒介的传播效果与公信力研究》	喻国明
《媒介素养：理念、认知、参与》	陆　晔
《创新型国家的知识信息服务体系研究》	胡昌平
《新闻传媒发展与建构和谐社会关系研究》	罗以澄
《教育投入、资源配置与人力资本收益》	闵维方
《创新人才与教育创新研究》	林崇德
《中国农村教育发展指标体系研究》	袁桂林
《高校思想政治理论课程建设研究》	顾海良
《网络思想政治教育研究》	张再兴
《高校招生考试制度改革研究》	刘海峰
《基础教育改革与中国教育学理论重建研究》	叶　澜
《公共财政框架下公共教育财政制度研究》	王善迈
《中国青少年心理健康素质调查研究》	沈德立
《处境不利儿童的心理发展现状与教育对策研究》	申继亮
《WTO 主要成员贸易政策体系与对策研究》	张汉林
《中国和平发展的国际环境分析》	叶自成
＊《面向公共服务的电子政务管理体系研究》	孙宝文
＊《西方文论中国化与中国文论建设》	王一川